KUWASHII

GEOGRAPHY

くわしい
中学地理

宮路秀作　著

文英堂

本書の特色と使い方

圧倒的な「くわしさ」で，考える力が身につく

本書は，豊富な情報量を，わかりやすい文章でまとめています。丸暗記ではなく，しっかりと理解しながら学習を進められるので，知識がより深まります。

SECTION 1 | 世界の姿

UNIT
2 世界の地域区分①

 世界を大きく6つの州に区分し，それぞれをさらに細かく区分する。

要点
● 世界の州区分　アジア州，ヨーロッパ州，アフリカ州，北アメリカ州，南アメリカ州，オセアニア州に区分される。
● 地域区分の方法　地理的位置(地形)や文化的差異などによって区分する。

1 世界の州区分

世界の地域は，大きく6つに区分され，地域ひとつひとつを「州」と表します。アジア州，ヨーロッパ州，アフリカ州，北アメリカ州，南アメリカ州，オセアニア州の6つです。

アジア州は，ユーラシア大陸のうちウラル山脈(東経60度に沿って連なる)からカスピ海，カフカス山脈，黒海を結んだ線から東側の地域を指します。6つの州の中で最も広く，また最も人口が多い州です。

ヨーロッパ州は，ウラル山脈からカスピ海，カフカス山脈，黒海を結んだ線から西側の地域です。ロシア連邦はアジア州とヨーロッパ州にまたがる広大な国家で，世界最大の国土面積を有しています。

アフリカ州はアフリカ大陸とマダガスカル島など周辺の島々からなります。アジア州とはスエズ地峡で隔てられています。

北アメリカ州は北アメリカ大陸とカリブ海の島々から，南アメリカ州は南アメリカ大陸とガラパゴス諸島など周辺の島々から，それぞれなります。両州を隔てているのはパナマ地峡であり，地理的な位置によって区分されます。

オセアニア州はオーストラリア大陸とミクロネシア，ポリネシア，メラネシアにある国や島々からなります。

2 さまざまな地域区分

アジア州は，東アジア，東南アジア，南アジア，西アジア，中央アジア，北アジアと6つに区分されます。「北アジア」という名称は聞き慣れないと思いますが，ウラル山脈より東側，東アジアと中央アジアの北側に該当する地域で，一般に「シベリア地方」とよばれています。

参考
アジアの人口
アジア州(ロシア連邦を除く)の人口は，世界のおよそ6割をしめる。

ロシア連邦の国土面積
ロシア連邦の国土面積(約1,710万km²)は日本の国土面積(約38万km²)のおよそ45倍に相当する。

3つの○○ネシア
太平洋の国と島々の区分に使われている「ネシア」という名称は，「島々」という意味。ミクロネシアは「小さい島々」，ポリネシアは「たくさんの島々」，メラネシアは「黒い島々」という意味がある。

12

本文

学習しやすいよう，見開き構成にしています。重要用語や大事なことがらには色をつけているので，要点がおさえられます。また，豊富な図や写真でしっかりと理解することができます。

要点

要点

この単元でおさえたい内容を簡潔にまとめています。学習のはじめに，**全体の流れ**をおさえましょう。

特集

知っておきたい事項や，発展的な内容を取り上げています。日ごろ見聞きするけれど，今ひとつ理解できない，というテーマを中心にピックアップしています。

図表

資料を読んだり使ったりするのに役立つ図などを，解説しながらまとめています。

HOW TO USE

くーくん

アフリカ州は、サハラ砂漠以北を北アフリカ、以南を中南アフリカとよび、これらの地域ではそれぞれ居住している人種が大きく異なります。北アフリカには白人が、中南アフリカには黒人が多く分布します。

北アメリカ州と南アメリカ州には、アングロアメリカとラテンアメリカという名称もあり、これらは文化的差異によって区分したものです。**アングロアメリカ**は、アメリカ合衆国とカナダの2か国を指し、両国はイギリス人などのアングロサクソン系民族によって建国されました。近年では移民が増えていることもあり、一部の人々の間では、必ずしもアングロアメリカという名称を使うことは好ましくないという意見もあります。**ラテンアメリカ**は、スペインやポルトガルなどのラテン語派(→p.110)の言語を使う人々による植民地支配の歴史をもつ地域です。そのため、スペイン語やポルトガル語を公用語とする国が多く、また多くの人々がカトリックを信仰しています。メキシコの公用語がスペイン語であることから、およその目安として「メキシコ以南の地域(カリブ海の島国をふくむ)」、つまり中南アメリカ地域をラテンアメリカとよびます。アングロアメリカとラテンアメリカの境には、リオグランデ川が流れています。

▲ 世界の州・地域区分

用語

アングロサクソン系
かつてヨーロッパの大陸部からグレートブリテン島に侵入したゲルマン系民族。このうち、アングル人がイングランド人となっていった。

ラテン語派
インド・ヨーロッパ語族に属する諸語で、フランス語やイタリア語、スペイン語、ポルトガル語、ルーマニア語などがふくまれる言語グループ。

1章 世界と日本の姿

TRY!
表現力

「**北アメリカ州と南アメリカ州**」、「**アングロアメリカとラテンアメリカ**」という 2 つの区分の条件について説明しなさい。

ヒント　前者はパナマ地峡を境とする。後者はリオグランデ川を境とし、民族や言語の差異が関係している。

解答例　「北アメリカ州と南アメリカ州」が地理的位置によって、「アングロアメリカとラテンアメリカ」は文化的差異によってそれぞれ区分されている。

(13)

用語

重要用語をよりくわしく解説しています。

参考

重要な用語やことがらを説明しています。

発展

発展的な内容を解説しています。

TRY!
思考力／表現力

学習した内容が身についているか、**自分の言葉で表現**してチェックしてみましょう。

定期テスト対策問題

各まとまりごとに、テストで**問われやすい問題**を集めました。テスト前に、知識が身についているかを確かめましょう。

入試問題にチャレンジ

巻末には、実際の入試問題を掲載しています。中学地理の**総仕上げ**として、挑戦してみましょう。

もくじ
CONTENTS

本書の特色と使い方 ……………… 2

1章 世界と日本の姿

SECTION 1　世界の姿

1　地球の姿 ……………… 10
2　世界の地域区分① ……………… 12
3　世界の地域区分② ……………… 14
4　世界の国々① ……………… 16
5　世界の国々② ……………… 18
6　世界の国々③ ……………… 20
7　世界の国々④ ……………… 22
8　緯度と経度 ……………… 24
9　地球儀と世界地図 ……………… 26
特集　なぜイギリスはEUを
　　　離脱したのか？ ……………… 28

SECTION 2　日本の姿

1　日本の位置 ……………… 30
2　日本と世界の時差 ……………… 32
3　日本の領域 ……………… 34
4　日本の地域区分 ……………… 36
特集　プレートの境界 ……………… 38

定期テスト対策問題 ……………… 40

2章 世界の人々の暮らし

SECTION 1　世界の気候

1　世界の気候① ………………… 44
2　世界の気候② ………………… 46
3　世界の気候③ ………………… 48
4　世界の気候④ ………………… 50

SECTION 2　さまざまな暮らし

1　寒帯の地域の暮らし ………… 52
2　亜寒帯(冷帯)の地域の暮らし … 54
3　温帯の地域の暮らし ………… 56
4　乾燥帯の地域の暮らし ……… 58
5　熱帯の地域の暮らし ………… 60
6　高山地域の暮らし …………… 62

SECTION 3　世界の文化

1　世界の宗教 …………………… 64
2　さまざまな食文化 …………… 66
3　世界の住居と衣服 …………… 68
特集　ロヒンギャ難民問題とは？ … 70

定期テスト対策問題 …………… 72

3章 世界の諸地域

SECTION 1　アジア州

1　アジア州の姿 ………………… 76
2　東アジアの国々① 自然 ……… 78
3　東アジアの国々② 産業 ……… 80
4　東アジアの国々③ 中国 ……… 84
5　東アジアの国々④ 韓国 ……… 88
6　東南アジアの国々① …………… 90
7　東南アジアの国々② …………… 93
8　南アジアの国々 ………………… 96
特集　カシミール問題とは？ …… 98
9　西アジア・中央アジアの国々 … 100

特集　イスラエルの点滴かんがい … 104

SECTION 2　ヨーロッパ州

1　ヨーロッパ州の姿 …………… 106
2　ヨーロッパ州の文化 ………… 109
3　ヨーロッパ連合(EU) ………… 112
4　西ヨーロッパの国々① ……… 116
5　西ヨーロッパの国々② ……… 120
6　南ヨーロッパの国々 ………… 123
7　東ヨーロッパの国々 ………… 126
8　北ヨーロッパの国々 ………… 129

⑨　ヨーロッパの課題 ──────── 132

⑩　ロシア連邦 ──────────── 134

📖　定期テスト対策問題 ─────── 136

SECTION 3　アフリカ州

① アフリカ州の姿 ─────────── 138

② アフリカの国々① 農業 ───── 142

③ アフリカの国々② 鉱工業 ─── 144

④ アフリカの国々③ 歴史・文化・課題 146

特集　プランテーション農業 ──── 148

SECTION 4　北アメリカ州

① 北アメリカ州の姿 ────────── 150

② 北アメリカの国々①
　　アメリカ合衆国の農業 ───── 152

③ 北アメリカの国々②
　　アメリカ合衆国の鉱工業 ─── 154

④ 北アメリカの国々③ カナダ ── 156

⑤ 北アメリカの国々④ メキシコ ── 158

⑥ 北アメリカの国々⑤ 歴史・文化・課題 160

SECTION 5　南アメリカ州

① 南アメリカ州の姿 ────────── 162

② 南アメリカの国々① 農牧業 ── 164

③ 南アメリカの国々② 鉱工業 ── 166

④ 南アメリカの国々③ ブラジル ── 168

⑤ 南アメリカの国々④ アルゼンチン 170

特集　便宜置籍船 ────────── 172

SECTION 6　オセアニア州

① オセアニア州の姿 ────────── 174

② オセアニアの国々①
　　オーストラリア ──────── 176

③ オセアニアの国々②
　　ニュージーランド ────── 180

図表　世界の国々 ────────── 182

📖　定期テスト対策問題 ─────── 184

4章　日本の特色と世界

SECTION 1　地域の調査

① 地形図の読み方・使い方① ── 188

② 地形図の読み方・使い方② ── 190

③ 地形図の読み方・使い方③ ── 192

④ 地域調査の方法 ────────── 194

図表　いろいろな地図記号／
　　グラフ・主題図 ──────── 196

SECTION 2　自然環境

① 日本の地形① 山地・海岸 ── 198

② 日本の地形② 川・平地 ──── 200

③ 日本の気候 ──────────── 202

④ 自然災害と防災 ────────── 204

特集　災害大国日本＆
　　どこにお城を建てるか？ ── 206

SECTION 3　人口

1	日本の人口	208
2	日本の人口問題	210
3	世界の人口	212
4	世界の人口問題	214
図表	雨温図の読み取り方／	
	日本と世界の人口	216

SECTION 4　資源・エネルギーと産業

1	日本の資源・エネルギー	218
2	世界の鉱産資源・エネルギー資源	220
3	日本の農業	222
4	日本の林業・水産業	224
5	日本の工業①	226
6	日本の工業②	228
7	日本の商業・サービス業①	230
8	日本の商業・サービス業②	232

SECTION 5　貿易・交通・通信

1	日本の貿易	234
2	日本の交通・通信	236
3	世界の貿易	238
4	世界の交通・通信	240
特集	4つの「距離」	242
	定期テスト対策問題	244

5章 日本の諸地域

SECTION 1　九州地方

1	九州地方① 概要・自然	248
2	九州地方② 農林水産業	250
3	九州地方③ 工業	252
4	九州地方④ 歴史・文化	254

SECTION 2　中国・四国地方

1	中国・四国地方① 概要・自然	256
2	中国・四国地方② 農林水産業	258
3	中国・四国地方③ 工業	260

SECTION 3　近畿地方

1	近畿地方① 概要・自然	262
2	近畿地方② 農林水産業	264
3	近畿地方③ 工業	266
4	近畿地方④ 歴史・文化	268
	定期テスト対策問題	270

SECTION 4　中部地方

1	中部地方① 概要・自然	272
2	中部地方② 農林水産業	274
3	中部地方③ 工業	276
4	中部地方④ 歴史・文化	278

SECTION 5　関東地方

1	関東地方① 概要・自然	280
2	関東地方② 農林水産業	282
3	関東地方③ 工業	284
4	関東地方④ 首都東京	286

SECTION 6　東北地方

1	東北地方① 概要・自然	288
2	東北地方② 農林水産業	290
3	東北地方③ 工業・文化	292

SECTION 7　北海道地方

1	北海道地方① 概要・自然	294
2	北海道地方② 農林水産業	296
3	北海道地方③ 鉱工業・観光業	298
4	北海道地方④ 歴史・文化	300
図表	日本の都道府県	302

	定期テスト対策問題	304

入試問題にチャレンジ 1		306
入試問題にチャレンジ 2		310
入試問題にチャレンジ 3		314

解答と解説		320
さくいん		329

KUWASHII

GEOGRAPHY

中学
地理

1 章

世界と日本の姿

SECTION 1 世界の姿

SECTION 2 日本の姿

地球の姿

（着目）▶地球の姿，大きさを正確につかむ。

要点
- ● **地球は「だいたい球体」** 地球は限りなく球体に近い形をしている。
- ● **地球の大きさ** 半径はおよそ6,400km，赤道および子午線全周はそれぞれおよそ40,000km。
- ● **六大陸と三大洋** 地球は陸地面積よりも海洋面積のほうが広い「水の惑星」である。

1 地球は「だいたい球体」

　地球は「完全なる球体」ではなく，やや南北につぶされた「限りなく球体に近い形」をしています。これは一般に，地球が自転するさいの遠心力が原因とされています。地球は北極と南極を結ぶ地軸を中心に回転するため，赤道全周のほうが子午線全周よりもやや長くなります。**子午線**とは，十二支の「子」と「午」の方角，つまり真北(北極点)と真南(南極点)を結んだ線です。赤道全周が40,075km，子午線全周が40,008kmです。このことからも地球が「完全なる球体」ではないことがわかります。

　今でこそ「地球が丸い」ことはだれもが知っていることですが，かつては地球の周りを太陽が動く**天動説**が信じられていて，地球は円盤状の大地であると考えられていたのです。

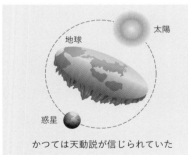

かつては天動説が信じられていた

❶ 天動説の概念図

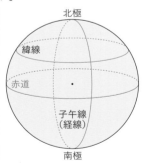

❶「だいたい球体」の地球

2 地球の大きさ

　円の周りの長さを求めるには，直径に円周率をかけて求めます(半径×2×円周率)。地球は「だいたい球体」ですので，地球を切るこ

参考

回転楕円体

「限りなく球体に近い形」をした回転する物体のこと。

用語

地球球体説

地球は球体であるという説。主張されはじめた当時は地球というより，人間が踏みしめている大地のことを指していた。マゼラン一行による世界一周(1522年)によって，地球が球体であることが証明された。地球が回転楕円体と理解されたのは18世紀になってからのことである。

とができれば，切り口は円となります。赤道に沿って切った切り口は赤道全周，北極点と南極点を通るように切った切り口は子午線全周とそれぞれよばれ，赤道全周が40,075km，子午線全周が40,008kmです。赤道半径は6,378km，子午線半径が6,357kmですが，それぞれおよそ6,400kmと考えます。「6,400km×2×円周率」から，およそ**40,000km**と算出することができます。

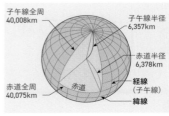

↑ 地球の大きさ

また，半径を用いることで地球の表面積を求めることができます。これにより地球の表面積はおよそ**5.1億km²**であるとわかります。これは日本の国土のおよそ1,342個分に相当します。

③ 六大陸と三大洋

現在，地球上には6つの大陸（六大陸）と3つの大洋（三大洋）が存在します。これらは地球が誕生したおよそ46億年前から存在するのではなく，大陸は絶えず分裂と移動を繰り返すことで，現在のような形と配置になりました。事実，およそ3億年前の地球には，**パンゲア**とよばれる大陸が1つだけ存在していました。地球は「水の惑星」といわれるほど，宇宙から見ると青く見えます。それもそのはずで，地球の表面の多くは海洋がしめています。陸地と海洋の面積比は29：71で，およそ**3：7**です。陸地のおよそ2.5倍が海洋です。陸地面積よりも，海洋面積のほうが断然広いのです。

↑ 六大陸と三大洋

参考

六大陸

ユーラシア大陸，アフリカ大陸，北アメリカ大陸，南アメリカ大陸，南極大陸，オーストラリア大陸の順に大きい。3億年前の地球に存在した1つの大陸「パンゲア」はのちに，北側のローラシアランドと南側のゴンドワナランドに分裂する。そしてローラシアランドはユーラシア大陸と北アメリカ大陸に分裂し，ゴンドワナランドはアフリカ大陸，南アメリカ大陸，オーストラリア大陸，南極大陸などに分裂した。

三大洋

太平洋，大西洋，インド洋の3つの大洋のこと。

TRY! 表現力

地球が「完全なる球体」ではなく，「限りなく球体に近い形」であるといわれる理由について説明しなさい。

ヒント　赤道全周と子午線全周の長さを比較する。

解答例　子午線全周よりも，赤道全周のほうが長く，南北にややつぶされた回転楕円体であるため。

UNIT 2 世界の地域区分①

着目 ▶ 世界を大きく6つの州に区分し，それぞれをさらに細かく区分する。

要点

- **世界の州区分** アジア州，ヨーロッパ州，アフリカ州，北アメリカ州，南アメリカ州，オセアニア州に区分される。
- **地域区分の方法** 地理的位置（地形）や文化的差異などによって区分する。

1 世界の州区分

　世界の地域は，大きく6つに区分され，地域ひとつひとつを「**州**」と表します。アジア州，ヨーロッパ州，アフリカ州，北アメリカ州，南アメリカ州，オセアニア州の6つです。

　アジア州は，ユーラシア大陸のうちウラル山脈（東経60度に沿って連なる）からカスピ海，カフカス山脈，黒海を結んだ線から東側の地域を指します。6つの州の中で最も広く，また最も人口が多い州です。

　ヨーロッパ州は，ウラル山脈からカスピ海，カフカス山脈，黒海を結んだ線から西側の地域です。ロシア連邦はアジア州とヨーロッパ州にまたがる広大な国家で，世界最大の国土面積を有しています。

　アフリカ州はアフリカ大陸とマダガスカル島など周辺の島々からなります。アジア州とはスエズ地峡で隔てられています。

　北アメリカ州は北アメリカ大陸とカリブ海の島々から，**南アメリカ州**は南アメリカ大陸とガラパゴス諸島など周辺の島々から，それぞれなります。両州を隔てているのはパナマ地峡であり，地理的な位置によって区分されます。

　オセアニア州はオーストラリア大陸とミクロネシア，ポリネシア，メラネシアにある国や島々からなります。

2 さまざまな地域区分

　アジア州は，東アジア，東南アジア，南アジア，西アジア，中央アジア，北アジアと6つに区分されます。「北アジア」という名称は聞き慣れないと思いますが，ウラル山脈より東側，東アジアと中央アジアの北側に該当する地域で，一般に「シベリア地方」とよばれています。

参考

アジアの人口

アジア州（ロシア連邦を除く）の人口は，世界のおよそ6割をしめる。

ロシア連邦の国土面積

ロシア連邦の国土面積（約1,710万km²）は日本の国土面積（約38万km²）のおよそ45倍に相当する。

3つの〇〇ネシア

太平洋の国と島々の区分に使われている「ネシア」という名称は，「島々」という意味。ミクロネシアは「小さい島々」，ポリネシアは「たくさんの島々」，メラネシアは「黒い島々」という意味がある。

アフリカ州は，サハラ砂漠以北を北アフリカ，以南を中南アフリカとよび，これらの地域ではそれぞれ居住している人種が大きく異なります。北アフリカには白人が，中南アフリカには黒人が多く分布します。

北アメリカ州と南アメリカ州には，アングロアメリカとラテンアメリカという名称もあり，これらは文化的差異によって区分したものです。**アングロアメリカ**は，アメリカ合衆国とカナダの2か国を指し，両国はイギリス人などのアングロサクソン系民族によって建国されました。近年では移民が増えていることもあり，一部の人々の間では，必ずしもアングロアメリカという名称を使うことは好ましくないという意見もあります。**ラテンアメリカ**は，スペインやポルトガルなどのラテン語派（→p.110）の言語を使う人々による植民地支配の歴史をもつ地域です。そのため，スペイン語やポルトガル語を公用語とする国が多く，また多くの人々がカトリックを信仰しています。メキシコの公用語がスペイン語であることから，およその目安として「メキシコ以南の地域(カリブ海の島国をふくむ)」，つまり中南アメリカ地域をラテンアメリカとよびます。アングロアメリカとラテンアメリカの境には，リオグランデ川が流れています。

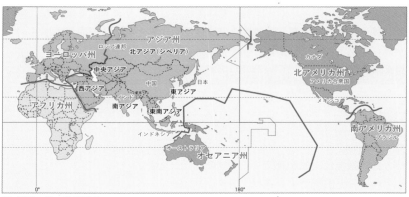

● 世界の州・地域区分

TRY! 表現力

「北アメリカ州と南アメリカ州」，「アングロアメリカとラテンアメリカ」という2つの区分の条件について説明しなさい。

ヒント　前者はパナマ地峡を境とする。後者はリオグランデ川を境とし，民族や言語の差異が関係している。

解答例　「北アメリカ州と南アメリカ州」は地理的位置によって，「アングロアメリカとラテンアメリカ」は文化的差異によってそれぞれ区分されている。

UNIT
3

世界の地域区分②

着目 国境がもつ機能と，島国と内陸国の違いについて理解する。

要点
● **さまざまな国境** 国境の機能には隔離性と交流性があり，また種類としては自然的国境と人為的国境とがある。

● **島国（海洋国）と内陸国** 周囲を海洋に囲まれている国と，陸続きで他国に囲まれている国がある。

1 さまざまな国境

　国と国との境である国境がもつ機能として，他国から侵入されないようにする隔離性があります。一方で，国家間の交流が容易に行える交流性も必要です。国境には，自然的国境と人為的国境があります。

　自然的国境とは，山脈や河川，湖沼などの自然物を利用した国境で，山岳国境，河川国境，湖沼国境，海洋国境などがあります。それぞれに一長一短ありますが，隔離性，交流性ともにすぐれている海洋国境が最も理想とされています。

参考

自然的国境

山岳国境にはヒマラヤ山脈（ネパールと中国），河川国境にはライン川（フランスとドイツ），湖沼国境には五大湖（アメリカ合衆国とカナダ），海洋国境には日本，フィリピン，ニュージーランドなどの国々が例としてあげられる。このほか，砂漠，湿地，森林などの自然的国境がある。

	山岳国境	河川国境	湖沼国境	海洋国境
隔離性	○	×	△	○
交流性	×	○	○	○

● 自然的国境

　人為的国境は人間が意図してつくった国境です。そのさい，障壁や経緯線を利用します。とくにアフリカ州には直線的な国境が多いですが，これはかつてのヨーロッパ列強による植民地支配の名残です。入植に先立ち，列強は地図上の緯線や経線で植民地支配の境界を決めました。このときに民族の分布を無視して引か

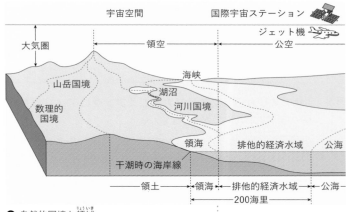

宇宙空間　　　　国際宇宙ステーション

ジェット機

大気圏　　　　　領空　　　　　　　公空

山岳国境　　　　　海峡

数理的　　　　　湖沼
国境　　　　　　河川国境

領海　　排他的経済水域　　公海

干潮時の海岸線

領土　　領海　　排他的経済水域　　公海

200海里

● 自然的国境と領域

れた植民地境界が，のちにそのまま国境となったことから，民族同士の紛争の火種となることが数多くありました。アフリカではこれが原因でなかなか政情が安定せず，長らく経済発展を遂げられずにいました。

⬆ おもな人為的（数理的）国境

② 島国（海洋国）と内陸国

　島国（海洋国）とは，周囲を海洋に囲まれている国です。日本が好例で，周辺地域を見ると，フィリピンやインドネシア，ほかにはスリランカ，マダガスカル，イギリス，アイスランド，キューバ，ニュージーランドなどが島国です。

　内陸国とは，海に面しておらず，他国に囲まれた国です。たとえば，モンゴルやラオス，ネパール，ブータン，スイス，オーストリア，中央アジアの国々などが好例です。

　また国家は，単節国と複節国（多節国）に区分することがあります。単節国とは，領土を1つしかもたない国のことで，とくに内陸国などは単節国であることが多いです。一方の複節国は，領土を複数もっている国のことで，とくに島国は複節国です。さらに，アメリカ合衆国アラスカ州のように，他国と隔てられた場所に領土が存在する飛地をもつ国も複節国です。

 参考

障壁国境

かつて東西ドイツに分裂していた時代のベルリンの壁や，中国の万里の長城などが好例。

 用語

数理的国境

人為的国境のうち，とくに経緯線に沿って直線的に定められた国境をいう。おもな数理的国境として，北緯22度（エジプトとスーダン），東経25度（エジプトとリビア），北緯49度（アメリカ合衆国本土とカナダ），西経141度（アメリカ合衆国アラスカ州とカナダ），東経141度（インドネシアとパプアニューギニア）があげられる。

 参考

飛地

エクスクラーフェンともいう。アメリカ合衆国アラスカ州以外に，ロシア連邦のカリーニングラード，アゼルバイジャンのナヒチェバン自治共和国，東ティモールのオクシなどが知られている。

TRY! 表現力

一般に，なぜ海洋国境が理想とされているのか説明しなさい。

（ヒント）　国境の隔離性と交流性を考える。

（解答例）　海洋国境は，隔離性や交流性という相反する機能をバランスよくもち合わせる国境であるから。

UNIT
4

世界の国々①

着目 ▶ 国家の三要素とさまざまな国家の定義を理解する。

要点
● **国家（独立国）の三要素** 国民，主権，領域の三要素を有して国家といえる。
● **単一民族国家と多民族国家** 厳密には単一民族国家は存在しない。
● **単一国家と連邦国家** 世界には連邦制という統治形式をとっている国がある。

1 国家の三要素

　世界にはおよそ200の**国家（独立国）**が存在しています。しかし，これは「日本」と「日本政府が国家承認している国」などを合わせた数であり，国によって定義する国家の数はまちまちです。国家は，「**国民**」，「**主権**」，「**領域**」の三要素を有します。だれかが勝手に国をつくったとしても，これらの三要素を有していなければ，他国から国家承認を得られることはありません。

　国民とは，その国の国籍を有している人のことです。「国民」と一口に言っても，現実的にはさまざまな出自をもっています。とくにアメリカ合衆国などは世界中から多くの移民が集まってできた国であり，現在も多くの移民を受け入れています。そして時間の経過とともに，その移民の子孫たちは「アメリカ人」としてうまれ，アメリカ社会に同化していきます。このような出自の異なる複数の民族から構成される国を**多民族国家**といいます。

　主権とは，国民と領域内に適用される権力のことです。他国との間で交渉ごとをする権利や，国民生活を豊かにするための法律をつくる権利などが主権です。

　領域（→p.14図）とは，国家がもつ主権が適用される範囲のことをいいます。領域は，われわれが生活をしている**領土**，領土沿岸から12海里（およそ22km）までの海域である**領海**，領土と領海の上空である**領空**からなります。また領土沿岸から200海里（およそ370km）までの海域のうち，領海を除く部分は**排他的経済水域**とよばれ，この海域におけるあらゆる資源の占有が沿岸国に認められています。また排他的経済水域より沖合は，**公海**といい，どこの国の主権もおよばない海域となっています。

用語

領海

最低潮位線から12海里までの範囲。ある国が他国の領海内に無断で侵入することはできず，沿岸国の法律にもとづいて行動することが求められる。12海里は，国連海洋法条約によって決められている。

発展

延長大陸棚

国連海洋法条約では，領海の基線から200海里までの海域とその下を「大陸棚」と規定している。近年，沿岸国の陸地が海面の下までのびていると国際的に認められた範囲（延長大陸棚）では，沿岸国が海底資源の探査や開発を行う権利が認められるようになった。

2 単一民族国家と多民族国家

　民族の定義は非常に難しいものです。「日本人」と称（しょう）するとき，「日本国籍を有している」，「日本語の話者だから」などの客観的な定義が用いられることがありますが，「ぼくは日本文化が大好き！だから日本人だ」という主観的な定義も考えられます。かつてヨーロッパでは，国に所属しているという自覚をもった人たちが集まって国家をつくることが理想であると考えられた時代がありました。これを**国民国家**（こくみんこっか）といいます。国民国家は**単一民族国家**（たんいつみんぞくこっか）と限りなく近い意味があるとされてきました。しかし，共通の文化を共有する人々の集まりを民族といい，現代においては，１つの国が１つの民族だけで構成されていることは厳密にはありえません。

　多民族国家とは，複数の民族から構成される国です。前のページで紹介（しょうかい）したアメリカ合衆国が好例で，ほかにも中国やシンガポール，インド，スリランカ，スイス，ベルギーなどが知られています。各民族は互（たが）いがもつ文化を尊重し合い，これまでも，そしてこれからも共存していこうと努力をしています。

日本も多民族国家なんだね。

3 単一国家と連邦国家

　国家の領域内で行使（こうし）できる主権をもつ組織を**政府**といいます。日本の政府は，日本政府が１つだけ存在するので，こういった国を**単一国家**（たんいつこっか）といいます。世界の多くの国が単一国家です。一方で，**連邦国家**（れんぽうこっか）というものもあります。連邦政府のもとに，国内の州政府や共和国政府が集まり統合された国家です。州政府や共和国政府は，域内に対する内政権はもっていますが，他国と交渉（こうしょう）ごとをする外交権はもっていないため国家とはよべない組織です。連邦国家は，アメリカ合衆国やスイス，ベルギーなどが好例です。

TRY! 表現力

国家の領域を構成する要素を答えなさい。

（ヒント）　領域とは，国家がもつ主権が適用される範囲のこと。

（解答例）　国家の領域は，国家の陸地である「領土」，領土沿岸から12海里以内の「領海」，領海と領土の上空である「領空」から構成される。

着目 国土面積の大きい国と小さい国，それぞれの特徴を理解する。

世界の国々②

要点

● **国土面積が大きい国** 広大な国土に埋蔵される鉱産資源が豊富な国々。

● **国土面積が小さい国** 都市国家や島国は国土面積が小さい傾向にある。

● **国土面積が大きい日本** 日本は世界で61番目の国土面積を有している。

1 国土面積が大きい国

　国土面積を大きい順に並べると，ロシア連邦，カナダ，アメリカ合衆国，中国，ブラジル，オーストラリア，インド，アルゼンチンと続きます。偶然ですが，東経150度を中心に描いた世界地図上で，国土面積上位8か国は「る」の線上に位置しています。

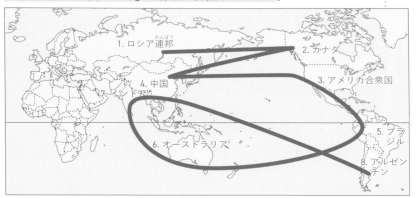

⊕ 国土面積が大きい国々

　世界最大の国土面積を有する**ロシア連邦**は，日本の国土面積と比較すると**45倍**もあります。ロシア連邦には，最西端のカリーニングラードから最東端のベーリング海峡付近まで，実に経度差が170度もあります。距離にするとおよそ7,000km。これだけ東西に長いことから，ロシア連邦の標準時は11もあります。また南北に4,500kmも広がっています。

　国土面積が広大な国は，その分，鉱産資源の埋蔵量が豊富です。国内ではこれらの鉱産資源を採掘する産業が発達し，輸出したり，工業原料として利用されたりしています。

国名	面積(km²)
ロシア連邦	1,710万
カナダ	999万
アメリカ合衆国	983万
中国	960万
ブラジル	852万
オーストラリア	769万
インド	329万
アルゼンチン	280万

（「日本国勢図会」による）

⊕ 面積が大きい国上位8か国

② 国土面積が小さい国

　世界には国土面積が非常に小さい国も存在します。世界最小の国は**バチカン市国**です。バチカン市国はローマ（イタリアの首都）市内に存在する国で，国土面積は0.44 km²。世界各地のカトリック教会を統率するローマ教皇庁が統治する国家で，国民の多くが教会関係者です。

　またシンガポールのような**都市国家**も存在します。都市国家とは，1つの都市とその周辺領域からなる国のことで，現代における都市国家は，古代から中世にかけて存在したものとは少し性格が異なります。一般にシンガポールやモナコが都市国家といわれます。

　ほかにも国土面積が小さい国は，太平洋やカリブ海の島国に多く見られます。国土面積が小さいため鉱産資源に恵まれず，また広大な農地を確保することも難しいため，多くの国で観光業が主産業となっています。島国では，さんご礁が発達した清澄な海が観光資源となっていて，マリンスポーツを楽しむ外国人が数多く訪れています。

国名	面積（km²）
バチカン市国	0.44
モナコ	2.0
ナウル＊	21
ツバル＊	26
サンマリノ	61
リヒテンシュタイン	160
マーシャル諸島＊	181

（「データブック オブ・ザ・ワールド」などによる）

❶ 国土面積が小さい国
＊は太平洋の島国

③ 国土面積が大きい日本

　国土面積の算出方法は世界各国の事情によってさまざまです。たとえば世界最大の島であるグリーンランドはデンマークを構成する1つですが，一般にデンマークの国土面積にはふくみません。また係争地などは，領有を争う国々がそれぞれ自国の領土としてあつかうことがあります。

　日本は島国ですが，世界で61番目の国土面積を有している国です。世界に200近くの国が存在する中で，上位3分の1に入る比較的広い国といえます。面積が広大な国と比べるとどうしても小さく見えますが，ヨーロッパ州において日本よりも国土面積が大きい国は，フランスやスペイン，スウェーデン，ウクライナくらいしかありません。

❶ デンマークとグリーンランド

❶ 日本とヨーロッパの国々
（日本は，同じ緯度においたもの）

TRY! 表現力

日本は世界的に見ても，国土面積が広い国であるといえますが，その理由について説明しなさい。

（ヒント）特定の国との比較ではなく，世界各国と比較する。

（解答例）日本の国土面積は世界61位であり，これは世界の上位3分の1に入るため，世界の中では国土面積が比較的広いほうといえる。

世界の国々③

UNIT **6**

着目 ▶「人口」にもいろいろな指標があることを理解する。

要点

● **人口が多い国** 現在，世界にはおよそ78億人もの人口が存在する。
● **人口密度が高い国** 日本は世界的に見ても人口密度が高い国である。
● **都市人口割合** 北アメリカ州，南アメリカ州，オセアニア州で高い傾向を示す。

1 人口が多い国

2020年現在，世界にはおよそ78億人もの人々がいます。なかでも，人口が1億人を超えている国は全部で14か国あります。中国，インド，アメリカ合衆国，インドネシア，パキスタン，ブラジル，ナイジェリア，バングラデシュ，ロシア連邦，メキシコ，日本，エチオピア，フィリピン，エジプトです。ベトナムも1億人を超える勢いで人口が増えています。

中国(14.4億人)とインド(13.8億人)は人口が10億人を超える国です。3億人を超える国はアメリカ合衆国(3.3億人)，2億人を超える国はインドネシア(2.7億人)，パキスタン(2.2億人)，ブラジル(2.1億人)，ナイジェリア(2.1億人)です。

2000年の世界の人口はおよそ61.4億人で，人口1億人を超えている国は全部で10か国でした。このとき中国とインドはすでに10億人を超えており，2億人を超える国はアメリカ合衆国とインドネシアだけでした。とくにアジアやアフリカの国々で人口増加率が高く，欧米諸国よりもはるかに著しい伸びを示しました。

参考

ベトナムの人口

2020年現在，およそ9,700万人いる。

世界の人口増加率

2000〜2019年までの間，毎年1.2〜1.3%の割合で増加していた。

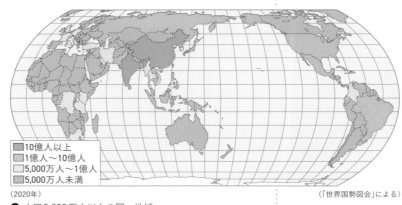

■ 10億人以上
■ 1億人〜10億人
□ 5,000万人〜1億人
■ 5,000万人未満

(2020年)

↑ 人口5,000万人以上の国・地域

(「世界国勢図会」による)

② 人口密度が高い国

人口密度は，人口を国土や地域の面積で割った値で，単位面積あたりにどれくらいの人が住んでいるかという指標です。一般に 1 km² あたりの人口を用います。2020 年の世界の人口密度は 1 km² あたりおよそ 59 人です。

ロシア連邦は世界的にも人口の多い国ですが，国土面積が広大なので，人口密度は 9 人/km² と非常に小さい値です。一方で，シンガポール(8,073 人/km²)やモナコ(19,484 人/km²)といった都市国家の国土面積は小さいため，その人口密度は高くなりがちです。日本の人口密度は 339 人/km² であり，世界的に見ても人口密度が高い国です。

③ 都市人口割合

総人口のうち，都市部で生活する人々の割合を表したのが**都市人口割合**です。一般に先進国では高く，発展途上国は農業が主力産業であるため，農村部で生活をする人々が多く，都市人口割合は低い傾向にあります。なかでも北アメリカ州や南アメリカ州，オセアニア州といっ

た，いわゆる「新大陸」の国々では高い傾向にあります。これは入植者が植民地支配の拠点を沿岸部に設け，そこに人々が流入して都市に発展し，現在もそこに人々が集まって生活をしているからです。

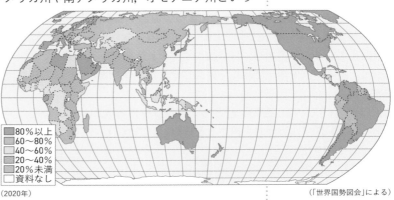

- 80％以上
- 60〜80％
- 40〜60％
- 20〜40％
- 20％未満
- 資料なし

(2020年)

(「世界国勢図会」による)

➡ 世界の都市人口割合

参考

人口密度

都市国家や島国などの国土面積が小さい国を除けば，人口密度はバングラデシュ，韓国，インド，オランダ，イスラエル，ベルギー，フィリピン，日本などで高くなっている。

TRY!
表現力

いわゆる「新大陸」で都市人口割合が高い傾向を示す理由について説明しなさい。

ヒント 「新大陸」は，かつてヨーロッパ諸国の植民地支配を受けた歴史をもつ。

解答例 植民地時代に入植者たちが植民地支配の拠点を沿岸部に設け，そこが人口が流入する大都市として今日まで発展してきたから。

世界の国々④

着目▶ 国民総所得，国内総生産，老年人口割合という用語の意味を理解する。

要点

● **1人あたり国民総所得** 日本や欧米諸国で高く，アジアやアフリカで低い傾向にある。

● **老年人口割合** 先進工業国で高く，発展途上国で低い傾向にある。

● **少子高齢化** 日本やヨーロッパなどの先進工業国で進行している。

1 1人あたり国民総所得（GNI）

国民総所得（GNI：Gross National Income）は，経済成長をはかる重要な指標で，国内総生産（GDP：Gross Domestic Product）に海外からの所得の純受取額を加えたものです。近年では経済活動のグローバル化によって国外からの所得が増加しているため，この統計が設けられました。国民総所得を人口で割ったものが**1人あたり国民総所得**です。世界銀行は，この指標を利用して，世界各国の経済状況を把握しています。「人口で割る」ことによって算出するので，人口小国では数値が高くなりがちです。上位10か国のうち，人口が1,000万人を超えているのはアメリカ合衆国やオーストラリアなどわずかです。総じて，日本や欧米諸国で高く，アジアやアフリカで低い傾向にあります。

人口が多い国では，自動車産業のような「稼げる仕事」が1つけあっても，国民全員が職を得ることは難しいので，いろいろな産業をおこして相互に協力し合い，経済成長を目指す必要があります。1人あたり国民総所得の上位35か国のうち，人口が1億人を超える国はアメリカ合衆国と日本であることから，いかに両国が，

用語

国民総所得

国内の各経済主体が，ある年に国内外から得た所得の合計のこと。

国内総生産

ある年に国内で生産されたモノやサービスの合計のこと。

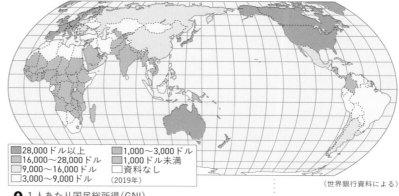

28,000ドル以上	1,000〜3,000ドル
16,000〜28,000ドル	1,000ドル未満
9,000〜16,000ドル	資料なし
3,000〜9,000ドル	（2019年）

❶ 1人あたり国民総所得（GNI）

（世界銀行資料による）

多くの産業を成長させてきたかがわかります。

　1人あたり国民総所得が1,000ドル未満の低所得国では，外国からの投資と自国の低賃金労働力を活用して工業発展を目指そうとします。「あの国は賃金が安い」と目星を付けた先進国の企業が進出して雇用をつくり出し，やがて賃金水準が上昇して中所得国の仲間入りをします。しかし，賃金水準の上昇は経済発展の足かせとなってしまい，技術的には先進国におよばないことから独自の工業発展が望めず，やがて経済成長が停滞します。これを「中所得国の罠」といいます。

② 老年人口割合

　老年人口割合とは，総人口に対する65歳以上の人口の割合を示したものです。一般に7％を超えると高齢化社会，14％を超えると高齢社会，21％を超えると超高齢社会といいます。世界平均は9.1％（2019年）で，世界的に高齢化社会となっています。また日本は28.4％（2019年）で，世界で最も高い割合を示しています。世界で老年人口割合が21％を超える国は，日本を筆頭に，イタリア，ギリシャ，ポルトガル，フィンランド，ドイツ，ブルガリアの7か国です。

　少子高齢化は，子どもの数が減り（少子化），それとは対照的に高齢者の数が増加（高齢化）する現象です。決して，先に高齢化が起きることはありません。つまり日本では，長らく出生数が低い水準で推移しているため，老年人口割合が上昇したということです。医療技術の発達，医薬品の普及，食生活の向上などさまざまな要因によって平均寿命が延びていることも関係しています。

　発展途上国は農業が主産業であり，機械化の進展がおくれているため，子どもが貴重な農業労働力として活用されます。そのため子どもを多くもうける傾向にあります。つまり，発展途上国ほど，老年人口割合は低い水準となるわけです。

用語

少子化
出生数が減少し，総人口に占める年少人口（15歳未満）の割合が低くなっていくこと。

高齢化
年少人口の割合が低下することによって，相対的に老年人口の割合が高まること。

TRY! 表現力

各国の経済状況を把握するさい，近年では国内総生産だけでなく国民総所得も重要視される理由について説明しなさい。

（ヒント）　交通手段の発達などによって，経済活動のグローバル化が進んでいる。

（解答例）　経済活動のグローバル化が進展するなかでは，各国の経済力は海外での経済活動で得た所得も加えないと，実態が見えてこないから。

UNIT
8

緯度と経度

着目 ▶地球上の位置を示す緯度・経度と時差のしくみを理解する。

要点
● **緯線と経線** 緯線は赤道に対して平行，経線は本初子午線と同じ長さである。
● **地軸の傾き** 地軸の傾きが昼夜の時間差や季節の違いをうむ。
● **時差** 経度が15度違うと1時間の時差が生じる。

1 緯度と経度

　地球は「限りなく球体に近い形」をしており，任意の位置を緯度と経度を使って表します。

　緯度は赤道を0度として表し，北半球の緯度は北緯，南半球の緯度は南緯といいます。**北極点**が北緯90度，**南極点**が南緯90度です。同じ緯度を結んだものを緯線といい，必ず赤道に対して平行です。

　経度はイギリスの**ロンドン**にある旧グリニッジ天文台を通過する経線を0度として表し，これを**本初子午線**とよびます。経度は東西に180度まであって，本初子午線から東側の経度は東経，西側の経度は西経といいます。同経度を結んだ線を経線といい，すべての経線は同じ長さです。経度1度あたり，赤道上の緯度1度あたりの距離はおよそ**111km**（≒40,000km÷360度）です。

　たとえば，日本の首都である東京の緯度・経度は，北緯35度41分，東経139度41分です。1度よりも細かい値は，分（$\frac{1}{60}$度）や秒（$\frac{1}{60}$分）で表します。このうち，1分の距離を「**海里**」といい，その距離は**1,852m**（≒111km÷60分）となっています。「200海里経済水域」といえば，およそ370km（＝1.852km×200海里）です。

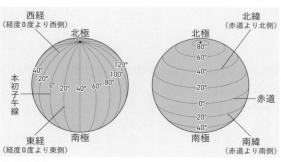

↑ 緯度と経度

参考

緯線

緯線は赤道に対して平行であり，南北を上下においたとき左右方向に伸びる線である。赤道上の地点では赤道の方向が東西を示すが，赤道以外の緯度では東西方向とは一致しない。これは地球が球体だからである。

赤道以外の緯線

緯線は赤道だけが40,000kmであり，赤道以外の緯線は緯度が高くなるほど短くなる。

経線

経線は，北極と南極を結んで，地軸をふくむ平面で地球を輪切りにしたとしたときの地表面の線で，同じ経度を結んだ線。南北を上下においたとき，上下方向に伸びる縦の線となる。

② 地軸の傾き

　北極点と南極点を結んだ直線を**地軸**といい，地球はこれを中心に1日かけて1回転（自転）しています。また，地球は太陽の周りを1年かけて回っています（公転）が，このとき，地球は公転しながら自転もしています。地球の地軸は，太陽の周りを回る面（公転面）に対して**23.4度**傾いています。そのため，太陽の光が垂直にあたる面が必ずしも赤道上にあるとは限りません。

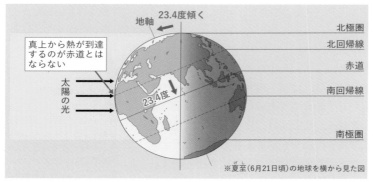

● 地軸の傾き

（発展）
回帰線

　地軸が23.4度傾いているため，太陽の光が垂直にあたる面は日々北半球に寄ったり，南半球に寄ったりする。太陽の真下に位置する北半球の北限は北緯23.4度（**北回帰線**），同様に南半球の南限は南緯23.4度（**南回帰線**）である。太陽は北緯23.4度の真上を通過するさい，最も日本の真上に近づく。つまり最も昼の時間が長くなる。この日を**夏至**といい，毎年6月21日頃である。同様に12月21日頃は最も昼の時間が短くなり，この日を**冬至**という。夏に太陽が沈んでも暗くならない**白夜**（→p.107）や，北半球と南半球で季節の違いが生じることなども，地軸の傾きと緯度の高さが関係している。

③ 時差

　地球は地軸を中心にほぼ24時間で1回転（360度）しています。そのため，1時間あたり15度（＝360度÷24時間）回転します。

　世界の国々は，国ごとに定める経線の真上に太陽が来たときを正午（午後0時）として時間を決めているため，国ごとに基準とする時刻（**標準時**→p.32）が異なります。この標準時の差を**時差**といい，経度が**15度**違うと**1時間**の時差が生じます。くわしくは33ページの「時差の計算」で学習しましょう。

TRY! 表現力

経度が15度違うと1時間の差（時差）が生じるしくみを計算式を使って説明しなさい。

（ヒント）　地球は自転（1日に1回転）している。

（解答例）　地球は地軸を中心に約24時間で360度回転しているので，360度÷24時間から，1時間あたり15度回転していることになる。このため，経度が15度違うと1時間の差が生じる。

UNIT
9

地球儀と世界地図

着目 距離，面積，角度，方位のどの要素が地図上で正しく表されているかつかむ。

要点

● **地球儀の利用** 地球儀は，距離，面積，角度，方位をすべて正しく描ける。

● **半球の区分** 北半球と南半球，陸半球と水半球などがある。

● **いろいろな世界地図** 世界地図は万能ではなく，用途に応じて使い分ける必要がある。

1 地球儀の利用

　地球は「限りなく球体に近い形」です。そのまま小さくしてつくった模型を地球儀といい，地球上の距離，面積，角度，方位をすべて正しく描くことができます。しかし，ある点を中心にして地球儀を眺めるとその裏側の点は当然見えません。たとえば，日本を中心に見るとブラジルは見えません。そこで世界地図を利用することで，世界全体を俯瞰することができます。また世界地図は持ち運びにも便利です。

2 半球の区分

　赤道から北側（北極点側）を北半球，南側（南極点側）を南半球といいます。陸地は北半球に偏って分布しているので，南半球のほとんどが海洋となっています。地球儀で北極点を中心にして見えるのが北半球，南極点を中心にして見えるのが南半球です。しかし，北半球を見ているときに南半球は見えません。南半球を見ているときも同様です。

　半球の区分には，陸半球と水半球もあります。地球上の「ある地点」を中心に見た場合，陸地面積のしめる割合が最大となる半球を**陸半球**，海洋面積のしめる割合が最大となる半球を**水半球**といいます。

発展

ベハイムの地球儀

現存する最古の地球儀とされているのは，1492年にマルティン・ベハイムが作成した地球儀である。この地球儀には，北アメリカ，南アメリカ，オーストラリアといった「新大陸」がまだ描かれていない。

発展

陸半球と水半球

陸半球の中心はフランス南西部のナント付近，水半球の中心はニュージーランドのアンティポディーズ諸島付近である。

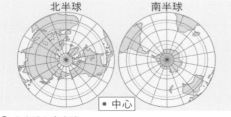

● 北半球と南半球

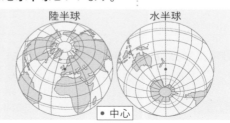

● 陸半球と水半球

③ いろいろな世界地図

　地図に表す要素は，距離・面積・角度・方位の４つであり，それぞれ**正距図法**，**正積図法**，**正角図法**，**正方位図法**によって正しく描かれます。地球はだいたい球体なので，その表面は球面です。しかし球面の情報を，平面の世界地図で表そうにもひずみが生じるため，すべてを正しく表すことはできません。むいたみかんの皮を平らにできないことからもわかります。特定の要素（距離と方位）は組み合わせて表すことができますが，距離・面積・角度の３要素を同時に表すことはできません。そのため，「何を表したいか」という目的に応じて地図を選びます。

　正積図法は，面積が正しく表されるため，形も比較的正しく表されます。「どこに何が分布されているか」を把握しやすいため，分布図をつくるさいは正積図法を用います。**正距方位図法**は，図の中心から任意の点までの距離と方位が正しい図法で，**大圏航路**を直線で表すことができるため，航空図として利用されます（→p.31）。**メルカトル図法**は，角度が正しい図法の１つで，**等角航路**と経線のなす角（舵角）が常に一定となるため航海図として利用されます。

（→p.31）

参考

正距図法
正距方位図法（正方位図法でもある）など。

正積図法
サンソン図法，モルワイデ図法，グード図法，エケルト図法，ボンヌ図法など。

正角図法
メルカトル図法など。

用語

大圏航路
２点間の最短コース。

等角航路
メルカトル図法において，２点間を直線で結んだ航路で，平行直線で描かれる経線に対して，常に一定の角度で交わる。最短コースではない。

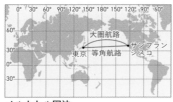

メルカトル図法

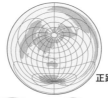

正距方位図法

モルワイデ図法

グード図法

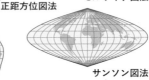

サンソン図法

⬆ いろいろな世界地図

TRY! 表現力

地球上の情報である距離，面積，角度，方位の要素をすべて正しく，地図に描くことができない理由について説明しなさい。

（ヒント）　むいたみかんの皮を，平らにすることが難しいのと同じ原理である。

（解答例）　地球はだいたい球体であるため，その要素を平面である地図上に表そうとすると，ひずみが生じるため。

なぜイギリスはEUを離脱したのか？

● イギリスのEU離脱

2020年1月31日，イギリスは正式にヨーロッパ連合（EU）から離脱しました。イギリスのEU離脱は「ブレグジット（Brexit）」とよばれ，これは「Britain」（英国）と「Exit」（退出）による造語です。この離脱により，1973年にヨーロッパ共同体（EC）に加盟して以来，47年にわたるイギリスとヨーロッパ各国との関係に終止符が打たれることとなりました。

イギリスのEU離脱は，2016年6月23日に実施された国民投票の結果によるものでした（投票結果は，離脱支持が51.9％，離脱反対が48.1％）。もともとイギリスは，ECへの加盟にも消極的で，ユーロなどいくつかのEUの取り決めを導入せず，国内には常に離脱の意見がありました。この動きが加速したのは2000年代後半です。

当時EU域内からイギリスへの移民は毎年約20万人いました。移民とはいっても，イギリス国民と同じように納税しており，行政サービスを受けることができます。しかし移民が増え過ぎると，国民が受ける行政サービスの質が低下するのではないかという考えが一部にあり，不満をもつ人たちもいました。また，イギリスは2007年から始まった世界金融危機などの影響で深刻な経済不況に陥っており，多くの国民が，このままではイギリス社会がますます不安定になるのではないかと不安を強めていたのです。

社会不安が高まる中で，国民投票の実施を決めたのは，デビッド・キャメロン首相（当時）です。彼は保守党出身の政治家であり，元々EU加盟に対して疑問視する政治家が多い保守党内の意見をまとめることに苦労していました。そこで，国民投票を実施することで白黒をはっきりつけようと考えました。キャメロン首相は「EU離脱反対」が過半数を超えると思っていたようで，それによって政権運営を盤石にしようという意図がありました。

しかし，2016年の国民投票では離脱賛成が過半数をしめたため，キャメロン首相は辞任。後任に同じ保守党のテリーザ・メイが就任しました。メイ首相は元々EU離脱反対の考えをもっていたようですが，国民投票で示された民意を尊重し，EU離脱に向けた調整役を担うこととなりました。

イギリスには「**移民に関するルールは自分たちでつくりたい**」という考えがありましたが，「移民の制限」は「人・モノ・金・サービスの移動の自由化」を基本とするEUにおいては，EU市場からの離脱を意味します。また，イギリスの領有する北アイルランドは，EU加盟国である隣国アイルランドと陸続きで，通商もさかんです。イギリスがEUを離脱し，イギリスとアイルランドとの間で関税が設けられると，**貿易のあり方が大きく変わることとなります**。メイ首相は「離脱協定案」を作成して議会にはかりますが，議会はこれを否決。その後も修正案を提出しますが，合計3回の修正案はすべて否決されました。こうして議会調整がかなわなかったメイ首相は首相を辞任しました。

● 経済的利益を求めたイギリス

　2016年の国民投票で，「EU残留（離脱反対）」を希望したのは首都ロンドンやスコットランド，北アイルランドの人たちでした。これらの地域では産業が発達し，国内では経済的にも豊かでした。低賃金労働の多くを移民が担っていたことや移動の自由など，**EU残留で得られる利益が大きいと認識していた**と考えられます。一方で，EU加盟国は独自に外国とFTA（**自由貿易協定**）やEPA（**経済連携協定**）を結ぶことができず，EUが代表して交渉することになっています。イギリスが得意とする産業をいかした貿易をするためには，その独自のルールづくりが必要ですがそれができませんでした。さらにEUの予算のために，年間1兆円ほどの拠出金を納めていましたが，それがイギリスのために使われているという意識が国民の間では低かったともいえます。

● ボリス・ジョンソン登場

　テリーザ・メイの後に首相の座に就いたのはボリス・ジョンソンでした。ジョンソン首相は「イギリスはEUから離脱するが，北アイルランドには特別な規定を設け，アイルランドとの取り引きを続けられるようにする」と提案します。EUはこれを承認したものの，イギリス議会は採決を保留しました。そこでジョンソン首相はEUに対し，離脱期限を当初の2019年10月末から最長で2020年1月末へと延期することを申し出，EUはこれを了承します。さらにイギリス議会の解散総選挙を実施し，これに勝利すると，ついにEU離脱が決定しました。そして2020年6月，移行期間（通商交渉などのため，離脱後もEU加盟国と同じルールが適用される期間で，2020年12月31日まで）の延長はしないことを表明しました。

● イギリス国民の感情

　イギリス国内では，賃金水準の低い東欧諸国からの移民が増えたことで，イギリス国民の雇用機会が減るのではないかという懸念がありました。しかし，EUに加盟している以上，移民の受け入れは拒否できません。また，異なる文化をもった移民や難民に対する税負担，文化的衝突の不安，治安の悪化など，**イギリス国民のさまざまな不安が今回の「Brexit」となって顕在化した**といえます。

日本の企業もイギリスに進出しているけれど，今後はどうなるのかな。

【キャメロン首相】

| 2016年6月 | EU離脱の是非を問う |
| 2016年7月 | 国民投票の結果を受け，首相を退任 |

【メイ首相】

| 2016年7月 | 76代目の首相に就任（サッチャーに続き女性2人目の首相） |
| 2019年7月 | 離脱をめぐり議会と対立し，首相を退任 |

【ジョンソン首相】

2016年7月	メイ内閣の外務大臣に就任
2019年7月	77代目の首相に就任
2019年12月	総選挙で保守党圧勝
2020年1月	EUからの離脱を果たす

◆ イギリスEU離脱へ向けた歴代首相の歩み

UNIT 1 日本の位置

着目 ▶ 地球上での日本の位置を理解する。

要点
- **地球上での日本の位置** 北緯20〜46度，東経122〜154度の間に位置する。
- **日本の標準時子午線** 兵庫県明石市を通る東経135度と定められている。
- **日本と周辺地域** 日本は島国（海洋国）であり，周辺を4つの海に囲まれている。

1 地球上での日本の位置

　日本は，日本列島と周辺の島々を領土としています。日本列島はおもに**北海道**，**本州**，**四国**，**九州**の4つの大きな島で形成されています。日本列島が位置しているのは，ユーラシア大陸の東の沖合で，日本海をはさんでいます。日本が領有している島の東西南北の端を見ると，北端・択捉島（北緯45度33分），東端・南鳥島（東経153度59分），南端・沖ノ鳥島（北緯20度25分），西端・与那国島（東経122度56分）です。つまり日本列島は，**北緯20〜46度**，**東経122〜154度**の間に位置しています。

　同じ緯度帯には，アメリカ合衆国やメキシコ，中国，インド北部，

参考

本州島

本州を「島」とよぶのはなじみがないが，世界第7位の面積をほこる島である。

島の住所

択捉島を除いて，日本の端の島々にも住所がある。南鳥島と沖ノ鳥島は東京都小笠原村，与那国島は沖縄県八重山郡与那国町である。

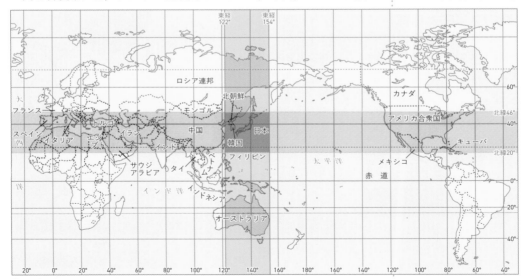

↑ 日本の位置と世界の国々

中央アジアから西アジアの国々，アフリカ北部などがあります。同じ
経度帯には，ロシア連邦から中国東部，ニューギニア島，オーストラ
リアなどがあります。

　日本は東西に経度約30度広がっているので，本来は時差が2時間
生じるはずです。しかし，**兵庫県明石市**を通る**東経135度**のみを標
準時子午線（→p.32）として採用しているので，日本国内のどこの地域
にいる人も東経135度の時刻に合わせて生活をしています。

2 日本と周辺地域

　日本は東アジアに位置する国です。周辺には中国，北朝鮮，韓国，
モンゴルなどがあります。日本列島がユーラシア大陸から分裂して形
成されたこともあり，日本列島より東側の周辺海域にはほとんど島が
見られず，国もありません。

　日本は島国（海洋国）であるため，周辺を海に囲まれています。北側
は**オホーツク海**，東～南側は**太平洋**，西側は**東シナ海**，北西側は**日本
海**です。

　正距方位図法は，任意の点を中心にして，
そこから地球の真裏の点（**対蹠点**）を外周に描
く図法です。右の図は東京を中心にした正距
方位図ですが，これを見ると，東京から東へ
向かうと太平洋を最も長い距離で横断し，南
アメリカ大陸に到達することがわかります。

参考

子午線のまち

兵庫県明石市は，日本の標
準時子午線が通過するため，
「子午線のまち」とよばれ
ており，「子午線郵便局」
という名前の郵便局がある。

用語

対蹠点

地球上の任意の地点の真裏
の場所。たとえば，北極点
の対蹠点は南極点である。

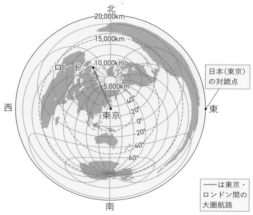

● 東京を中心にした正距方位図

TRY!
表現力

日本は地球上のどこに位置していますか。大陸，大洋，周辺の国々の名をふくめて答えな
さい。

（ヒント）日本は韓国や中国，ロシア連邦と海をはさんで向かい合っている。

（解答例）日本はユーラシア大陸の東，太平洋の北西部に位置し，韓国・中国やロシア連邦などの
国々の近くにある。

日本と世界の時差

着目 時刻が決まるしくみと時差を求めるさいの計算方法を理解する。

要点
- **標準時** 世界の国々は標準時子午線を定めることで，国の標準時を決めている。
- **日本とロンドンの時差** 日本はロンドンよりも東側にあるので先に時間が進む。
- **時差の計算** 日付変更線をまたがない経度差を利用する。

1 標準時

　北半球に位置する国では，太陽が真南にくるときを12時と定めています。しかし，地球は地軸を中心に自転していることもあり，地域ごとに太陽が真南にくる時刻が異なります。そのため，世界各国において基準となる経線(標準時子午線)を定めることで，標準時を決めています。しかし，東西に長く広がる国では標準時子午線を１つに定めることが難しいため，複数の標準時を定めています。日本は領土が東西でおよそ30度にわたって広がっていますが，東経135度のみを標準時子午線と決めています。

　世界の基準となる時刻は，イギリスの首都**ロンドン**にある旧グリニッジ天文台を通る経度０度(**本初子午線**)での時刻です。ここが世界標準時(**グリニッジ標準時〈GMT〉**)とされています。本初子午線よ

複数の標準時

東西に広い国は複数の標準時を採用している。ロシア連邦は11，アメリカ合衆国は６，オーストラリアとブラジルはそれぞれ３つ。中国は東西に広がる国土であるが，標準時は１つである。

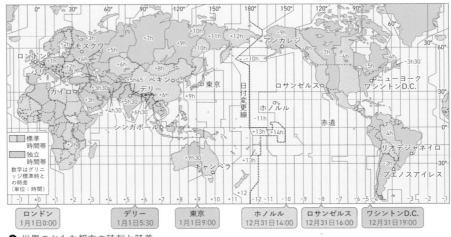

ロンドン	デリー	東京	ホノルル	ロサンゼルス	ワシントンD.C.
1月1日0:00	1月1日5:30	1月1日9:00	12月31日14:00	12月31日16:00	12月31日19:00

🔵 世界のおもな都市の時刻と時差

り東側にあたる東経では，GMTより時刻が早くなり，西側にあたる西経では，GMTより時刻が遅くなります。

② 時差の計算

　各地の標準時どうしのずれを時差といいます。時差を計算するときには，①経度差15度で1時間の時差が生じる，②日付変更線をまたがない経度差を利用する，③東半球のほうが先に1日の始まりをむかえる，④24時間制で考える，この4つを意識すると理解しやすくなります。②については，日付変更線をまたいでしまうと，日付が変わってしまい，計算が複雑になるので，日付変更線をまたがない経度差を利用します。

　まず日本と経度0度のロンドンの時差を考えてみましょう。日本は東経135度に位置しているので，ロンドンとの経度差は135度（＝135度－0度）あり，その時差は9時間（＝135度÷15度）です。

　次に，東京（日本のすべての都市は東経135度を用いる）とロサンゼルス（西経120度）の時差を求めてみましょう。日付変更線をまたがない経度差は255度（＝135度＋120度）です。これを15度で割ると17時間の時差が存在することがわかります。

　たとえば，東京の日時が6月21日午前11時35分だったとします。東京は東半球，ロサンゼルスは西半球なので東京のほうが先に時間が進んでいることから，東京から17時間さかのぼるとロサンゼルスの日時となります。「6月21日午前11時35分」を，「6月20日0時0分から35時間（24時間＋11時間）35分経過した」と考えれば，35時間35分から17時間さかのぼると，18時35分とわかります。よって，ロサンゼルス時間は「6月20日18時35分（午後6時35分）」と考えることができます。このように時差の計算では24時間制で考えると理解しやすいです。

参考

日付変更線

時差が24時間あると，日付が1日異なるため，日付変更線が決められている。日付変更線はほぼ経度180度に沿って引かれており，日付変更線をこえると日付が変わる。東から西へこすときは1日進め，西から東へこすときは1日おくらせる。世界で最初に日付が変わるのはキリバス共和国である。

用語

東半球と西半球

東半球は経度0度より東側の半球のことで，経度は「東経」で表す。西半球は経度0度より西側の半球のことで，経度は「西経」で表す。

参考

ともに東半球に位置する2つの都市

2つの都市がどちらも東半球に位置する場合は，より180度に近いほうが先の時刻である。西半球であれば，より0度に近いほうが先。

TRY! 表現力

東京（東経135度）とニューヨーク（西経75度）の時差を，計算式を使って説明しなさい。

（ヒント）日付変更線をまたがない経度差を利用する。

（解答例）東京とニューヨークの経度差は210度（＝135度＋75度）あり，これを15度で割ると14時間の時差が存在することがわかる。

日本の領域

着目 日本の領域と，日本が抱える領土問題について理解を深める。

要点
- **日本の領土・領海** 国土面積は約38万km²，領海は領土沿岸から12海里（約22km）。
- **日本の排他的経済水域** 国土面積の10倍以上の広さがある。
- **日本の領土問題** 近隣諸国との間で北方領土，竹島，尖閣諸島をめぐる対立がある。

1 日本の領土・領海・領空

　日本の領土，つまり国土面積はおよそ**38万km²**です。これは世界の国々の中で上位3分の1に入る大きさなので，日本は比較的大きい国です。領土沿岸から**12海里**（およそ22km）までを領海とします。領土と領海の上空が領空です。また領土沿岸から**200海里**（およそ370km）の範囲のうち，領海を除く部分は日本の排他的経済水域で，水域内の水産資源や鉱産資源に対して主権を主張することができます。日本は島国（海洋国）であり，7,000近くの島々の沿岸から，それぞれ200海里を設定することができるため，排他的経済水域の面積が非常に大きくなります。日本が有する排他的経済水域の面積はおよそ447万km²であり，国土面積の10倍以上の広さです。これはアメリカ合衆国や中国の国土面積の半分近くにあたります。世界各国の排他的経済水域の面積を比べると，**アメリカ合衆国**（762万km²），**オーストラリア**（701万km²），**インドネシア**（541万km²），**ニュージーランド**（483万km²），**カナダ**（470万km²）などが上位で，日本も上位国に入ります。

　日本の南端の島である沖ノ鳥島は，満潮時にはわずかばかりが海面上に出ているだけになってしまいます。中国は「沖ノ鳥島は岩である」と抗議していますが，日本は国際法上「島」であると主張しています。沖ノ鳥島がもつ排他的経済水域はおよそ40万km²であり，日本の国土

日本の鉱産資源開発

日本は海洋国として，メタンハイドレートやレアメタル（希少金属）など，水域内の鉱産資源の開発を進めている。

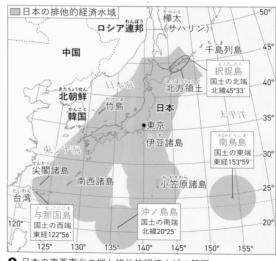

↑ 日本の東西南北の端と排他的経済水域の範囲

面積(38万km²)よりも広く，これを失ったときの経済的損失は非常
に大きいといわれています。そこで，日本政府は沖ノ鳥島の周囲の護
岸工事を実施し，さらには有人島にすることを目指して，2011年か
ら750億円の予算を費やして港湾整備が行われました。

② 日本が抱える領土問題

　地球上に存在する「土地」と「資源」には限りがあります。その土
地と資源の奪い合いこそが人類の歴史といってよいでしょう。領土も
同じで，戦争に勝利して得た戦利品や，購買などで，その帰属が変遷
してきました。

　日本は，明治時代に千島列島を領有し，日清戦争や日露戦争などを
経て，台湾や朝鮮半島，樺太南部なども領有しました。現在の領土に
なったのは第二次世界大戦後のことです。

　しかし，現在も帰属をめぐって日本が外国と対立している島があり
ます。**北方領土**と**竹島**です。

　北方領土は，日本が太平洋戦争でポツダム宣言を受諾したあと，ソ
ビエト連邦によって占領され，現在はロシア連邦によって不法な占拠
が続いています。そのため日本とロシア連邦との間では，現在におい
ても平和条約が結ばれていません。日本政府は，北方領土は日本固有
の領土であるとして，ロシア連邦に返還を求めています。

　竹島は韓国による不法占拠が続いています。日本が竹島の領有権を
再確認した1905年以前から韓国が竹島を実効支配していたことを示
す根拠は提示されておらず，また1951年に署名されたサンフランシ
スコ平和条約において日本が放棄すべき地域に竹島はふくまれないと
するアメリカ合衆国の報告があります。

　なお，中国などが領有権を主張している**尖閣諸島**については，そも
そも領有権問題は存在しないという日本政府の見解があります。

主要国の排他的経済水域の面積

国	排他的経済水域の面積	領土面積
アメリカ合衆国	762万km²	983万km²
中国	96	960
ブラジル	317	852
インドネシア	191	541
ニュージーランド	27	483
日本	38	447

※排他的経済水域には領海を
ふくむ。
（「海洋白書」などによる）

❖ おもな国の排他的経済
水域の面積

【参考】

**ロシア連邦による北方
領土の不法占拠**

ソビエト連邦は1945年8
月28日から9月5日にかけ
て北方領土を占領したが，
それ以前から北方領土で生
活するソビエト人は1人も
いなかった（日本の外務省
による）。日本では毎年2
月7日は，「北方領土の日」
として制定されている。

TRY! 表現力

日本政府が沖ノ鳥島の護岸工事を行った理由について説明しなさい。

（ヒント）　沖ノ鳥島がもつ排他的経済水域は日本列島の面積よりも広い。

（解答例）　沖ノ鳥島が水没してしまうと，日本は広大な排他的経済水域を失うことになり，経済的
損失が大きいから。

UNIT
4

日本の地域区分

着目 ▶ 日本にはさまざまな地域区分が存在する。

要点
● **自然条件で区分する** 気候条件による区分は大きく6つある。
● **文化によって区分する** 方言や食文化による区分がよく用いられる。
● **政治的・経済的に区分する** 三大都市圏，太平洋ベルトなどがある。

1 自然条件による区分

　「区分」とは，任意の条件によって区分けするものであり，土地の場合は区分けされた一つひとつを「**地域**」といいます。

　日本を自然条件によって区分してみましょう。自然とは地形や気候からなるものです。日本は国土のおよそ **4 分の 3** が山地・丘陵地となっていて，全体的に山がちな地形をしており，平野の割合は小さく，ここに多くの人々が密集して生活をしています。日本列島が北緯20〜46度と南北に広く展開していることや，季節風(モンスーン)の影響が強いユーラシア大陸の東側に位置していることもあり，多様性のある気候を示します。気候的特色による区分は，北海道，太平洋側，日本海側，内陸(中央高地)，瀬戸内，南西諸島の 6 つが知られています(→p.203)。

2 文化による区分

　「文化」は，言語や宗教，慣習など，多くの人々で共有されているものです。日本国内に目を向けると，「**方言**」や「**食文化**」などは，地域によって多少の違いが見られます。さらに細かく見ると，都道府県単位にとどまらず，都道府県内でも地域ごとにさまざまな方言が存在しています。各地域で，独特の言いまわしやアクセントがあります。日本では，明治時代以降，東京の方言を標準語として普及させてきました。

　食文化に関しては，味が濃い・薄い，味噌汁に使用する味噌の種類，うどんのつゆ，雑煮など，地域ごとに特色があります。

おにぎりの形やカレーに入れる肉の違いも文化かな？

③ 政治的・経済的な区分

　日本では都道府県を基本単位として，さらに広域な範囲を「○○地方」として称することがあり，一般に**北海道**地方，**東北**地方，**関東**地方，**中部**地方，**近畿**地方，**中国・四国**地方，**九州**地方という**7地方区分**が用いられます。一方で，「関東甲信越地方」や「東海地方」，「中国地方」と「四国地方」のように，複数の地方にまたがったり，細分化された地域区分もあります。

　近年では，**道州制**を導入するという議論もあります。また，気象庁は北日本，東日本，西日本，沖縄・奄美という区分を用いることがあります。

　経済的なつながりが強い地域による区分もあります。たとえば，「1都3県」と言われる，東京都・神奈川県・埼玉県・千葉県は域内を結ぶ交通手段が高度に発達しており，通勤や通学，買い物といった人々の往来が日常的に行われています。こうした大都市を中心とした周辺地域との結びつきを**都市圏**といいます。**東京大都市圏**だけでなく，**名古屋大都市圏**，**京阪神大都市圏**なども存在しており，これらを新幹線などの高速交通網で結びつけ，経済的なつながりが大きくなっています。**三大都市圏**をふくむ千葉県から兵庫県までの地域を**東海道メガロポリス**とよぶことがあります。東海道メガロポリスをふくみ，瀬戸内地方から九州北部にいたるまでの地域を**太平洋ベルト**とよびます。

□ 北日本
□ 東日本
□ 西日本
■ 沖縄・奄美
※奄美地方は沖縄もしくは九州南部と同じ地方に分類される。

北海道
東北
北陸
関東甲信
中国
近畿
東海
九州北部
四国
九州南部・奄美
沖縄

● 気象庁による地域区分

道州制

現在の「都道府県制」よりも広範な地域を，新しい行政区として設定する構想。明治時代の廃藩置県をきっかけに都道府県制の形がつくられ，中央政府に大きな権限や財源を集中させる中央集権型の行政システムによって，日本は発展してきた。都道府県制では解決しづらい問題に対応し，より自立した地方経済圏をつくる必要があるとの考えがもとになっている。

TRY!
思考力

日本を区分できることがらを，事例をあげて答えなさい。

（ヒント）　身近な食べ物やものごとなどに注目する。

（解答例）　例1：米味噌・麦味噌・豆味噌を使う地域で大きく3つに分けられる。麦は九州地方・四国地方の一部，豆は中部地方の一部，それ以外は米を使うところが多い。
　　　　　例2：JRの旅客鉄道によって，北海道・東日本・東海・西日本・四国・九州の6つに分けられる。

プレートの境界

● 大陸移動説

　かつてアルフレッド・ウェゲナーというドイツ人がいました。ウェゲナーは南アメリカ大陸の東海岸線とアフリカ大陸の西海岸線の形状が似ていることに注目して,「2つの大陸は,元々1つの大陸だったのではないか!?」という仮説を立てました。そして著書『大陸と海洋の起源』にて大陸移動の可能性について記述しました。かつて地球上に存在する大陸は1つの大陸であり,およそ2億年前から分裂して現在のような大陸の配置になったと主張します。しかし,大陸を移動させた「原動力」についてまでは明らかにできず,彼の仮説は仮説のままで終わってしまいました。

　ちなみに,彼の義父は「ケッペンの気候区分」で有名な,ウラジミール・ケッペンです。

● ウェゲナーの死後,注目される！

　1930年,ウェゲナーはグリーンランドで50年の生涯を閉じます。グリーンランドには,大陸移動説の根拠を探すため訪れていました。ウェゲナーが示した大陸移動説は,後にプレートトテクトニクスによるものであると判明しましたが,それは彼の死後およそ40年が経ってからのことです。さまざまな理論をまとめ,「プレートテクトニクス」として完成させたのは,ウィルソンという人でした。

　今となっては大陸が移動したことは事実として認められており,大陸の移動はプレートの移動によるものということになっています。プレートとは地球の表面を覆う厚さ100km程度の岩盤のことです。地球は15枚程度のプレートに覆われていると考えられています。さらにそのプレートを動かしているのが,マントルとよばれる物質です。マントルは固体であり,岩石から形成されたものです。地球の中心には高温の核(コア)が存在しますが,その周りをゆっくりとマントルが動いています。マントルの対流によって,その上に乗っているプレートが動き,連動して大陸が動くことがわかりました。プレートには非常に重い海洋プレートと,海洋プレートよりは軽い大陸プレートがあります。

● プレートの境界

　プレートは絶えず動き,大陸は分裂や移動を繰り返します。遠い未来において,現在のような大陸の配置ではなくなります。

　マントルが上昇し反対方向に広がっていく場所では,プレートも毎年数cmずつ反対方向に広がっていきます。広がることで生じた割れ目

● 大陸の移動

の部分からマグマが供給され，これがマントルの一部となっていきます。これを**プレートの広がる境界**といいます。広がる境界はマントルの上昇部にあたるため，山状に盛り上がり海底山脈を形成します。

他にも**プレートの狭まる境界**や**プレートのずれる境界**などがあります。ずれる境界は北アメリカ大陸西部で見られ，地震や火山の噴火などが多発します。

● **プレートの狭まる境界**

プレートの狭まる境界には，沈み込み型と衝突型があります。

沈み込み型は大陸プレートの下に，より重い海洋プレートが沈み込むプレート境界です。海洋プレートは沈み込んでいくさいに，大陸プレートを引っかけながら，たわませていきます。このときに海底にできる深い溝が海溝です。また，大陸プレート側にはマグマが発生し，これが火山を生み出します。火山は海溝に沿って列状に島を形成します。これを**弧状列島**といい，日本列島も弧状列島の１つです。また，大陸プレートのたわみが大きくなると，元に戻ろうとしてプレートが大きく動き，巨大な地震が発生します。これを海溝型地震といいます。

日本列島周辺には，**千島・カムチャツカ海溝**，**日本海溝**，**伊豆・小笠原海溝**，**相模トラフ**，**南海トラフ**，琉球海溝などがあります。このため日本列島は地震や火山が多く，災害が頻発する

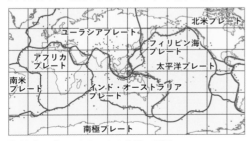

↑ 地球のプレートとおもな地震の震源

地域となっています。**関東地震**(1923年)，**兵庫県南部地震**(1995年)，**新潟県中越地震**(2004年)，**東北地方太平洋沖地震**(2011年)などの巨大地震がよく知られています。海溝とトラフの違いは，水深が6,000 mより深ければ**海溝**，浅ければ**トラフ**といいます。

一方，衝突型は大陸プレート同士が衝突するプレート境界です。プレート同士が衝突することで，地層が波状に曲げられます。これを褶曲構造といいます。褶曲構造をもつ地層は原油の埋蔵量が多くなります。アラビア半島西側の紅海はプレートの広がる境界となっているため原油の埋蔵はほとんど見られませんが，東側のペルシア湾とその周辺はプレートの狭まる境界の衝突型で，原油の埋蔵が見られます。

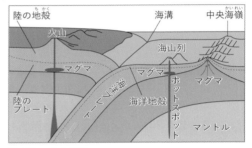

↑ プレートの移動

日本の周りにプレート境界が集まっているね！

定期テスト対策問題

解答 ➡ p.320

問 1 地球の姿と世界地図

右の地図を見て，次の問いに答えなさい。

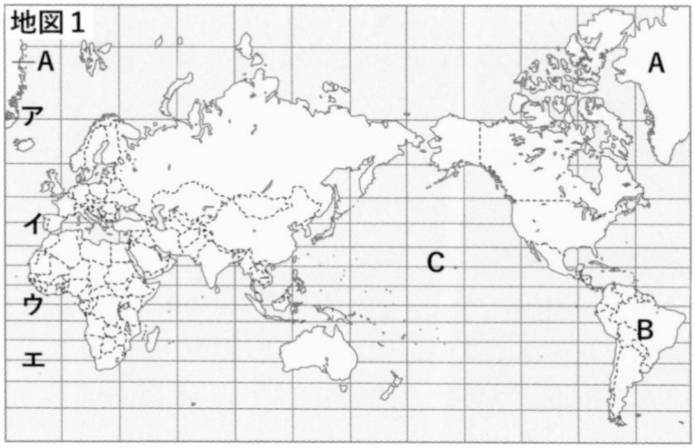

(1) **地図1**は緯線と □ **a** □ が直角に
交わる図法，**地図2**は中心である東
京からの □ **b** □ と方位が正しい図
法である。**a・b**にあてはまる語句
を答えよ。

(2) **地図1**中の**ア〜エ**の緯線のうち，
次の文にあてはまるものを１つずつ
選び，記号で答えよ。

　① 北半球と南半球の境目となって
　　いる。

　② ６月には太陽が深く沈まず，うす明るいままの夜
　　となる白夜が訪れる。

(3) **地図1**中の**A・B**は，それぞれ**地図2**中の**A・B**と
同じ陸地を示している(**地図1**中では**A**は２か所に分
かれて描かれている)。六大陸の１つである陸地は
A・Bのどちらか。また，その大陸名を答えよ。

(4) **地図2**中の**B**の陸地は，東京から □ **c** □ へ向かっ
たとき最初に到達する陸地である。 □ **c** □ にあては
まる方位を四方位で答えよ。

(5) **地図1**中の**C**は，三大洋のうちの１つである。この大洋名を答えよ。

(6) **地図2**中の**D・E**の大陸について正しく述べたものを，次から１つ選び，記号で答えよ。

　ア **D**は六大陸のうち２番目に面積の大きな大陸である。

　イ **E**の大陸は東京から見て北西の方位に位置する。

　ウ **D**の大陸は２つの大陸と陸続きになっている。

　エ **E**の大陸は六大陸のうち面積が最も小さい。

地図1

地図2

問 2 世界の地域区分と国々

右の地図を見て，次の問いに答えなさい。

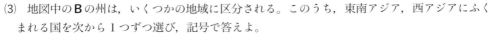

(1) 地図中の**A**の州の名を答えよ。

(2) 地図中の**B**の州に位置する国としてあてはまらないものを，次から１つ選び，記号で答えよ。

 ア 面積が世界最大の国
 イ 人口が世界最大の国
 ウ 面積が世界最小の国
 エ 人口が世界第2位の国

(3) 地図中の**B**の州は，いくつかの地域に区分される。このうち，東南アジア，西アジアにふくまれる国を次から１つずつ選び，記号で答えよ。

 ア サウジアラビア **イ** モンゴル   **ウ** パキスタン
 エ マレーシア   **オ** ウズベキスタン

(4) 地図中の**C・D**の州に位置する島国を次から１つずつ選び，記号で答えよ。

 ア スリランカ   **イ** マダガスカル **ウ** キューバ
 エ ニュージーランド **オ** アイスランド

(5) 地図中の**C・E**の州に位置する内陸国を次から１つずつ選び，記号で答えよ。

 ア パラグアイ **イ** カザフスタン **ウ** ラオス
 エ スイス   **オ** マリ

(6) 右の**図1**は，地図中の**D**の州にふくまれるある国の国旗を示している。**図1**中の**X**は，この国をかつて&boxed;**a**&boxed;として支配していた国の国旗で，**D**の州には現在もこの国を中心とする&boxed;**b**&boxed;連邦に加盟している国が多い。**a・b**にあてはまる語句を答えよ。

(7) 右の**図2**は，地図中の西アジアにふくまれるある国の国旗である。このような三日月と星をあしらった国旗は，&boxed;**c**&boxed;教の信者が多い国に見られる。**c**にあてはまる宗教名を答えよ。

(8) 地図中の**F**の州にふくまれない国を次から１つ選び，記号で答えよ。

 ア コロンビア **イ** メキシコ **ウ** カナダ **エ** アメリカ合衆国

図1
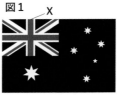
X

図2

問 **3** 日本の姿

右の地図を見て，次の問いに答えなさい。

(1) 次の説明にあてはまる地方区分を，地図中の**A**〜**G**から１つずつ選び，記号で答えよ。

① 陸上でほかの３つの地方と境界を接している。

② ２つの府，５つの県から成り立っている。

(2) 地図中の**A・E・G**の地方には，日本の東西南北の端に位置する島がふくまれている。東端と南端にあたる島がともにふくまれる地方を選び，記号で答えよ。

(3) 日本の東西南北の端に位置する島のうち，ロシア連邦(れんぽう)によって占拠(せんきょ)されている島はどの地方にふくまれるか。**A・E・G**から選び，記号で答えよ。

(4) 日本固有の領土であるが，現在，韓国(かんこく)によって占拠されている島はどの地方にふくまれるか。地図中の**B・C・D・F**から選び，記号で答えよ。

(5) 地図中の⬭は，海岸線から12海里(かいり)までの海域で，[ ]とよばれる領域である。[ ]にあてはまる語句を答えよ。

(6) 地図中の•の４都市について，次の文中の**a・b**にあてはまる語句を答えよ。

これらは県庁所在地で，いずれも都市名に[**a**]という漢字がふくまれている。このうち，３つは県名と同じ都市名をもっている。県名と異なる都市は，[**b**]県の県庁所在地である。

(7) 地図中の**X**は，日本の標準時子午線(ひょうじゅんじしごせん)が置かれている都市である。この都市名を答えよ。また，この標準時子午線の経度(けいど)を次から選び，記号で答えよ。

ア 西経(せいけい)135度　　**イ** 西経140度　　**ウ** 東経(とうけい)135度　　**エ** 東経140度

(8) 右の表は，日本のおもな４島を面積の大きな順に示したものである。Ⅲの島に位置する地方を地図中の**A**〜**G**から選び，記号で答えよ。

(9) 右の表をもとに，４島の面積の比較(ひかく)について正しく述べたものを次から１つ選び，記号で答えよ。

	面積(km²)
Ⅰ	227,942
Ⅱ	77,984
Ⅲ	36,782
Ⅳ	18,297

(2019年)　　　　(「日本国勢図会」による)

ア 本州は九州の約３倍である。　　**イ** 九州は四国の約３倍である。

ウ 北海道は四国の約３倍である。　　**エ** 本州は北海道の約３倍である。

2章

世界の人々の暮らし

SECTION 1 世界の気候

SECTION 2 さまざまな暮らし

SECTION 3 世界の文化

世界の気候①

UNIT 1

着目 気候を構成する気候要素である気温，風，降水について理解する。

要点
- **気温の特徴** 気温は太陽から受ける熱の量や，陸地・海洋上を吹く風により変化する。
- **風の特徴** 風は高気圧から低気圧に向かって流れる空気である。
- **降水の特徴** 降水は上昇気流が見られる場所で発生する。

1 気温の特徴

　気温とは空気の温度のことです。気温の水平分布を見ると，緯度に応じて変化します。これは太陽から受ける熱の量に比例するもので，低緯度ほど熱量は多く気温が高くなり，高緯度ほど熱量は少なく気温が低くなります。一般に南北の回帰線の間は太陽エネルギーの到達量が大きいため，**熱帯**といわれる年中気温の高い気候が展開します。また垂直分布を見ると，標高が高いほど気温が低く，低いほど気温が高くなります。

　気温の**年較差**を見ると，一般に高緯度地方や中緯度地方の大陸東岸，大陸の内陸部で大きくなり，低緯度地方や中緯度地方の大陸西岸，大陸沿岸部で小さくなります。これは海洋の影響が大きいといわれています。中緯度地方は偏西風帯であり，大陸西岸は海洋上を吹いてくる偏西風の影響で湿った空気が届くため，夏が冷涼(あたたまりにくい)，冬は温暖(冷めにくい)となるので気温の年較差が小さくなります。逆に大陸東岸は海洋上を吹いてくる偏西風の影響が届かないため，あたたまりやすく冷めやすくなります。また，夏と冬で気圧の配置が逆転するため，これが**季節風(モンスーン)**を発生させる要因となります。

2 風の特徴

　風は高気圧から低気圧に向かって流れる空気のことで，**高気圧**は「風の吹きだし口」，**低気圧**は「風が吹きこむ場所」です。基本的には水平移動するものが**風**，垂直移動するものは**気流**とよばれます。

　赤道付近は太陽エネルギーの到達量が大きく，気温が高いため，あたためられた空気は軽くなって上空へ移動します。つまり気圧が低くなります。赤道付近は周辺地域に比べて絶えず気圧が低いため，風が

用語

年較差

最暖月平均気温と最寒月平均気温の差。

参考

低緯度地方の気温の年較差

低緯度地方は熱帯気候が展開するため，年中気温が高い。よって，年較差が非常に小さい。

水の比熱

比熱とは，物質1gの温度を1℃上げるために必要な熱量のこと。水は比熱が大きく，あたたまりにくく冷めにくい。つまり海洋も同様である。逆に大陸はあたたまりやすく，冷めやすい。

吹きこんできます。逆に北極や南極といった場所は気温が低いため，高気圧が発達し，ここから極東風という風が吹きだしていきます。

　緯度30度付近には，**亜熱帯（中緯度）高圧帯**とよばれる高気圧帯が広く分布しており，ここから風が吹きだします。赤道に向かって吹きだす東寄りの風である**貿易風**，高緯度側へ吹きだす偏西風，極付近から吹きだす**極東風**があります。これらの風は**恒常風**といい，季節に応じて風向きが変わることなく年中同じ方向に吹いています。

③　降水の特徴

　降水は地表に降り注ぐ雨や雪，ひょう，あられなどを総称した用語です。空気が上昇して飽和水蒸気量が減じたときに，ふくみきれなくなった水分が降水となります。上昇気流が見られるのはおもに4つのパターンが知られています。

　1つ目は，激しい気温の上昇が見られ一気に上昇気流が発生する場合（対流性）。対流性には，上空に寒気が入りこみ，地表付近に降りてくることであたたかい空気がもち上げられて上昇気流が発生する場合もふくみます。

　2つ目は，山地の風上側に吹きつけた風が山地斜面を強制的に上昇する場合（地形性）。上昇した風は高温乾燥の風となって風下側へ吹きおろします。これを**フェーン現象（→p.123）**といいます。

　3つ目は，特定の場所に風が吹きこみ行き場を失った空気が上昇気流を発生させる場合。

　4つ目は，温度差のある2つの風がぶつかるとあたたかくて軽い空気が，冷たくて重い空気の上に乗り上げて上昇気流が発生する場合。暖気が前進して上昇気流が発生すると乱層雲が，寒気が前進して暖気をもち上げた場合は積乱雲がそれぞれ発達します。

東寄りの風

地球の自転の影響を受けて，貿易風や極東風は東寄りになる。

用語

偏西風

偏西風は地球の自転の影響を受けて，西寄りの風となる。およそ緯度30〜65度付近にかけて吹いている。

飽和水蒸気量

空気中には水蒸気がふくまれているが，その量には限界がある。空気1m³にふくむことができる最大の水蒸気の量のことを，飽和水蒸気量という。飽和水蒸気量は，空気の温度が高いほど増え，低いほど減る。

積乱雲は突風や雷，強い降水をともなうことが多いよ。

TRY!
表現力

季節風の特色を説明しなさい。

（ヒント）　風には，年中同じ方向に向かって吹く風とそうでない風がある。

（解答例）　季節風は，夏と冬で吹く向きが逆になる。別名をモンスーンともいう。

UNIT 2 世界の気候②

着目 ▶ 熱帯気候の特徴と植生，土壌について理解する。

要点
- **植生が見られる気候** 植物は気温と降水量の影響を受けて分布する。
- **熱帯気候** 熱帯雨林気候とサバナ気候に区分される。
- **熱帯気候の植生と土壌** 密林を形成し，土壌は赤みをおびている。

1 植生が見られる気候

かつて気候を特徴づけた植物学者に**ケッペン**というドイツ人がいました。ケッペンは，気候を大きく「**植生が見られる気候**（樹木気候）」と「**植生が見られない気候**（無樹木気候）」に区分しました。さらに，植物がとくに気温と降水量の影響を受けて分布することに着目し，気温と降水量の違いで気候を区分しました。

樹木気候は，**熱帯**（最寒月でも気温が高く，年降水量が多い），**温帯**（温暖な気候を示し，降水量はやや多い），**亜寒帯（冷帯）**（最寒月の気温が低く，年降水量はやや少ない）の３つです。

2 熱帯気候の特徴

熱帯気候は１年を通して気温が高く，年降水量が多い気候で，低緯度地方に広く分布しています。１年を通して雨が降る**熱帯雨林気候**と，雨の多い季節（雨季）と少ない季節（乾季）がはっきりと分かれている**サバナ気候**の２つに区分されます。

熱帯雨林気候は，赤道直下に展開する気候で非常に高温多雨です。そのためさまざまな**常緑広葉樹**が広く生息し，熱帯雨林が形成されます。樹木は高さがまばらで，種類が豊富です。一般に広葉樹は種類が20万種あるといわれています。枝が生い茂り太陽光線が届きにくいため，鬱蒼として地面はじめじめしています。

サバナ気候は，熱帯雨林気候の周辺に展開する気候です。冬には乾季となることも

用語

植生
一定の場所に見られる植物の集まり。森林の植生，草原の植生，高山の植生といったように多様な植生が存在する。

↑ 熱帯雨林（ブラジル➡p.168）

あり，森林はあまり見られません。樹木はまばらに生えていて，丈の長い草原が広がっています。このような長草草原を**サバナ**といいます。

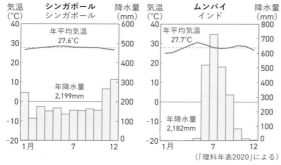

● 熱帯雨林気候（左）とサバナ気候（右）の雨温図

③ 熱帯気候の植生と土壌

熱帯雨林気候で見られる植生は50 mに達するほどの高さをもち，密林を形成しています。そのため，蒸散量が多く，密林の蒸散でつくられる降水も多くなります。樹木は種類が豊富で硬木が多いことから，目的の樹種を判別して伐採，加工することが難しく，熱帯地域では林業がそれほど発達していません。

熱帯気候下の土壌は，激しい降雨によって有機物がとけて流出してしまいます。一方で鉄分やアルミ分などは残留しているため，土壌はやせていて，赤みを帯びています。この土壌は**ラトソル**とよばれます。またボーキサイトの多くが熱帯土壌から産出されます。

蒸散量
植物が大気中へ放出する水蒸気の量のこと。

● 熱帯地域の土壌（ニューカレドニア）

TRY!
表現力

熱帯雨林気候とサバナ気候の降水量と植生の特色を説明しなさい。

（ヒント） 熱帯は1年を通して気温が高く，降水量が多い気候である。

（解答例） 熱帯雨林気候は，1年を通して雨が多く降り，熱帯雨林を形成する。サバナ気候は，雨季と乾季がはっきりと分かれていて，まばらな樹木や草原が広がる。

UNIT

3

世界の気候③

着目 温帯気候と亜寒帯(冷帯)気候の特徴について理解する。

要点
- **温帯気候** 地中海性気候，西岸海洋性気候，温暖湿潤気候などに区分される。
- **温帯気候の特徴** 大陸の西岸と東岸で明確な違いが見られる。
- **亜寒帯(冷帯)気候の特徴** 短い夏と寒さの厳しい冬があり，夏と冬の寒暖差が大きい。

1 温帯気候の特徴

　温帯気候は，乾燥気候より高緯度側，緯度30～50度付近に展開する気候です。大陸西岸に限っていえば，偏西風の影響が強く緯度50度をこえるような高緯度帯にも展開します。ヨーロッパに見られる西岸海洋性気候が好例です。

　温帯気候には，おもに大陸西岸に展開する**地中海性気候**や**西岸海洋性気候**，おもに大陸東岸に展開する**温暖冬季少雨気候**や**温暖湿潤気候**があります。いずれの気候も季節の変化がはっきりしていて，季節ごとの降水量によって区分されます。

　地中海性気候は夏に乾燥し，冬に雨が降ります。夏の乾燥に耐えるために葉が硬くなった**硬葉樹**が見られるのが特徴です。

　西岸海洋性気候は，1年中偏西風の影響を受けて降水が見られる気候です。偏西風の影響を大きく受ける大陸西岸に展開します。ヨーロッパの大西洋岸などの緯度が高い地域でも，偏西風と暖流の影響によって，冬でも比較的気温が高くなります。気温の年較差が小さいのが特徴です。植生は森林が見られ，比較的肥沃な土壌(**褐色森林土**とよばれる)が分布しています。

　温暖冬季少雨気候は夏は高温多雨，冬は低温少雨になる気候です。植生は常緑広葉樹の一種である**照葉樹**が見られます。

　温暖湿潤気候は年

用語

地中海性気候

海洋上を通過してくる偏西風の影響を受けて，冬に多雨となる。大陸西岸を中心に展開する。

参考

海洋性気候

大陸沿岸部に展開する，気温の年較差が小さい気候のこと。

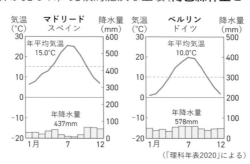

○ 地中海性気候(左)と西岸海洋性気候(右)の雨温図

(「理科年表2020」による)

間を通して平均的に降水が見られ, 夏と冬の気温の差が大きくなります。日本列島では北海道と, 南西諸島などの亜熱帯地域を除いた地域に展開する気候です。西岸海洋性気候より, 最暖月の気温が高いという特徴があります。土壌は褐色森林土が分布しています。

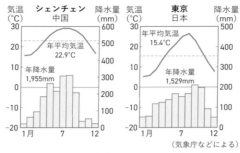

↑ 温暖冬季少雨気候(左)と温暖湿潤気候(右)の雨温図

② 亜寒帯(冷帯)気候の特徴

亜寒帯(冷帯)気候は北緯40度以北に見られる気候です。年間を通して降水が見られる**亜寒帯湿潤気候**と, 冬に極端に少雨となる**亜寒帯冬季少雨気候**があります。亜寒帯気候が展開する北部では, 冬の寒さが厳しく年平均気温が低いため, あまり腐植が進まずやせた白っぽい土壌(**ポドゾル**)が分布しています。また, **タイガ**とよばれる針葉樹の純林地帯が広がっています。温帯に近い南部では**褐色森林土**が分布し, 農業が営まれています。

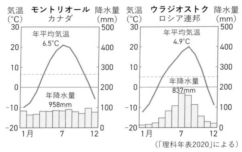

↑ 亜寒帯湿潤気候(左)と亜寒帯冬季少雨気候(右)の雨温図

照葉樹

温帯地域に見られる常緑広葉樹の一種。かし, しい, くすなど。照葉樹は表面のクチクラ層が発達していることから, 葉に光沢がある。

亜寒帯(冷帯)気候

亜寒帯は北半球のみに分布しており, 夏は比較的気温が上がるが, 冬は寒さが厳しくなる。南半球は海洋面積の割合が高いため, 比熱が大きくあたたまりにくく, 冷めにくい。これによって亜寒帯気候が展開する条件が発生しない。

針葉樹

種類が500程度あるといわれており, 広葉樹に比べて純林を形成しやすい。そのため目的の樹種の判別が容易であり, 林業が発達しやすい。

TRY!
表現力

中緯度の大陸の東岸は, 西岸と比較して高温多雨となりやすい。その理由について説明しなさい。

ヒント　偏西風の影響が小さい。

解答例　中緯度の大陸東岸は, 海洋上を通過してくる偏西風の影響が小さいため, 気温の年較差が大きくなる。この結果, 気圧の配置が逆転して季節風の影響が大きくなるため。

UNIT
4

世界の気候④

着目 ▶ 無樹木気候（乾燥気候と寒帯気候）の特徴を理解する。

- **無樹木気候**（むじゅもく） 乾燥帯（かんそうたい）と寒帯（かんたい）は樹木が生育しにくい。
- **乾燥気候**（きこう） 砂漠気候とステップ気候に区分される。
- **寒帯気候** ツンドラ気候と氷雪気候（ひょうせつ）に区分される。

1 植生が見られない気候

　植生が見られない（正確には樹木が生育しにくい）気候を**無樹木気候**（むじゅもく）といいます。無樹木気候は年降水量が極めて少ない，もしくは年平均気温（きおんきん）が極端に低いなどの理由で植生がほとんど見られません。前者は**乾燥帯**（かんそうたい），後者は**寒帯**（かんたい）とよばれています。

2 乾燥気候の特徴

　乾燥気候は年降水量が少なく，樹木が生育しにくい気候です。目安として年降水量500 mm未満の気候が乾燥気候とされます。一部の植物を除いて植生が見られない**砂漠気候**，樹木はほとんど見られないが草原は見られる**ステップ気候**があります。
　砂漠気候は気温の年較差（ねんかくさ）が大きいだけでなく，それ以上に気温の日較差（にちかくさ）も大きい気候です。そのため，夜は急激に冷えこみます。年降水量が極めて少なく，年間を通してもごくまれに降水が見られる程度です。植生が見られないため，土壌は腐植層（ふじょく）をもたないアルカリ性の**砂漠土**（ばくど）が分布しており，農作物の栽培（さいばい）は不可能です。しかし一部では，河川（かせん）や地下水，**オアシス**を利用したかんがい農業が営まれています。
　ステップ気候は砂漠気候の周辺に展開しており，雨が降る季節（雨季）がわずかに見られる気候です。

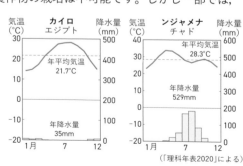

❶ 砂漠気候（左）とステップ気候（右）の雨温図

用語

日較差

1日のうち，最高気温と最低気温の差。一般に沿岸部で小さく，内陸部で大きくなる。

参考

砂漠土

地下水は毛細管現象（もうさいかん）によって，まれに見られる降水時に地下水の塩類をもち上げてしまい，その後水分だけが蒸発して土壌中に塩類が残留する。塩類集積によって土地は不毛地化する。

発展

砂漠気候が展開する場所

1年を通して亜熱帯（あねったい）（中緯度（ちゅうい））高圧帯の影響を受ける地域（回帰線砂漠（かいきせん）），沖合を寒流が流れるため周辺の大気が冷やされて上昇気流があまり起こらない地域（**海岸砂漠**（がんさばく）），海洋からの湿った風がほとんど届かないほどの内陸部（**内陸砂漠**（ないりく）），乾いた風が吹きおろす山脈の風下側（**雨陰砂漠**（あまかげ））の大きく4つに分類される。

樹木はほとんど見られませんが，**ステップ**とよばれる丈の短い草原が見られます。この草原が腐植層を形成し，ほとんど降水が見られないことで，土壌中の有機物がとけて流れず残留します。とくにウクライナからロシア南部にかけては，**チェルノーゼム**とよばれる非常に肥沃な土壌が分布しており，大規模な小麦栽培が行われています。

③ 寒帯気候の特徴

寒帯気候は冬だけでなく，夏の気温の上昇もほとんど見られない，年平均気温が非常に低い気候です。わずかに草やこけ類が生えるだけでほとんど植生は見られません。最暖月平均気温が0℃以上だと**ツンドラ気候**，0℃未満であれば**氷雪気候**です。

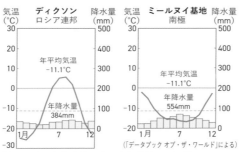
↑ ツンドラ気候（左）と氷雪気候（右）の雨温図

ツンドラ気候は0℃を超える短い夏に草やこけ類が生育します。北ヨーロッパや北アメリカではトナカイの遊牧などが広く行われていました。

氷雪気候は最暖月でも0℃を超えない厳寒地です。1年中氷雪に閉ざされているため植物は生育しません。グリーンランド内陸部と南極大陸にのみ展開する気候です。

発展

高山気候

ケッペンの気候区分には存在しない気候。高山地域の気候は，一般に温帯で2,000m以上，熱帯で3,000m以上の高標高で見られる。標高が高くなると，気温はだんだん下がっていくため低標高よりも平均気温が低い。また気温の日較差が大きい傾向を示す。

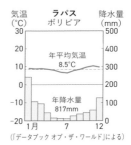
↑ 高山気候の雨温図

↑ ツンドラ気候の夏（ノルウェー）

TRY!
表現力

ステップ気候とツンドラ気候の特色をそれぞれ説明しなさい。

（ヒント） ステップ気候は乾燥帯，ツンドラ気候は寒帯の気候である。

（解答例） ステップ気候は，雨が降る季節がわずかに見られ，丈の短い草が生えた草原が広がる。ツンドラ気候は，1年中寒く，短い夏にわずかに草やこけ類が生える。

寒帯の地域の暮らし

着目 ▶ 寒帯で生活するための知恵と，近年の暮らしの変化について理解する。

要点

- **産業** かつては遊牧や狩猟がおもに行われていた。
- **衣食住** アノラックやイグルーなど，厳しい寒さに対応した衣食住がうまれた。
- **近年の暮らしの変化** イヌイットの定住化が進み，現代的な暮らしに変化している。

1 寒帯に住む人々の営み

　寒帯気候が展開する場所は，1年中寒く，夏の気温の上昇もほとんど見られません。また，地面の下には永久凍土が見られることもあって，植物があまり育ちません。そのため農牧業を営むことが困難です。

　北極海沿岸のような赤道から離れた場所で生活する人々の暮らしは，かつては遊牧や狩猟が中心でした。今でも**トナカイ（カリブー）**を貴重な家畜として飼育しているところがあります。トナカイは，地衣類といって，菌類や藻類の共生体をえさとして食べています。

　寒帯気候はシベリア北部や北アメリカ北部，グリーンランド沿岸部，南アメリカ大陸南部など，緯度60～80度付近に分布しています。

2 寒帯に住む人々の衣食住

　寒帯地域は非常に寒いということもあり，古くから**アノラック**とよばれる防寒具を利用していました。アノラックは一般には**パーカー**（パルカ）とよばれるもので，トナカイやアザラシの皮でつくります。フードはただの飾りではなく，頭からかぶることで寒さ対策として利用します。寒帯地域で生活する先住民の**イヌイット**とよばれる人々は，古くから重宝していました。

　近年では，かつてのようなパーカーではなく，耐水性が高い素材を使ってつくられ，フードの周りには顔に雪がはり付かないようにファーが取り付けられているものが多くなっています。

　寒帯地域は農牧業が困難であるため，野菜や果物がつくれず，ビタミンを手軽に補給することができません。イヌイットはおもにアザラシやトナカイなどの動物，ホッキョクイワナなどの魚介類を食べ，トナカイは飼育もしていました。そして，食料となる動物やトナカイの

用語

永久凍土

地中の温度が1年中0℃以下で凍っている土壌で，厚さは1m以上にもなる。高緯度地方の亜寒帯（冷帯）や寒帯に分布している。

参考

イヌイット

寒帯気候が広がるカナダ北部には，多くの先住民が生活をしている。彼らはファーストピープルやファーストネイションズなどとよばれ，行政上，大きく3つに分類されている。先住民であるイヌイットはヌナブト準州にて自治を行っている。「ヌナブト」は「われわれの土地」という意味がある。

えさが豊富に存在する場所へと，季節ごとに移動しました。遊牧です。冬になるとアザラシの肉や，夏の間に捕獲しておいたセイウチやトナカイの肉がおもな食料で，生肉のまま食べていました。これがたんぱく質やビタミンの補給源です。イヌイットの伝統食は生食，水煮，発酵，乾燥，冷凍などが基本的な調理方法でした。塩や胡椒などはなかったので，動物の血や脂肪で味付けをしていました。

イヌイットは，雪がとけた夏にはアザラシの皮でつくったテントをはり，冬は雪を積み上げたドーム型の**イグルー**とよばれる家をつくって生活していました。

③ 近年の暮らしの変化

1960年代になると，カナダ政府はイヌイットに対して定住化政策とカナダ文化への同化政策をとるようになりました。定住化政策によって，イヌイットは住居を構え，そこからライフルやスノーモービルを利用するようになり，狩猟が近代化してきています。また冷蔵庫や冷凍庫を手に入れたことで，食料の保存が可能になりました。さらに電子レンジやガスレンジなどの利用によって，焼く，蒸す，煎る，煮るといった調理方法も利用するようになりました。イヌイットは，厳しい自然環境の中，狩猟によって得た食料を共同体で分かち合うという考えがあるため，現在でもみんなで集まって食事を楽しむ習慣があります。

近年では，白人との出会いで紅茶やパン，缶詰食品，冷凍食品などを利用する機会が増え，また野菜や果物も流通するようになり，これらは生活必需品となっています。このようにイヌイットの食生活は大きく変化し，さらに電化製品なども利用するようになったため，以前のような暮らしぶりからは大きく変化しました。

◯ イグルー（カナダ）

 発展

エスキモーは差別用語なのか？

一般に北アメリカ大陸北部に居住する人々は「エスキモー」とよばれていた。もともと「エスキモー」には「かんじきを履く人々」や「かんじきを編む人々」といった意味がある。また，アラスカなどでは，「エスキモー」と自称する人々がいるように，「エスキモー」は差別用語ではない。しかし，カナダにおいては一般にイヌイットとよばれている。

TRY! 表現力

先住民イヌイットの伝統的な食文化に，動物の肉を生のまま食すというものがある。イヌイットがなぜ動物の肉を生のまま食すのか説明しなさい。

（ヒント）　寒さが厳しい地域のため，野菜や果物の生産ができない。

（解答例）　動物の肉を生のまま食べることで，ビタミンなどを補給するため。

亜寒帯（冷帯）の地域の暮らし

UNIT 2

着目 ▶ 亜寒帯地域で生活する人々の暮らしぶりについて理解する。

要点

- **衣服** 亜寒帯（冷帯）地域の人々は冬に厚手のコートと大きな帽子などを着用する。
- **住居** 丸太を組み合わせたログハウス，永久凍土が広がる地域では高床の建物など。
- **食文化** 麦類を主食とし，夏はダーチャなどで野菜づくりが行われる。

1 夏と冬の寒暖差が大きい気候

　亜寒帯（冷帯）気候の特徴は，夏と冬の気温の差が大きい気候であるということです。冬の寒さが厳しく，夏は比較的気温が上がります。ここが寒帯との大きな違いです。短い期間とはいえ，夏に気温が上がるため農作物が育ち，農業を営むことが可能です。そのため，麦類を中心とする穀物が生産され，ここで暮らす人々の主食となっています。

2 亜寒帯で暮らす人々の衣食住

　夏に気温が上がるとはいえ，冬の寒さは厳しいのが亜寒帯です。そのため，冬は厚手のコートや耳まで覆う帽子，手ぶくろなどを利用します。住居は丸太を組み合わせたログハウスが多く見られます。寒さ対策として，窓は二重窓になっており，玄関の扉は非常に厚くできています。また暖炉なども利用され，部屋の中は半そでの服で過ごせるほどあたたかく保たれています。

　亜寒帯地域の住居として特徴的なのが，高床の建物が多く見られることです。ロシア連邦のシベリア地方などの亜寒帯地域では，土壌中に永久凍土が分布している所が多いことが要因です。つまり，床が低いと建物から出る熱によって永久凍土がとけてしまう恐れがあります。永久凍土がとけ

参考

亜寒帯気候の特徴

亜寒帯気候は，最も寒い月の平均気温が－3℃未満，最もあたたかい月の平均気温が10℃以上を示す。そのため，夏と冬の寒暖差が大きくなる。

⬆ シベリア地方の高床の建物

⬆ 永久凍土がとけて傾き沈んだ建物

ると，建物が傾いてしまうため，熱が地面に届かないように高床になっています。

　亜寒帯地域では小麦や大麦，ライ麦，エン麦，じゃがいもといった作物がおもに栽培されています。**大麦**は食用だけでなく，ビールやウイスキー，焼酎の原料として用いられています。**ライ麦**は別名を「黒麦」ともいい，これを用いたパンは黒っぽい色をしています。**エン麦**はオートミールの原料として重宝されています。冬の寒さが厳しく，越冬が困難であるため，**小麦**は春に種をまいて，夏を越して秋に収穫しています。一般に**春小麦**とよばれています。

大麦とライ麦は，とくに寒さと乾燥に強い麦だよ。

　亜寒帯地域は冷涼な気候であるため，腐植が進まず地力はあまり高くありません。そこでいも類，とくに**じゃがいも**の栽培がさかんです。いも類は比較的地力が低い土地でも育ちます。じゃがいもはおもに茹でて食べられています。ロシア連邦では，短い夏には，郊外にある**ダーチャ**とよばれ

❶ ダーチャでの野菜栽培

る小屋（別荘）に出かけて，じゃがいもを中心に野菜づくりが行われます。ここでつくられた野菜は漬物として加工され，冬の保存食として利用されます。また，夏は思う存分，日光浴を楽しみます。

　亜寒帯気候は，とくにロシア連邦やカナダといった高緯度に位置する国で広く展開する気候です。とくにロシア連邦では，こうした暮らしぶりが至る所で見られます。

TRY!　表現力

ロシア連邦の亜寒帯気候下で生活する人々は，短い夏にダーチャで野菜を栽培しているが，その理由について説明しなさい。

（ヒント）　冬は寒さが厳しく，農作業が難しい地域である。

（解答例）　新鮮な野菜を食卓で味わうためだけでなく，冬に農作物が手に入りにくいので保存食にするため。

UNIT
3

温帯の地域の暮らし

着目 ▶気候ごとに異なる農牧業が発達したことを理解する。

要点
● **地中海性気候** 地中海式農業が行われ，石造りの住居が多く見られる。
● **西岸海洋性気候** 西北ヨーロッパでは混合農業が発達した。
● **温暖湿潤気候** 稲の栽培に適した気候であり，アジアで稲作がさかんである。

1 多様な温帯気候

　温帯はあたたかい季節があり，四季の変化もあり，多くの動植物が生息し人間活動が最もさかんな気候帯です。

　温帯には，夏に降水が少ない地中海性気候，冬に降水が少ない温暖冬季少雨気候，年間を通して降水が見られる温暖湿潤気候と西岸海洋性気候があります(→p.48)。温帯ではこのような降水の季節配分によって可能な農牧業が異なります。このことが，それぞれの地域で生活する人々の暮らしぶりに影響を与えてきました。

2 気候ごとに異なる農牧業

　地中海性気候が広がる地域は夏にあまり降水が見られず，基本的には冬に農業が行われていました。とくに自給用の小麦が栽培され，主食となっていました。当初は，冬作地と休閑地に二分されていましたが，のちに夏の太陽の恵みを利用した果樹などの樹木作物の栽培を行うようになりました。**地中海式農業**です。地中海沿岸地域のイタリアやフランス，スペインなどでは**オリーブ**を使った料理が多いこと，**ぶどう**からつくられる**ワイン**が飲まれていることなどからもわかります。また年降水量がそれほど多くないため樹木が少なく，逆に石が手に入りやすいので**石造りの住居**が多く見られます。夏の強い日差しをさえぎるため，窓は小さくして，石灰を使って壁を白く塗った住居などが見られます。

　西岸海洋性気候は年中平均的に降水が見られる気候で，冬だけでなく，夏も農業が可能です。冬は自給用の小麦を栽培し，夏は家畜の飼料用穀物を栽培できるため，牧畜を営むことが可能です。西北ヨーロッパにおいては，穀物栽培と家畜の飼育を組み合わせた**混合農業**が

参考

休閑地

中世のヨーロッパでは，冬期の小麦栽培によって低下した地力を回復させるため，土地を休ませていた。その間，わずかながらの降水による土壌中の水分補給，雑草の除去，糞尿による地力回復を目的とした羊やヤギの放牧などが行われていた。

樹木栽培

降水があまり見られないため，耐乾性の樹木作物が栽培されていた。コルクがし，オレンジ，ぶどう，オリーブなどが栽培され，これらを販売する農業が増えていった。

発達しました。西北ヨーロッパと地中海沿岸地域との食文化の違いは，こうした気候環境の違いによってうみだされました。西岸海洋性気候下でうまれた混合農業は，産業革命をきっかけに，のちに商業的混合農業，園芸農業，酪農へと分化していきました。

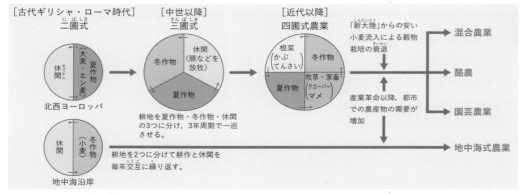

🔵 ヨーロッパの農業の分化

温暖冬季少雨気候と**温暖湿潤気候**は，おもに大陸の東岸に展開する気候です。温帯が展開する中緯度の大陸東岸は，偏西風の影響が小さいため，夏と冬の気温の寒暖差が大きくなりがちです。そのため，季節に応じて風向きが逆転する，季節風(モンスーン)の影響が強くなります。夏は海洋からの湿った季節風や台風の影響で非常に雨が多くなります。年間を通しても降水量が多いため，これらの地域では米の栽培がさかんです。これらの気候が広く展開する，ユーラシア大陸東岸，つまりアジア地域では稲作が広く行われています。アジアでは，米を主食とする人々が多く生活しています。

📖 発展

ヨーロッパの農業の分化

産業革命によって，「新大陸」から安価な穀物が流入するようになると，農家は大きな打撃を受けた。そこで，専門性を高めた農牧業へと発展していった。

TRY!
表現力

イタリアなど地中海性気候の地域ではどのような住居が多く見られるか，説明しなさい。

 石が手に入りやすく，夏は暑く乾燥する地域である。

 夏の日差しをさえぎるために窓を小さくしたり，壁を白く塗ったりしている石造りの住居が見られる。

UNIT

4

乾燥帯の地域の暮らし

着目 ▶ 樹木が育ちにくい乾燥気候に合わせて農牧業や衣食住が発達した。

 要点

● **農牧業** かんがい農業や遊牧が営まれている。

● **住居と衣服** モンゴルのゲル，日干しれんがの住居，砂ぼこりから身を守る衣服など。

● **水を得るくふう** 地下用水路で地下水の蒸発を防いでいる。

1 乾燥気候での農牧業

　乾燥気候とは，単に「空気が乾いている」といった感覚で判断できるような気候ではなく，年降水量が乾燥限界よりも小さい気候，つまり，年降水量が少ない気候ということです。

　年降水量が少ないため，降った雨のほとんどが蒸発してしまいます。土壌中の水分量も極端に少ないため，草木がほとんど育ちません。そのため穀物栽培を行うことが困難で，食用として利用できる農作物は限られています。水が得られる一部の地域では，付近を流れる大河川，地下水，オアシスなどから取水してかんがいを行うことで穀物栽培が見られます。こうしたかんがい農業では，**小麦**や**なつめやし**などが栽培されています。また地下水をくみ上げて，それをスプリンクラーで散水して行う農業（**センターピボット方式**）も見られるようになりました。これらはアメリカ合衆国やオーストラリアなどでさかんですが，地下水を大量に使用することで地下水位が下がり，近年では枯渇の心配がさけばれています。

　モンゴルや中央アジアの国々では，家畜とともに移動する遊牧が営まれています。水と牧草が簡単に手に入らないため，これらを求めて移動する牧畜です。モンゴルではゲルとよばれる**移動式テント**の住居が利用されています。近年では定住化政策が進められており，遊牧を営む人々は減ってきています。

 用語

乾燥限界

年平均気温と降水量を使って算出する指標。本来は算出することで判断するが，一般的には年降水量500mm未満の場合，乾燥気候とよばれることが多い。

 参考

なつめやし

やしの一種で，西アジアから北アフリカにかけて生産が多い。果実のデーツはビタミンが豊富でジャムやお菓子，ソースの材料として利用される。

↑ オアシスでのかんがい農業（オマーン）

58

② 乾燥気候で生活する人々の衣食住

　乾燥気候が広く展開する地域は西アジアから北アフリカです。これらの地域では年降水量が少ないだけでなく，年平均気温が高いこともあり，高温乾燥といった気候を示します。そのため，これらの地域では，薄手の布地でつくった丈の長い，長そでの衣服が好まれます。これは高温乾燥の気候下において，強い日差しや，少しの風でも舞う砂ぼこりから身を守るために重宝されています。また放射冷却によって昼と夜の寒暖差が大きいため，冷えこむ夜にも対応できるように長そでとなっています。

　草木がほとんど見られない気候下であるため，生活に利用できる木材はほとんど手に入りません。木造住居の建設は難しく，土かられんがをつくり，これを干したもの（日干しれんが）を材料にした住居をつくって住んでいます。

↑ 日干しれんがの住居（エジプト）

③ 水を得るためのくふう

　砂漠に暮らす人々は，水を得るためにさまざまなくふうをしてきました。**地下水**を利用するさいは，地下用水路を建設します。乾燥地域は水の蒸発が著しいため，蒸発によって地下水を枯渇させないくふうをしています。とくにイランのカナート，アフガニスタンのカレーズ，北アフリカ諸国でのフォガラなどが有名です。かつては水利権をめぐって争いが起こり，そして水を支配する者がその地域の王となって，農民達を従えていました。

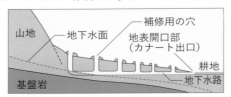

↑ カナート

（図中ラベル）
山地／地下水面／補修用の穴／地表開口部（カナート出口）／耕地／地下水路／基盤岩

乾燥気候下で生活する人々は，薄手の布地でできた，長そでの衣服を着用している人が多い。その理由について説明しなさい。

（ヒント）　乾燥気候は，高温乾燥の自然環境である。

（解答例）　強い日差しや砂ぼこりから身を守るため，また急に冷えこむ夜に対応するため。

UNIT

5 熱帯の地域の暮らし

着目 ▶熱帯地域の農牧業・衣食住と，近年の暮らしの変化について理解する。

要点

● **農業** 焼畑農業が行われ，いも類などの熱帯作物の栽培がさかんである。

● **住居・衣服** 高床住居，薄手の生地でできた通気性のよい衣服など。

● **近年の暮らしの変化** 島や街の観光地化が進み，経済発展と自然保護の間で揺れる国がある。

1 熱帯気候の農牧業

　熱帯気候は最も寒い月の平均気温でも18℃以上を示す気候で，とくに赤道付近の低緯度に集まっています。熱帯地域は「**常夏**」とよばれることもあって，1年中気温が高い気候です。また年間を通して降水量が多く，**スコール**とよばれる雨が短時間で大量に降ることもあります。そのため湿度が高く，高温多雨・多湿の地域です。

　熱帯地域の土壌は，総じて地力が低くなっています。これは大量の降水によって土壌中の栄養分がとけて流れでてしまうからです。そこで地力を回復させるために，草木を焼いて灰をつくり，それを肥料としてまくことで農業を行ってきました。**焼畑**です。

　熱帯地域ではおもにいも類が栽培されています。**タロいも**や**ヤムいも**，**キャッサバ**などが代表例です。また**さとうきび**や**ココやし**などの熱帯性の作物の栽培もさかんです。

2 熱帯気候の衣食住

　熱帯地域で生活する人々の暮らしは，伝統的に木材に依存しています。熱帯気候は高温多雨であることから，常緑広葉樹が広く分布しています。常緑広葉樹は家屋の材料や**薪炭材**として利用されています。伝統的な家屋は，柱や壁の材料に木材を用いて，屋根に葉を重ねてつくられます。さら

● 高床の住居（タイ）

参考

焼畑

かつては休耕期間と土壌再生期間が一致した伝統的な焼畑が営まれていたが，近年では人口増加にともない，過度な焼畑が行われるようになり，**熱帯林破壊**が起きている。

参考

常緑広葉樹林

常緑であるため，ほとんど落葉が見られず，付近の土壌では腐植層が形成されにくい。また広葉樹は針葉樹と比べて種類が多いため，目的の樹種を判別しにくい。

用語

薪炭材

薪や炭など燃料用の木材のこと。

に降水量が多く湿度が高いため，床下に熱や湿気がこもらないよう高床にしてある家屋が見られます。

熱帯の人々は湿度が高い環境下にいるため，薄手の生地でできた通気性のよい衣服を着ています。インドの**サリー**，ベトナムの**アオザイ**などが有名です。

熱帯地域では，潮間帯に**マングローブ**が形成されています。マングローブとはおもにヒルギ科の樹木の群生です。熱帯地域で生活する人々は，これを薪炭材に利用していました。またマングローブは天然の防潮機能をもつため，高潮などの災害から人々を守ってくれます。さらに鳥類や魚介類の生態系の場として機能しています。近年では急激な人口増加にともない，マングローブの過剰な伐採が見られ，鳥類や魚介類の生態系が失われるだけでなく，高潮の被害が拡大するなどの問題が起こっています。

③ 近年の暮らしの変化

近年では，熱帯地域で生活する人々の多くが都市部での生活を求めるようになっています。そのため都市部では人口集中が見られ，人々は便利な生活を送るようになってきました。そしてさらなる都市開発が進み，衣食住の大きな変化が見られるようになってきました。

とくにオセアニアの島国では観光開発が進んでおり，多くの観光客が訪れるようになりました。島々の周辺にはきれいなさんご礁やマングローブが発達しており，これらは観光資源として活用されます。シュノーケルやスキューバダイビングなどを楽しむ観光客が増えています。観光地化が進むと，地元産業の発展と雇用につながります。しかし一方では，ごみ問題や観光資源の破壊などが深刻化し，経済発展と自然保護を同時に考えていく必要に迫られています。こうしたなかで，熱帯地域で生活する人々の伝統的な暮らしぶりは少しずつ姿を消しつつあります。

● インドのサリー

参考

潮間帯

干潮時と満潮時の海岸線の間。マングローブは潮間帯に形成される。

● マングローブ（マレーシア）

TRY! 表現力

オセアニアの島国では近年，観光開発にともなってどのような問題が起こっているか，説明しなさい。

（ヒント）観光業の発達にともなって公害や環境破壊が生じる。

（解答例）多くの観光客が訪れることで，ごみ問題やさんご礁などの自然環境の破壊が起こっている。

6 高山地域の暮らし

着目 高山気候などの自然環境に合わせて特有の農牧業や衣食住が発達した。

要点
- **気候** 年間の気温の変化は小さいが，1日の昼と夜の気温差が大きい高山気候を示す。
- **農牧業** 標高ごとに異なる農作物を栽培し，リャマやアルパカの放牧も行われる。
- **衣食住** アルパカの毛でつくられるポンチョ，保存食チューニョ，日干しれんがの住居。

1 高山地域の特色

　一般に標高が100m上昇するごとに，気温は0.5〜0.65℃下がっていきます。これを**気温の逓減率**といいます。赤道付近は常夏で1年中気温が高い地域ですが，標高が3,000mとなれば，だいぶ過ごしやすい**高山気候**となります。世界ではヒマラヤ山脈やアルプス山脈，アフリカ大陸のエチオピア高原，南アメリカ大陸西部のアンデス山脈などに高山地域が存在します。

　高山地域は一般に植物の生育が困難であるため，荒涼とした自然環境が広がります。そのため穀物栽培には適しておらず，牧畜を中心に農業が営まれています。

2 高山地域の農牧業

　山地では標高が高くなるごとに気温が低下していくため，高山地域の農牧業は標高ごとに特徴があります。アンデス山脈を例にとると，低地ではバナナなどの果物やコーヒー豆などの**熱帯作物**が栽培されており，標高が高くなると（2,000〜3,000m付近では）**とうもろこし**や小麦など，さらに標高が高くなると**じゃがいも**や大麦などが栽培されています。耕作が限界を迎える高さ（4,000m以上）まで来るとリャマやアルパカといった家畜の**放牧**が行われています。とくにリャマは古くから家畜として飼育されており，おもに荷役用として利用されています。

⬆ リャマ（左）とアルパカ（右），（ペルー）

参考

気温の逓減率

「逓減」とは，「だんだん減っていく」という意味である。地形的な要因，湿度などを背景に，気温の逓減率は一様に同じ値とはならない。

常春気候

高山気候は常春気候ともよばれる。たとえば，赤道直下に位置し，標高0m地点の年平均気温が28℃，気温の逓減率が0.6℃/100mとすると，同じ赤道直下の標高3,000m地点の年平均気温は10℃となる。1年を通して春のような気候が続くことから常春気候とよばれる。

このようにアンデス地方では標高差を利用してさまざまな農作物を栽培しているので，天候が不順のときでもすべての場所で農作物がとれなくなるようなことはありません。アンデス地方では山中を上り下りするために荷役用のリャマが重宝されてきました。

また熱帯の高山地域は高山気候を示すこともあり，1年中花の栽培に適しています。ケニアなどでは，高山気候を利用してバラの栽培が行われており，これをオランダなどに輸出することで外貨を獲得しています。このような花の栽培は，コロンビアやエクアドル，エチオピアといった高山地域でも見られます。

③ 高山地域の衣食住

高山地域は年間の気温の変化（年較差）は小さいですが，1日の昼と夜の気温差（日較差）が大きく，夜になると急に冷えこみます。そこで**アルパカ**の毛を利用して**ポンチョ**とよばれる防寒具をつくり着用しています。また標高が高い地域は紫外線が強いため，つばの広い帽子を被ることでなるべく日差しを浴びないようにしています。メキシコの伝統的な帽子であるソンブレロ・デ・チャロなどが有名です。

アンデス地方はじゃがいもの原産地とされていることもあり，ペルーやボリビアではじゃがいもを用いた料理が食されています。とくに**チューニョ**とよばれる保存食が有名です。生のじゃがいもを，冷凍と解凍を繰り返して柔らかくしてから，足で踏んで水分を出し切り，自然乾燥させてつくります。長期間の保存が効くため，農業経営が困難な高山地域では重宝されてきました。

また住居は，**日干しれんが**や**石**を用いてつくられています。

● ポンチョ（ペルー）

● チューニョづくり（ボリビア）とチューニョ（右下）

TRY! 表現力

アンデス地方では古くからリャマを家畜として飼育してきた。アンデス地方でのリャマの利用について説明しなさい。

（ヒント）　アンデス地方は標高ごとに農牧業の特徴が異なる。

（解答例）　標高ごとの気候環境の違いを生かしてさまざまな農作物を栽培しており，山中を上り下りするさいの荷役用としてリャマが重宝されてきた。

世界の宗教

UNIT 1

着目 ▶ 世界に存在するさまざまな宗教を世界宗教と民族宗教に区分する。

要点
● **世界宗教** キリスト教，イスラム教，仏教が世界三大宗教である。
● **民族宗教** 特定の民族が信仰している宗教である。
● **世界のおもな宗教対立** 北アイルランド問題やカシミール問題などがある。

1 世界宗教

　宗教というのは，多くの人々が共有している価値観（信仰）のことで，人々の衣食住や習慣などに大きな影響を与えています。

　人種や民族，地域をこえて，世界中で信仰されている宗教を**世界宗教**といいます。一般に世界宗教には，**キリスト教**，**イスラム教**，**仏教**の３つがあります。

　キリスト教は，ヨーロッパの多くの国々で信仰されており，この地域の人々の基本的な生活様式のもととなっています。またキリスト教はさまざまな要因で「**新大陸**」（南北アメリカとオセアニア）にも伝わり，多くの人々が信仰しています。キリスト教は11世紀に**カトリック**と**正教会**に分裂し，その後16世紀の宗教改革によってカトリック（旧教）から**プロテスタント**（新教）がうまれました。このようにキリスト教は大きく３つの宗派に分かれています。

　イスラム教は，７世紀の初めに**ムハンマド**によってはじめられた宗教です。西アジアを中心に中央アジア，東南アジア，南アジア，北アフリカにかけての広い範囲で信仰されています。なかには，国のあり方をイスラム教の教えによって決めている国もあります。宗派は多数派の**スンナ派**と少数派の**シーア派**が知られており，教典は**コーラン**（**クルアーン**）。イスラム教とキリスト教は唯一神を信仰する一神教です。

　仏教は，紀元前５世紀頃，インドで**シャカ**（釈迦）が開いた宗教です。インド古来のバラモン教の階級制を否定することではじまりました。シャカの死後，**上座部仏教**と**大乗仏教**に分裂し，上座部仏教はセイロン島（現在のスリランカ）を経由して東南アジアへ，大乗仏教は中国，朝鮮半島，日本へとそれぞれ伝わりました。また一部の地域では**チベット仏教**を信仰する人々もいます。

用語

キリスト教

ユダヤ教徒であった**イエス**によってはじめられた宗教。世界で最も信者数が多い。「キリスト」とは「救世主」という意味。イエスの死後，弟子のパウロ達によって世界中に広められていった。

参考

イスラム教の禁忌

イスラム教では，飲酒，豚肉を食すこと，女性の肌の露出など，日常生活における禁止事項が規定されている。偶像崇拝も禁止されており，唯一神**アッラー**や預言者の像・絵姿をつくり拝んではならないとされる。

発展

政教一致

宗教上の教えによって政治を運営していくこと。多くの国では信仰心と政治を切り離した**政教分離**であるが，イスラム教を信仰する国々には政教一致を採用する国が多い。

② 民族宗教

　民族宗教は，特定の民族だけが信仰している宗教です。インド人の**ヒンドゥー教**，ユダヤ人の**ユダヤ教**，中国人の**道教**，日本人の**神道**などが知られています。

　ヒンドゥー教は，バラモン教を基礎として成立した多神教の民族宗教で，インド人のおよそ8割，およそ11億人の人々が信仰しています。**カースト**とよばれる身分制度が知られています。またガンジス川で身を清める**沐浴**も有名です。ヒンドゥー教では，牛を，シヴァという神を運ぶ神聖なる動物だと考えているため牛肉は食べません。

　ユダヤ教は，ユダヤ人によってはじめられた宗教で，キリスト教やイスラム教のもととなりました。唯一神ヤハウェを信仰しています。ユダヤ教にも食の禁忌が数多くあります。ユダヤ人の歴史は苦難の連続でしたが，第二次世界大戦後に故地であるパレスチナに**イスラエル**を建国して現在に至ります。その首都は，キリスト教，イスラム教の聖地でもある**エルサレム**に置かれています。

　神道は，日本人が信仰する多神教の民族宗教です。先人たちはあらゆる自然に対して神が宿ると信じてきました。こうした考え方は日本人の日常生活に深くかかわっています。

③ 世界のおもな宗教対立

　世界の歴史を見ると，これまでに数多くの宗教対立が存在しました。
　北アイルランドはイギリス領ですが，少数のアイルランド系住民が生活をしています。彼らはカトリックを信仰しますが，イギリス人の多くがプロテスタント（イギリス国教会）を信仰しています。かつてアイルランドはイギリスから独立した歴史をもちますが，北アイルランドだけは今でもイギリス領のままです。

　また，インドとパキスタンがそれぞれ領有を主張している**カシミール地方**も，宗教対立が複雑にからんだ地域といえます（→p.98）。

参考

ヒンドゥー教の分布

インド以外では，ネパール，バングラデシュ，スリランカ北部，インドネシアのバリ島などで信仰されている。

インドの牛

インドでは牛を，古くから荷役用や農耕用として利用しており，その糞は燃料や壁材として利用されている。

ユダヤ教の禁忌

血液を使ったもの，肉と乳製品を交ぜたもの，豚，ラクダ，ウサギ，甲殻類，イカ，タコなどは食べてはならない。

↑ エルサレム

↑ 北アイルランド

TRY! 表現力

キリスト教，イスラム教，仏教が世界宗教と言われている理由について説明しなさい。

（ヒント）　これらの宗教がどこで，だれに信仰されているかを考える。

（解答例）　人種や民族，地域をこえて，世界の広い範囲で信仰されているから。

さまざまな食文化

着目 ▶ 世界各地の主食や伝統的な食事，食文化の広がりについて理解する。

要点

● **主食となる農作物** 米，小麦，とうもろこし，いも類などがある。

● **肉類・魚介類** 肉類は牛肉，豚肉，鶏肉など。島国では魚介類の消費量が多い。

● **乳製品** バター，チーズなど。酪農はヨーロッパから世界各地へ広まった。

1 さまざまな主食

　主食として古くから食されているものは，その地域の自然環境下で生産される農作物です。たとえば，日本のような夏に高温多雨となる国は稲の生育に適しており，古くから米を主食としています。主食として用いられるのは，三大穀物とされる**米**や**小麦**，**とうもろこし**のほか，**いも類**などです。

　米を主食とする人は，モンスーンアジアとよばれる東アジア，東南アジア，南アジアに多くいます。モンスーンアジアは季節風(モンスーン)の影響を受けて夏に高温多雨となるため，稲の生育に適しており，世界の米の生産量のおよそ9割がモンスーンアジアでのものです。稲は，水田で栽培する水稲だけでなく，畑で栽培する陸稲もあります。多くは適量の水で炊いて食されますが，水を多めにして炊いたおかゆ，蒸したあとについた餅，炊いたあとに炒めるチャーハン，米粉からつくった麺料理のフォーなど，さまざまな調理法があります。

　小麦は，世界の広い範囲で主食となっています。小麦は生長期に冷涼な環境を好むため，熱帯を除いた世界の広い範囲で栽培されています。小麦から小麦粉を生産し，これを使ってさまざまな料理がつくられます。**パン**や**パスタ**，**チャパティ**，麺類などその種類は豊富です。

　とうもろこしはメキシコあたりが原産地とされています。とくにメキシコ，ペルーやボリビアといったアンデス地方の国々では広く食されています。メキシコでは，とうもろこしの粉を練り，円盤状にして焼いた**トルティーヤ**や，これに肉や野菜を

🔼 タコス

 参考

チャパティ

小麦を原料につくられる薄いパン。インド・パキスタンなどおもに南アジアで食べられている。カレーにひたすなどして食べる。

タコス

本来は「Taco」というが，「タコ」というと日本では魚介類の意味に捉えられることもあって，複数形のタコス(tacos)と表記されることが多い。なお「タコライス」はタコスの具材を米の上に乗せた日本発祥の料理である。

乗せてチリソースで味付けしたタコスなどが有名です。

　いも類を主食とする人々もいます。いも類は比較的土地がやせていても栽培が可能で，とくに熱帯地域で生活する人々にとっては貴重な食材です。**タロいも**や**ヤムいも**は蒸したあとに焼いたり，肉と混ぜてコロッケにしたりします。またヨーロッパでは**じゃがいも**が広く食されています。その原産地はアンデス地方とされており，現地ではチューニョ（→p.63）とよばれる保存食が有名です。

↑ タロいも

② 肉類・魚介類・乳製品

　肉類は**牛肉**，**豚肉**，**鶏肉**を中心に，地域によっては羊の肉なども食されています。**牛肉**に火を通す食べ方は，地域ごとに独自の調理法が確立されて現在に至ります。日本では焼肉やすき焼き，ステーキなどが主流です。**豚肉**は中国で世界のおよそ半分が生産されています。そのため中国料理では豚肉を使った料理が多く見られます。日本にはトンカツ，カツ丼などさまざまな料理があります。宗教上，豚肉を食べないイスラム教徒は羊の肉を好んで食べます。また北アメリカのイヌイットの人々はトナカイの肉なども食してきました。

　酪農はヨーロッパではじまり，その後世界各地へと広まりました。現在世界で酪農が営まれている地域はそれほど多くありませんが，**バター**や**チーズ**，**ヨーグルト**などの乳製品は世界中で消費されています。生活を家畜に依存している遊牧を営む人々は，**羊**や**ヤギ**，**馬**，**ラクダ**などの乳を貴重な栄養源として利用してきました。

　世界各地の食文化は，各地の自然環境下でつくられる農作物を基本としています。その料理は，各地で調達できる調味料や**香辛料**で味付けされます。古くは香辛料を求めて世界各地へ出かけていき，陸上，海上問わず広く貿易が行われていました。

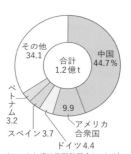

その他 34.1
合計 1.2億t
中国 44.7%
ベトナム 3.2
スペイン 3.7
ドイツ 4.4
アメリカ合衆国 9.9

(2018年)（「世界国勢図会」による）
↑ 豚肉の国別の生産割合

日本人のたんぱく源

日本でたんぱく源を肉類に求めるようになったのは明治時代になってからである。それまでの日本では，魚や大豆がたんぱく源の中心だった。一般に島国は，魚介類の消費量が多くなる。生食であったり，煮る，焼く，揚げるなどして食べる。

アジアの広い地域で米が主食となっている理由について説明しなさい。

ヒント　稲は，夏に高温多雨となる地域での栽培が適している。

解答例　東アジア・東南アジア・南アジアは季節風（モンスーン）の影響により夏に高温多雨となるため，稲の栽培に適しており，米が多くつくられるから。

UNIT
3

世界の住居と衣服

着目 住居と衣服について，発展した地域の自然環境との関係性を理解する。

要点
● **住居の素材** 木材，石材，日干しれんがなど，各地域で手に入る材料が用いられる。
● **住居のくふう** 高床式，移動式，白塗りの壁，床暖房や壁暖房など。
● **衣服の素材** 熱帯や乾燥地域では綿や麻，寒冷地域では動物の毛皮などが用いられる。

1 気候と住居の関係性

　住居は，自然環境に合わせて発展し，その地で手に入る材料を使って建てられてきました。樹木気候下では木材を利用した木造住居が中心ですが，無樹木気候下では，植生がほとんど見られないことなどから乾燥帯では日干しれんが，寒帯では雪などを使った住居が見られます。

　熱帯地域は高温多湿の気候を示すため，家屋の下に熱や湿気がたまらないよう，高床にして風通しをよくするくふうを凝らしています。さらに野生生物の襲撃・侵入を防ぐ目的や，多雨地域であるため洪水の害に備える目的もあります。急傾斜の屋根にすることで激しく降る雨にも対応しています。また熱帯では，やしの葉を使った草ぶき屋根の家屋が見られるのも特徴です。一部ではヨシでつくった家屋も見られます。東南アジアでは川や湖，海の岸辺に杭を打って，その上に建てられた杭上家屋を見ることができます。

　乾燥地域では**日干しれんが**を使った住居が多く見られます。また遊牧を営んでいる人々は，**移動式テント**を利用し，水と牧草を求めて家畜とともに移動します。

　地中海沿岸地域では，**石造りの住居**が数多く見られ，夏の強い日差しをさえぎるために窓を小さくして，石灰を用いて壁を白く塗っている住居もあります。西北ヨーロッパでは木材が豊富であるため，これを燃料として焼きれんがをつくり住居を建てています。

　またシベリア地方のような**厳寒地**では壁暖房として**ペチカ**が知られています。石炭や薪炭材などを燃やし，煙道をめぐらせた壁面からの放射熱で部屋をあたためます。

発展

高床の住居

熱帯地域だけでなく寒い地域でも見られる（→p.54）。

参考

移動式の住居

モンゴルではゲル，中国では**パオ**，中央アジアではユルトとよばれる。

発展

朝鮮半島の暖房設備

朝鮮半島は，大陸の東岸に位置して夏と冬の気温の差が大きく，冬の寒さが厳しいこともあり，古くから床暖房が利用されていた。これを**オンドル**という。近年では，かつてのような床下に煙道を設けて煙を通すのではなく，温水による床暖房が主流となっている。

② 伝統的な衣服

伝統的な衣服もまた，その地域の自然環境に合わせて発展してきました。素材は身近に得られるものを利用し，宗教上意味のある物としてつくられてきた衣服もあります。

熱帯地域は，気温，湿度ともに高く，そのため体に布を巻いただけの簡単な衣服が重宝されてきました。これらの衣服は綿や麻でできていて，風通しのよいものです。**乾燥地域**は日差しが強く，砂ぼこりが舞うため，全身を覆うように丈が長く，白い長そでの衣服が最適です。**寒冷地域**は冬の厳寒に対応するため，防寒を意識した密閉性の高い衣服が着用されます。古くは動物由来の素材でつくったものが多く，イヌイットが着るアノラック（パルカ，パーカー）はトナカイやアザラシの皮でつくられていました。

民族ごとにも特徴的な衣服があります。韓国の民族衣装として男女共通のチョゴリという丈の短い上衣と，女性用の長いスカートとしてチマが知られています。これを合わせて**チマチョゴリ**といいます。男性用は**パジチョゴリ**といいます。また中国の**チャイナドレス**，ベトナムの**アオザイ**，インドの**サリー**なども知られています。イスラム圏では女性は肌の露出を控えるために，**ブルカ**や**チャドル**などを着用します。またアンデス地方では急に夜に冷えこむため，**ポンチョ**とよばれる貫頭衣が重宝されます。

参考

ジーンズ

アメリカ合衆国西部の金鉱で働く労働者が，激しい仕事でも長もちするように，テント用の綿の布地でつくった衣服。じょうぶで，動きやすい作業着から，世界的な日常着になっている。

● チマチョゴリ

国・地域	衣装	国・地域	衣装
日本	和服	インド	ドーティ，クルタ・パジャマ（男性）
朝鮮半島	パジチョゴリ（男性）		サリー（女性）
	チマチョゴリ（女性）	イスラム圏	クーフィーヤ，フェズ，トーブ，ターバン（男性）
中国	漢服，チャイナドレス（女性）		ブルカ，チャドル，ヒジャブ，アバヤ（女性）
モンゴル	デール	スコットランド	キルト（男性）
台湾	方衣	ロシア連邦	サラファン（女性）
ベトナム	アオザイ（女性）	ドイツ	ディアンドル（女性）
タイ	パーシン（女性）	中南米	ポンチョ（男女），ソンブレロ（男性）
インドネシア	サロン（男女），カバヤ（女性）		ポリェラ（女性）

● 世界のおもな民族衣装

TRY! 表現力

熱帯地域では高床の住居が見られるが，なぜ高床にする必要があるのか説明しなさい。

（ヒント）　熱帯地域の気候について考える。

（解答例）　高温多湿な気候であるため，熱や湿気が床下にたまらないようにするため。

特集　ロヒンギャ難民問題とは？

● 難民とは？

難民とは，自分たちの国で生活していることで迫害を受ける，もしくはその恐れがあるために他国へ逃れた人々のことです。これは1951年の「難民の地位に関する条約」で定義されています。今日における難民も，その多くが政治的な迫害，武力紛争や特定の民族への人権侵害などを背景に，他国へ助けを求める人々を指し，難民の数は増加しています。また同様の理由で，国内の安全な場所に避難する**避難民**という言葉もあり，こちらも近年では世界的に増加傾向にあります。

● ミャンマーのロヒンギャ族

ミャンマーは東南アジアに位置する国で，長らく軍事政権国家でしたが，2011年に民政移管することで政情が安定するようになりました。国土面積はおよそ68万km²，人口は5,441万人（2020年）で国内市場が大きい国です。農業が主産業ですが，天然ガスの産出量が多く，これを輸出して外貨を獲得しています。民主化と輸出の拡大でミャンマーは急速な経済成長を遂げ，最近20年間で，GDP（国民総生産）は約10倍になりました。しかし経済成長の裏で，ミャンマーは深刻な難民問題を抱えています。

ミャンマーは多民族国家であり，人口のおよそ70％をしめるビルマ族を筆頭に，国内には130を超える民族がいるといわれています。

そんなミャンマーに**ロヒンギャ族**という民族がいます。彼らは現在のバングラデシュあたりに起源をもつといわれる民族で，保守的なイスラム教徒です。言語はロヒンギャ語を話します。

ミャンマーのラカイン州に8世紀頃から住み着いたと主張しており，この地におよそ100万人が暮らしています。しかし，現存する史料では，「ロヒンギャ」という呼称は1950年までしかさかのぼれないそうです。

現在，「ロヒンギャ族」を名乗る民族集団は，ミャンマーがイギリス領だった時代，第二次世界大戦後の混乱期，1971年の印パ戦争による混乱期などに，混乱に乗じて流入してきた移民から構成されると考えられています。

↑ ミャンマーのラカイン州

● ロヒンギャ族は，ミャンマーでは外国人？!

1948年にビルマ連邦（現在のミャンマー）としてイギリスから独立したさい，政府はロヒンギャ族を差別的にはあつかいませんでした。しかし，1962年の軍事クーデターによって，政府軍が主導するビルマ民族中心主義にもとづく，中央集権的な社会主義体制が成立すると，一転してロヒンギャ族は差別的なあつかいを受けるようになりました。これにより1978年と1991〜92年の二度にわたり，20万人とも，25万人ともいわれる難民が国外へ流出しました。

さらに1982年には国籍法が改正され，ロヒンギャ族は「ミャンマーに古くから存在する民族ではない」と法律で決められてしまいます。つまり「ロヒンギャ族」と名乗る限り，外国人と見なされるようになりました。そして2015年には選挙権と被選挙権が取り上げられました。

ロヒンギャ族の人々はミャンマーからの独立を考えているわけではありません。「ロヒンギャ族」の名称を認めてもらい，さらにミャンマーでの国籍を与えてもらえるよう求めています。しかし，ミャンマー政府や国民の多くが，ロヒンギャ族を「民族」として認めておらず，外国からの不法移民集団だと認識しています。

● **ロヒンギャ族は，なぜ差別される？**

ロヒンギャ族が差別される理由は大きく3つあるといわれています。

1つ目は，ロヒンギャ族がイスラム教を信仰していることです。ミャンマーは仏教の国であるため，イスラム教徒には嫌悪感を示すそうです。しかし，国内には他にキリスト教徒やヒンドゥー教徒も存在しますが，彼らに対してはとくに差別意識はないそうです。

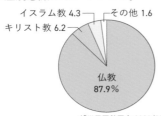

イスラム教 4.3 ── ┌─ その他 1.6
キリスト教 6.2 ──┐

仏教
87.9%

（「世界国勢図会2020/21」による）

⬆ ミャンマー国内の宗教別人口構成比

2つ目は，ビルマ語（ミャンマーの公用語）を上手に話せないことへの反感です。

3つ目は，ロヒンギャ族はバングラデシュからの不法移民であると認識していることです。つまり，ミャンマー側からすると「ロヒンギャという民族をでっちあげ，古くからミャンマー

で生活していたと主張している」ことへの嫌悪感です。

2016年10月，バングラデシュとの国境近くで，武装勢力による襲撃で警察官が死傷するという事件が発生しました。ミャンマー政府は，これをロヒンギャ族武装グループによる犯行と断定し，ロヒンギャ族の集落を攻撃しました。これによっておよそ2万人が難民としてバングラデシュへと逃げていきました。また同様の事件が2017年8月にも起きており，さらに難民が発生しました。現在，難民キャンプでは80万人を超えるロヒンギャ族が生活をしているといわれています。

一連の動きは，軍部（国軍）の暴走であり，もはや政府が軍部をコントロールできない状況にあるのではないかという悲観的な見方もあるようです。

※2021年2月に国軍がクーデターを起こし，政権を掌握した。市民はこれに抗議し，大規模なデモやストライキが行われた。

歴史的な衝突と宗教対立が複雑にからみあっているんだね。

定期テスト対策問題

解答 ➔ p.320

問 **1** 世界の気候

右の地図を見て，次の問いに答えなさい。

(1) 地図中のⅠ〜Ⅴは，さまざまな気候区を5つの気候帯に区分したものである。次の気候区がふくまれる分類をⅠ〜Ⅴから1つずつ選び，記号で答えよ。

① ツンドラ気候

② ステップ気候

③ 西岸海洋性気候

④ サバナ気候

(2) 次の**A〜C**の気候区の特色をあとから1つずつ選び，記号で答えよ。

A 熱帯雨林気候 **B** 地中海性気候 **C** 高山気候

ア 1年中春のような気温で，降水量は少ない。昼と夜の気温差が大きい。

イ 1年中気温が高く，雨も多く，丈の長い森林がしげっている。

ウ 夏と冬の気温差が大きく，温暖で，1年を通して降水量が多い。

エ 夏に乾燥して気温が高くなり，冬には適度な雨が降る。

(3) 右の雨温図は，地図中の**a〜d**の各都市の気候を表したものである。**a〜d**にあてはまる雨温図を**ア〜エ**から1つずつ選び，記号で答えよ。

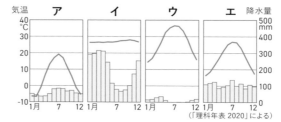

(「理科年表 2020」による)

(4) 地図中の**a〜d**のうち，樹木が育ちにくい気候区はどれか，1つ選び，記号で答えよ。

(5) 右の写真も，樹木が育ちにくい気候区の様子を写したものである。この気候区(帯)を次から選び，記号で答えよ。

ア 亜寒帯(冷帯) **イ** サバナ気候

ウ 氷雪気候 **エ** ステップ気候

問 2 さまざまな暮らし

主食の分布を示した右の地図を見て，次の問いに答えなさい。

(1) 地図中の①・③にあて
はまる主食の正しい組み
合わせを，次から選び，
記号で答えよ。

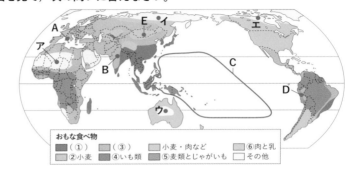

おもな食べ物
■（①）　□（③）　■小麦・肉など　□⑥肉と乳
□②小麦　■④いも類　□⑤麦類とじゃがいも　□その他

　ア　①－とうもろこし
　　　③－米

　イ　①－米
　　　③－なつめやし

　ウ　①－米
　　　③－とうもろこし

　エ　①－とうもろこし
　　　③－なつめやし

(2) 地図中の②について，**A・B**の地域では小麦を何に加工して食べるか。次から1つずつ選
び，記号で答えよ。

　ア　トルティーヤ　　**イ**　ナン　　**ウ**　うどん　　**エ**　パスタ　　**オ**　フォー

(3) 地図中の④について，◯のCもいも類を主食とする地域にふくまれる。この地域の伝
統的な住居の特色を次から1つ選び，記号で答えよ。

　ア　木や竹を骨組みとし，屋根はやしの葉で覆う。
　イ　土と水をこねて成形し，固めてつくった日干しれんがを積み上げる。
　ウ　強い日差しをはね返すため，壁を石灰で白く塗っている。
　エ　太い丸太を組み合わせ，二重窓を設けている。

(4) 地図中の⑤について，**D**の地域ではじゃがいもをどのような場所で栽培しているか。次から
1つ選び，記号で答えよ。

　ア　標高4,000m以上の高原　　**イ**　郊外にあるダーチャ
　ウ　河川の流域　　　　　　　　**エ**　標高3,000～4,000mの高原

(5) 地図中の⑥について，次の文中の**a・b**にあてはまる語句を答えよ。

　地図中の**E**の地域では，草や水を求めて家畜とともに移動しながら家畜を飼育する　**a**
を行う人々が見られる。この人々の伝統的な住居は　**b**　とよば
れ，たたんで持ち運ぶことができる。

(6) 右の写真のようなあざらしやカリブー（トナカイ）の毛皮を材料と
する衣服を着る，イヌイットとよばれる先住民が住む地域を，地図
中の**ア～エ**から1つ選び，記号で答えよ。

宗教の分布を示した右の地図を見て，次の問いに答えなさい。

(1) 地図中の**A～D**でおもに信仰されている宗教を次から1つずつ選び，記号で答えよ。

　ア　イスラム教

　イ　ヒンドゥー教

　ウ　キリスト教

　エ　仏教

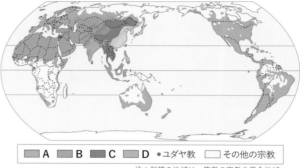

　■ A　■ B　■ C　□ D　● ユダヤ教　□ その他の宗教

注：斜線の地域は，複数の宗教の混合地域。

(2) 地図中の**A～D**のうち，世界の三大宗教にはふくまれない民族宗教を1つ選び，記号で答えよ。

(3) 地図中の**A～D**の宗教にあてはまる説明を，右の**Ⅰ～Ⅳ**から1つずつ選び，記号で答えよ。

(4) 右の**Ⅱ**の**a**にあてはまる内容を次から1つ選び，記号で答えよ。

　ア　食事の前に神への感謝の祈りをささげる

　イ　顔や体を覆い隠す衣服を着る

　ウ　ガネーシャという神の像とともに街を練り歩く

　エ　若いうちに一度は出家する

(5) 右の**Ⅳ**の下線部**b**に関連して，豚肉を食べることが禁じられている宗教を地図中の**A～D**から1つ選び，記号で答えよ。

(6) 右の資料⑧は，**Ⅳ**の宗教が最もさかんに信仰されている国の紙幣(部分)で，公用語の ☐ 語を中心として多くの言語で書かれている。

　☐ にあてはまる言語を答えよ。

(7) 資料⑪のような礼拝堂で祈りをささげる宗教を，地図中の**A～D**から1つ選び，記号で答えよ。

Ⅰ　僧が家々を回り食べ物のほどこしを受ける，托鉢とよばれる修行を行うことがある。

Ⅱ　「コーラン」を教典とし，聖地メッカの方角へ向かって1日5回礼拝を行う。女性は（　**a**　）。

Ⅲ　日曜日に教会に行く。始祖の誕生を祝うクリスマスや復活を祝うイースターという行事を行う。

Ⅳ　多神教で，信者は人生の中で数多くの儀式を行う。b牛肉を食べず，食事のときには右手を使う。

3章

章

世界の諸地域

SECTION 1 アジア州

SECTION 2 ヨーロッパ州

SECTION 3 アフリカ州

SECTION 4 北アメリカ州

SECTION 5 南アメリカ州

SECTION 6 オセアニア州

UNIT 1 アジア州の姿

着目 ▶ 世界で最も面積の広い州に，世界の人口の約6割にあたる人々が暮らしている。

要点
- **地域区分** 東アジア・東南アジア・南アジア・西アジア・中央アジア・北アジアに区分される。
- **地勢** 中央部には「世界の屋根」とよばれるヒマラヤ山脈やチベット高原がある。
- **気候** 大陸沿岸は季節風（モンスーン）の影響により雨季があり，内陸は乾燥地域となっている。

1 アジア州の地域区分

　アジア州はユーラシア大陸に分布する地域で，およそ東経60度に沿って縦断するウラル山脈からカスピ海，カフカス山脈，黒海を結んだ線から東側の地域と周辺の島嶼部を指します。

　アジア州は北，東，東南，南，西，中央の6つに区分されます。「北アジア」という呼称はなじみがありませんが，つまり「シベリア」のことです。シベリアはロシア連邦の領土であるため，ヨーロッパ州のSECTIONで学習します。ここでは，北アジアを除いた5つのアジアについて見ていきましょう。

　東アジアに位置するのは日本，中国，韓国，北朝鮮，モンゴルの5か国です。北側はロシア連邦，西側は中央アジア，南側は南アジアと東南アジア，東側は太平洋や南シナ海に囲まれています。

　東南アジアに位置するのは，大陸部のベトナム，ラオス，カンボジア，タイ，ミャンマー，マレーシアと，島嶼部のシンガポール，フィリピン，インドネシア，ブルネイ，東ティモールの11か国です。アジアで唯一，陸地を赤道が通過する地域です。太平洋や南シナ海，インド洋に囲まれています。

　南アジアに位置するのは，インド，パキスタン，バングラデシュ，スリランカ，ネパール，ブータン，モルディブの7か国です。南にインド洋を臨み，北側は中国や中央アジアが位置しています。

　西アジアに位置するのは，サウジアラビアやアラブ首長国連邦，イラン，イラク，トルコ，イスラエルなど18か国です。北側は中央アジアやロシア連邦，西側は地中海，南側はインド洋に囲まれています。

　中央アジアに位置するのは，ウズベキスタン，カザフスタン，キルギス，タジキスタン，トルクメニスタンの5か国です。

トルコはアジア州とヨーロッパ州，エジプトはアジア州とアフリカ州に国土がまたがるよ。

参考

西アジア・中央アジア

アゼルバイジャンやアルメニアなど，一部の旧ソ連構成国をどちらの地域へふくめるかには諸説ある。

② アジア州の地勢

　地勢とは，その地域に広がる地形の起伏，海洋との関係など，自然の様子を表したものです。

　アジア州の地勢は，東側は太平洋，南側はインド洋に囲まれており，西側はウラル山脈がそびえています。中央部には「**世界の屋根**」と称される**ヒマラヤ山脈**や**チベット高原**が存在し，ここから東西に標高の高い山脈が横断しています。また中央アジアの広い地域で標高の高い高原状の地形となっています。

③ モンスーンアジアと乾燥アジア

　アジアはユーラシア大陸の東岸に位置していることもあり，季節風（モンスーン）の影響が大きい地域です。夏の季節風は，東アジアでは南東から，東南〜南アジアでは南西からそれぞれ吹きつけてきます。この影響で非常に降水量が多くなり，河川の流量が増えて土砂の運搬量が多くなります。これが大河川の下流域に**三角州**を形成する要因となります。ここでは広く稲作が行われています。モンスーンアジアで生産される米の量は世界のおよそ90%をしめており，世界的な稲作地帯であることがわかります。

　一方，季節風が届かないほど内陸に位置するモンゴルや中国西部，通り道とならない西アジアや中央アジアは年降水量が少なく乾燥し，畑作や**オアシス農業**，**遊牧**などが営まれています。

↑ モンスーンアジアと乾燥アジア

用語

モンスーンアジア

モンスーンは，アラビア語の「季節（マウシム）」を語源とする。季節風（モンスーン）は，夏は海洋から吹きつけ，冬は大陸から吹きだす。そのため，とくに降水量は夏に多く，冬に少なくなる傾向にある。こうしたモンスーンの影響が大きいアジア地域をモンスーンアジアという。米の生長期である夏に高温多雨となるため，広く稲作が行われている。

3

章

世界の諸地域

TRY!
表現力

モンスーンアジアでの米の生産量は，世界のおよそ9割をしめている。この要因について自然的条件を踏まえて説明しなさい。

　ヒント　稲作は高温多雨な地域が，またかんがいのためには低平な耕地が適している。

　解答例　モンスーンアジアは季節風の影響を受けて夏に高温多雨となるため。また，河川の下流域に三角州が発達しているため。

UNIT 2 東アジアの国々① 自然

着目 ▶日本列島などの島嶼部と中国などの大陸部からなり，季節風の影響を強く受ける。

要点
- **島嶼部** 環太平洋造山帯に属するため火山や地震が多く，災害も発生しやすい。
- **大陸部** 安定大陸(安定陸塊)で，中国は西高東低，朝鮮半島は東高西低の地形をなす。
- **季節風(モンスーン)の影響** 夏と冬の気温・降水量の年較差が大きい。

1 東アジアの地勢

　東アジアは日本列島や台湾島などの**島嶼部**と，中国やモンゴル，朝鮮半島などの**大陸部**からなります。

　島嶼部は環太平洋造山帯が縦断するため，火山や地震が多い場所となっています。世界には，地震の震源や火山が連なって分布する場所があります。火山は標高が高く，起伏の大きい山脈をつくりだし，また列島を形成します。このような場所を**造山帯**といいます。環太平洋造山帯は，太平洋を囲むように分布しているため，こうよばれています。このため，日本列島や周辺の島々，そして台湾島などは地震や火山による災害がよく発生する場所です。一方で，火山は温泉や地熱発電として利用され，また富士山のように観光資源となっている所もあ

発展

造山運動

山脈をつくりだすような変動を**造山運動**という。せまい範囲で地球内部からの力が加わると山脈が形成される。また広い範囲で地球内部からの力が加わると陸地が形成され，これを**造陸運動**という。地下にプレートの境界があり地形が激しく変化する地域を，**変動帯**とよぶ。

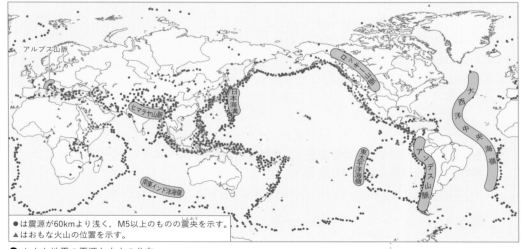

●は震源が60kmより浅く，M5以上のものの震央を示す。
▲はおもな火山の位置を示す。

⬆ おもな地震の震源と火山の分布

ります。

　大陸部は，地震や火山の活動はほとんど見られず安定した大陸になっています。これらを**安定大陸**(安定陸塊)といいます。これらの地域では数億年もの間，山脈をつくりだすような地盤の変動が見られず，長い年月をかけて風化，または侵食されたことで平坦な地形となっています。一方で，中国の西部は巨大な山脈がそびえているため，中国は「西高東低」の地形を示しています。よって，河川は標高の高い西部から，東シナ海に臨む標高の低い東部へと流れていきます。

　朝鮮半島は，半島の東部を山脈が縦断していることもあり，「東高西低」の地形をなしています。またモンゴル周辺は高原状の地形となっており，南西部にアルタイ山脈という巨大な山脈が控えているため，ゆるやかに北東部に向けて傾斜しています。

② 季節風(モンスーン)の影響

　季節風とは季節に応じて風向きが逆転する風のことで，**モンスーン**ともよばれます。水の塊である海洋部は比熱(→p.44)が大きく，あたたまりにくく冷めにくい性質をもっています。しかし，大陸部は逆にあたたまりやすく冷めやすい性質をもっています。そのため大陸部は，夏は海洋部よりも気温が上昇し，あたためられた空気が上昇気流を起こすことで気圧が低くなります。相対的に海洋部の気圧が高くなるため，夏は海洋部から大陸部へ風が吹きこんできます。この夏の季節風は海洋上を通過するため，あたたかく湿った空気となります。

　一方で，冬は大陸部の気温が下がり気圧が高くなるため，相対的に海洋部の気圧が低くなります。そのため大陸部から海洋部へと風が吹きだしていきます。この風は非常に乾いた風となります。

　このように季節風の影響が大きい東アジアでは，夏と冬の気温と降水量の年較差が非常に大きくなります。

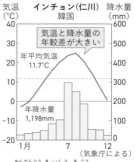

❶ 温暖冬季少雨気候の雨温図

TRY! 表現力

東アジアでは，一部の地域を除いて，夏と冬の気温と降水量の年較差が大きくなりやすい。その理由について説明しなさい。

　ヒント　東アジアは，夏と冬で風向きの変わる季節風の影響を強く受ける。

　解答例　季節風の影響が大きいため，夏は海洋部からあたたかく湿った空気が吹きこみ，冬は大陸部から冷たく乾いた空気が吹きだすため。

東アジアの国々② 産業

着目 輸入代替型工業から輸出指向型工業へ転換した背景について理解する。

要点
- **農牧業** 降水量の多いモンスーンアジアで稲作，降水量の少ない地域や寒冷地域で畑作，乾燥地域でかんがい農業や遊牧，オアシス農業が営まれている。
- **工業** アジアNIESの国・地域は輸出指向型工業へ転換し，経済発展を遂げた。

1 東アジアの農牧業

アジアの中でも**モンスーンアジア**は，世界のおよそ9割もの米の生産量をほこります。広く稲作が営まれているのは，季節風(モンスーン)の影響で夏に高温多雨となる気候環境を生かせるからです。大河川の下流域に形成された三角州には水田が広がっています。東アジアの広い範囲で，米は主食とされています。

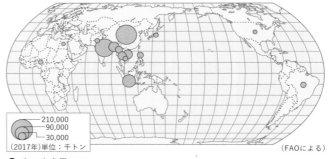

210,000
90,000
30,000
(2017年)単位：千トン
(FAOによる)

↑ 米の生産量

また，茶の栽培もさかんです。茶は高温多雨で，かつ水はけがよく，風通しのよい条件を好むため，丘陵地で栽培されています。中国は世界最大の茶の生産国で，フーチエン(福建)省やコワントン(広東)省など南東部で栽培がさかんです。

また中国の東北地方や日本の北海道などは寒冷であるため，稲作も一部では見られますが，畑作が中心と

陸路伝播型

ティー tea イギリス
テ thee オランダ
チャイ чай ロシア連邦
ツァイ чай モンゴル
テ thé フランス
テ tee ドイツ
チャ jha チベット
チャ cay トルコ
チャ cha インド
チャ cha チベット
チャ cha 福建
チャ cha 日本
テ te スペイン
テ te イタリア
チャ cha 広東

海路伝播型

↑ 茶の伝播ルートと発音

参考

「チャ」と「テー」

茶は，広東語の「チャ」と福建語の「テー」の2つの系統で呼称が異なる。広東省から陸路で伝わった地域は「チャ」，福建省から海路で伝わった地域は「テー」をそれぞれ語源として名称が決められていった。

なっています。

　一方で，モンゴルや中国西部などは季節風が届かない内陸部に位置していることもあって，年降水量が非常に少ない地域です。そのためかんがい農業や遊牧などが営まれています。とくにモンゴルでは馬や羊，中国北西部では羊やヤギ，中国南西部のチベット高原ではヤクなどが家畜として飼育されています。遊牧は水と自然の牧草を求めて移動する牧畜で，経済を家畜に依存しています。モンゴルの遊牧民は，ゲルとよばれる移動式テントで生活します。

→ 移動式テント「ゲル」（モンゴル）

　また内陸部では年降水量が少ないため，オアシス農業が発達しています。オアシス農業とは乾燥地域で行うかんがい農業のことです。かんがい用水のおもな取水源としては，オアシス，外来河川，地下水などがあります。オアシスは局地的に湧水（わき水）が見られる場所に形成され，周辺には集落が立地し，なつめやしなどの生産が行われています。なつめやしの実はデーツとよばれ，お菓子やソースの材料となります。外来河川とは湿潤地域に水源をもち，乾燥地域を貫流して海に注ぐ河川のことです。流量が豊富であるため，乾燥地域においてはかんがい用水の取水源として重宝されています。ティグリス川やユーフラテス川，インダス川，そして世界最長のナイル川などが好例です。これらの河川流域ではかんがいによる小麦栽培がさかんであり，古くから文明が栄えた場所としても知られています。

→ 四大文明の発生地

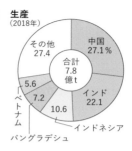

生産
（2018年）

その他 27.4
中国 27.1％
合計 7.8 億t
インド 22.1
インドネシア 10.6
バングラデシュ 7.2
ベトナム 5.6

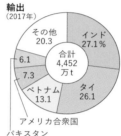

輸出
（2017年）

その他 20.3
インド 27.1％
合計 4,452 万t
タイ 26.1
ベトナム 13.1
アメリカ合衆国 7.3
パキスタン 6.1

（「世界国勢図会」による）

→ 米の生産国・輸出国の割合

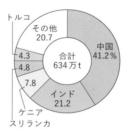

トルコ
その他 20.7
中国 41.2％
合計 634万t
インド 21.2
ケニア 7.8
スリランカ 4.8
4.3

（2018年）（「世界国勢図会」による）

→ 茶の生産国の割合

2 東アジアの工業

　近年，中国が著しい経済発展を遂げていますが，東アジアで最初に高度な経済成長がはじまったのは日本です。朝鮮戦争(1950〜53年)による戦争特需をきっかけに，1955年から1973年までめざましい経済成長を遂げました。とくにこの時代は**高度経済成長**とよばれています。

　その後，**韓国，台湾，ホンコン(香港)，シンガポール**が農業の近代化や工業発展を目指して成長を続けました。これら4つの国・地域は**アジアNIES**とよばれました。アジアNIESの国・地域は，かつては国内・地域内の需要の多くを輸入品に頼っていた工業製品の国産化を進めていました。これは**輸入代替型工業**とよばれ，国・地域内の企業育成，そして経済成長を後押ししましたが，いずれも人口がそれほど多くないため市場が小さく，輸入代替型工業での経済成長には限界がありました。

用語

NIES

Newly Industrializing Economies の略で，一般に「新興工業経済地域」と訳される。

輸入代替型工業

⎰ 輸入製品の国産化(=輸入する代わりに国内で製造する)

➡ 国内産業の育成を目指す

国民の所得水準が低く，国内市場が狭いため産業の発展には限界がある

　↳ 輸出指向型へと政策転換

※輸入代替型から輸出指向型へ構造転換した国・地域

(**韓国，台湾，ホンコン(香港)，シンガポール**) ➡ **アジアNIES**

⊕ 輸入代替型工業

　その後は政策の転換を図り，原燃料を輸入し，低い賃金水準を強みとしてそれらを技術加工して輸出する**加工貿易**に力を入れました。これを**輸出指向型工業**といいます。1960年代は繊維製品などの軽工業製品を生産して輸出していましたが，1970年代になると重工業製品も輸出するようになります。さらに1990年代以降は**先端技術(ハイテク)**産業が成長しました。

　輸出指向型工業を進めるためには，外国企業を誘致し，資本と技術を導入する必要があります。工場進出の場として，税制上の優遇措置を適用した**工業団地(輸出加工区)**を，輸出に便利な沿岸部に集中して整備していきました。外国企業を誘致する国は，雇用が増えること，資本や技術を導入できること，輸出による外貨獲得などの利点があり

ました。一方の外国企業は輸出不振を解消すること，低賃金労働力の活用による低コスト生産が可能であること，進出国での市場の取りこみ，進出国での原材料の調達といった利点がありました。

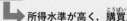

輸出指向型工業

先進国向けの輸出品の製造

　➡ **所得水準が高く，購買力が高い。また人口も多く市場規模も大きい。**

① 外国資本や技術の導入
　　関税の撤廃，法人税の減免などの優遇措置地域を建設して
　　先進国企業の誘致を図る

　　➡ 1：社会資本を整備して**工業団地（輸出加工区）**を建設
　　　　2：輸出入に便利な沿岸部に建設

② 低賃金労働力の利用が可能

①，② より **安価で優秀な輸出品**の製造が可能となる

　　➡ **※国際競争力が高く，輸出が進展する**

誘致国のメリットは？	**先進国のメリットは？**
①雇用の拡大	①安価な労働力の確保
②資本・技術の導入	②輸出不振の解消
③外貨獲得	③市場の取りこみや現地での原材料調達

⬆ 輸出指向型工業

　こうした工業発展は誘致国での賃金水準の上昇をもたらしました。しかし，賃金水準の上昇は輸出指向型工業にとっては不利となります。そこでこれらの国々と比較して，相対的に賃金水準が低い**中国**がその優位性を生かして，外国企業の誘致を進めていきました。近年では，中国は「世界の工場」と称されるほどになっています。また先端技術産業の成長もめざましく，モノだけでなくサービス経済の進展が見られるようになっています。

1980年　計181億ドル

衣類 16.3%	機械類 13.3	繊維品 12.2	鉄鋼 9.1	その他

└船舶6.8

2018年　計6,048億ドル

機械類 43.3%	自動車 10.0		その他

石油製品7.8　　　　└鉄鋼4.6
プラスチック5.1
（「世界国勢図会」などによる）

⬆ 韓国の輸出品の変化

TRY! 表現力

アジアNIESの国・地域が輸入代替型工業から輸出指向型工業へ転換を図った理由について説明しなさい。

（ヒント）　輸入代替型工業は，それまで輸入していた工業製品の国産化を進める工業である。

（解答例）　アジアNIESの国・地域は人口が少なく，国内・域内の市場が小さいため，輸入代替型工業では産業の発展に限界があるから。

UNIT 4 東アジアの国々③ 中国

着目 広大な国土と世界最多の人口，社会，工業発展の様子について理解する。

● **自然** 黄河，長江などの大河が流れ，気候は熱帯から寒帯，高山気候まで広く分布する。

● **社会** 人口の9割をしめる漢民族以外に55の少数民族がいる多民族国家である。

● **工業** 沿岸部に経済特区を設けて工業化を進め，「世界の工場」とよばれるまでになった。

1 中国の自然

中国は正式国名を**中華人民共和国**といい，国土面積がおよそ960万km²で，世界で4番目の広さをもつ国です。非常に広い国土面積であるため，国土が南北におよそ5,500km，東西におよそ5,200kmそれぞれ広がります。

中国の国土は，北部の**大シンアンリン山脈**と南部の**ユンコイ高原**を結んだ線がおよそ標高500mmの等高線と一致し，標高は以西で高くなり，以東で低くなります。「**西高東低**」の地形をなしているため，ヘイロン川(黒竜江)や**黄河**，**長江**，チュー川(珠江)などは東に向かって流れています。

中国はユーラシア大陸東岸に位置しているため，気温と降水量の年較差が大きい気候環境をもちます。北緯40度を目安に以北が**亜寒帯(冷帯)気候**，以南は**温帯気候**が展開します。また沖合の黒潮(日本海流)の影響を受ける地域では温暖湿潤気候が展開しますが，気温と降水量の年較差はやはり大きくなっています。季節風(モンスーン)が届かない内陸部では乾燥気候が展開し，チベット高原など標高の高い地域では**高山気候**も見られます。北東部は比較的寒冷で降水量が少なく，また南東部は温暖で降水量が多い地域です。これを背景に，北東部は**畑作**が中心，南東部は**稲作**や茶の栽培がさかんです。

中国の標準時

中国は国土が東西に大きく広がっているが，標準時子午線は東経120度のみを設定している。

標高500mの等高線

年降水量500mmの等雨量線ともほぼ一致しており，これより以西は降水量が少ないため穀物栽培が困難である。

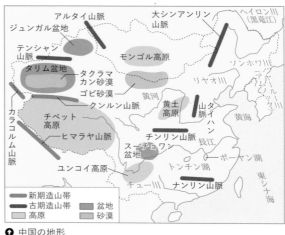

↑ 中国の地形

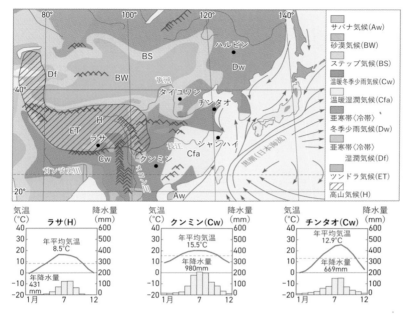

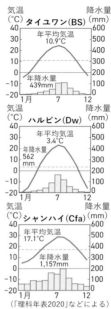

気温(℃) タイユワン(BS) 降水量(mm)
年平均気温 10.9℃
年降水量 439mm

気温(℃) ハルビン(Dw) 降水量(mm)
年平均気温 3.4℃
年降水量 562mm

気温(℃) ラサ(H) 降水量(mm)
年平均気温 8.5℃
年降水量 431mm

気温(℃) クンミン(Cw) 降水量(mm)
年平均気温 15.5℃
年降水量 980mm

気温(℃) チンタオ(Cw) 降水量(mm)
年平均気温 12.9℃
年降水量 669mm

気温(℃) シャンハイ(Cfa) 降水量(mm)
年平均気温 17.1℃
年降水量 1,157mm

（「理科年表2020」などによる）

サバナ気候(Aw)
砂漠気候(BW)
ステップ気候(BS)
温暖冬季少雨気候(Cw)
温暖湿潤気候(Cfa)
亜寒帯〈冷帯〉冬季少雨気候(Dw)
亜寒帯〈冷帯〉湿潤気候(Df)
ツンドラ気候(ET)
高山気候(H)

● 中国の気候

② 中国の社会

　中国は世界最大の人口を有し，その数は14億人を超えます。国民のおよそ9割が漢民族で，そのほか55の少数民族が生活しています。典型的な多民族国家であり，漢民族同士でも方言の違いでことばが通じないこともあります。中国は人口増加に見合う食料生産が困難であると考え，1979年には一人っ子政策を採用して人口抑制政策をはじめました。そのため中国の人口ピラミッドを見ると，1979年以降に生まれた世代の割合が小さくなっていることがわかります。人口分布は東部の沿岸部に集中していて，山地や高原が広がる内陸部ではそれほど人口が多くありません。

　中国では「省」以外に，5つの自治区が存在します。内モンゴル自治区，ニンシヤ回族自治区，コワンシー壮族自治区，シンチヤンウイグル自治区，チベット自治区の5つです。自治区のうち，

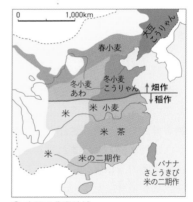

春小麦
冬小麦 あわ
冬小麦 こうりゃん
畑作
稲作
米 小麦
米 茶
米
米
米の二期作
バナナ さとうきび 米の二期作

● 中国の農業地域

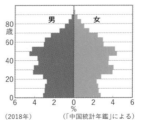

男　女
（2018年）　　（「中国統計年鑑」による）

● 中国の人口ピラミッド

📖 用語

一人っ子政策

1979年から採用。1組の夫婦に対して子どもを1人に制限する政策。これにより急激な少子化を招き，高齢化が進行した。2015年に撤廃。

内モンゴル自治区, ニンシヤ回族自治区, コワンシー壮族自治区は区内の最大人口が漢民族（かんみんぞく）ですが, シンチヤンウイグル自治区（最大民族はウイグル族）とチベット自治区（最大民族はチベット族）は少数民族が多数をしめています。

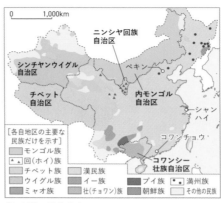

[各自地区の主要な民族だけを示す]
モンゴル族
回（ホイ）族
チベット族　　漢民族
ウイグル族　　イー族　　　プイ族　　満州族
ミャオ族　　　壮（チョワン）族　朝鮮族　その他の民族

● 中国の民族分布

　1949年に中国が建国されたときは, 社会主義（しゃかいしゅぎ）の理念を掲げ（かか）ました。しかし, 1997年にホンコン（香港）（イギリスより）, 1999年にマカオ（ポルトガルより）がそれぞれ返還されるさいは, 両地域がもつ資本主義経済のしくみを50年間は続けることが約束（やくそく）されました。こうした1つの国に社会主義と資本主義の2つの体制を存在させる国家のありかたを一国二制度（いっこくにせいど）といいます。しかし, 2020年6月に施行（しこう）された「香港特別行政区国家安全維持法（いじほう）」によって, 香港の高度な自治が今後保証されないのではないかという声が大きくなっています。

③ 中国の工業発展

　中国の工業発展は, 1970年代末の改革開放（かいかくかいほう）路線への転換（てんかん）を基点としています。そして同じ頃（ころ）, 中国では人民公社を廃止（はいし）して, 生産責任制（せいさんせきにんせい）を導入しました。生産責任制を導入したことで農業の生産性が向上し, 余剰労働力（よじょう）がうまれました。政府は積極的に副業を奨励（しょうれい）し, この余剰労働力を積極的に活用した郷鎮企業（ごうちんきぎょう）が数多く誕生して, 中国の経済発展を後押し（あとお）していきました。

　中国は国土面積が広く, 石炭や鉄鉱石, 原油など, 国内に鉱産資源が豊富に埋蔵（まいぞう）されています。これらを活用して鉄鋼業がさかんで, これを基礎（きそ）として自動車工業も同様にさかんです。

　また中国は, 外国の企業に経済的な優遇措置（ゆうぐうそち）を与える経済特区（けいざいとっく）を設定し, その資本や技術を取り入れようとしました。経済特区はアモイ（厦門）, スワトウ（汕頭）, シェンチェン（深圳）, チューハイ（珠海）, ハイナン（海南）島の5か所に設置され, 発展しました。

　経済特区の成功を受けて, 1984年には14の経済技術開発区（けいざいぎじゅつはつく）を設置

自治区

中国では, 省と同等の自治区が設置されており, それぞれに少数民族が多く居住している。しかし, 自治区内の人口で少数民族が最多となっているのは, シンチヤンウイグル自治区とチベット自治区のみであり, どちらも独立の機運が高い。

人民公社

政社合一といわれ, 行政, 産業, 軍事, 教育, 文化を一体化した組織のこと。大規模な農業経営が可能となって, 人民公社単位で集団農場が運営されていた。しかし, 人々の生産意欲が減退し, 機能しなくなっていった。

生産責任制

各農家は経営を任されて自主的に生産を行い, 政府への供出分を除いた分の農作物は自由（じゆう）に販売が認められるようになった。この制度を生産責任制という。これによって生産意欲が向上し, 生産性が上がっていった。また, 万元戸（まんげんこ）とよばれる富裕農家（ふゆう）が誕生した。

郷鎮企業

「郷」と「鎮」は中国における行政区のこと。郷や鎮で設立された企業を郷鎮企業という。農村集団の経済組織であり, 農業への投資などをおもな業務とする。郷鎮企業の存在が農村部での工業化と経済発展を促した。

してさらなる経済成長を後押ししました。中国で人口の多いシャンハイ(上海)にも経済技術開発区が置かれています。こうして中国は「**世界の工場**」とよばれるまでになりました。

近年では，先端技術(ハイテク)産業も発展してきており，従来のパソコン製造だけでなく，スマートフォンやタブレット，ドローンの製造，そしてキャッシュレスのしくみなど，ハードウェアだけでなくソフトウェア産業も成長してきています。

しかし，環境を無視した工業発展の代償は大きく，**大気汚染**や酸性雨などの**環境問題**が顕在化しています。ほかには，黄土高原の砂漠化，長江中流域でのサンシヤダム建設による住民の立ち退き問題，過剰な取水によって黄河が海まで流れない断流など，各地でさまざまな問題を抱えています。

🔴 中国の5つの経済特区

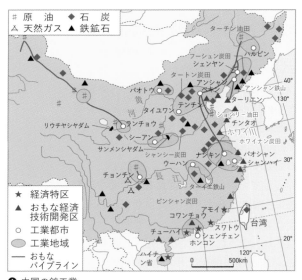

🔴 中国の鉱工業

TRY! 表現力

中国が2015年に一人っ子政策を撤廃した理由を簡潔に述べなさい。

ヒント　一人っ子政策(1組の夫婦がもてる子どもの数を原則1人に制限する政策)によって少子化が進んだ。

解答例　若い世代の人口が減って高齢化が進み，経済の減速を招くと予測されたため。

UNIT
5

東アジアの国々④ 韓国

着目 自然環境と歴史、特有の文化、工業発展の背景について理解する。

要点

● **歴史と文化** 南北分断と朝鮮戦争，暖房設備のオンドル、キムチなどの食文化。

● **産業** 1960年代に「漢江の奇跡」。先端技術(ハイテク)産業や自動車工業が成長した。

● **貿易** 「原料や燃料」の輸入と「工業製品」の輸出がさかんである。

1 韓国の自然環境と歴史

韓国は正式国名を**大韓民国**といい，朝鮮半島の南部に位置する国です。国土面積はおよそ10万km²で，ここにおよそ5,100万人の人々が生活をしています(2020年)。そのため人口密度が500人/km²を超えるほど高くなっています(日本の人口密度は約340人/km²)。

東部に**テベク山脈**が縦断していることもあり，「**東高西低**」の地勢をなして，また南西部には広い範囲でリアス海岸が形成されています。ユーラシア大陸東岸に位置しているため，季節風(モンスーン)の影響で気温と降水量の年較差が大きい気候を示します。広く温暖冬季少雨気候が展開し，最南部では**温暖湿潤気候**が展開しています。

夏は海洋から吹きつける季節風の影響で高温多湿となりますが，冬は大陸から吹きだす季節風の影響で寒冷な気候を示し，少雨となります。そのため，冬の寒さに対応して**オンドル**とよばれる床暖房を利用します。オンドルは朝鮮半島に固有の名称で，かつてはかまどの煙を床下に通すことで室内をあたためていました。集合住宅が多くなり，温水を使用した床暖房が設置されるようになりましたが，これもオンドルとよばれています。また，寒い冬の保存食として**キムチ**が毎年11月頃につくられています。

朝鮮半島は1910年に**日韓併合条約**によって朝鮮総督府が設置され，日本の統治下に置かれました。日本が1945年8月に**ポツダム宣言**を受諾すると，35年におよぶ日本統治時代が終わりました。その後朝鮮半島では，北部の**朝鮮民主主義人民共和国(北朝鮮)**と南部の韓国に二分してそれぞれが独立国家となりました。両国は1950年から**朝鮮戦争**を戦いましたが，1953年には**パンムンジョム**(板門店)で休戦協定が結ばれました。その後，

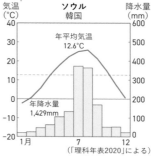

気温
(℃)　　　　**ソウル**
　　　　　　韓国　　　　　降水量
40　　　　　　　　　　　　　(mm)
　　　　　　　　　　　　　　600
30　　　年平均気温　　　　500
　　　　　12.6℃
20　　　　　　　　　　　　　400

10　　　　　　　　　　　　　300

0　　　　　　　　　　　　　200
　　　年降水量
-10　　1,429mm　　　　　　100

-20　　　　　　　　　　　　0
　1月　　　　7　　　　　12
　　　　　(「理科年表2020」による)

⊕ 温暖冬季少雨気候の雨温図

日本と韓国は1965年の日韓基本条約によって国交を回復しました。

② 韓国の産業と貿易

韓国は1965年から「漢江の奇跡」とよばれるほどの高度成長を遂げました。当時ベトナム戦争が起きていたことによるベトナム特需,原油価格の低下,円高にともなうウォン(韓国の通貨)の下落で輸出が伸びたこと,セマウル運動の成功などがおもな要因でした。

1973年の**第一次石油危機(オイルショック)**によって一時的には経済への影響があったものの,省エネルギー化を進め,石油に替わる代替エネルギーの開発,逆オイルショックなどを背景に,再び経済が成長しました。台湾,ホンコン(香港),シンガポールとともに,**アジアNIES**の一員とされ,1996年にはアジアでは日本に次いで2番目の**経済協力開発機構(OECD)**加盟国となりました。1997年の**アジア通貨危機**で経済は危機に瀕しましたが,**財閥**の解体,国際通貨基金(IMF)の支援などによってこれを乗り切りました。

韓国は国土面積が狭いため,鉱産資源の乏しい国です。そのため原燃料を輸入して,技術加工して輸出する輸出指向型工業を採用しています。鉄鋼業や自動車工業,石油化学工業,造船業などが主産業です。また繊維工業や家電機器製造などもさかんで,近年では**先端技術(ハイテク)産業**も成長しています。工業団地(輸出加工区)の多くは南東部に集中しています。南西部はリアス海岸が広がっているため,大型港湾の建設が難しいからです。南東部には**ポハン**,**ウルサン**,**プサン**などの工業都市が集中しています。

韓国の貿易は輸出指向型工業を反映して,「原燃料」の輸入,「工業製品」の輸出が目立ちます。近年では「世界の工場」となった中国からの工業製品の輸入も増えています。貿易額は,近隣の中国や日本,そしてアメリカ合衆国が多くなっています。

参考

セマウル運動

「セマウル」とは,「新しい村」という意味。韓国の農業の近代化を目指した運動のことで,政府主導で行われた。これによって食料自給率が向上して,工業の発展を促した。

参考

韓国の都市・過疎問題

経済成長によって首都ソウルとその周辺では人口が集中し,交通渋滞などの都市問題が発生している。一方,農村では過疎や高齢化が問題となっている。

TRY! 表現力

日本と同じく資源に乏しい韓国はどのように工業化を図ってきたか,簡潔に述べなさい。

ヒント アジアNIESの国・地域は輸入代替型工業から輸出指向型工業へ転換を図った(→p.82)。

解答例 外国から原料や燃料を輸入し,加工した製品を輸出する,輸出指向型の工業化を図ってきた。

UNIT 6 東南アジアの国々①

着目 ASEAN の成立と発展，加盟国の経済成長の背景について理解する。

要点
● **東南アジア諸国連合（ASEAN）** 10か国が加盟。域内貿易や経済協力を促進している。
● **歴史** ほとんどの国が欧米諸国の植民地になった歴史をもつ。
● **マレー半島と島嶼部の国々** イスラム教国のマレーシア，多民族国家のシンガポール。

1 ASEAN（東南アジア諸国連合）

　東南アジア諸国連合（ASEAN）は1967年に，5か国の加盟国で発足しました。当時は冷戦時代であったため，共産主義の考え方が東南アジアに広まらないようにする政治的な性格をもっていました。1984年にはイギリスから独立したブルネイが加盟しました。1989年の**マルタ会談**，1991年の**ソビエト連邦崩壊**にともない，政治的な組織から域内貿易の促進を目指す経済的な組織へと発展しました。1995年にベトナム，1997年にラオスとミャンマー，1999年にカンボジアがそれぞれ加盟して10か国体制となりました。

　ASEAN加盟国は，自国内の豊富な鉱産資源を先進国へ輸出し，工業製品を輸入する**垂直貿易**を行っていました。ASEAN加盟国は，先進国と比較すると賃金水準が低いこと，鉱産資源が豊富であること，また人口が多く市場が大きいことなどの魅力から，外国企業の工場進出が増加傾向にあります。これを背景に，近年では重化学工業が発展し，域内へ工業製品を輸出する**水平貿易**を行う国が増えました。

2 東南アジアの歴史と民族

　東南アジアの国々は，かつてヨーロッパ諸国やアメリカ合衆国の植民地支配を受けた歴史をもち，そのときの文化が現在でも色濃く残っています。**イギリス植民地**はマレーシア，ミャンマー，ブルネイです。このうちマレーシアから分離独立したのがシンガポールです。**フランス植民地**はベトナム，ラオス，カンボジア，**オランダ植民地**はインドネシア，**ポルトガル植民地**は東ティモール，スペイン支配ののちに**アメリカ植民地**となったのがフィリピンです。タイは唯一，イギリスとフランスの**緩衝国**として独立を維持していました。

用語

ASEAN

東南アジア諸国連合の略称で1967年に発足。原加盟国は，インドネシア，シンガポール，タイ，フィリピン，マレーシアの5か国。東南アジア11か国のうち，東ティモールを除いた10か国が加盟している。

参考

フィリピン

スペイン植民地時代にキリスト教が布教され，アメリカ植民地時代に英語が公用語となって今に至る。

用語

緩衝国

大きな国に囲まれているため，衝突を防ぐ緩衝としての役割をもつ国。緩衝国を囲んでいる国はあえてそこを紛争の対象とはしないことがある。

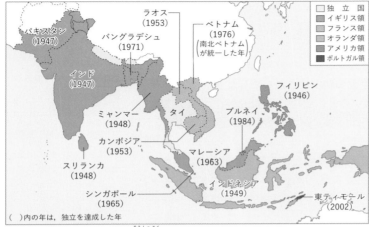

ラオス
(1953)

ベトナム
(1976)
(南北ベトナム
が統一した年)

パキスタン
(1947)

バングラデシュ
(1971)

インド
(1947)

ミャンマー
(1948)

タイ

フィリピン
(1946)

ブルネイ
(1984)

カンボジア
(1953)

マレーシア
(1963)

スリランカ
(1948)

シンガポール
(1965)

インドネシア
(1949)

東ティモール
(2002)

独　立　国
イギリス領
フランス領
オランダ領
アメリカ領
ポルトガル領

（　）内の年は，独立を達成した年

🔺 東南アジア・南アジアの旧宗主国

東南アジアで信仰されている宗教は複雑です。インドシナ半島など
の**大陸部**ではおもに仏教が信仰されており（タイ，ベトナム，ラオス，
カンボジア，ミャンマーなど），**島嶼部**では**イスラム教**が多くなって
います（マレーシア，インドネシア，ブルネイなど）。フィリピンや東
ティモールは旧宗主国の影響から，**キリスト教徒**が多くなっています。
またインドネシアのバリ島など，一部の地域にはヒンドゥー教徒もい
ます。

③ マレーシアとシンガポール

マレーシアはイギリスから独立した当初から，**マレー人**を優遇する
ような社会的風潮がありました。これを嫌った中国系住民がマレーシ
アから分離してシンガポールを建国しました。1965年のことです。
この後，1971年にマレーシアはマレー人を優遇する**ブミプトラ政策**
を採用しました。このためマレーシアはマレー語を国語とし，イスラ
ム教を国教としています。現在のマレーシアにおいても，最大の民族
はマレー人です。

　1981年には**ルックイースト政策**を開始します。これは日本や韓国
の価値観を学ぶことにより，自国の経済を発展させることが目的でし
た。

　マレーシアはイギリス植民地時代に天然ゴムの栽培がもちこまれ，
長らく天然ゴムの生産が主産業であり，典型的なモノカルチャー経済
でした。その後，合成ゴムの登場やゴム樹の老木化にともなって天然

 用語

宗主国

さまざまな定義が見られる
が，一般にいわれる宗主国
とは「植民地に対して主権
を行使する国家」などの意
味で用いられることが多い。
たとえば，「かつてイギリ
スはインドの宗主国だっ
た」といわれる。

 発展

脱モノカルチャー

モノカルチャー経済は特定
の農産物や鉱産資源の生
産・輸出に依存する経済体
制のことであり，世界市場
の影響を受けやすい。その
ため経営の多角化を目指し
て，脱モノカルチャーを図
ろうとする。マレーシアの
天然ゴム栽培から油やし栽
培への転換も脱モノカル
チャーの好例である。

ゴム栽培を止めて**油やし**栽培へと転換する農家が増えました。油やしから採取される**パーム油**は，1970年代より輸出が進展し，マレーシアの重要な輸出品となっています。

イギリスからの独立以来，長らくマレーシアは天然ゴムやすず鉱，木材，パーム油などの一次産品の輸出がさかんでしたが，1990年代から工業発展が見られるようになり，現在では輸出品目の多くが工業製品となっています。また先端技術（ハイテク）産業の進展も著しく，外国からの投資が増えています。

シンガポールは「三民族四言語」の多民族国家です。とくに国民のおよそ4分の3が中国系住民ですが，ほかにマレー人やインド系タミル人もいます。マレーシアとは異なり，彼らが話す中国語，マレー語，タミル語はすべて公用語として採用されています。さらに主要三民族の共通言語として英語も公用語の1つとなっています。もちろん，それぞれが信仰する宗教も信仰の自由が認められており，民族問題が起きないような努力をしています。シンガポールの空港にはそれぞれの民族の言語で表記された看板が見られます。

🔼 多言語の標識（シンガポール空港）

マレーシアは農産物や鉱産資源といった一次産品の輸出から，工業製品の輸出へと貿易体制が変化していて，近年の工業発展が見てとれます。シンガポールは民族紛争のない安定した政情を背景に，ASEANの中でもいち早く工業化に成功し，外国企業を誘致して**アジアNIES**（→p.82）の一員になるまで成長を遂げました。また地理的な条件を生かした**中継貿易**を行い，輸出額は東南アジアのなかで最大となっています。

1980年　計129億ドル

| 石油 23.8% | 天然ゴム 16.4 | | その他 |

機械類10.7
木材9.3
パーム油8.9

2018年　計2,473億ドル

| 機械類 42.2% | | その他 |

石油製品7.3
液化天然ガス4.0
パーム油3.5
精密機械3.6
石油3.8

（「世界国勢図会」などによる）

🔼 マレーシアの輸出品の変化

参考

中国系住民

中国国籍を有するが外国に移住して生活する人々を**華僑**，自身のルーツは中国にあるが外国の国籍を取得している人々は**華人**という。

用語

中継貿易

シンガポールやホンコン（香港）のように人口が少ない場合，市場が小さいだけでなく生産する物品も少ない。そのため海外から輸入した物品を，第三国へ輸出する中継貿易体制をとっている。

TRY! 表現力

東南アジアの宗教分布に見られる特色を，おもな宗教名を明らかにして簡潔に述べなさい。

（ヒント）　東南アジアでは三大宗教が信仰されている。

（解答例）　大陸部でおもに仏教，島嶼部でイスラム教やキリスト教が信仰されている。

UNIT
7

東南アジアの国々②

着目 ▶ 大陸部のタイ・ベトナム，島嶼部のインドネシア・フィリピンの地誌をおさえる。

要点
● **宗教** インドネシアでイスラム教，フィリピンでキリスト教(カトリック)が信仰されている。
● **農業** 平野部や棚田で稲作，プランテーションでコーヒー豆などの栽培が行われている。
● **鉱工業** タイで自動車の生産，インドネシアで原油・石炭などの産出がさかんである。

3 章 世界の諸地域

1 大陸部の国の様子

A タイ

　タイは季節風(モンスーン)の影響が大きく，雨季の雨量が非常に大きくなります。雨季になると雲が多くなり，地表に到達する太陽エネルギーが小さくなるため，気温上昇が抑制されます。そのため，最暖月は乾季の最終月である4月となります。

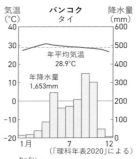

気温(℃) バンコク タイ 降水量(mm)
年平均気温 28.9℃
年降水量 1,653mm
1月　　7　　12
(「理科年表2020」による)

 熱帯(サバナ気候)の雨温図

　中央部には**チャオプラヤ川**が南流しており，下流域では広大な三角州を形成しています。ここでは稲作(タイは世界有数の米の輸出国)がさかんで，世界最大の生産量をあげる**天然ゴム**は南部や北部の丘陵で栽培されています。

　タイは，イギリスとフランスの緩衝国として独立を維持した国です。また仏教を信仰する国民が多い国です。1997年には通貨バーツが大暴落して**アジア通貨危機**が起きたため，経済不況となって国際通貨基金(IMF)の管理下に入りました。しかしその後は短期間で経済を回復させ，近年は工業発展によって**自動車**の生産がさかんです。とくに日本企業による工場進出が背景となっています。

B ベトナム

　ベトナムの国土は南北に長く，北部と南部にそれぞれ大河川が三角州を形成しています。ここでは稲作が広く行われており，ベトナムは世界有数の米の輸出国として知られています。また近年では**コーヒー豆**の生産がさかんで，ブラジルに次ぐ生産量をほこります。

 用語
二期作

1年のうちに，同じ耕作地から2回同じ農作物を収穫すること。一般に「1年に2回，米を収穫する」という意味で用いられることが多い。東南アジアの広い地域で，米の二期作が行われている。日本でも太平洋側の一部の地域で，米の二期作が行われてきた。

参考

日本向けのえびの養殖

東南アジアや南アジアでは，日本向けのえびの養殖が行われている。えびの養殖池を造成するために**マングローブ**を伐採することがある。マングローブは地震のさいに発生する津波への防潮としての役割をもつが，伐採によって津波の被害が拡大してしまうことがある。

ベトナムの旧宗主国はフランスですが，それ以前には中国の影響を受けていました。そのため，大乗仏教を信仰する国民が多く，上座部仏教徒が多い東南アジアの中では珍しい国です。しかし，その中国とは現在，南沙諸島や西沙諸島の領有をめぐって対立しています。

社会主義国として1976年に統一されたベトナムですが，1986年には**ドイモイ**（**刷新**）という政策をはじめ，経済成長を目指しました。資本主義経済を導入してそれまでの配給制からお金で物が買える経済へと転換させ，国民生活に必要な産業への投資を積極的に進めると同時に，国際社会への協調路線も進めていきました。1991年にソビエト連邦が崩壊すると，1995年にはアメリカ合衆国と国交を正常化して，同じ年に東南アジア諸国連合（ASEAN）に加盟しました。

2 島嶼部の国の様子

Ⓐ インドネシア

インドネシアは国土面積，人口ともに東南アジアで最大の国です。国土面積は日本のおよそ5倍，人口は日本のおよそ2倍あります。かつてはオランダの植民地支配を受けた歴史をもっています。2002年には併合していたティモール島の東部が**東ティモール**として分離独立しました。東ティモールが長らくASEANに加盟できないのは，インドネシアの加盟反対の声があるとされています。

首都はジャカルタでジャワ島にありますが，カリマンタン島の都市（未定）に移転予定です。これは国民のおよそ3分の2がジャワ島に集住していることから，人口の分散が目的とされています。また人口約2億7,000万人（2020年）のうち，およそ9割がイスラム教を信仰しています。**バリ島**ではヒンドゥー教徒が多く生活をしています。

インドネシアの主産業は農業と鉱業です。植民地時代に開かれた大農園である**プランテーション**が国有化され，ここでは**天然ゴム**や**コーヒー豆**，**カカオ豆**，**さとうきび**などが栽培されています。米の生産量は中国，インドに次いで多く，山がちな地形のため**棚田**が多く見られます。また原油や天然ガス，石炭，すず鉱などの産出量が多く，石炭や液化天然ガスの輸出が国の経済を支えています。

⬆ 棚田（インドネシア）

参考

旧オランダ植民地

旧オランダ植民地はインドネシア以外に，南アメリカのスリナムがある。スリナムには農業奴隷として連行されたインドネシア人の子孫が多く生活している。

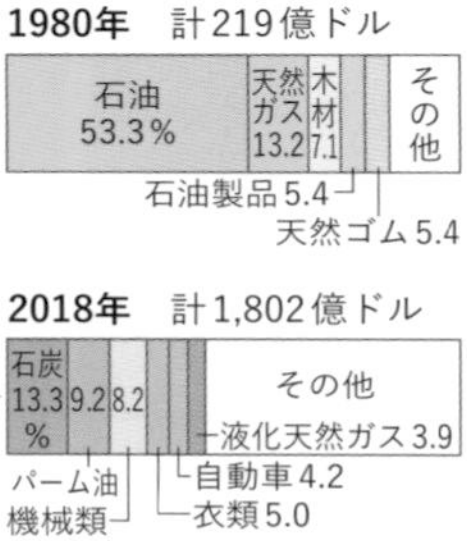

1980年　計219億ドル
石油 53.3%
天然ガス 13.2
木材 7.1
その他
石油製品 5.4
天然ゴム 5.4
2018年　計1,802億ドル
石炭 13.3%
9.2
8.2
その他
液化天然ガス 3.9
パーム油
機械類
自動車 4.2
衣類 5.0

（「世界国勢図会」などによる）

⬆ インドネシアの輸出品の変化

参考

液化天然ガス（LNG）

天然ガスを－162℃で加圧・圧縮させることで液状化した天然ガス。液状化により体積が600分の1になるため，一度に輸送できる量が増える。とくに日本はインドネシアから石炭やLNGを多く輸入している。

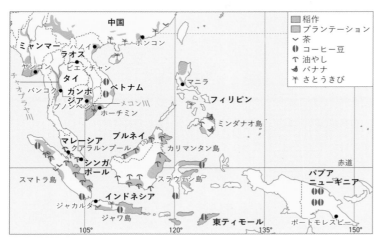

↑ 東南アジアの農業

参考

ピナトゥボ山

フィリピンのルソン島にある火山で，1991年に大噴火を引き起こした。大噴火による山体崩壊で，標高がおよそ260m低くなった。死者847名，行方不明者23名，被災者は120万人にものぼった。

B フィリピン

フィリピンは多島国で7,000を超える島を領有しています。**フィリピン海溝**が近くを縦断していることもあり，地震や火山の多い国です。この火山を生かした地熱発電は主力エネルギーとまではならないものの，フィリピンのエネルギー供給を支えています。これはインドネシアも同様です。

かつてはスペインの植民地でしたが，19世紀末に米西（アメリカ-スペイン）戦争に勝利したアメリカ合衆国の植民地となりました。植民地時代に広まった**キリスト教（カトリック）**を信仰する文化が根づき，また民族固有のフィリピノ語だけでなく，**英語**も公用語の1つとなっています。英語を学ぶための日本からの語学留学先として，フィリピンは人気の国の1つとなっています。おもな産業はバナナやココやし，さとうきびなどの農業，鉄鉱石や銅鉱などの鉱業ですが，近年は工業発展も見られます。

TRY!
表現力

フィリピンでは多くの国民がキリスト教を信仰しているが，このような状況となった歴史的な経緯について説明しなさい。

ヒント　アメリカ植民地になる以前はスペインによる植民地支配を受けた。

解答例　フィリピンはかつてスペインの植民地支配を受けた歴史をもち，この時代に布教活動が進んだため。

南アジアの国々

UNIT 8

着目 インドをはじめとする主要4か国の地誌について理解する。

要点

● **インドの社会** 多民族・多言語国家であり，古来よりヒンドゥー教が信仰されている。

● **南アジアの農業** 降水量の多い地域で稲作，乾燥した北西部で小麦，デカン高原で綿花，インドのアッサム地方やスリランカで茶の栽培がさかんである。

1 インドの様子

インドの地勢は，北部の**ヒマラヤ山脈**，中部の**ヒンドスタン平原**，南部の**インド半島**の3つに大きく区分されます。夏の南西の季節風(モンスーン)の影響で風上側となるインド半島西部とヒマラヤ山脈南部は多雨地帯となっています。とくに**アッサム地方**は世界最多雨地域です。降水量が多い地域では，稲作や茶の栽培がさかんに行われています。

インドは世界第7位の国土面積を有しており，そこにおよそ13.8億人の人々が生活しています(2020年)。首都は**ニューデリー(デリー)**，首位都市(人口最大の都市)は**ムンバイ**です。

インドの公用語(連邦公用語)は**ヒンディー語**ですが，話者数は国民の半数にも満たないといわれています。ヒンディー語以外に21の言語も公用語(憲法の指定言語)となっています。そのため国民同士での会話には準公用語である英語が用いられることもあります。インドはこのように多民族国家ですが，国民のおよそ8割が**ヒンドゥー教**を信仰しています。ほかにおよそ14%のイスラム教徒がいます。またインドでは**カースト**とよばれる身分制度があり，地縁などで細分した**ジャーティ**なども数えると，身分数は2,000とも3,000ともいわれます。

インドの主産業は農業です。第一次就業者人口割合はおよそ5割で，多くの人々が農業に従事しています。多雨地域では稲作や茶の栽培，それほど年降水量が多くない地域では畑作が営まれています。とくに畑作は**小麦**や**綿花**，さとうきびといった農作物が栽培されており，

↑ 南アジアの自然環境

参考

インド半島

デカン高原が広がり，玄武岩質のレグールという土壌が分布している。この土壌は綿花栽培に適しており，ムンバイ，アーメダバード，チェンナイ，ハイデラバードに囲まれた地域は**綿花**の生産地として知られている。

アッサム地方の多雨

アッサム地方に位置するインドのチェラプンジという都市は1860年の夏から翌年にかけて，1年間でおよそ26,000mmの降水量を記録したことがある。

インド北西部や**デカン高原**でさかんです。かつて「**緑の革命**」を導入したことで，穀物の自給を達成し，今では米の大輸出国として知られています。

近年は技術者や英語話者の多さから**情報通信技術(ICT)産業**の成長が著しく，南部の**ベンガルール**などに欧米の企業が進出しています。

② パキスタンとバングラデシュの様子

パキスタンとバングラデシュは，かつて同じ国でした。南アジアがイギリスから独立するさい，宗教ごとに国をつくって独立しました。そのため，イスラム教徒が多い両国は「パキスタン」という同じ国家として独立しました。1970年，サイクロン(熱帯低気圧)に襲われた東パキスタンでは多くの死者・行方不明者を出し，これに対する事後対策が疎かだったことに不満をもった東パキスタンは，バングラデシュとしてパキスタンから独立して現在に至ります。

パキスタンは乾燥気候が展開する国土で年降水量が少ない気候環境ですが，インダス川中流域のパンジャブ地方で**かんがい農業**が行われ**小麦と綿花**の栽培がさかんです。また，おもに輸出向けである米の栽培もさかんで，世界的な米輸出国となっています。

バングラデシュは季節風の影響もあって年降水量が多く，またガンジス川下流域に位置して広大な三角州が展開しています。ここでは**稲作**がさかんで，**ジュート**の生産も行われています。

③ スリランカの様子

スリランカは仏教徒が多い国ですが，北部にはヒンドゥー教徒が数多く居住しており，長らく両者の間には対立がありました(2009年に内戦終結)。季節風の風上側の南西部は多雨地域で茶の栽培がさかんです。スリランカは世界的な茶の輸出国として知られています。

用語

カースト
インドにおける身分制度。バラモン，クシャトリヤ，ヴァイシャ，シュードラの4つからなる。カーストによる身分差別は憲法で固く禁じられているが今でもインド社会に残っている。カーストによる職業の固定，異なるカースト同士の結婚には条件が厳しいなど，インドの発展をさまたげてきた。

緑の革命
高収量品種の導入によって生産量を増大させ，食料不足を解消させること。

参考

パキスタン
独立当初は西パキスタン(現在のパキスタン)と東パキスタン(現在のバングラデシュ)とよばれ，東パキスタンはインドをはさんだ飛地であった。

TRY!
表現力

インドでICT産業が発展したおもな理由を説明しなさい。

（ヒント） インドでは理科や数学，コンピューター技術の教育が重視されている。また，英語が準公用語のため，英語を話せる人が多い。

（解答例） 高度な理系教育を受けた技術者や英語を話せる技術者が多くいるから，また，国や州が援助して技術者の育成を図っているから。

カシミール問題とは？

● カシミール問題ってどんな問題？

カシミール問題とは，インドとパキスタン，中国による，**カシミール地方**の帰属をめぐる領土問題です。

現在のカシミール地方は，東側をインド，西側をパキスタン，東北端のラダック地区の広い範囲を中国がそれぞれ実効支配しています。カシミール地方の帰属について，インドは「カシミール地方はインド領であり帰属問題はすでに解決済みである。パキスタンが一部を不法占拠している」と主張しています。一方のパキスタンは「国連決議にもとづいて，カシミールの帰属については住民投票が未だに実施されていないため，帰属問題は未解決である」と主張しています。

● 印パの分離と独立

南アジアはおよそ200年におよぶイギリス植民地支配を経験し，1947年8月にようやく独立しました。このとき，ガンディーやネルー率いる国民会議派は，「宗教は異なるが，みんなで一緒に独立しよう！」と主張しました。しかしジンナーという人物が率いるムスリム連盟はイスラム国家の分離独立を主張しました。これに対してイギリスはイスラム教徒が多数居住する地域を「パキスタン」として，残りを「インド」として独立するよう提案したところ，両者はこれに同意して独立します。「パキスタン」には現在のバングラデシュ（当時は東パキスタン）がふくまれていました。

南アジアにはイギリスが直接支配する地域もありましたが，多くは藩王国による間接支配でした。664もの藩王国が存在し，独立のさいにインドとパキスタンのどちらへ帰属するかは各藩王の裁量に任されました。カシミールは住民の多くがイスラム教徒でしたが，藩王自身がヒンドゥー教徒であったためインド，パキスタンのどちらにも帰属せず，独立を希望しました。これにパキスタンは応じましたが，インドが応じませんでした。

● 第一次印パ戦争の勃発と国連の調停

1947年10月，パキスタンの暴徒がカシミールに侵入して，藩王に対してパキスタンへの帰

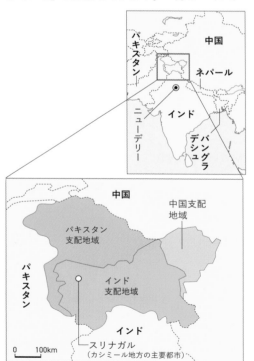

● カシミール地方の分割支配

属を求めました。これに対してカシミール藩王がインドに援軍を求めると, インドは「インドへの帰属」を条件に援軍を送ると約束します。これに対してパキスタン軍も派遣され, インド軍とパキスタン軍による戦争が勃発しました。これが**第一次印パ戦争**です。

この戦争は国連の調停により停戦が決まりましたが, おたがいの軍がにらみ合ったまま緊張状態が続くこととなりました。

● 第二次印パ戦争の勃発と ソビエト連邦の介入

印パ両国の関係改善のめどは一向に立ちませんでした。さらに1950年代後半になると, ソビエト連邦(ソ連)がインド, 中国がパキスタンを支援したため, 印パの対立は中国とソビエト連邦の代理戦争の様相をていしていました。これがきっかけで中印国境紛争が勃発し, 勝利した中国が国境線を動かしてカシミールの東北端を実効支配するにいたりました。

勝機あり! と考えたパキスタンが1965年にカシミールへ侵攻し, インドがこれに応戦。**第二次印パ戦争**へと発展しました。その後, ソビエト連邦の仲介で和平会談が開催されましたが, 印パ両国は再び緊張状態となりました。

● 第三次印パ戦争の勃発とインド優勢

1970年, 南アジアを大規模なサイクロンが襲います。とくに東パキスタン(現在のバングラデシュ)では被害が大きく, 少なくとも20万人, 多くて50万人にも上る死者を出しました。これに対して, 西パキスタン(現在のパキスタン)は援助などを一切しなかったため, 東パキスタンでは不満が高まり, パキスタンからの独立を考えるようになります。この独立の動きに対して, 西パキスタンは軍を動かしました。このときに発生した難民の多くがインドへと流出しました。これに対してインドは東パキスタン

を支援することとなり, 1971年, パキスタンとの間で3度目の印パ戦争が勃発しました。これが**第三次印パ戦争**です。インドはこれに勝利し, 東パキスタンはバングラデシュとして独立します。インドはカシミールにおける優位性を確立していきます。さらに, すでに核保有国となっていた中国に対して危機感をつのらせ, インドは世界で6番目の核保有国となります。これに対抗して, パキスタンも核保有国となっていきます。結果的にこれが「**核の抑止力**」となり, 4度目の印パ戦争は回避されました。

その後は印パ両軍が停戦ラインを尊重するということとなり, カシミール問題は印パ両国の問題であるとの認識が広まりました。こうした国際的な認識によって, パキスタンが「カシミール問題は国際紛争である!」と国際社会へ訴えられなくなり, 大きな痛手となりました。そのため, 世界の多くの国が, カシミール問題の解決には消極的な姿勢をとっています。

● インド政府が一部を直轄地に

2019年10月, インド政府は支配地域であるジャンム・カシミール州を政府の直轄地としました。一方, パキスタンでは, これに反対する住民らがインド国旗を燃やすなどして抗議しました。

緊張状態が続いているんだね。

UNIT 9 西アジア・中央アジアの国々

着目 イスラム教を信仰する国々と産油国が集まる地域である。

要点

● **原油** ペルシア湾やカスピ海沿岸で産出し，パイプラインやタンカーで欧米諸国へ輸出される。

● **西アジア** おもな産油国は石油輸出国機構（OPEC）を結成し，世界の石油市場に影響を与えている。

● **中央アジア** 乾燥気候に属し，レアメタル（希少金属）などの鉱産資源に恵まれる。

1 西アジアの自然環境と主産業

　西アジアの地勢は大きく３つに区分されます。北部に広がるアルプス・ヒマラヤ造山帯の山岳地帯，中部のティグリス川やユーフラテス川がつくりだしたメソポタミア平原，南部のアラビア半島の３つです。また西アジアのほとんどで**乾燥気候**が展開していて，非常に降水量が少ない地域です。そのため外来河川や地下水，オアシスを利用した**オアシス農業**が営まれています。また地中海沿岸地域では地中海性気候が展開し，野菜や果物などの栽培が行われています。

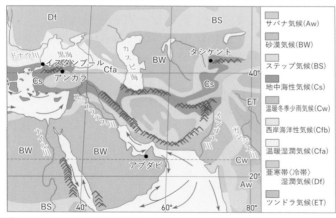

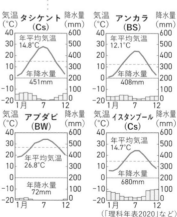

（「理科年表2020」など）

● 西アジア・中央アジアの気候

　ペルシア湾周辺は地体構造上，原油の埋蔵量が多い地域です。ペルシア湾に面する，サウジアラビア，アラブ首長国連邦，イラン，イラク，クウェート，カタールなどは産油国として知られています。これらの国々では，原油だけでなく，天然ガスや石油ガス，石油製品などを輸出しており，**石油関連産業**が主産業となっています。

1960年には**石油輸出国機構（OPEC）**という**資源カルテル**を結成し，それまで国際石油資本（**メジャー**）に支配されていた石油の価格決定権をOPECがもつようになりました。つまり，産油量を減らして石油の流通量を減らすことで，石油価格をつり上げる

↑ 原油を運ぶパイプラインとおもな油田

ことができるようになりました。こうして1973年に**第一次石油危機（オイルショック）**が起きます。石油危機によって，日本だけでなく世界中の多くの先進国は経済的な打撃を受けました。

　産油国の中には，石油の輸出で得た利益で工業発展を進めた国もありました。産油国では，出かせぎにきた**外国人労働者**が多数生活しています。とくにインドからやってくる人々が多く，彼らの多くがイスラム教を信仰しているといわれています。また近年では，アラブ首長国連邦のように観光立国を目指す国もあります。アラブ首長国連邦の**ドバイ**国際空港は中東のハブ空港として知られ，多くの観光客が訪れています。

　西アジアの多くの国では，国民の多くが**イスラム教**を信仰していま

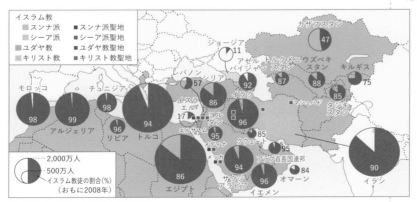

↑ 宗教の分布とイスラム教の割合

参考

原油の輸出

西アジアや中央アジアで産出された原油はパイプラインやタンカーで北アメリカ，ヨーロッパ，日本などの東アジアへ運ばれる。

インド人の出かせぎ労働者

西アジアに出かせぎにくるインド人の多くがイスラム教徒である。インドにはイスラム教徒がおよそ14％いるとされ，割合は少ないが，実数ではおよそ1億9,000万人を数える。西アジア諸国はイスラム教を信仰する国民が多いため，ヒンドゥー教徒ではなく，イスラム教徒のインド人がやってくる。

用語

ハブ空港

世界各地から就航路線が集まり，ほかの空港に対して中継地となる空港のこと。自転車の車輪に見立てると，中心（ハブ）にあたることから名付けられた。ほかの空港への就航路線はスポーク路線という。航空会社はあらゆる空港に直接就航する路線を開設せず，ハブ空港を拠点として地域路線を開設する傾向にある。

す。しかし，サウジアラビアなどはスンナ派，イランではシーア派が
それぞれ多いなど，宗派の違いや対立がOPEC内での足並みが揃わ
ない原因となることがあります。

② 西アジアの中のトルコ

　西アジアでは**イスラエル**（**ユダヤ教徒**が多い）やレバノン（キリスト
教徒も多い）を除けば，宗派の別はありますが多くの国でイスラム教
が信仰されています。これらの国ではイスラム教の教えや決まりに
従って国家が運営されているので，**政教一致**が原則です。

　しかし，同じくイスラム教徒が多い**トルコ**では**政教分離**（**世俗主義**）
が原則です。トルコ人が話すトルコ語は，西アジアの多くの国で話さ
れている**アラビア語**とは別の言語です。またトルコでは，ほかの西ア
ジアの国々とは異なり，イスラム教が国教とはなっていません。

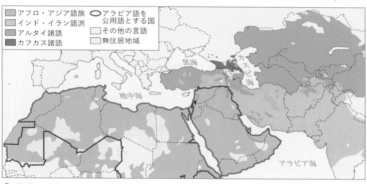

🔀 言語の分布

　トルコは1923年の建国以来，西洋化政策を進め，使用文字をアラ
ビア文字からローマ字へ変更し，また飲酒が認められるなど，日常生
活でのイスラム色が薄い国です。これは，トルコが長らくヨーロッパ
連合（EU）加盟を熱望しているため，こうした西洋化が加盟への原動
力になると考えられているからといわれています。しかし**クルド人問
題**や**キプロス問題**を抱えていること，EUは実質的な「キリスト教倶
楽部」であることなどから，EU加盟への目途は立っていません。

　近年，トルコでは自動車産業が発展しています。国内で生産される
自動車のおよそ8割が輸出に振り分けられていて，最大輸出品目は
自動車となっています（2018年）。生産の多くが，海外の自動車企業
の工場進出によるものです。

西アジアの言語

多くの国でアラビア語が話
されているが，トルコはト
ルコ語，イスラエルはヘブ
ライ語，イランはペルシア
語，アフガニスタンではパ
シュトゥー語を話す人々が
多い。

クルド人問題

トルコ国内にはクルド人も
居住している。彼らはトル
コ東部の山岳地帯をはじめ
複数の国に広くまたがる形
で居住しており，国家をも
たない民族としては世界最
大の人口を数えるといわれ
ている。多くが牧畜を生業
としており，また遊牧民と
して生活する人も多い。
国からの分離独立や広い自
治権を求める動きがあり，
各国との衝突が起きている。

キプロス問題

トルコの南の沖合にあるキ
プロス島の北部では，多く
のトルコ人が生活をしてい
る。キプロス人はギリシャ
語を話す人が多く，ギリ
シャへの併合を望んでいた
（エノシス運動）。しかし，
トルコ人はトルコへの帰属
を望んだため，妥協案とし
てキプロスとして独立した。
しかし独立後から民族紛争
が発生し，結局トルコ人は
キプロス北部にトルコ人に
よる国家を樹立させた。

③ 中央アジアの国々

参考

キルギス
一般には「キルギス」であるが，「キルギスタン」とよばれることもある。

中央アジアには，カザフスタン，トルクメニスタン，ウズベキスタン，タジキスタン，キルギスの5か国があり，すべて**イスラム教**を信仰する人々が多い国です。国名が「○○スタン」となっていて，これは「○○人の土地」という意味があります。話されている言語は，カザフスタン，トルクメニスタン，ウズベキスタン，キルギスがトルコ系，タジキスタンがペルシア系となっています。

中央アジアの5か国はかつてソビエト連邦の構成国でした。ソビエト連邦は社会主義を掲げていたため，私有財産を認めていませんでした。そのため，「○○人の土地」という私有財産を主張するかのような国名を名乗ることは禁じられていました。たとえばカザフスタンは，ソビエト時代には，「カザフ・ソビエト社会主義共和国」という国名でした。

これらの国々は内陸部に位置しているため乾燥気候が広がっています。そのため，穀物栽培が難しく伝統的な**遊牧**が営まれています。近年では，豊富に埋蔵されている**石炭**や**原油**，**天然ガス**，また**レアメタル**（希少金属）などの鉱産資源の採掘も行われるようになっています。

ウズベキスタンでは，カラクーム運河からのかんがい用水によって**綿花**栽培が行われてきました。しかし，カラクーム運河はアラル海へと流れるアムダリア川から水を引いているため，アラル海に流入する水量が減ってしまいました。このため，日本の東北地方ほどの面積があった**アラル海**は約10分の1まで縮小し，塩分濃度が上昇して生物のほとんどが死滅してしまいました。アラル海で営まれていた漁業は壊滅し，むき出しになった地表から砂ぼこりが巻き上がり，周辺住民の体調不良を引き起こしました。現在は，国連などの支援により，ダムが建設され，水量が回復しつつあります。

アラル海の縮小は「20世紀最大の環境破壊」とよばれたんだ。

TRY! 表現力

ドバイやアブダビなどの近代的な都市は何を元手に，どのような人々によって建設されたか，簡潔に説明しなさい。

（ヒント） ドバイやアブダビのあるアラブ首長国連邦は産油国である。

（解答例） 石油の輸出で得た資金をもとに，アジアの国々から出かせぎにきた外国人労働者によって建設された。

イスラエルの点滴かんがい

● イスラエルの国際農業技術展

　西アジアのイスラエルでは3年に一度，国際農業技術展(アグリテック)が開催されます。ここには大学から始まったベンチャー企業など，農業に関する企業が参加して，さまざまな農業技術を公開しており，今後の農業技術の向上につなげていこうと取り組んでいます。

　イスラエルは，およそ900万人の人口(2019年)を抱えています。1990年時点の人口はおよそ466万人でしたので，30年間で人口規模は2倍になりました。順調に増えていく人口を背景に，いかにして食料の安定供給を図るかということがイスラエルの重要課題でもあります。輸入による食料供給も可能ですが，せっかく稼いだ外貨を使って食料を輸入するより，なるべくならば自給したいわけです。

● イスラエルの自然環境

　イスラエルは西アジアの地中海に面した国であり，南北に長い国です。国土面積はおよそ2.2万km²，日本の四国よりもやや大きい程度です。そこにおよそ900万人の人々が生活し

↑ イスラエル

ているため，人口密度は410人/km²と日本よりも「窮屈」な国です。

　さらに国土の北部は地中海性気候(Cs)が展開していますが，南部のほとんどでは砂漠気候(BW)が展開しています。つまり，国土の半分はほとんど農業に適さない土地ということです。

　こうした自然環境の下，増えていく人口を養うだけの食料供給量を確保するのは大変です。イスラエルは穀物の自給はまだ達成していませんが，それ以外の農作物に関しては国内需要のほとんどを自給しています。

● イスラエルの農業共同体

　イスラエルが建国される1948年以前から，この地には農業共同体がありました。共同体では，「乾燥地域でどうやって農業をおこなうか!?」ということをみんなで考え，研究を重ねていました。そこでイスラエルの人々は**点滴かんがい**を思いつきます。

　点滴かんがいとはチューブを通して効率的に水を農作物に供給するシステムのことです。農作物を育てる畑にチューブを通し，チューブの穴から出る水が一点集中で点滴のように農作物に対して水を供給します。砂漠が広がって水が豊富ではないため，貴重な水を有効利用するために開発されたシステムです。

　その後，点滴かんがいを開発したシムハ・ブラス博士の協力のもと，ネタフィム社を設立して事業化することで，点滴かんがいはイスラエル全土に普及しました。1948年の建国当時のイスラエルの耕作地面積は約17万haでしたが，2018年には2.8倍の約48万haにまで拡大し

ました。実にそのおよそ7割が点滴かんがいによるものです。そして農業生産額は70億ドルにまで達し，16倍に成長しました。

　点滴かんがいの強みは3つです。1つ目は必要な時に必要な分だけ水と肥料を供給できること。2つ目は，生育がよいこと。スプリンクラーで大量の水をまくと，水と肥料と酸素のバランスが崩れてしまい，根付きが悪くなるといいます。3つ目は，環境汚染がほとんどないこと。土壌に吸収されなかった肥料は地下水を汚染しますが，その心配が非常に小さいとされます。また点滴かんがいは，一般的な農法に比べて水の使用量を約50%削減することができ，さらに十分な収穫量を上げることができます。

● 困難な状況をいかに解決するか？

　イスラエルの人々は，砂漠という過酷な自然環境を克服して，知恵と技術によって貴重な水を有効利用しています。

日々登場する新技術は，世の中の課題を解決するために生まれるものです。新技術で解決できることは，どんどん利用してよいと思います。次に，こうした新しい技術を開発するのは，この本を読んでくれているみなさんかもしれませんね。

点滴かんがいに情報通信技術(ICT)やAI(人工知能)を組み合わせる農業もあるんだって。

!?

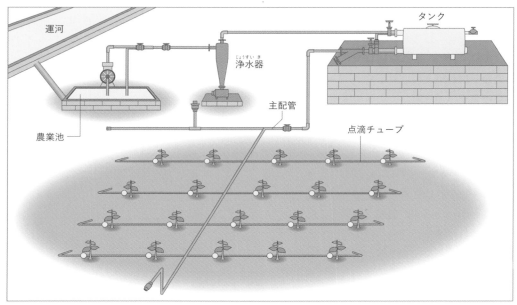

運河

タンク

浄水器

主配管

農業池

点滴チューブ

◐ 点滴かんがいの様子

ヨーロッパ州の姿

UNIT 1

着目 ►ユーラシア大陸の西にあり，面積や人口の規模が小さい国々が多い。

要点

- **地域区分** 南西北東の各ヨーロッパと，ロシア連邦とその周辺地域に大きく分けられる。
- **地勢** アルプス・ヒマラヤ造山帯が南部を横断し，ライン川などの国際河川が流れている。
- **気候** 暖流の北大西洋海流と偏西風の影響で高緯度のわりに比較的温暖な地域が広がる。

1 ヨーロッパのあらましと位置

　ヨーロッパにはおよそ7億4,800万人(2020年)の人々が生活をしており，世界的に見てもかなり人口が多く集まっている地域です。ロシア連邦を除くと人口が1億人を超える国は存在しませんが，ドイツ，イギリス，フランス，イタリア，スペインなどは人口が多い国です。

　一般に，イギリスやアイルランド，ドイツ，フランス，ベルギー，オランダ，スイス，オーストリアなどは**西ヨーロッパ**，スペインやポルトガル，イタリア，ギリシャなどの地中海沿岸国は**南ヨーロッパ**，ノルウェーやスウェーデン，フィンランド，デンマーク，アイスランドなどは**北ヨーロッパ**，ポーランドやハンガリー，チェコ，スロバキア，ルーマニア，旧ユーゴスラビア諸国などは**東ヨーロッパ**と称されます。

　ヨーロッパが位置している緯度帯は，比較的高緯度です。日本の東京の緯度である北緯35度41分と比較しても，ヨーロッパで最も南に位置するマルタの首都バレッタが北緯35度53分であることからもわかります。しかしヨーロッパはこれだけ高緯度に位置しているにもかかわらず，温暖な気候を示しています。これは沖合を流れる暖流の北大西洋海流がもたらすあたたかく湿った空気が影響を与えているためです。この暖気を**偏西風**が運ぶため，山脈などにさえぎられず，偏西風が届く内陸部まで**温帯**が展開します。

❶ ヨーロッパの地域

2 ヨーロッパの地勢

ヨーロッパ南部は**アルプス・ヒマラヤ造山帯**が横断しており，高く険しい山脈が見られ，アルプス山脈やピレネー山脈，アペニン山脈，ディナルアルプス山脈などが好例です。とくに**アルプス山脈**は高く険しい山々が連なり，標高が高い地域では氷河の侵食によってできた**カール**とよばれる地形が見られます。

また氷河の侵食によってできた谷（**氷食谷**，もしくは**U字谷**）が沈むことで水深の深い入り江が形成されています。この地形は**フィヨルド**とよばれ，ノルウェーやアイスランドなどで見られます。

↑ ヨーロッパの地形

高く険しい山脈があまり見られないため，低平な土地を流れる河川は河床勾配が小さく，ゆるやかな流れとなっています。そのため古くから河川交通が発達しました。**ライン川**や**ドナウ川**などは複数の国を流れるため，どこの国の船舶も通航できるように決められています。こういった河川を**国際河川**といいます。

3 ヨーロッパの気候環境

ヨーロッパは高緯度に位置していますが，比較的温暖な気候を示します。しかし，**亜寒帯（冷帯）気候**が展開する地域もあります。東ヨーロッパなど内陸部に位置する地域や，スカンディナビア山脈によって偏西風がさえぎられるため暖気が届かない地域です。このため，冬になるとボスニア湾は凍結してしまいます。

温暖な気候が展開する西ヨーロッパでは**西岸海洋性気候**が展開します。1年を通して降水が見られ，気温の年較差が小さい気候です。

カール

かつて氷河の侵食によって形成された半球状の凹地。周辺に複数のカールをもち，尖った峰状となった山を**ホルン**という。アルプス山脈最高峰のモンブランやスイスとイタリアの国境にあるマッターホルンなどが好例。

河床勾配

河川の流れる方向の，川底の傾きのこと。

ヨーロッパの亜寒帯（冷帯）気候

目安として東経20度以東に広く展開している。

白夜

地軸が傾いているため，高緯度地方では夏に，日没後も太陽が深く沈まない薄明るい夜になるか，1日中太陽が沈まない現象が生じる。これを白夜という。亜寒帯（冷帯）北部の北極圏内や南極に近い地域で見られる。

南ヨーロッパでは地中海性気候が展開します。夏に亜熱帯（中緯度）高圧帯の影響を受けて少雨となり，冬は偏西風帯に入るため湿った空気がもたらされて降水が見られます。そのため，太陽の恵みを生かした果樹栽培が行われていて，**ぶどう**や**オリーブ**，オレンジなどが栽培されています。こうした果樹栽培を中心とした農業を地中海式農業といいます。

北ヨーロッパでは，ノルウェーは大西洋に面しているため，沖合を流れる暖流の影響から北緯65度以北でも冬に港が凍らない，**不凍港**が存在します。スウェーデンが自国で産出した鉄鉱石を，冬になるとノルウェーまで運んでから輸出していたのはこうした理由があったからです。ノルウェーは冬の間でも，かなり高緯度まで不凍港が存在します。

発展

スウェーデンの鉄鉱石の輸出

スウェーデンは鉄鉱石の産出量が多く，これを工業発展の基礎資源としている。かつては鉄鉱石を輸出するさいに，夏はボスニア湾から積み出すが，冬になると凍結するためボスニア湾航路を利用できなかった。そのためノルウェーに陸路で運び，そこから輸出をしていた。近年は砕氷船の利用によって，冬でも自国から積み出しが可能となっている。

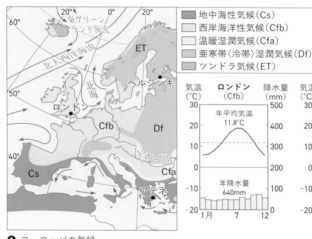

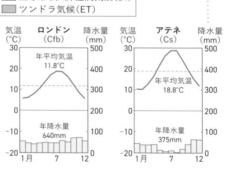

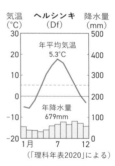

（「理科年表2020」による）

● ヨーロッパの気候

TRY! 表現力

ヨーロッパは比較的高緯度に位置しているにもかかわらず温帯気候が展開するほど温暖である。その理由について説明しなさい。

（ヒント）ヨーロッパの西部には暖流が流れている。

（解答例）沖合を流れる暖流である北大西洋海流がもたらす暖気が，偏西風によって運ばれてくるため。

UNIT 2 ヨーロッパ州の文化

着目 ▶民族ごとにさまざまな言語が使用され，キリスト教が広く信仰されている。

要点
- **言語** おもに北部でゲルマン系，南部でラテン系，東部でスラブ系の言語が使用されている。
- **宗教** 北部ではプロテスタント，南部ではカトリック，東部では正教会の信者が多い。
- **移民** 北アフリカや中東など，イスラム教を信仰する国々からの外国人労働者・難民が増えている。

1 ヨーロッパの歴史

　ヨーロッパの歴史は非常に複雑です。古代ギリシャの時代には学問の母として哲学と地理学がうまれました。しだいに人々の世界の認識は広がり，歴代の地図を見れば，えがかれている空間が徐々に拡大していることからもその様子がうかがえます。

　ヨーロッパでは15世紀頃より，「早い者勝ち！」と考えた人々がヨーロッパ以外の大陸を領有するため，海の向こうを目指しました。**バルトロメウ・ディアス**や**バスコ・ダ・ガマ**，**コロンブス**，**マゼラン**などの探検家が有名です。探検するということは，地理的空間認識を広げるということでもあります。航海図として利用されるメルカトル図法が考案されたのは，このあとです。

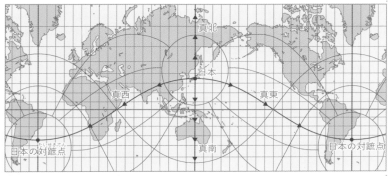

真北

日本

真西　　　　　　真東

真南

日本の対蹠点　　　　　　　　　　日本の対蹠点

❶ メルカトル図法の世界地図

　18世紀後半になると，イギリスで産業革命がおこりました。**ワット**はそれまでの**蒸気機関**を改良し，これを搭載した**蒸気機関車**，**蒸気船**などが利用できるようになりました。こうして人類は遠隔地までの短時間，大量輸送が可能となり，本格的な貿易がはじまりました。19

3章 世界の諸地域

世紀には「新大陸」（→p.21）で生産されていた安価な穀物がヨーロッパに流入するようになり、ヨーロッパの農業は大打撃を受けました。農業経営のあり方を変える必要が生じたため、ヨーロッパの農業は専門性をもつようになり、分化が進みました。このときに誕生したのが、商業的混合農業、酪農、園芸農業、地中海式農業です（→p.57）。

また産業革命では**工場制機械工業**がはじまり、大量生産の時代へと突入しました。大量の生産物はヨーロッパだけでは消費できないため、これらを売るための市場の獲得が目ざされました。また、工業製品の原材料の調達先も海外に求められました。こうして、ヨーロッパ諸国は競い合って世界中に**植民地**を獲得しようとし、植民地争奪戦が起きました。

二度の世界大戦ではヨーロッパが戦場となったため、経済的な打撃を受けました。戦後は復興を目指して**ヨーロッパ共同体（EC）**を設立しました。これはのちに**ヨーロッパ連合（EU）**へと発展し、その後はさらに加盟国を増やしながら、今日に至ります。

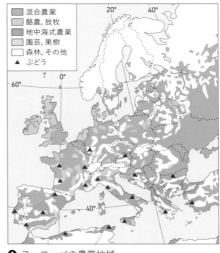

■	混合農業
■	酪農, 放牧
■	地中海式農業
■	園芸, 果樹
■	森林, その他
▲	ぶどう

↑ ヨーロッパの農業地域

② ヨーロッパの言語と宗教

数多くある言語を大きなくくりでまとめたものを**語族**といい、さらに細分したものを**語派**といいます。たとえば、英語は「インド・ヨーロッパ語族ゲルマン語派」に属する言語です。ヨーロッパで話されている言語の多くが**インド・ヨーロッパ語族**に属しています。

なかでもゲルマン語派に分類されるのは英語やドイツ語、オランダ語、デンマーク語、ノルウェー語などです。**ラテン語派**に分類されるのはフランス語やイタリア語、スペイン語、ポルトガル語、ルーマニア語などです。**スラブ語派**に分類されるのはロシア語やポーランド語、チェコ語、スロバキア語、ウクライナ語などです。語派を同じとする言語では、単語のつづりや文法などが似通っています。インド・ヨーロッパ

参考

言語と民族

ヨーロッパでは「ゲルマン民族」や「ラテン民族」、「スラブ民族」といった呼称がある。たとえば、ゲルマン民族は「ゲルマン語派の言語を話す人」を指している。ヨーロッパでは、民族を言語系統によって分類する傾向がある。

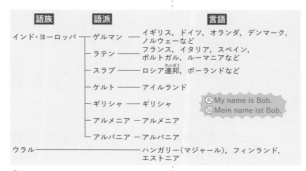

↑ ヨーロッパの言語

語族の中でも３つの語派に属さない言語は，ケルト語やギリシャ語，アルバニア語などがあります。またウラル語族に属する言語に，ハンガリー語，フィンランド語，エストニア語などがあります。さらに，ベルギーやスイスのように複数の言語を公用語としている国もあります。これは国内で生活する人々の文化を平等に尊重することで，政情の安定を図（はか）ることが目的の１つとされています。

　ヨーロッパ人の精神的な支柱は**キリスト教**です。キリスト教の考えをもとに，ヨーロッパ文化がつくられてきました。キリスト教には宗派が数多くありますが，大きくまとめると**プロテスタント**，**カトリック**，**正教会**（せいきょうかい）の３つです。例外はありますが，ゲルマン語派の国ではプロテスタント，ラテン語派の国ではカトリック，スラブ語派の国では正教会がそれぞれ信仰（しんこう）される傾向（けいこう）にあります。

　またコソボやアルバニアといった国では，イスラム教を信仰する人が多くなっています。近年では北アフリカや中東のイスラム教を信仰する国々など，ヨーロッパ以外からの**移民**（い　みん）が増加傾向にあるため，現地の人々との文化的な摩擦（まさつ）が各地で起きています。

❶ ヨーロッパの民族

☐ ゲルマン系	■ ケルト系	☐ トルコ系
☐ ラテン系	■ ウラル系	☐ その他
☐ スラブ系	☐ バルト系	

【参考】

ゲルマン語派言語のあいさつ

「おはようございます」は，英語では「Good morning」，ドイツ語では「Guten Morgen」（グーテン モルゲン）という。

ラテン語派言語のあいさつ

「こんにちは」は，フランス語では「Bonjour（ボンジュール）」，イタリア語では「Buongiorno（ボンジョルノ）」という。

TRY! 表現力

ベルギーやスイスは複数の言語を公用語としているが，そのねらいについて説明しなさい。

（ヒント）　ベルギーは話者の多い３つの言語（オランダ語・フランス語・ドイツ語），スイスは４つの言語（ドイツ語・フランス語・イタリア語・ロマンシュ語）を公用語としている。

（解答例）　国内で話者数の多い言語を平等に公用語として認めることで，文化的な摩擦を起こさないようにしている。

3 章　世界の諸地域

UNIT
3

ヨーロッパ連合（EU）

着目 発足の背景や発展過程，農業・通貨政策，今後の課題について理解を深める。

要点

- **ヨーロッパ共同体（EC）** ECSC・EEC・EURATOMが統合し発足，1993年にEUへと発展した。
- **ヨーロッパ連合（EU）** 多くの加盟国間で人・モノ・金・サービスの移動・流通が自由化されている。
- **EU加盟国** 2021年1月現在27か国が加盟。2020年1月にイギリスが離脱した。

1 ヨーロッパ共同体の設立

　第二次世界大戦でヨーロッパは戦場となり，経済的な打撃を大きく受けました。そのため戦後復興を進めるうえで，ヨーロッパ域内での協力体制をつくっていく必要が生じました。ヨーロッパの国々は人口の多い国がほとんどなく1か国では国内市場が狭いため，ヨーロッパ域内に共通市場をつくろうと考えました。これはアメリカ合衆国やソビエト連邦（当時）に，経済的に並び立つためでもありました。

　1947年，アメリカ合衆国はヨーロッパへの復興援助計画（マーシャル・プラン）を提示し，これを受け入れる機関としてヨーロッパ経済協力機構が創設されました。これはのちに経済協力開発機構（OECD）へと発展します。

　1950年になると，フランス外務大臣（当時）によるシューマン・プランによってヨーロッパ石炭鉄鋼共同体（ECSC）が設立され，石炭や鉄鋼の共同市場をつくりました。共同市場をつくりだすことで，長らく存在した「紛争の火種」を取り除くことが目的でした。こうして政情の安定化を図ろうとして創設されたのがECSCでした。

　さらにヨーロッパ経済共同体（EEC）やヨーロッパ原子力共同体（EURATOM）が発足し，1967年，これらを統合してヨーロッパ共同体（EC）が創設されました。本部は**ブリュッセル**（ベルギーの首都）に置かれました。原加盟国は**西ドイツ**（当時），**フランス，イタリア，オランダ，ベルギー，ルクセンブルク**の6か国です。6か国は，EC域内での人・モノ・金・サービスの移動を自由化し，物品が流通するさいに国家間の関税を撤廃し，域内農家を保護するための**共通農業政策**を進めていきました。

　さらに1985年には**シェンゲン協定**によって人の移動が自由化され，

参考

マーシャル・プラン

第二次世界大戦で戦場となったヨーロッパの経済復興を目指した計画で，アメリカ合衆国による復興援助。アメリカ企業にとっても輸出先として，ヨーロッパ市場の復興は必要であった。さらに冷戦時代であったため，反共産主義で結束する意味合いもあった。

用語

共通農業政策

域内農家の保護を目的とした政策。域外からの農産物に対して輸入課徴金をかけることで，域内への農産物の流入をおさえ，域内では農産物の統一価格を設定した。これによって安定した食料供給が可能となったが，農産物の過剰生産を招いて財政を圧迫した。

また，のちのEUの通貨である「ユーロ」の原型となるヨーロッパ通貨単位が導入されました。

2 ヨーロッパ連合の発足

　6か国ではじまったECは，その後1973年にイギリス・アイルランド・デンマーク，1981年にギリシャ，1986年にスペイン・ポルトガルが加わり，12か国体制となりました。

用語

シェンゲン協定

1985年にルクセンブルクのシェンゲンで結ばれた協定。この協定により協定国間では，国境をパスポートなしで自由に行き来できるようになった。

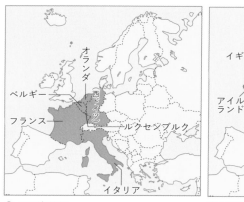

↑ EC原加盟国

↑ EC加盟国（1973年）

↑ EC加盟国（1981年）

↑ EC加盟国（1986年）

　1989年にはマルタ会談において冷戦終結が確認され，1991年のソビエト連邦崩壊によって冷戦が終結しました。翌1992年にはマーストリヒト条約（ヨーロッパ連合条約）が調印され，1993年にECはヨーロッパ連合（EU）へと発展しました。さらに1995年にはオーストリア・スウェーデン・フィンランドが加盟しました。

1989年にアメリカ合衆国と旧ソビエト連邦が冷戦終結を確認してから，およそ15年の月日が流れ，2004年には東ヨーロッパ諸国がEUへと加盟するようになりました。その数は10か国と一気に増加し，15か国から25か国体制となりました。2007年にはルーマニア・ブルガリア，2013年にクロアチアがそれぞれ加盟して，2019年末までは28か国が加盟していました。2020年1月にイギリスが離脱したため，現在は**27か国**体制となっています。

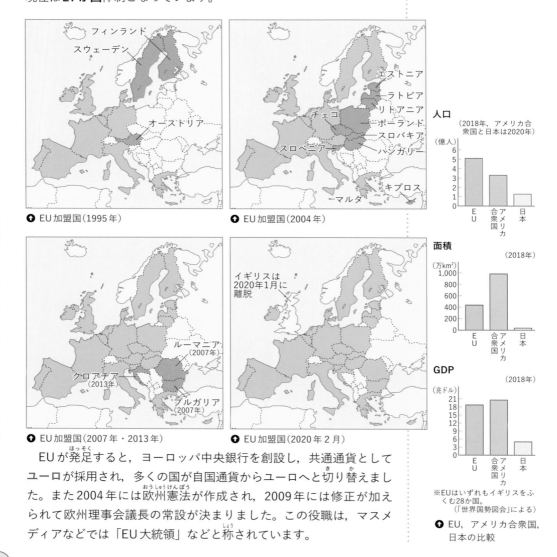

◆ EU加盟国（1995年）

◆ EU加盟国（2004年）

◆ EU加盟国（2007年・2013年）

◆ EU加盟国（2020年2月）

人口
（2018年，アメリカ合衆国と日本は2020年）
（億人）

面積
（2018年）
（万km²）

GDP
（2018年）
（兆ドル）

※EUはいずれもイギリスをふくむ28か国。
（「世界国勢図会」による）

◆ EU，アメリカ合衆国，日本の比較

　EUが発足すると，ヨーロッパ中央銀行を創設し，共通通貨としてユーロが採用され，多くの国が自国通貨からユーロへと切り替えました。また2004年には欧州憲法が作成され，2009年には修正が加えられて欧州理事会議長の常設が決まりました。この役職は，マスメディアなどでは「EU大統領」などと称されています。

③ 今後の課題について

　EU加盟国は27か国まで膨れ上がりました。面積は約410万km²
と日本の国土面積のおよそ11倍の広さをほこり，そこにおよそ4.5
億人の人々が生活をしています（2020年）。このように加盟国が増加
すると，加盟国間の経済的優劣が見えるようになりました。東ヨー
ロッパ諸国はかつて社会主義を掲げていたため，資本や技術の集積が
進んでおらず，工業発展が遅れていました。そのため，西ヨーロッパ
諸国との間で賃金水準，生活水準の格差があります。近年では，こう
した賃金水準の低さを目当てに，西ヨーロッパ企業の工場進出が見ら
れ，雇用の創出，工業製品出荷額の増大が見られるようになっていま
すが，依然として格差は存在します。

　また賃金水準の低い国から高い国へと移民がやってくるようになり，
とくにイギリスでは「国民の雇用機会が減るのではないか？」という
懸念が広がりました。移民の受け入れはEU加盟国である以上，EU
のルールに則って拒否できません。そこで「自分達の国のことは自分
達で決めたい」と考えたイギリスではEUから離脱する意見が強まる
ようになり，2016年には国民投票が実施され「離脱賛成派」が勝利
しました。そして2020年1月にイギリスはEUを離脱しました（→
p.28）。

　このように，EU加盟国が増えれば増えるほど，域内での意思の疎
通は難しくなっていくという「ジレンマ」を抱えながら，EUは存続
しています。

参考

2004年のEU加盟国

ポーランド，チェコ，スロ
バキア，ハンガリー，スロ
ベニア，エストニア，ラト
ビア，リトアニア，マルタ，
キプロスの10か国。旧社
会主義国家が加盟したため，
EUの転換期ともいえる。

3 章 世界の諸地域

TRY! 表現力

EU設立の背景には，国家を超えた協力的な組織をつくることで二度と戦争を繰り返さな
いという目的とともに，どのような目的があったか説明しなさい。

ヒント　ヨーロッパは面積や人口の規模が小さい国々が多く，一国だけでは国際競争に打ち勝つ
ことが難しいと考えられた。

解答例　例1：アメリカ合衆国などの大国との競争に対抗するため。
　　　　例2：大国と競争できるだけの経済力や政治力をもつため。

UNIT 4

西ヨーロッパの国々①

着目 EUの中心であるドイツと，イギリスの地誌について理解する。

要点

● **ドイツ** ヨーロッパ最大の工業国であり，世界有数の自動車生産国。ルール工業地域を中心に工業が発展した。移民をめぐる諸問題や，旧東西ドイツ地域間の経済格差の解消が課題。

● **イギリス** 産業革命発祥の国で，早くから植民地への関心が高かった。2020年にEU離脱。

1 ドイツの様子

A 自然環境

　ドイツの国土面積は日本よりやや小さく，およそ36万km²です。ヨーロッパ各国で日本よりも国土面積が大きい国はフランス，スペイン，スウェーデン，ウクライナだけなので，ドイツはヨーロッパの中では比較的国土面積が大きい国です。人口はおよそ8,400万人（2020年）で，ヨーロッパ連合（EU）加盟国の中で最多です。

　地勢は，かつて大陸氷河の侵食を受けたため，全体的に低平で，北部には北ドイツ平原が広がっています。また南部はアルプス山脈に続く山がちな地形をなしています。ヨーロッパの二大河川である**ライン川**と**ドナウ川**はドイツを流れます。ほかにも，エルベ川やエムス川，マイン川，ベーザー川などの主要河川が存在し，重要な河川交通路として利用されています。

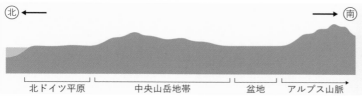

北 ← 　　　　　　　　　　　　　　　　　→ 南

北ドイツ平原 ／ 中央山岳地帯 ／ 盆地 ／ アルプス山脈

❶ ドイツの横断地形

❶ ライン川と大型貨物船

B 社会

　かつてドイツは，さまざまな小国がひしめき合っていました。そのためイギリスやフランスと比べて中央集権化が遅れ，植民地争奪戦に後れをとりました。これによってイギリスやフランスと戦争をすることになりますが，二度の大戦では敗戦国となります。ドイツは，第二次世界大戦で多くの死者を出し，戦後は労働者不足となったため，国

策としてトルコや旧ユーゴスラビアなどから多くの外国人労働者を迎えました。彼らは**ガストアルバイター**とよばれ，彼らやその子孫が今でも多くドイツで生活をしています。

　ドイツ人の多くが話すことばはドイツ語です。これはインド・ヨーロッパ語族ゲルマン語派に属する言語です。国内ではカトリック，プロテスタントがそれぞれ信仰されています。トルコ系移民とは言語や宗教が異なり，文化の違いによって民族衝突が起きることがあります。

　第二次世界大戦後，ドイツは資本主義陣営の**西ドイツ**と，社会主義陣営の**東ドイツ**に分裂しました。1980年代後半には東欧革命の波が訪れました。こうした社会情勢は東ドイツも同様でした。1989年に**ベルリンの壁**が壊され，1990年には東西ドイツが統一されました。ドイツが統一された当初，旧東ドイツは旧西ドイツに比べて経済の状況が悪く，その立て直しのためにドイツ経済は低迷しました。2000年代になると盛り返し，現在ではEUの中心的役割を担う国として存在感を示しています。しかし，東西地域間の経済格差は今でも残っており，その解消が課題となっています。

ⓒ 産業

　ドイツは世界的な工業国として知られており，その中心は**ルール工業地域**です。**ルール炭田**から採掘される**石炭**を基礎資源として，**ライン川**を利用して運ばれてくる**鉄鉱石**と合わせて**鉄鋼業**が発達しました。

またドイツは，世界的な自動車生産国でもあります。近年は鉄鋼業の衰えとともに，南部の**ミュンヘン**，**シュツットガルト**などで先端技術産業が発達しており，高い技術力を生かして生産された工業製品は世界市場へと輸出されています。また，工業製品などを製造する「モノの経済」だけでなく，さまざまなサービスを提供する「サービスの経済」が発達してきており，首都ベルリンなどではこれらを支える数多くの新しい企業が誕生しています。

参考

ガストアルバイター

ガストはドイツ語で「客」を意味する。労働を目的に外国から移住してきた労働者のこと。ガストアルバイターの出身国として最多なのがトルコである。トルコ人はイスラム教を信仰するため，キリスト教社会のドイツにおいて文化的摩擦が生じている。

東欧革命

1980年代後半に東ヨーロッパ諸国で政治の民主化と経済の自由化を求める声が大きくなり，国民による革命によって東ヨーロッパ諸国で相次いで政権が倒れ，政治や経済のあり方が大きく変化した。

○ 工業都市
▨ 工業地域

↑ ドイツの工業地域

2 イギリスの様子

A 自然環境

　イギリスの正式国名はグレートブリテン及び北アイルランド連合王国といいます。国土はグレートブリテン島とアイルランド島北部を中心に構成されています。またグレートブリテン島は北緯50～60度に位置しています。西の沖合を暖流である北大西洋海流が流れるため温暖な気候を示し、また年中平均的に降水が見られます。しかし、グレートブリテン島の中央部をペニン山脈が縦断するため、湿った空気がさえぎられることで、山脈の西側は多雨地域となりますが、東部は少雨地域となっています。

B 社会

　イギリスはヨーロッパの中で、ドイツに次いで人口が多い国です。国土面積は日本の本州と同じくらいで24万km²。首都は**ロンドン**です。国民の多くが英語を母語としており、一部にはウェールズ語などの少数言語を話す人々もいます。

　イギリスは世界で最初に産業革命が起こった国として知られ、そのため植民地への関心も早い段階からもっていました。世界中に多くの植民地をもっていた歴史があり、これらの植民地から独立した国では英語を公用語とする国が多くなっています。

　近年では移民が増えたことをきっかけに、移民に対する手厚い保護を義務づけたヨーロッパ連合(EU)の決まりに不満が高まり、2020年1月にイギリスはEUから離脱しました。

C 産業

　農業・鉱工業ともに発達しており、非常に高い経済力をもった国です。イギリスの農業の特徴は農業従事者1人あたりの農地面積が広く、農業人口割合が小さいことです。少ない農業労働者で機械を利用して大規模な農地を経営しています。高緯度に位置して寒冷であるため、果樹栽培にはあまり向きませんが、小麦栽培や酪農などが行われています。

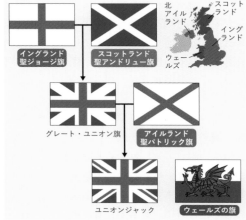

グレート・ユニオン旗

イングランド
聖ジョージ旗

スコットランド
聖アンドリュー旗

アイルランド
聖パトリック旗

ユニオンジャック

ウェールズの旗

❶ イギリスの国旗の変遷

参考

イギリスの正式国名

「グレートブリテン及び北アイルランド連合王国」が正式名称で、イングランド、ウェールズ、スコットランド、北アイルランドからなる。それぞれが独自の歴史と文化をもっている。ユニオンジャックとよばれるイギリス国旗はこれらの国旗を重ね合わせてつくられている。

またイギリスは伝統的に漁業がさかんです。とくに**トロール漁業**の発祥国として知られています。沖合を流れる北大西洋海流と東グリーンランド海流がつくりだす**潮目**(潮境)、グレートフィッシャーバンクやドッガーバンクなどの**バンク**(浅堆)の存在などが好漁場をつくりだしています。

← 東グリーンランド海流(寒流)
← 北大西洋海流(暖流)

↑ ヨーロッパの漁場と海流

用語

バンク(浅堆)
大陸棚上に見られるもので、山状に盛り上がった海底地形である。周辺海域よりも浅く、太陽光線が届いて海藻類が繁茂しやすい。そのため魚の産卵場やすみかとなり、好漁場となりやすい。

イギリスは世界で初めて産業革命を達成し、「世界の工場」として工業が発展しました。とくに、ペニン山脈周辺では**石炭**の産出が多く、これを基礎資源として工業発展が見られました。

その後、資源の枯渇によって輸入資源に依存するようになったため、輸入に便利な沿岸部で鉄鋼業が発達しました。また北海での油田開発にも力を入れ、原油や天然ガスの高い自給率を達成しました。さらに首都ロンドンでは**金融業**が発達し、イギリスの伝統文化を観光資源として活用して観光業も発展しています。

○ 工業都市
　 工業地域

↑ イギリスの工業地域

TRY! 表現力

ドイツでは、ルール地方において古くから工業が発展してきた。その理由について説明しなさい。

（ヒント）ルール工業地域の基幹産業は鉄鋼業だった。

（解答例）ルール炭田から採掘される石炭と、ライン川を利用して運ばれてきた鉄鉱石を使って、古くから鉄鋼業が発達した。

西ヨーロッパの国々②

（着目）EU加盟国であるフランスとベネルクス三国の地誌について理解する。

要点

● **フランス** 北アフリカ系移民（いみん）の増加，EU最大の農業生産（混合農業（こんごうのうぎょう）や地中海式農業（ちちゅうかいしきのうぎょう）の発達），
　　　トゥールーズの航空機産業，国内発電の7割をしめる原子力発電（げんしりょく）。

● **ベネルクス三国** ベルギー・オランダ・ルクセンブルクの総称（そうしょう）で，EUの原加盟国である。

1 フランスの様子

A 自然環境

　フランスはヨーロッパ連合（れんごう）(EU)加盟国の中で最も国土面積が大きい国です。本土の国土面積はおよそ55万km²ですが，ニューカレドニア島などの海外領土（りょうど）をふくめるとおよそ64万km²となります。ドイツとはヴォージュ山脈，イタリアとはアルプス山脈，スイスとはジュラ山脈，スペインとはピレネー山脈でそれぞれ隔（へだ）てられています。そのため国土がゆるやかに北西方向に向かって低くなっています。セーヌ川やロアール川，ガロンヌ川などが西に向かって流れていることからもわかります。

↑ フランスの河川（かせん）

　フランスは大西洋（たいせいよう）に面しているため，沖合を流れる北大西洋海流（きたたいせいよう）の影響（えいきょう）を受けて，高緯度（こういど）に位置していますが比較的（ひかくてき）温暖な国です。国土の大部分が西岸海洋性気候（せいがんかいようせい）となっています。また南部は地中海（ちちゅうかい）に面していて，地中海性気候が展開しています。

B 社会

　フランスの人口はおよそ6,500万人（2020年）を数え，ヨーロッパにおいてはドイツ，イギリスに次いで3番目に多い人口です。国民の多くがフランス語を母語としています。またカトリックを信仰する国民が多くをしめますが，一部にはかつての植民地（しょくみんち）であった北アフリカからの移民（いみん）も増え，彼らとの間で宗教的摩擦（まさつ）を引き起こすことがあ

参考

フランスの移民

フランスにやってくる移民の多くが北アフリカのモロッコ，チュニジア，アルジェリアなどの旧植民地（しょくみんち）の出身者で，これらの国ではイスラム教を信仰する人々が多い。

ります。

　またフランスは少子化対策に力を入れる国として知られていて，先進国の中では出生率が高く推移しています。これはイギリスも同様で，両国は順調に人口が増加しています。

C 産業

　フランスは「EU最大の農業国」といわれるほど農業がさかんな国です。国土の北部と南部で展開する気候が異なり，気候に合わせた農業が各地で行われています。ほとんどの農作物が自給可能であり，多くは輸出も行われています。北部では**混合農業**，南部では**地中海式農業**が発達しました。とくに南部地域で生産されたぶどうは**ワイン**の原料となり，フランスは世界的なワインの生産国でもあります。

　また工業もさかんです。とくに**自動車産業**と**航空機産業**が有名です。フランスは自動車の輸出台数（フランス企業のフランス国外からの輸出台数をふくむ）が世界最大となっています。また航空機製造は**トゥールーズ**という都市にあるエアバス社が有名です。自動車と航空機はフランスの主力の輸出品として重要です。また，輸入原料を利用した鉄鋼業や石油化学工業も，原燃料の輸入に便利な沿岸部を中心に発達しています。

　フランスは世界最大の外国人観光客受入数をほこり，年間でおよそ8,000〜9,000万人が海外からフランスを訪れます。**観光業**はフランスの重要な産業の1つとなっています。

　また国策として，エネルギーの中心を**原子力**においており，発電量のおよそ7割を原子力発電がしめています。

2 ベネルクス三国の様子

　ベネルクス三国とは，ベルギー，オランダ，ルクセンブルクの3か国のことで，国名の頭文字をつなげた総称です。

A ベルギー

　ベルギーの公用語は**オランダ語**（北部），**フランス語**（南部），**ドイツ語**（東部）の3つです。もとはオランダから独立した国であり，独立当初はオランダへの反発からフランス語のみを公用語としていました

フランスの航空機産業

EU各国とイギリスの企業が共同で設立したエアバス社が，**国際分業**のもとで航空機を製造している。各国で製造された航空機部品は，フランスの**トゥールーズ**などに集められ，最終組み立てが行われる。

↑ フランスの工業地域

ベネルクス三国

ベルギー（Belgium），オランダ（Netherlands），ルクセンブルク（Luxembourg）の総称。3か国は，EUの原加盟国でもある。

が，北部のオランダ語を母語とする人々がこれに反発し，のちに言語境界線を引いたことによって南北で使用言語が明確に異なる国となりました。

　ベルギーの主産業は，石炭を基礎資源とした鉄鋼業，毛織物工業，**ダイヤモンド加工業**などが知られています。

↑ ベネルクス三国

B オランダ

　オランダの国名である「Netherlands」には「**低い土地**」という意味があり，国土のおよそ4分の1は海面より低い土地です。およそ700年かけて干拓地(ポルダー)を広げてきました。干拓地を造成するさいの排水の動力源となったのが風車です。土地が周辺よりも低いため，ここに向かってライン川が流れてきます。河口は「ヨーロッパ市場への入り口」となるため，**ロッテルダム**には大型の港湾である**ユーロポート**が建設され，貿易の一大拠点となっています。

　オランダは農業先進国であり，**園芸農業**や**酪農**がさかんに行われており，生産性の高い経営が見られます。また天然ガスの産出量が多い国です。

C ルクセンブルク

　人口60万人ほどの小国ですが，国民1人あたりの**国内総生産**(GDP)は世界最大となっています。主産業は鉄鋼業で，ほかには金融業，情報通信技術(ICT)産業が発達しています。

スイス

アルプス山脈やジュラ山脈に囲まれた内陸国。1815年に世界初の永世中立国となったこともあり，2002年に国連に加盟するまで長らく国連非加盟国であった。ドイツ語，フランス語，イタリア語，ロマンシュ語の4言語を公用語とする。

オランダの風車

「キンデルダイク＝エルスハウトの風車網」は世界文化遺産に登録されている。風車は排水だけでなく，製粉用の動力源としても利用された。

環境先進国のオランダ

オランダは国土のおよそ4分の1が海面下であるため，地球温暖化による海面上昇で水没する危険性が高い。その対策として自転車の普及促進や環境税を設けるなど，環境先進国として知られる。

TRY! 表現力

フランスのトゥールーズやドイツのハンブルクで見られる航空機工業の特色について説明しなさい。

ヒント　EU各国とイギリスの企業が共同で設立したエアバス社が，国際分業(→p.238)のもとで航空機を製造している。

解答例　EUなどの各国が分担してつくった航空機部品が集められ，最終の組み立てが行われている。

UNIT 6 南ヨーロッパの国々

着目 イタリア，スペイン，南ヨーロッパ諸国の地誌について理解する。

要点
- **気候・農業** 地中海性気候が広く分布し，地中海式農業が営まれている。
- **イタリア** 「第三のイタリア」などで伝統産業が発達。国内の南北で経済格差が存在する。
- **スペイン** 独立の機運が高い州がある。ヨーロッパの中でも観光業がさかんな国の1つ。

1 イタリアの様子

A 自然環境

イタリアはイタリア半島を中心に，シチリア島やサルデーニャ島などの周辺の島々を加えた国土からなる，国土面積がおよそ30万km²の国です。

北西部に**アルプス山脈**が横断して，スイスやフランス，オーストリアとの国境山脈となっています。そのため山中に見られる峠は古くから交通の要衝として機能していました。またイタリア半島の中央部をアペニン山脈が縦断しています。イタリア半島南部はプレートの狭まる境界（→p.39）に位置しているため，火山が見られます。

イタリア北部はアルプス山脈の南麓に位置しており，ここから北に向かって吹く風はアルプス山脈を越えて北側に吹きおろします。この風は**フェーン**とよばれる地方風の1つです。また北部には**ポー川**が東に向かって流れ，ここには**パダノ・ベネタ平野**が広がっています。

↑ イタリアの地形

気候は北部が西岸海洋性気候と温暖湿潤気候，中南部に**地中海性気候**が展開していて，それぞれの気候に合わせた農業（**地中海式農業**など）が営まれています。

参考

ポンペイ

イタリアのナポリ近郊にあったとされる都市。西暦79年にベズビオ火山の噴火による火砕流によって地中に埋まった。

用語

フェーン

本来はアルプス山脈の北側に吹きおろす高温乾燥の風のこと。一般的には湿った風が山地の風上斜面で降水をもたらし，山を越えて風下側へ高温乾燥の風となって吹きおろす現象をさしてフェーン現象とよぶ。

用語

地方風

何らかの要因で局地的に吹く風。フェーンやミストラル，ボラ，シロッコなどが好例。局地風ともいう。

B 社会

　イタリアの人口はおよそ6,000万人（2020年）で，ヨーロッパ連合（EU）加盟国の中ではドイツ，フランスに次いで3番目の規模です。国民の多くがイタリア語の話者であり，またカトリックを信仰しています。地中海に面していることもあり，アフリカ北部の国々との貿易がさかんです。とくにかつての植民地であるリビアからの原油の輸入が見られます。

　イタリアは国内の南北で経済格差があります。**ミラノ**や**トリノ**，**ジェノバ**といった都市を中心に北部では早くから工業化が進んでいましたが，南部は農業が産業の中心でした。南部の工業発展を図ることで南北の格差を解消しようと，高速道路や鉄鋼コンビナートの建設が進められましたが，期待通りの結果は得られていません。

C 産業

　イタリア北部では古くから鉄鋼業や造船業，自動車工業，繊維工業などが発達しました。近年ではベネツィア，フィレンツェなど「第三のイタリア」とよばれる地域での伝統工業が知られています。地域資本や技術，原材料，労働力を用いた地場産業の形態をとっていて，家族経営を中心とした中小企業による経営が行われています。ここでは職人による繊維品や皮革製品，宝飾品など基本的に手作業による生産が行われています。手作業であるため大量生産はできず，多品種少量生産を基本としており，ブランド価値を高めています。ほかにも服飾産業や映画産業，そして観光業なども発達しています。

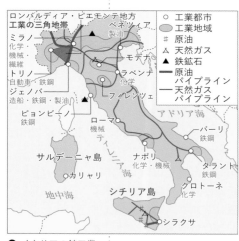

⬆ イタリアの鉱工業

② スペインの様子

A 自然環境

　スペインはポルトガルとともにイベリア半島に位置し，ピレネー山脈をはさんでフランスと国境を接しています。イベリア半島北西部の**リアスバハス海岸**はリアス海岸の名前の由来となったことで有名です。また国土のほとんどで地中海性気候が展開しています。

B 社会

　スペインでは**カタルーニャ自治州**や**バスク自治州**などで独立の機運

が高くなっています。カタルーニャ自治州はかつて独立の是非を問う州民投票まで行ったことがあるほどです。ここではサグラダファミリアなどの観光資源を生かした観光業や自動車工業などの経済基盤があるため，独立の機運が高いといわれています。

3 南ヨーロッパ諸国の様子

A ポルトガル

ポルトガルはイベリア半島西部に位置する国です。大航海時代には世界に多くの植民地をもっていました。とくに首都**リスボン**は大航海時代の大西洋航路の拠点として栄えました。

国土のほとんどが地中海性気候で，ぶどうの栽培，ワインの生産がさかんです。

B ギリシャ

ギリシャはバルカン半島とエーゲ海に浮かぶ火山島からなる多島国です。そのため古くから海運業が発達しており，現在においても造船業が主産業の1つです。また古代ギリシャ文明の遺跡を生かして観光業がさかんです。

↑ ギリシャ

C マルタとキプロス

マルタは，イタリア半島の南側に位置しており，ヨーロッパ最南端の国です。**キプロス**はトルコの南側に位置する国であり，とくにギリシャ系住民が多く居住しています。しかし北部にはトルコ系住民が多く，事実上の独立地域となっています。両国はともに2004年にヨーロッパ連合(EU)に加盟しました。

参考

闘牛禁止条例

スペインのカタルーニャ自治州は，2012年から州内での闘牛を禁じる条例が出された。これはスペイン人とは異なる文化をもっていることの現れであり，独自の帰属意識の象徴であるとされている。

スペインの観光業

スペインは国際観光収入と外国人旅行客数がともに世界2位(2018年)であり，観光業は主要産業の1つとなっている。

スペインの輸出品目

スペインは自動車が最大の輸出品目となっており(2018年)，生産台数のおよそ8割が輸出されている。

3章 世界の諸地域

TRY! 表現力

「第三のイタリア」でさかんな工業の特色を，「手作業」「職人」「高級品」ということばを用いて説明しなさい。

ヒント　繊維品や皮革製品，宝飾品などの，品質やデザインの優れた高級品がつくられている。

解答例　職人が手作業で繊維品や皮革製品などの高級品をつくる伝統的な工業が発達している。

UNIT

7 東ヨーロッパの国々

着目 ▶冷戦終結後の東ヨーロッパ諸国の経済成長について理解する。

要点

● **自然環境** 沿岸部では温帯，内陸部では寒冷な気候が展開する。

● **EUとの関係** 2004年以降，EUへ加盟。西側の加盟国との間にある経済格差の解消が課題。

● **工業** EU加盟後は，西側のEU加盟国からの工場進出がさかんである。

① 東ヨーロッパの自然環境

東ヨーロッパは，ヨーロッパの西側を流れる北大西洋海流がもたらす暖気が届かないほど内陸部に位置しています。そのため，およそ東経20度を目安に，以東では**亜寒帯（冷帯）気候**が展開し，気温の年較差が非常に大きくなっています。北はバルト海，東は黒海，南は地中海にそれぞれ臨み，東側にはベラルーシやウクライナ，ロシア連邦などが控えています。

北緯50度を目安として，ここから北側はかつての氷食の影響で東ヨーロッパ平原が広がっており，平坦な地形をなしています。南部はアルプス・ヒマラヤ造山帯が通るため，ところどころに高く険しい山地が見られます。

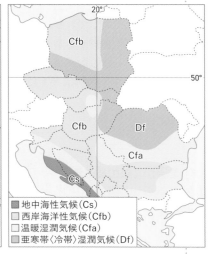

　地中海性気候(Cs)
　西岸海洋性気候(Cfb)
　温暖湿潤気候(Cfa)
　亜寒帯〈冷帯〉湿潤気候(Df)

● 東ヨーロッパの地形と気候

② おもな東ヨーロッパの国の様子

Ⓐ ポーランド

ポーランドは東ヨーロッパ諸国において，国土面積と人口がともに最大の国です。チェコとの国境付近である南西部には山脈を控え，ここでは石炭が豊富に産出しています。ポーランドは火力発電のおもな燃料に**石炭**を利用しています。また石炭を基礎資源とした重工業が発達しています。広大な土地は**混合農業**や**酪農**に利用され，とくに，じゃがいもやライ麦，てんさいなどの農作物の栽培がさかんです。こ

れらは食用だけでなく飼料用としても利用されており，豚の飼育が広く行われています。

また，かつては西側にドイツ，東側にロシア帝国（当時）にはさまれ，大国の事情で国家の消滅という憂き目にあいました。第二次世界大戦後，ポーランド領は大きく西へ移動して，ドイツとの国境はオーデル川が流れている付近と定められました。

● ポーランドの領土の変遷

Ⓑ チェコとスロバキア

チェコとスロバキアはかつて１つの国でした。**チェコ**は山脈に囲まれた盆地状の地形をしており，付近で産出する石炭を基礎資源として，重工業が発達しています。また，**ガラス工業**や**ビール工業**も有名です。**スロバキア**は，近年は西ヨーロッパ企業の工場進出が増え，工業発展が見られます。

Ⓒ ハンガリー

ハンガリーは，ドナウ川や支流のティサ川がつくりだした広大なハンガリー平原を背景に小麦やとうもろこしなどの穀物栽培がさかんで，世界有数の穀倉地帯となっています。ハンガリーの言語は**マジャール語**という**ウラル語族**に属する言語で，周辺諸国の言語とは異なる言語体系です。

Ⓓ ルーマニアとブルガリア，バルカン半島

ルーマニアの国名は「ローマ人（Roman）の土地」という意味です。

周辺諸国にはスラブ語派に属する言語を話す人が多い中，ルーマニアだけはイタリア語と同じラテン語派に属する言語を使用しています。国土の南端をドナウ川が流れ，ここでは穀物栽培がさかんです。

ブルガリアではあたたかい気候を利用したバラの栽培が行われており，香水の原料となる**バラ油**の生産が有名です。

バルカン半島にはかつて**ユーゴスラビア**という国がありましたが，冷戦が終結した直後に分裂して，現在は7か国にまでなりました。宗教や言語などが異なり，長らく争いが続いていたこともあり，第一次世界大戦前のバルカン半島は「ヨーロッパの火薬庫」と称されていました。2020年現在，旧ユーゴスラビアからスロベニアとクロアチアがヨーロッパ連合（EU）に加盟しています。

⬆ ブルガリアのバラ祭り

③ 冷戦終結とその後

1980年代後半の**東欧革命**，1989年の**マルタ会談**，1991年の**ソビエト連邦崩壊**を経て，東ヨーロッパの国々では政治の民主化，経済の自由化が進められてきました。

2004年にEUに加盟した10か国のうち，バルト三国やマルタ，キプロスを除く5か国が東ヨーロッパ諸国でした。EU加盟をきっかけとして，西ヨーロッパ企業の工場進出がさかんに行われるようになりました。これは東ヨーロッパ諸国の賃金水準の低さを利用して，コスト（生産にかかる費用）を低く抑えた工業製品の生産が可能となり，その分利益を大きくすることができるからです。こうして東ヨーロッパでは自動車の生産台数が増加傾向にあります。しかし，西ヨーロッパ諸国との間には経済格差が残り，その解消が課題となっています。

TRY! 表現力

近年，東ヨーロッパのEU加盟国（X）では，西ヨーロッパのEU加盟国（Y）からの工場移転が見られるようになった。これに関連して，YにおけるXへの工場進出のおもな利点と問題点をそれぞれ簡潔に答えなさい。

（ヒント）東ヨーロッパ諸国は20世紀末まで，国民を一律の低賃金で働かせる社会主義圏だった。

（解答例）利点：（Xの）賃金の安さを生かして，製品を安く生産することができる。
問題点：工場が移転することで国内の産業が衰退する「産業の空洞化」が起こる。

UNIT 8 北ヨーロッパの国々

（着目） 豊かな自然を生かした産業やエネルギー政策が発達している様子を理解する。

要点

- **自然環境** 高緯度にあるため寒冷な気候が展開。氷河湖やフィヨルドなどの地形が見られる。
- **自然とエネルギー・産業** 水力・風力・地熱などの発電が行われ，水産業や林業が発達する。
- **産業と社会政策** 先端技術（ハイテク）産業や社会福祉の進んだ先進国が多い。

1 北ヨーロッパの国々の様子

　北ヨーロッパの国々はデンマークを除けば，ほとんどが北緯60度より北側に位置しています。非常に寒冷な気候であるため，これらの国々に人口の多い国は存在せず，最も多いスウェーデンでも1,000万人程度です。北ヨーロッパはアイスランド，ノルウェー，スウェーデン，フィンランド，デンマークの5か国ですが，場合によってはバルト三国をふくめた8か国とする場合もあります。

　言語はフィンランドとノルウェー，スウェーデンの一部を除けば，インド・ヨーロッパ語族ゲルマン語派の言語を話し，宗教はプロテスタントが信仰されています。

❶ 北ヨーロッパの言語と宗教

2 ノルウェーとデンマークの様子

　ノルウェーとデンマークはかつて同君連合として，長い間1つの国家として機能していました。両国は海峡をはさんで北側にノルウェー，南側にデンマークが位置しています。

　ノルウェーは**スカンディナビア半島**の西部に位置して，西側に大西洋を臨みます。西岸は**フィヨルド**が縦断して，貴重な観光資源となっています。主産業は鉱工業と水産業です。**北海油田**から採掘される原油のほとんどは輸出されています。ノルウェーはほぼ100％を水力発電に依存しているため，火力発電の燃料として原油や天然ガスを利用することはほとんどありません。また寒冷な気候下での暖房の使用

参考

同君連合
複数の国の君主が同一である状態。

3 章 世界の諸地域

129

頻度が高いとはいえ，人口500万人程度の国であるため，使用量はそれほど多くありません。そのため，原油や天然ガスの多くを輸出に回すことができます。また安価な電力を利用したアルミニウム工業も発達しています。さらに北海では北大西洋海流と東グリーンランド海流がつくりだす**潮目**(潮境)や，グレートフィッシャーバンクやドッガーバンクといった**バンク**の存在から漁業もさかんです。

デンマークはユーラン半島と周辺の島々からなる国で，人口はおよそ600万人です(2020年)。デンマークはかつての氷食の影響から一般に土壌はやせていて，いも類の生産がさかんです。とくに**じゃがいも**の生産がさかんで，これは食用，飼料用ともに利用されています。じゃがいもを飼料として豚の飼育が行われており，世界的な**豚肉**の生産国です。

また夏の涼しい気候を利用した**酪農**がさかんな国でもあり，酪農教育に力を入れています。国土の西側は北海で，偏西風をさえぎる高い山脈がないことから，**風力発電**がさかんな国としても知られています。

❶ デンマークの洋上風力発電

③ スウェーデンとフィンランド，アイスランドの様子

スウェーデンとフィンランドはスカンディナビア山脈の東側に位置しているため，北大西洋海流がもたらす暖気が届かず，非常に寒冷な気候が展開しています。その影響で，両国にはさまれたボスニア湾は冬になると凍結するため，港湾を利用した貿易が難しい環境でした(→p.108)。

両国ともに針葉樹が豊富

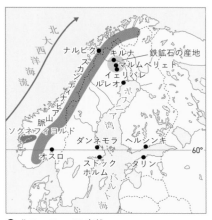

❶ 北ヨーロッパの自然

なため，林業が主産業の１つとなっています。木材加工業だけでなく，製紙・パルプ業もさかんで，これらの多くは輸出されています。これは，スウェーデンが人口およそ1,000万人，フィンランドがおよそ550万人(2020年)しかなく，国内消費量が小さいためです。また両国とも**先端技術(ハイテク)産業**の成長が著しい国です。企業と大学

が連携した産学協同を国が政策として後押ししていて，最先端技術を向上させています。

　スウェーデンではほかに自動車産業がさかんです。国内で鉄鉱石の産出が豊富であるため，これを基礎資源として古くから鉄鋼業が発達しました。鉄鋼業が発達する国では自動車産業も発達する傾向があります。

　スウェーデンとフィンランドはともにプロテスタントを信仰する人が多くなっています。言語を見ると，スウェーデン語は**インド・ヨーロッパ語族ゲルマン語派**の言語ですが，フィンランド語は**ウラル語族**の言語です。

　アイスランドは国土の中央部をプレートの広がる境界(→p.39)が縦断しているため，そこから吹きだす火山が多く存在する国です。その数は100を超えます。こうした火山は**地熱発電**に利用されていて，アイスランドの地熱発電量の割合は世界有数です。また偏西風の風上側にあたる西部では降水量が多く氷河をつくりだし，その後**フィヨルド**や氷食谷(U字谷)を形成しました。こうした地形は**水力発電**のために利用されています。地熱発電と合わせて自然エネルギーに依存しているため，電気代が安く，これを活用してアルミニウム工業が発達しています。また近海に発達する**潮目**(潮境)は好漁場として知られ，漁業がさかんな国でもあります。

● アイスランドの自然

● アイスランドのフィヨルド

参考

高福祉社会

スウェーデンをはじめ北ヨーロッパの国々は医療保険や失業保険，老齢年金，また子育て支援など，さまざまな面で社会保障制度が充実している。そのため税金や保険料の負担は大きいが，豊かな生活を保障している。

参考

アイスランドの輸出品目

最大輸出品目は「アルミニウム」であり，2位は「魚介類」である(2018年)。アイスランドは人口が34万人程度しかおらず(2020年)，生産物の多くを輸出することができる。

3
章
世界の諸地域

TRY!
表現力

デンマークなどでさかんな酪農とはどのような農業をいうか，説明しなさい。

 ヒント　日本では，乳牛が多く飼育されている北海道で酪農がさかんである。

 解答例　牧草などの飼料を栽培して乳牛やヤギを飼育し，牛乳や，乳製品のバターやチーズなどを生産する農業。

UNIT 9 ヨーロッパの課題

着目 国家間や国内での経済格差，民族対立，環境問題への取り組みをおさえる。

要点
● **経済的課題** ヨーロッパ連合(EU)域内で豊かな国とそうでない国との間に経済格差がある。
● **民族的課題** 外国人労働者や，アフリカ・中東などから押し寄せる難民への対応など。
● **環境的課題** パークアンドライドなど，温室効果ガスの削減に向けた取り組みが進んでいる。

1 ヨーロッパの経済的課題

　1967年に結成されたヨーロッパ共同体(EC)は，1993年にヨーロッパ連合(EU)へと発展しました。その後は順調に加盟国を増やし，現在は **27か国体制**です。本来，EUの役割は，通貨を統一して巨大な市場をつくりだし，加盟各国の経済発展を後押しすることです。しかし，現在の加盟国の1人あたり**国民総所得(GNI)**を見ると，ルクセンブルクやデンマーク，アイルランド，スウェーデンのように50,000ドルを超える国もあれば，ブルガリアやルーマニア，クロアチアのように20,000ドルを下回る国もあります(2018年)。このようにEU域内において，経済格差が存在しています。

　EUにおいては**シェンゲン協定(→p.112)**が締結されていることもあって，人の移動が自由です。賃金水準の低い国から高い国へ，よりよい労働環境を求めて移住する人がいます。とくにEU域内からイギリスへの移民は2004年から2015年の11年間でそれまでの100万人から300万人へと増加しました。この間にイギリスが，EU域内からの移民に対して寛容な姿勢をとっていたことが背景にあります。移民の中には英語を話せない人々もいますが，イギリスはEUに加盟していたため，こうした移民に対して手厚い政策をとる必要がありました。移民であろうが自国民であろうが同等にあつかう必要があり，その分移民に対しての社会保障や教育面での費用がかさむこととなりました。国民が納める税金が国民のためだけでなく，移民に対しても使われることに，イギリス国民の不満は日増しに強くなっていました。こうした経済格差が，ひいてはイギリスのEU離脱へと発展してしまった要因の1つといえます。

参考

日本のGNI

日本の1人あたり国民総所得(GNI)は40,529ドル(2018年)である。

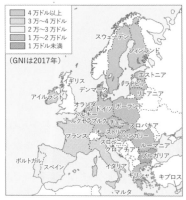

| 4万ドル以上 |
| 3万～4万ドル |
| 2万～3万ドル |
| 1万～2万ドル |
| 1万ドル未満 |

(GNIは2017年)

● EU加盟国の1人あたり国民総所得

② ヨーロッパの民族的課題

「ヨーロッパ」とひとくくりにすると見えてきませんが，各国を細かく見ていくと**多民族**であることがわかります。イギリス人やドイツ人は，同じゲルマン語派の言語を話す人々ですが，国のなりたちやあり方，そして考え方などはまるで異なります。

EUという1つの巨大市場をつくりだしたとしても，やはり多くの人々は自国を優先させます。そのため，経済や文化をはじめとした**移民問題**が常にくすぶっているのがEU域内での民族的課題です。

ドイツのトルコ系移民とその子孫，フランスの北アフリカ系移民とその子孫は，キリスト教社会で生活するイスラム教徒がほとんどです。宗教が異なるということは，考え方，生き方が異なります。ドイツは日本と同様に**少子高齢化**という課題を抱えています。そのため将来的な労働力不足を移民で補うという考え方をもっています。しかし，移民に対してよい考えをもっていないドイツ国民がいることも確かです。移民の増加でますます民族構成が複雑化していきます。これによって発生する文化的摩擦にどう対応していくか，今後のヨーロッパの課題といえるでしょう。

③ ヨーロッパの環境的課題

ヨーロッパでは，**地球温暖化**や**酸性雨**など，環境に関する議論が活発です。地球温暖化の原因とされている二酸化炭素やメタン，フロンなどの**温室効果ガス**をどのようにして減らしていくか，生活のあり方を模索しています。たとえば，自動車輸送量を減らそうと，ドイツの**フライブルク**などでは**パークアンドライド**方式を採用しています。またガソリン車の生産を段階的に減らして，**電気自動車**の生産を進めようという動きも見られます。

発展

急増する難民

ヨーロッパでは2015年に，アフリカや中東諸国から前年の2倍以上の難民が押し寄せた。とくにシリアやアフガニスタン，エリトリアといった政情が不安定な国からの難民が多くをしめた。

用語

パークアンドライド

世界で初めて導入したのは，ドイツのフライブルクであった。都心部での交通事故や大気汚染などを減らすことを目的に，自動車の流入を減らす取り組みが進められた。自動車は郊外の大型駐車場へ停め，都心部への移動は路面電車を中心に公共交通機関を利用する。

TRY! 表現力

ヨーロッパにおいて，今後も移民が増え続けることで発生する課題について考えられることを説明しなさい。

（ヒント）移民が増え続けることで民族構成が複雑になり，多民族化が進む。

（解答例）多民族化が進んで，民族や宗教の違いなどから対立が生じやすくなるため，いかにしてそれに対応するかが課題である。

UNIT 10 ｜ ロシア連邦

着目 ヨーロッパとアジアにまたがる広大な国で，鉱産資源が豊富に存在する。

要点
- **国土** 国土面積は世界最大で，日本の約45倍に相当する。
- **民族** 100を超える少数民族がいる多民族国家である。
- **産業** 主産業は農業(小麦などの穀物栽培)と鉱業(原油や天然ガスの産出)である。

1 ロシア連邦の自然環境

　ロシア連邦の国土面積は世界最大で，日本のおよそ**45倍**もあり，東西に広く展開しています。そのため**11の標準時**をもちます。また南北にも長く，北部は**北極海**に面しています。ここにおよそ1億4,600万人の国民が生活しています(2020年)。

　ロシア連邦の国土は大きく2つに区分します。およそ東経60度に沿って縦断する**ウラル山脈**より以西を**ヨーロッパロシア**，以東をシベリアと極東ロシアといいます。ヨーロッパロシアは非常に平坦な平原が広がっていて，ここにロシア人の多くが生活をしています。シベリアは，ウラル山脈のすぐ東側はオビ川が流れて平坦ですが，さらに東部に進むにつれて，高原，山地と標高が高くなっていきます。また南部はアルプス・ヒマラヤ造山帯が横断していることもあって山がちです。そのためロシア連邦の国土は全体的に南高北低となっていて，ウラル山脈以東の大河川は北に向かって流れていきます。

　気候環境は，国土の大部分が寒冷な気候で，ほとんどが亜寒帯(冷帯)湿潤気候です。シベリア東部では亜寒帯(冷帯)冬季少雨気候が，

北極海沿岸では**ツンドラ気候**がそれぞれ展開し，永久凍土も広がっています。またカスピ海周辺などのロシア南部は内陸であるため，海洋からの湿った空気が届かず，**乾燥気候**となっています。

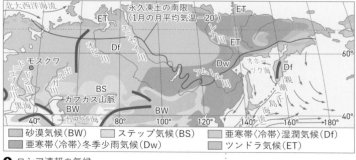

凡例
- 砂漠気候(BW)
- ステップ気候(BS)
- 亜寒帯〈冷帯〉湿潤気候(Df)
- 亜寒帯〈冷帯〉冬季少雨気候(Dw)
- ツンドラ気候(ET)

● ロシア連邦の気候

② ロシア連邦の歴史と民族

　1922年，ソビエト連邦は世界初の社会主義国家として建国されました。第二次世界大戦後はアメリカ合衆国との間で**冷戦**状態となり，その終結直後の1991年にソビエト連邦が崩壊すると，これに変わる協力組織として**独立国家共同体(CIS)**が設立されました。

　ロシア連邦は100を超える少数民族が生活している多民族国家です。なかでもロシア人がおよそ8割をしめ，彼らの母語であるロシア語だけが公用語となっています。その多くが**正教会**を信仰しています。またロシア連邦には，イスラム教を信仰する人々が1割近くいるといわれています。なかでもカフカス山脈北部の**チェチェン人**は2度の紛争を引き起こし，独立の機運が高い民族です。2014年には**クリミア危機**が勃発して，かつてともにソビエト連邦を構成していたウクライナとの間は緊張状態となっています。

③ ロシア連邦の産業

　ロシア連邦の産業の中心は**農業**と**鉱業**です。寒冷な気候を示すため大麦やライ麦などの栽培がさかんです。黒海沿岸の南部地域には**チェルノーゼム**とよばれる肥沃な土壌が展開し，ここでは広く**小麦**が栽培されています。近年，ロシア連邦の小麦の生産量は急増しており，その多くが輸出されています。またシベリアなどでは林業がさかんです。針葉樹は種類が少ないため純林(**タイガ**)を形成しやすいことがその背景です。国土面積が広大なため，林産資源は豊富です。

　ロシア連邦最大の産業は鉱業で，とくに**原油**や**天然ガス**の採掘がさかんです。広大な国土の各地に鉱産資源が存在していますが，ウラル山脈周辺や極東の樺太(サハリン)付近は，とくに埋蔵量が豊富な地域です。ロシア連邦は採掘した原油や天然ガスの多くを**パイプライン**などにより輸出しています。

用語

独立国家共同体

ソビエト連邦崩壊後に結成された国家連合体。ソビエト連邦構成国の中でバルト三国を除いた12か国で構成されていた。その後，ジョージアやウクライナなどが脱退した。経済面での協力がおもな機能であるが，現状での結束力はあまり強くない。

発展

クリミア危機

2014年のウクライナ大統領選挙で，それまでのロシア連邦との外交上の結びつきを重視した政権から，欧米寄りの政権へと交代した。そのためロシア連邦は「ロシア人保護」を目的に，ウクライナ領のクリミア(クリム)半島に軍事侵攻し，ロシア領として併合した。クリミア半島はロシア人が多く居住している地域である。

TRY!

表現力

　シベリア地方で高床の建物が見られる理由を，「永久凍土」ということばを用いて答えなさい。

　ヒント　シベリアでは広い範囲に永久凍土(→p.54)が分布している。

　解答例　建物から出る熱で永久凍土がとけて建物が傾いてしまうのを防ぐため。

定期テスト対策問題

解答 ➡ p.321

問 1 アジア州

右の地図を見て，次の問いに答えなさい。

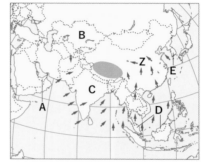

(1) 次の文中の**X・Y**から正しいものを1つずつ選び，記号で答えよ。

　　地図中の➡は，アジアの東部に**X**{**ア**　雨季　**イ**　乾季}をもたらす**Y**{**ア**　偏西風　**イ**　季節風}の風向きを示している。

(2) 地図中の ⬭ の高原名を答えよ。

(3) 地図中の ⬭ の高原から流れでる川のうち，中・下流で稲作がさかんで，河口にシャンハイという大都市が位置する川の名を答えよ。

(4) 右の表は，アジア州の各地域における経済発展のめざましい国をまとめたものである。**あ～お**にあてはまる国を地図中の**A～E**から1つずつ選び，記号で答えよ。

(5) 表中の下線部**a**と同じような目的で，地図中の**Z**の国の南東岸に設けられた，シェンチェンをはじめとする5地区をまとめて何というか。

(6) 表中の**b**にあてはまるクロムなどの金属の総称を，カタカナで答えよ。

(7) 表中の下線部**c**の生産地が集まっている，**お**の国が面する湾を次から1つ選び，記号で答えよ。

　ア　ベンガル湾　　　　**イ**　渤海
　ウ　タイランド湾　　**エ**　ペルシア湾

あ	<u>a外国企業に対して関税の免除などの優遇措置を認めた</u>自由貿易地区を設けている。その経済成長は，地域統合を進める組織によっても支えられている。
い	クロム・マンガンなどの（　**b**　）の開発を進め，資源の輸出による経済の発展を図っている。外国企業の進出も増えた。
う	英語と数学の教育が進み，ソフトウェア開発などの発展をもたらした。ICT産業は南部の都市バンガロールでとくに発達している。
え	1960年代から急速に工業化を進め，アジアNIESの1つに数えられた。主要輸出品は繊維製品から自動車・電子部品などへ変化した。
お	<u>c原油</u>の貿易や金融に重点を置いて資金を集め，乾燥地帯の中に現代的な都市を築いた。世界で最も高いビルもこの国にある。

(8) 表中の**あ～お**のうち，国民の多数がイスラム教を信仰している国を3つ選び，記号で答えよ。

問 **2** ヨーロッパ州

右の地図を見て，次の問いに答えなさい。

(1) 地図中の ➡ は，ヨーロッパ西部に温暖な気候を もたらす暖流である。この海流名を答えよ。

(2) 地図中の ⌒ で示した海岸部に見られる，氷河に よってけずられた奥行きのある湾を何というか。

(3) 地図中の ⬭ の地域では，夏と冬で栽培される 農作物が異なっている。夏に栽培されるものを次から 1つ選び，記号で答えよ。

ア 小麦 **イ** 米

ウ ぶどう **エ** ライ麦

(4) 海底油田での原油の生産がさかんな海域を，地図中 の**ア〜エ**から1つ選び，記号で答えよ。

(5) 地図中の**X・Y**の国々のまとまりについて正しく説明したものを，次から1つ選び，記号 で答えよ。

ア **X**はバルト三国とよばれ，ヨーロッパ共同体(EC)に最初から加盟していた。

イ **Y**はベネルクス三国とよばれ，ソビエト連邦から独立を果たした。

ウ **X**はベネルクス三国とよばれ，ヨーロッパ共同体(EC)に最初から加盟していた。

エ **Y**はバルト三国とよばれ，ヨーロッパ連合(EU)に最初から加盟していた。

(6) 右の表は，地図中の**A〜D**の国々の国民総所得を比較したものである。これを見て，次の問 いに答えよ。

① 表から，ヨーロッパ連合(EU)のどのような問題点が読み 取れるか。簡単に説明せよ。

② **A〜D**の国々に共通するキリスト教のおもな宗派を，次 から選び，記号で答えよ。

ア プロテスタント **イ** カトリック

ウ 正教会

	1人あたり 国民総所得 （ドル）	EU（また は EC）へ の加盟年
A	42,289	1967年
B	34,762	1967年
C	14,791	2004年
D	19,120	2004年

(2018年) 　（「世界国勢図会」などによる）

(7) 地図中の**Z**の国について，次の問いに答えよ。

① **Z**からEU諸国へ石油や天然ガスを輸出する場合，どのような輸送手段をとることが多い か。次から1つ選び，記号で答えよ。

ア パイプライン **イ** 鉄道 **ウ** タンカー **エ** 航空機

② **Z**で多数をしめる民族を次から選び，記号で答えよ。

ア ラテン系 **イ** ゲルマン系 **ウ** スラブ系

アフリカ州の姿

着目 ▶南北に広がる高原状の大陸で，赤道を境に気候帯が線対称に分布する。

要点
● **位置** ヨーロッパ州の南に位置し，大陸の中央部を赤道が通過する。
● **地勢** 世界最大の砂漠であるサハラ砂漠が広がり，世界最長のナイル川が流れる。
● **砂漠化** サヘル地域で深刻。人口増加を背景とした過放牧・過耕作などが一因。

1 アフリカ州の位置

　アフリカ州はアフリカ大陸と周辺の島々からなります。アフリカ大陸は北端と南端がそれぞれ，およそ緯度35度付近に位置しています。そのため，赤道が大陸の中央部を横断しています。東西を見ると，東は東経50度をやや東にはみ出し，西は西経20度にやや届きません。つまり，アフリカ大陸は南北70度，東西70度の中にほとんどが収まっているといえます。

↑ アフリカの自然

参考

ビクトリア滝

ザンベジ川中流域にある滝。ナイアガラ滝，イグアス滝と並んで世界三大瀑布と称される。アフリカ大陸を東西に流れる河川は，下流域は急流となっているため，海洋からの交通路としては機能しなかった。

2 アフリカの地勢

　アフリカ大陸は高原状の大陸です。アフリカ大陸の高度別面積割合を見ると，200〜1,000mの高さが大陸全体のおよそ70%をしめています。また200m以下の平野部がおよそ10%しかありません。右ページの図を見てもわかるように，緑色で示された標高200m未満の場所が沿岸部に多く，そして狭いことがわかります。これは高原状の地形が海岸線付近まで迫っているためであり，アフリカ大陸を流れる河川の多くが下流域では急流になっています。右ページのアフリカ大陸を流れる河川の流域を表した図を見ると，河川流域が海岸線に接続するさいに狭くなっています。

　アフリカ大陸には世界最長の**ナイル川**や**ニジェール川**といった**外来**

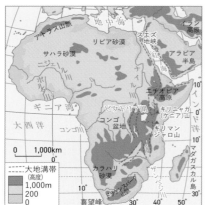
↑ アフリカの地形

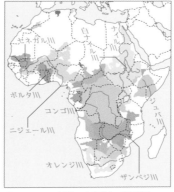
↑ アフリカ大陸の各河川の流域図

用語

外来河川
湿潤地域に源流をもち，乾燥地域を貫流して海洋に注ぐ河川。ナイル川とニジェール川はそれぞれサハラ砂漠を貫流している。

河川も流れています。流域では河川水を利用したかんがい農業が営まれています。

　アフリカ大陸の山脈は北西部の**アトラス山脈**，南東部の**ドラケンスバーグ山脈**の2つだけです。とくにアトラス山脈周辺は**原油**，ドラケンスバーグ山脈周辺は**石炭**の埋蔵がそれぞれ豊富です。

　アフリカ大陸東部は地溝帯が縦断しており，ここでは地溝に水がたまってできた**断層湖**が見られます。地溝帯が長く縦断しているアフリカ東部は，**アフリカ大地溝帯**とよばれ，標高が高く，赤道直下であっても頂上付近では万年雪が見られます。アフリカ大地溝帯はプレートの広がる境界（→p.39）に形成されたものであり，ここではまた**キリニャガ（ケニア）山**や**キリマンジャロ山**といった火山が見られるのも特徴です。そのため，ケニアでは地熱発電がさかんに行われており，日本企業も技術提供を行っています。

　また海岸付近にはリアス海岸やフィヨルド，エスチュアリー（三角江）といった複雑な地形が見られないため，アフリカ大陸の海岸線は単調で，海岸線の延長距離はそれほど長くありません。

参考

アフリカの断層湖
タンガニーカ湖やマラウイ湖などが好例。上空から見た断層湖は細長く，水深が非常に深い。タンガニーカ湖はバイカル湖に次いで，世界で2番目の水深をもつ湖である。

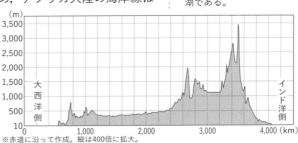
※赤道に沿って作成。縦は400倍に拡大。
↑ アフリカ大陸の断面図

③ アフリカの気候

太陽エネルギーの到達量は，緯度に応じて変化します。アフリカ大陸は，ほぼ中央を赤道が通過しており，大陸の北端と南端がそれぞれ緯度35度付近に位置しているため，太陽エネルギーの到達量や太陽の回帰の影響はほぼ同じです。そのため，アフリカ大陸の気候は赤道を中心に線対称に分布します。北端から南端に向かって「温帯→乾燥帯→熱帯→乾燥帯→温帯」となります。

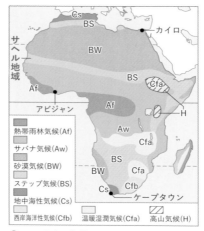

❶ アフリカの気候

熱帯雨林気候(Af)
サバナ気候(Aw)
砂漠気候(BW)
ステップ気候(BS)
地中海性気候(Cs)
西岸海洋性気候(Cfb)　温暖湿潤気候(Cfa)　高山気候(H)

赤道周辺は最も気温が高く，熱帯気候が展開します。赤道付近の西部では熱帯雨林気候が広く展開し熱帯林を形成しています。ギニア湾岸など，熱帯雨林気候の周辺にはサバナ気候が展開し，疎林(樹木がまばらに生えた森林)と丈の長い草原(サバナ)が広がります。ここではさまざまな動物が生息しており，生態系が多様です。熱帯気候が展開して高温多雨であるため，ここを流れるコンゴ川は多くの支流をもち，流域面積がアマゾン川に次いで世界２位となっています。コンゴ川の中流域では，キンシャサ(コンゴ民主共和国の首都)とブラザビル(コンゴ共和国の首都)が川をはさんで位置して，大きな経済圏を形成しています。

熱帯気候が展開する場所からさらに高緯度側へ進むと，回帰線付近には乾燥気候が展開します。北回帰線付近には世界最大の砂漠であるサハラ砂漠が広がります。ナイル川やニジェール川が流れている地域以外では，農業活動はほぼ不可能です。また砂漠気候の周辺にはステップ気候が展開します。アフリカ大陸の西の沖合は，カナリア海流やベンゲラ海流といった寒流が流れています。そのため寒流によって大気が冷やされ，上昇気流が発生しにくく，ほとんど雨が降らない地域が存在します。こういった砂漠は海岸砂漠といいます。

北端と南端付近では温帯気候が展開します。これは地中海性気候で，

参考

サハラ砂漠

カナダの国土面積とほぼ同じ面積をほこる。

夏に亜熱帯(中緯度)高圧帯の影響を受けて少雨となり，冬は偏西風帯に入り多雨となります。ここではぶどうやオリーブ，レモンなどの果樹栽培がさかんです。

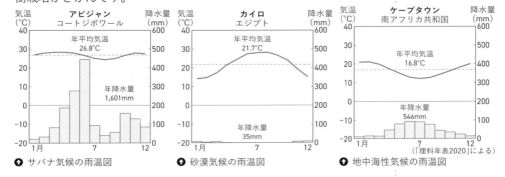

気温(℃)	アビジャン コートジボワール	降水量(mm)

年平均気温 26.8℃
年降水量 1,601mm

気温(℃)	カイロ エジプト	降水量(mm)

年平均気温 21.7℃
年降水量 35mm

気温(℃)	ケープタウン 南アフリカ共和国	降水量(mm)

年平均気温 16.8℃
年降水量 546mm

(「理科年表2020」による)

↑ サバナ気候の雨温図　　↑ 砂漠気候の雨温図　　↑ 地中海性気候の雨温図

4 アフリカの砂漠化

　アフリカ大陸では，とくに第二次世界大戦後に**人口爆発**と称されるほどの人口増加が見られました。21世紀に入り，以前ほどの急激さはなくなったものの，依然として人口増加傾向が続いています。そのため食料やエネルギーの需要が高く，これらをまかなうために，家畜の過剰な放牧(過放牧)，過剰な耕作(過耕作)，過剰な伐採(過伐採)などが見られるようになりました。これにより深刻な**砂漠化**，土地の不毛地化(耕作が不可能になる)，森林破壊などが発生しました。自然に形成された砂漠ではなく，人間がつくりだした砂漠です。こうした傾向は**サヘル地域**(サハラ砂漠の南縁)で顕著になっています。

↑ 砂にうまった村(モーリタニア)

TRY! 表現力

アフリカのサヘルなどで砂漠化が進む理由を，「人口」「過」ということばを用いて説明しなさい。

(ヒント) 人口が増加すると，必要な食料やエネルギーも増加する。

(解答例) 急激な人口の増加で，過放牧や過耕作，過伐採が行われ，土地の不毛化や森林破壊が進んだため。

UNIT 2 ｜ アフリカの国々① 農業

着目 ▶ エジプトとケニアで行われている農業を自然環境や歴史の面から理解する。

要点

● **エジプト**　ナイル川流域でかんがい農業。小麦や綿花，なつめやしの栽培。

● **ケニア**　常春の気候が栽培に適しているため，バラなどの花の栽培がさかんである。
植民地時代に開かれたプランテーションでは茶の栽培が行われている。

1 エジプトの農業の様子

　エジプトは国土の95%以上が砂漠だといわれています。農地はおよそ4%(2018年)で，**ナイル川**沿いに集中し，河川水を利用したかんがい農業が営まれています。とくにナイル川下流域に形成された**三角州**では小麦や綿花に加えて，米や**なつめやし**の栽培も行われています。エジプトの西隣のリビアはエジプトの国土面積のおよそ1.7倍ですが，人口は690万人程度しかいません(エジプトの人口は約1億人，2020年)。かんがい農業が流域の人々の食生活を支えています。

　古代エジプトの人々は，ナイル川の氾濫にたびたび悩まされていました。しかし，この氾濫が肥沃

⊕ エジプトを流れるナイル川

な土壌を周辺に堆積させ，下流域には三角州を形成することで，農業が可能となりました。一方で洪水の危険性は常に存在していたため，洪水防止を目的とした**アスワンハイダム**が建設されました。建設にさいして古代遺跡の水没問題も発生しましたが，ダムは無事完成して洪水は減りました。またダムの上流側にできた湖では漁業が行われるようにもなりました。さらにダムの建設は洪水防止だけでなく，干ばつのさいに安定した水量を確保することにも貢献しました。しかし，安定してかんがい用水を確保できるようになると，今度は人口増加も相まって過度にかんがいが行われるようになり，**塩害**の問題が起こるようになりました。またダムによって水がせき止められることで土砂の流れが悪くなり，下流域では海岸線の後退が起こるなどの環境問題が

参考

ナイル川
乾燥気候が展開するエジプトにおいて，ナイル川の河川水を利用したかんがい農業が営まれている様子を，古代ギリシャの歴史家ヘロドトスは「エジプトはナイルのたまものである」と称した。

アスワンハイダム
1970年に完成したダム。それまであったアスワンダムの上流側に建設された。

暦
かつてナイル川は定期的に氾濫する河川だった。古代エジプトの人々は，氾濫時期を把握するため特定の星座の位置を観察して暦をつくった。また測量のために幾何学が発達した。

見られるようになりました。

② ケニアの農業の様子

　ケニアは国土を赤道が通過する国です。低緯度に位置して本来は熱帯気候が展開するはずですが，アフリカ大地溝帯が縦断して高原状となっているため，その分気温の逓減が働いて１年中春のような気候を示します。こうした**常春**とよばれる気候は，高標高かつ，低緯度に位置する地域で展開します。ケニアではこうした気候を利用して，１年中花の栽培が行われています。とくに**バラ**の栽培がさかんです。これはケニアの常春気候に着目したオランダの花業者が，ケニアで栽培をはじめたのがきっかけです。オランダは冬になると温室などを利用して花の栽培を行っていましたが，生産に必要な費用が高くつきます。オランダはケニアから安い花を仕入れることができて，ケニアはオランダへ輸出することで外貨が獲得でき，また自国に雇用がうまれるという利点がありました。

　ケニアはかつてイギリス植民地でした。**英語**は**スワヒリ語**とともに公用語の１つとなっています。そのため植民地時代に開かれたプランテーションではイギリス向けの茶の栽培が行われており，現在においてもさかんです(→p.148)。

③ アフリカの農業

　コートジボワールや**ガーナ**など，ギニア湾岸諸国では**カカオ豆**の栽培がさかんで，これらの多くがチョコレートやココアの製造会社をもつヨーロッパ諸国へと輸出されています。エチオピアの**コーヒー豆**も輸出用に栽培がさかんで，ケニアの茶のように国の経済を支えています。特定の農産物などの輸出に依存する経済を**モノカルチャー経済**といいます。**らっかせい**や**綿花**も**商品作物**として栽培がさかんです。

参考

ヌビア遺跡

アスワンハイダムの建設によって，アブシンベル神殿などのヌビア遺跡群が水没する危険が生じた。そこで，古代の遺跡などは積極的に後世に残していこうという考えが高まり，のちに世界遺産の創設へとつながっていった。

ケニアの輸出品目

最大輸出品目は茶，次いで野菜と果実，切り花となっている(2018年)。

用語

商品作物

市場で商品として売ることを目的に栽培される農作物。換金作物ともいう。

TRY!
表現力

アフリカ南端のケープタウン周辺ではどのような農業が行われているか。そこでの気候と栽培されるおもな作物をふくめて答えなさい。

（ヒント）　ケープタウン(南アフリカ共和国内でヨーロッパ人が最初に住みはじめた都市)で見られるのと同じ農業が，アフリカ北部の地中海沿岸で行われている。

（解答例）　温帯の気候を利用して，小麦やぶどう，オリーブを栽培する農業(地中海式農業)。

UNIT 3 アフリカの国々② 鉱工業

着目 アフリカは金や銅，レアメタル（希少金属），原油などの鉱産資源が豊富である。

要点
● **南アフリカ共和国** レアメタルの世界有数の産出国。近年は自動車の生産が伸びている。
● **原油** ナイジェリアなど7か国が石油輸出国機構（OPEC）に加盟している。
● **ナイジェリア** 輸出総額にしめる原油の割合は8割にのぼり，典型的なモノカルチャー経済である。

1 南アフリカ共和国の鉱工業

アフリカ大陸南部は鉱産資源，とくに**レアメタル（希少金属）**の埋蔵が豊富な地域です。南アフリカ共和国の国土面積は日本のおよそ3倍と広く，およそ5,900万人が生活をしています（2020年）。

南アフリカ共和国の主産業は鉱工業です。**白金**や**ダイヤモンド**，**金**などを中心にレアメタルの産出量が多い国です。また**石炭**の産出もさかんで，主力エネルギーとして活用しています。レアメタルは先端技術（ハイテク）産業には欠かせない資源として知られており，旧ソ連地域，中国，アフリカ大陸南部に多く埋蔵されています。

かつての冷戦時代，アメリカ合衆国を中心に西側諸国と称された国々は，旧ソ連を中心とした東側諸国との貿易をほとんど行っていませんでした。そのため先端技術産業に欠かせないレアメタルの供給を南アフリカ共和国に依存し，南アフリカ共和国は世界的なレアメタル供給地としての地位をもっていました。このような背景から，人種隔離政策である**アパルトヘイト**に関してはほとんど黙認されていました。しかし，冷戦が終わって東西間交流が進むようになると，南アフリカ共和国以外からのレアメタルの供給が可能となり，南アフリカ共和国のレアメタル供給地としての地位は低下していきます。これを受けて，国際社会ではアパルトヘイトに対する非難の声が大きくなり，1991年にアパルトヘイトは廃止されました。

南アフリカ共和国は鉱業だけでなく，工業製品の生産もさかんです。2007年の世界金融危機の影響で一時的に落ちこんだものの，最近では**自動車**の生産台数が堅調に増加しています。かつては4か国が「BRICs」と称されていましたが，現在は南アフリカ共和国を入れて「BRICS」と表記するのが一般的になってきました。

用語

アパルトヘイト
国民を白人，混血，アジア人，黒人の4つの人種に分類し，すべての黒人を国内の辺境の地に隔離した。1991年のアパルトヘイト廃止後は全人種参加の大統領選挙が行われ，ネルソン・マンデラが黒人として初の大統領に就任した。

用語

BRICS
2000年代以降，経済発展が著しいブラジル，ロシア連邦，インド，中国，そして南アフリカ共和国の5か国を指すよび方。それぞれの頭文字をとってBRICSとよばれる。

② アフリカのOPEC加盟国

石油輸出国機構（OPEC）は1960年に結成された組織で，2020年現在，加盟国は13か国です。確認埋蔵量や1日あたり原油生産量は西アジア諸国のほうが断然多いものの，アフリカでも原油の埋蔵は豊富で，石油関連産業が発達しています。

アフリカで最も埋蔵量が多いのは**リビア**です。リビアは人口が690万人程度と少ないため，アフリカ諸国の中では1人あたりGDP（国内総生産）が比較的大きい国です。人口が少なく国内消費量が小さいため，1日あたり生産量はそれほど大きくありませんが，生産したほとんどを輸出に回しています。

西隣のアルジェリアでも原油の採掘が行われており，リビア同様，原油や天然ガス，石油関連製品などがおもな輸出品目です。

ナイジェリアはリビアに次いで埋蔵量が多く，また1日あたりの原油生産量がアフリカ最大です。ナイジェリアの輸出額の8割は原油がしめており（2018年），その輸出で国の経済がなりたっています。しかし，政治の腐敗などでこうして得た富が国民に行き渡らず，また人口が2億人以上いるため，人々の生活水準は低くなりがちです。

⬆ アフリカの鉱産資源の分布と工業

📎 参考

OPEC加盟国

西アジアから5か国（サウジアラビア，アラブ首長国連邦，イラン，イラク，クウェート），アフリカから7か国（アルジェリア，アンゴラ，ガボン，コンゴ共和国，赤道ギニア，ナイジェリア，リビア），南アメリカから1か国（ベネズエラ）が加盟している（2020年）。

TRY! 表現力

アフリカでは特定の農産物や鉱産資源の生産・輸出に頼っている国々が多い。こうしたモノカルチャー経済の大きな問題点の1つに，収入が不安定ということがある。なぜ不安定になるのか，「天候」「景気」「変動」ということばを使って説明しなさい。

ヒント　輸出用産物の多くは固定価格ではなく変動価格で取引されている。

解答例　鉱産資源や農産物の価格は天候や景気の影響を受けやすく，年によって価格や売れる量が変動するため。

UNIT
4　**アフリカの国々③ 歴史・文化・課題**

着目 ▶ 欧米などからの支援で経済発展を進めているが，解決すべき課題が山積している。

要点

● **歴史**　第二次世界大戦前までは，ほとんどの国がヨーロッパ諸国の植民地であった。

● **民族紛争**　ナイジェリアで起こったビアフラ戦争のように民族間の対立が紛争に発展する。

● **課題**　モノカルチャー経済の克服，食料増産，飢餓や貧困の解消，政情の安定など。

① アフリカ植民地の歴史

　アフリカには現在**54**の国が存在しますが，この中で第二次世界大戦以前からの独立国は**エジプト，エチオピア，リベリア，南アフリカ共和国**の４つしかなく，その他の多くが第二次世界大戦後に独立国となりました。

　アフリカがヨーロッパ列強の植民地となったのは，産業革命がはじまり，原材料の供給地や市場として注目されるようになってからのことです。とくにイギリスとフランスはいち早くほかのヨーロッパ諸国に先立って中央集権化が進み，産業革命のはじまりが早かったといわれ，海の向こうに植民地を求めてアフリカへ入植しました。また17世紀になると，**三角貿易**がはじまり，これもイギリスの産業革命を後押ししました。

　イギリスはエジプトから南アフリカまでを縦につないだ地域に鉄道の建設を計画して植民地を設けました。これを縦断政策といいます。また**フランス**は北西アフリカの多くを植民地としました。これを横断政策といいます。

　1951年，リビアが第二次世界大戦後初の独立国となったのを皮切りに，その後は続々と独立を果たし，とくに**1960年**には17か国が

第二次世界大戦前のアフリカ
- 独立国
- イギリス領
- フランス領
- イタリア領
- ポルトガル領
- スペイン領
- ベルギー領
- その他

エジプト
リベリア
エチオピア
南アフリカ共和国

❶ アフリカの旧宗主国

発展

三角貿易

イギリスからギニア湾岸へ武器と資金が提供され，それをもとに支配階級の黒人が捕まえた黒人を白人に引き渡すと，黒人たちはアメリカなどの「新大陸」へと運ばれた。「新大陸」で彼らはプランテーション農園での農業奴隷として従事させられ，さとうきびや綿花などの生産に従事した。その後，ヨーロッパに向けて砂糖や綿が輸出された。とくに黒人奴隷の供給地だったのが，ナイジェリアであった。ナイジェリアとガーナは旧イギリス領であり，現在も英語が公用語である。

独立しました（「アフリカの年」）。

　現在は**アフリカ連合（AU）**を組織して，アフリカの政治的安定，経済成長を目指しています。アフリカにおける経済成長には外国企業の資本と技術の導入が必要で，それには政情の安定が必要不可欠です。

② アフリカの民族紛争

　イギリスやフランスがアフリカに植民地を設けるさい，民族分布を無視して国境線を引きました。これによって同一の民族が別々の国で生活することとなり，民族の分断が起きました。分断された民族は国の中で少数民族となり，ときに差別や迫害を受けることもありました。こうした民族紛争の多くは英仏による植民地時代の名残といえます。

　ナイジェリアは国内に250以上ともいわれる多数の民族が存在しています。1967年，ナイジェリアで**ビアフラ戦争**が勃発しました。南東部のイボ族が，彼らの居住地域内で産出される原油を背景に独立を宣言し，これを阻止しようとした北部のハウサ族や南西部のヨルバ族との間で争いが生じました。ハウサ・ヨルバ・フラニ族はイギリスや旧ソビエト連邦の支援を受け，イボ族はフランスや南アフリカ共和国の支援を受けて戦争は長期化，内戦終結までおよそ300万人の死者を出したといわれており，その多くが餓死でした。現在は和解が成立し，首都を3民族の居住地域外である**アブジャ**へと移しました。

🔷 ビアフラ戦争時の勢力図

　アフリカには**モノカルチャー経済**の克服（→p.149），人口急増による食糧事情への対応，飢餓や貧困，民族紛争，政情の安定，経済成長と，解決すべき多くの課題が残されているといえます。

（→p.149）

参考

イボ族

ナイジェリア南東部で生活する民族。おもにキリスト教を信仰している。イギリスが三角貿易によって黒人奴隷を調達するさい，仲介したのがイボ族だったといわれ，このためイボ族は「黒い白人」などと揶揄された。強制連行された歴史をもつハウサ族はイボ族に対してよい感情をもっていなかったといわれる。また，ハウサ族・ヨルバ族・フラニ族はイスラム教を信仰しているため，宗教上の対立も背景にあったとされている。

コートジボワール　118億ドル

カカオ豆 27.5%			その他

9.8 8.5　金6.8
カシューナッツ　石油製品

ナイジェリア　624億ドル

原油 82.3%	その他

9.9
液化天然ガス

ザンビア　91億ドル

銅 75.2%	その他

無機化合物2.2
（2018年）（「世界国勢図会」などによる）

🔷 農産物や鉱産物にかたよる輸出品

TRY! 表現力

アフリカでは国境がしばしば民族対立の火種になってきたが，それはなぜか。「植民地」「境界線」「国境線」ということばを用いて説明しなさい。

ヒント　国境線が民族分布と一致していない。

解答例　植民地時代に民族の分布を無視して引かれた境界線が，独立後もそのまま国境線になっているところが多いから。

プランテーション農業

● プランテーション農業とは？

　プランテーション農業とは，おもに熱帯地域で見られる農業形態です。熱帯地域には，かつて欧米諸国の**植民地**支配を経験した国が少なくありません。欧米諸国によって，現地住民の豊富で安い労働力，広大な土地が利用され，農作物が大量に栽培されていました。

　こうした農業は，おもに**産業革命**によって急速に増えていきました。産業革命では工場制機械工業の発展によって大量生産，大量消費の時代へと移行しました。工業発展に必要な工業原料，生活水準の高まりから嗜好品の需要がそれぞれ高まりました。工業原料として需要が高まったのは綿花や天然ゴムなどでした。また**コーヒー豆**や**茶**，**カカオ豆**，**さとうきび**などは，嗜好品として需要が高まりました。

　現在においても，発展途上国を中心に大農園で特定の農作物を大量に生産するプランテーション農業が営まれています。

● イギリス人は茶を好む！

　茶の原産地は中国といわれています。高温多雨の環境を栽培条件とし，水はけや風通しのよい土地を好みます。日本では太平洋側に位置して，台地が広がり水はけのよい静岡県や鹿児島県，三重県といった地域で生産がさかんなことからもわかります。

　イギリス人はそれまではコーヒーを好んで飲んでいましたが，茶と出会ったことで茶の需要が高まりました。もちろん高緯度に位置するイギリスでは茶の栽培は困難です。そこで，植民地であった**インド**や**スリランカ**，**ケニア**などで茶の栽培を始めました。現地住民を使って大量に茶を栽培し，それを本国イギリスへ，のちに世界へ輸出しました。茶の栽培と輸出は，それぞれの国が独立したあとも主要な産業として残り，現在，茶の生産国では，中国に次いでインド，ケニア，スリランカが上位をしめています。

　プランテーション農業はこのようにヨーロッ

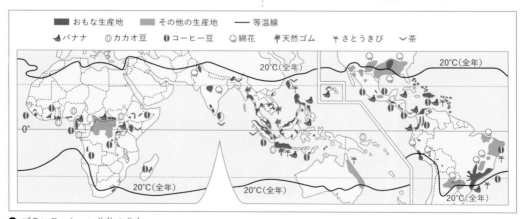

↑ プランテーション作物の分布

パ向けの輸出が基本だったので，植民地では貿易に便利な沿岸部や，現地住民や農園を管理する白人たちが過ごしやすい高原で行われる傾向がありました。

● プランテーション農業の問題点とは？

発展途上国のほとんどの農家では，**単一栽培**（モノカルチャー）になっています。特定の農作物栽培に力を入れているので，その農作物が不作となった場合，あるいは世界的に豊作となって国際価格が下がった場合などは極端に収入が減ってしまいます。もちろん収入が増えるときもありますが，価格の変動の影響を強く受けるため収入が不安定となりやすい構造となっています。

さらにプランテーション農業が行われている国では，自分たちが食べる食料のほとんどを輸入に頼っています。つまり茶をつくって輸出し，輸出で得たお金で食料を輸入するという構造です。これでは手元にお金が増えていきません。得たお金を使って投資を行い，外国資本を導入して工業発展を進めていくことが困難です。

そこで近年では，「**脱モノカルチャー**」をめざす国が増えています。

● 脱モノカルチャー

脱モノカルチャーとは，その名の通り「モノカルチャー状態から脱すること」です。

例えばマレーシアの貿易品目の変化を見てみます。マレーシアの1960年の輸出品目は**天然ゴム**や**すず**などが中心でした。天然ゴムはブラジルのアマゾン川流域が原産地とされており，ブラジル政府は天然ゴムの苗の持ち出しを法律で禁じていました。しかし，イギリス人がそれを国外へと持ち出すことに成功し，その後イギリス植民地での栽培が広まりました。その1つがマレーシアでした。マレーシアは長らく，天然ゴムの輸出額が輸出総額の50％を超えて

いました。天然ゴムは老木となれば新たに植樹をする必要があります。そこで，脱モノカルチャーで経営の多角化を進めようと，マレーシアでは**油やし**の栽培を始めました。油やしから**パーム油**が採取され，これを先進国へと輸出するようになりました。その後，マレーシアでは輸出総額にしめるパーム油の割合が高まっていきます。マレーシアは1970年以降パーム油の生産を拡大させ，40年間で生産量は20倍にまで増加しました。しかし，油やし栽培の拡大は，**熱帯林の破壊**にもつながっているという指摘もあります。

マレーシアでは，1990年代以降は工業発展が進み，近年では輸出のほとんどが工業製品でしめられるようになりました。しかし，マレーシアのように脱モノカルチャーに成功した国ばかりではありません。世界には未だにモノカルチャー経済のままでいる国が少なくないのです。

脱モノカルチャーのための国際協力も行われているよ。

<table>
<tr><td>UNIT
1</td><td># 北アメリカ州の姿</td></tr>
</table>

（着目）北アメリカ大陸とカリブ海の島々からなり，緯度に沿って多様な気候が見られる。

要点
- **地域区分** アングロアメリカ，ラテンアメリカという民族・文化による区分がある。
- **地勢** 西部にロッキー山脈，東部にアパラチア山脈が縦断し，中央に広大な平原が広がる。
- **気候** 赤道に近い地域に熱帯，北極海沿岸に寒帯，その間に温帯と乾燥帯，亜寒帯が分布する。

1 北アメリカとアングロアメリカ

　北アメリカ州は地理的な位置を表したもので，パナマ地峡を基準として区分します。一方の**アングロアメリカ**は，アングロサクソン人，つまりイギリス人が建国した国。カナダとアメリカ合衆国です。メキシコからパナマまでの国々とカリブ海の国々は，地理的な位置からは北アメリカ州に属しますが，スペイン語を母語とする文化をもっているため，アングロアメリカではなく**ラテンアメリカ**に属します。

↑ 北アメリカ州と南アメリカ州

 参考

北アメリカと南アメリカ
両地域は地理的位置を表したもので，パナマ地峡を基準として区分している。

メキシコシティ
メキシコの首都。環太平洋造山帯がつくりだした高原上に位置しており，標高がおよそ2,300 mに達する。そのため空気が薄く，燃料が不完全燃焼となりやすい。

2 北アメリカの地勢

　北アメリカの地勢は大きく３つに区分されます。西部は環太平洋造山帯が縦断しており，**ロッキー山脈**を柱に高く険しい山脈がそびえています。場所によっては地震が頻発し，また火山が見られます。環太平洋造山帯は偏西風をさえぎるため，これより東側では暖気や湿った空気が届きません。高緯度に位置するカナダでは亜寒帯(冷帯)気候が，またアメリカ本土では乾燥気候がそれぞれ展開します。東部を縦断するアパ

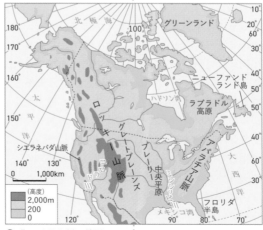

↑ 北アメリカ州の地形

ラチア山脈は長年の侵食によって低くなだらかです。付近では石炭が豊富に産出し、古くから工業発展の基礎資源となっています。

このように東西を山脈に囲まれているため、中央部ではそこから流れでる支流河川が合流して大河川を形成しています。これがミシシッピ川です。中央部には高原状のグレートプレーンズやミシシッピ川が南に向かって流れる中央平原など広大な平原が広がり、下流域には三角州が発達しています。またミシシッピ川の西側に広がる大草原はプレーリーとよばれます。カナダではかつての氷河の侵食によって平坦な地形が広がっていて、多くの氷河湖を形成しています。

③ 北アメリカの気候

北アメリカ州は、赤道付近から北極海沿岸までの広い範囲を指しているので、気候の多様性が大きい地域です。

メキシコは、本来は熱帯気候となる低緯度に位置していますが、国土が高原状で標高が高いため、その分の気温の逓減によって温帯気候が展開します。逆に高緯度に位置するカナダは亜寒帯気候が展開します。カナダ北部の北極海沿岸になるとツンドラ気候が展開します。

アメリカ合衆国は東西南北に国土が広大であり、多様性のある気候分布を示します。最も低緯度に位置するフロリダ半島は熱帯気候です。また本土西岸では地中海性気候が展開し、1年を通して比較的降水量が少ない地域です。本土東岸は日本と同じ温暖湿潤気候が展開し、1年を通して降水が見られます。ロッキー山脈周辺は偏西風が運ぶ湿った空気がほとんど届かず乾燥気候が展開しています。

参考

ハドソン湾
かつての大陸氷河の重さで地面がへこんでしまい、その後の温暖化で氷河が融解すると海水が浸入して形成された。氷河の重しがとれたことにより、現在は海底面が隆起している。

多様性のある気候
アメリカ合衆国は、領域内でさんご礁と流氷が見られる世界でも珍しい国である。このような国は世界でもアメリカ合衆国と日本くらいだといわれている。

サバナ気候(Aw)
砂漠気候(BW)
ステップ気候(BS)
地中海性気候(Cs)
西岸海洋性気候(Cfb)
温暖湿潤気候(Cfa)
亜寒帯〈冷帯〉湿潤気候(Df)
ツンドラ気候(ET)
氷雪気候(EF)
高山気候(H)

↑ 北アメリカ州の気候

TRY! 表現力

アメリカ合衆国の映画産業の多くがロサンゼルスのハリウッドに拠点を設けるようになった理由について、気候の観点から説明しなさい。

ヒント　ロサンゼルスのある地域(カリフォルニア州)は地中海性気候に属している。

解答例　(冬にやや雨が降るが)年間を通して降水が少なく、温暖で、晴天日数が多いため、屋外での撮影がしやすかったから。

UNIT **2** # 北アメリカの国々① アメリカ合衆国の農業

着目 ▶アメリカ合衆国の農業の特徴と地域ごとの農業経営について理解する。

要点

- **企業的農業** 大型機械を利用して少ない労働者で広大な土地を経営している。
- **適地適作** 各地の気候や土壌に適した作物が選好され，生産されている。
- **農業に進出する企業** 農業関連産業（アグリビジネス）や穀物メジャーが成長している。

1 アメリカ合衆国の農業の特徴

アメリカ合衆国では，高度に機械化された大規模な農業経営が行われています。もともとアメリカ合衆国はさまざまな自由を求めるヨーロッパからの移民がつくった国であり，農業従事者のほとんどが**自作農**です。さらに**タウンシップ制**にもとづいて農家1戸あたりの耕地面積が広大であるため，機械の利用が進みました。少ない労働者が機械を使って広大な土地を経営するのが，アメリカ農業の特徴です。こうした農業は**企業的農業**とよばれ，穀物栽培や牧畜において強みを発揮しています。

土地は広大ですが機械を利用して大規模な経営を行っているため，土地生産性が高くなります。広大な土地で収穫される量は世界的にも多く，労働者1人あたりの生産量が大きくなるため，労働生産性も高くなります。このように，アメリカ合衆国で生産された農産物は自給用というよりは，商業用としての性格を強くもっています。

また農業生産だけでなく，肥料や農薬，農業機械などを生産する農業関連産業（アグリビジネス）も発達しています。近年は，ハイブリッド種や**遺伝子組み換え作物**の開発を進める企業も誕生しています。さらに，国際的な穀物流通を支配する**多国籍企業**（→p.155）である**穀物メジャー**の存在もアメリカ農業の特徴といえます。

2 各地域の農牧業

アメリカ合衆国では，各地の気候や土壌に適した作物を選んで生産する，**適地適作**を基本としています。そのため農業分布は，気候の分布と密接に関係しています。

フロリダ半島周辺のような熱帯地域では，米やさとうきび，果物，

用語

タウンシップ制

1862年のホームステッド法を根拠とする制度。6マイル（約9.6 km）四方を1タウンシップとし，それを36等分した1平方マイルを1セクション，さらにその4分の1（約65 ha）を，定住して5年間経営を続けた入植者に無償で与えた。

参考

農業の機械化

土地が広大なアメリカ合衆国は，通常ならかなりの人数を雇わなければならない。しかしそうすると生産費用が高くつくため，機械を利用して費用を抑えている。

遺伝子組み換え作物

害虫への殺虫性，農薬への耐性を遺伝子として付与するのが一般的である。

用語

穀物メジャー

世界市場を相手に，穀物の国際的流通を管理する商社。世界各国の需要に合わせて，生産者から集めた穀物の需給を調整している。

野菜などが栽培されています。また温暖な南部では綿花の栽培がさかんです。近年は地力の低下などの要因からテキサス州などへと栽培の中心が移っています。

↑ アメリカ合衆国の農牧業地域

五大湖（ごだいこ）周辺は酪農（らくのう）が営まれています。五大湖は氷河湖であるため，周辺はかつての氷食（ひょうしょく）によって地力が低く，穀物栽培に適していません。また夏季に冷涼であるため乳製品の生産に適していること，周辺に大都市が集まり多くの利益を望めることが大きな要因です。五大湖の南側では穀物農業がさかんです。とうもろこし・大豆や小麦などが大規模に生産されています。さらに大都市近郊では野菜や果物，花の栽培といった近郊農業（きんこう）や園芸農業（えんげいのうぎょう）も行われています。

本土西部には地中海性気候（ちちゅうかいせい）が展開しているため，地中海式農業が営まれ，ぶどうやオリーブ，オレンジといった果樹栽培がさかんです。また一部では稲作（いなさく）も営まれています。ロッキー山脈周辺の乾燥地域（かんそう）では，大規模な牧畜が営まれています。グレートプレーンズの一部では，オガララ帯水層（たいすいそう）から地下水をくみ上げ，センターピボット方式で散水することで大規模なとうもろこし栽培も行われています。このとうもろこしを飼料として，牛の肥育や養豚（ようとん）がさかんです。

また，最近ではバイオテクノロジーの研究も進んでいます。農作物の品種を改良したり，細胞（さいぼう）や遺伝子を操作（そうさ）したりする最先端技術（さいせんたん）で，遺伝子組み換え技術やクローン技術の研究が進んでいます。

参考

綿花

綿花の栽培条件は一般に温暖で無霜期間200日以上の気候を好む。アメリカ南部に黒人が多いのは，かつて綿花栽培に従事させられた農業奴隷（どれい）の子孫が多く生活しているからである。

酪農

酪農はヨーロッパではじまった農牧業であり，その後移民によって「新大陸」へと持ちこまれた。五大湖周辺は北ヨーロッパ系移民が多かったといわれている。

小麦

グレートプレーンズの中部では温暖で越冬（えっとう）が可能であるため，秋に種まきして冬と春を越して夏に収穫する冬小麦の栽培がさかんである。一方，カナダとの国境付近では寒冷で越冬が困難であることから，春に種まきして夏を越して秋に収穫する春小麦の栽培がさかんである。

牧畜

乾燥したグレートプレーンズでおよそ1～2年ほど放牧された牛は，その後，フィードロットとよばれる肥育場で短期間（120日）で太らせて市場へ送られる。

TRY!
表現力

ニューヨークやシカゴなど北東部の大都市周辺ではどのような農業が発達しているか。その様子を自然条件や立地条件をふくめて説明しなさい。

ヒント　北東部は亜寒帯（あかんたい）地域である。また，大都市＝消費者の多い大市場である。

解答例　冷涼な気候と高鮮度を保ったまま出荷できる近さを生かした酪農や，大市場向けに野菜や果樹を栽培する近郊農業が発達している。

北アメリカの国々② アメリカ合衆国の鉱工業

UNIT 3

着目 ▶世界最大の工業国であり，先端技術の分野で世界をリードしている。

要点

● **鉱産資源** 広大な国土に豊富に存在。シェールオイルの開発により原油生産が増加している。
● **産業** 鉄鋼業や自動車工業から，情報通信技術(ICT)や先端技術(ハイテク)の分野へ転換した。
● **サンベルト** 北緯37度以南のシリコンバレーなどの地域で先端技術産業が発達している。

1 広大な国土に鉱産資源が豊富

　アメリカ合衆国では鉱業がさかんです。広大な国土には鉱産資源の埋蔵が豊富で，石炭や鉄鉱石，原油，天然ガスなどの産出量は世界有数です。**石炭**は東部のアパラチア山脈周辺，**鉄鉱石**は五大湖の西側でそれぞれ産出がさかんです。これらの鉱産資源はとくに**ピッツバーグ**に集められ，古くから鉄鋼業が発達していました。鉄は「**産業の米**」といわれる，あらゆる工業製品の基礎資源です。これを使って五大湖周辺の**デトロイト**では自動車関連産業も発達しました。

　アメリカ合衆国での**原油**の産出は本土西部のカリフォルニア州や南部のテキサス州，またアラスカ州などでさかんです。人口およそ3.3億人(2020年)のアメリカ合衆国では国内需要が非常に大きく，産出量だけではまかなえないため，輸入量が多くなっています。近年では**シェールオイル**の生産技術が向上したこともあり，原油の生産量が増加傾向にあります。**天然ガス**の産出量は世界最大(2018年)で，さらに本土西部では銅鉱の産出もさかんです。

2 アメリカ合衆国の産業構造の転換

　アメリカ合衆国は世界最大の工業国であり，全国に様々な工業が発達しています。工業化の進展は19世紀初頭の，ニューイングランド地方におこった**繊維工業**からです。ここでは現在でも伝統技術を生かした高級製品の生産がさかんです。とくに五大湖周辺は大規模に工業が発達し，高い技術力と巨大な国内市場を生かして成長してきました。

　1960年代になると，古くから工業が発展した工業地域では強い労働組合の存在から賃金水準が高まり，生産費用が上昇傾向にありました。また工場では施設の老朽化などを背景に生産性が鈍化していきま

参考

自動車

車種にもよるが，自動車1台を製造するために，部品数はおよそ3万点を必要とする。そのため，部品製造企業(自動車関連産業)が自動車組み立て工場の近隣に立地する傾向がある。

用語

シェールオイル

油分をふくむ岩石から生産される原油。水の圧力で岩盤に亀裂を入れるフラッキング技術が開発されると，2010年頃から生産が拡大した。

シェールガス

頁岩層から採取される天然ガスのことで，従来のガス田ではない場所から採掘される。

した。さらには日本や西ドイツといった国々が戦後復興を遂げるようになると、アメリカ合衆国は国際競争力で劣るようになっていきました。1970年代になると、二度の石油危機(オイルショック)で大打撃を受け、エネルギー費用が高騰したことで生産性は悪化しました。ついには多くの工場が閉鎖したり、南部へと移転していきました。古くから工業が発展した地域は「**ラストベルト**」とよばれていて、使われなくなった工場の機械がさびていく様子を表しています。こうしてアメリカ合衆国では、石油危機を契機に脱工業化が進んで、情報通信技術(ICT)産業や先端技術(ハイテク)産業が成長していきます。

サンベルトとよばれる北緯37度以南では新たに工業化が進展しました。北部に比べて賃金水準が低いこと、労働組合の組織率が低いこと、資源が豊富であることなどが好まれました。また南部地域は温暖であるため、省エネルギーを指向するには魅力的な土地でした。当時は二度の石油危機によってエネルギー費用が高騰していました。

現在のアメリカ合衆国では**シリコンバレー**や**シリコンプレーン**、**エ**

参考

アメリカ合衆国の先端技術産業

航空・宇宙、コンピューター関連、ソフトウェア開発、製薬、バイオテクノロジーなどが発達している。

用語

多国籍企業

本社と海外の現地法人からなり、生産や販売活動などを世界的に展開する企業グループのこと。**グローバル企業**ともいう。アメリカ合衆国の企業ではアップルやマイクロソフト、マクドナルドなどが有名。

レクトロニクスハイウェイなど、先端技術産業が集積した地域が数多く誕生し、技術開発は日進月歩で進んでいます。また**多国籍企業**の影響力も増しています。

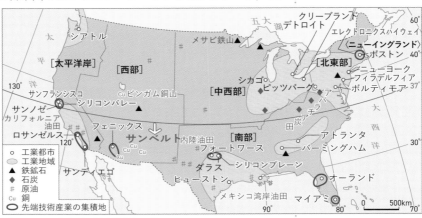

↑ アメリカ合衆国の鉱産資源と工業

TRY! 表現力

1970年代以降、サンベルトとよばれる南部地域への工場進出が進んだ要因について、自然・社会の両面から説明しなさい。

(ヒント) 英語でSunbeltと表記し、日照時間が長く温暖な地域である。

(解答例) サンベルトは気候が温暖で、低賃金で働く労働力が豊富にあり、広い工業用地が安く手に入る地域だったから。

UNIT 4　北アメリカの国々③ カナダ

着目 ▶先住民のくらしや多文化主義，豊かな自然を生かした産業について理解する。

要点

- **先住民イヌイット**　近代化にともなって伝統的な暮らしぶりが変化してきている。
- **多文化主義**　移民や少数民族のもつ伝統や文化を認め，彼らとの共生社会を目指している。
- **産業と貿易**　農林水産業と鉱業がさかんで，原油の輸出が多い。

1　カナダの自然環境

　カナダとアメリカ合衆国本土との国境線が**北緯49度**です。カナダは非常に高緯度に位置する国であるため，寒冷な気候を有しています。国土の広い範囲で亜寒帯（冷帯）湿潤気候が展開し，さらに北部の北極海沿岸には，**ツンドラ気候**が展開します。ツンドラ気候が展開する地域では，古くから先住民**イヌイット**による狩猟・遊牧などが営まれていました（→p.52）。カナダは偏西風帯ですが，国土の西部をロッキー山脈が縦断してあたたかい偏西風がさえぎられるため，ロッキー山脈西岸の一部にだけ温帯気候が展開します。

　中央部から東部にかけては，かつての氷河の侵食によって**氷河湖**が多く見られます。**ハドソン湾**は氷河の重さで地盤が沈み，その後の氷河の融解で海水が浸入して形成されました。またアメリカ合衆国との国境河川である**セントローレンス川**の下流域には**エスチュアリー（三角江）**が形成されています。これは運ばれてくる土砂の量が少ないため，平野が形成されず，入り江のままとなった地形です。ここがヨーロッパからの入植者の「入り口」となりました。

2　カナダの多文化主義

　カナダはアメリカ合衆国とともに，**アングロアメリカ**とされる国ですが，この地に最初に入植したのはフランス人でした。「入り口」となるセントローレンス川周辺ではフランス植民地が開かれ，フランス人の入植者が増大しました。その後のイギリスとの戦争に敗北したためフランス植民地はイギリス植民地となりますが，引き続きカトリックの信仰が認められるなど，フランス文化が残ってきました。カナダのケベック州はフランス系住民が多く，また州の公用語にフランス語

参考

フレンチ・インディアン戦争

18世紀半ばの，北アメリカ支配をめぐるイギリスとフランスの戦い。ヨーロッパでの七年戦争と並行して戦われた。イギリスが勝利し，北アメリカの支配権を確立した。

を採用しています。カナダ全体でも英語とフランス語が公用語となっており，その背景には歴史的要因があります。また，積極的に移民を受け入れているのも特徴です。1999年からは，北部の**ヌナブト準州**で，イヌイットによる自治も認められています。こうした，複数の文化の共存をめざすカナダの政策を**多文化主義**といいます。

◆ カナダの州

3 カナダの産業と貿易

　カナダは，約1,000万km²の国土に，およそ3,800万人が生活をしています(2020年)。北部は非常に寒冷であるため，多くの人々がアメリカ合衆国との国境付近で生活をしています。人口が少ないため，隣国のアメリカ合衆国と比べると，あらゆる国内需要が小さい国です。

　カナダの主要産業には農林水産業と鉱業があります。五大湖周辺では**酪農**が行われています。また西部のアルバータ州，サスカチュワン州，マニトバ州(平原3州)では**春小麦**が栽培されており，その多くが世界市場へ向けて輸出されています。また国土のおよそ3分の1(日本の国土面積の約9倍)が森林であるため，豊富な林産資源を背景に林業も発達しています。とくにアメリカ合衆国や日本へ向けて輸出されています。さらに東の沖合，西の沖合は，潮目(潮境)やバンクの存在からそれぞれが好漁場となっており，水産業も発達しています。

　カナダは，原油や天然ガス，石炭といったエネルギー資源が豊富で，これらも多くが輸出へ回されています。カナダは人口がそれほど多くなく，国内需要が小さいため，輸出余力が大きい国です。そのため「原燃料」の輸出額が総輸出額のおよそ3割をしめています。多くの先進国では，「原燃料」の輸入，「工業製品」の輸出が多くなっていますが，カナダは先進国の中でも珍しい貿易の特徴をもっています。

カナダの最大の貿易相手国はアメリカ合衆国だよ。

TRY! 表現力

イヌイットの定住化が進んだ1950年代以降，彼らの暮らしはさまざまな面で変化した。なかでも，人々の冬の移動手段はどのように変化したか。冬の気候の様子をふくめて説明しなさい。

（ヒント）　イヌイットが暮らすのは亜寒帯や寒帯地域である。

（解答例）　雪と氷に覆われる冬の移動手段は，犬ぞりからスノーモービルへと変化した。

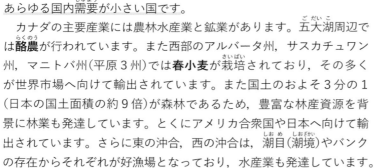

UNIT 5 北アメリカの国々④ メキシコ

 着目 ▶ラテンアメリカに区分され，アングロアメリカとは民族や文化が異なる。

要点

● **人種・民族** 白人と先住民（インディオ）との混血であるメスチソが人口の6割をしめる。

● **環境・都市問題** 首都メキシコシティでは人口が集中し，大気汚染が深刻である。

● **産業** アメリカ合衆国などから工場が進出，自動車や先端技術（ハイテク）産業が成長している。

1 メキシコの自然環境

メキシコは国土の中央部を北回帰線（北緯23.4度）が通過するので，本来は熱帯気候が展開するほどの低緯度に位置しています。また**環太平洋造山帯**が縦断しているため，高く険しい山脈や，山脈にはさまれた高原が見られます。そのため低緯度ではありますが，気温の逓減が働いて暑さが和らぎ，温帯気候となります。またカリフォルニア半島は沖合を寒流のカリフォルニア海流が流れるため海岸砂漠が発達し，大気が冷やされて上昇気流が発生しにくく，乾燥気候が展開します。

首都のメキシコシティは，2,300mと高標高に位置するため空気が薄く，自動車燃料が不完全燃焼となりやすい環境です。さらに周囲を山脈に囲まれているため，空気が滞留しやすく大気汚染が深刻です。

参考

ハリケーン

カリブ海やメキシコ湾，太平洋北東部に発生する熱帯低気圧のこと。台風とよく似ている。9月頃に発生し，発達しながらアメリカ合衆国に上陸し，暴風雨をもたらすことがある。

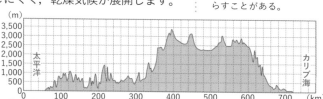

↑ メキシコの東西断面図

2 メキシコの人々

「**新大陸**」というよび名はヨーロッパ人から見た名称であり，もともとは多くの**先住民（インディオ）**が生活をしており，高度な高原文明を築いていました。しかしヨーロッパ人が持ちこんだ病気によって多くの先住民が死んでしまいました。

ラテンアメリカには入植した白人と先住民との混血である**メスチソ**，白人と黒人の混血である**ムラート**，黒人と先住民との混血であるサンボとよばれる人々が生活をしています。とくにメキシコは高原状で過ごしやすかったこともあり，多くのヨーロッパ人が入植しました。当

↑ スモッグにおおわれたメキシコシティ

時メキシコには**マヤ文明**(紀元前1,000年頃〜16世紀, 現在のユカタン半島あたり)や**アステカ王国**(14〜16世紀, 現在のメキシコシティあたり)といった先住民による文明・王国が栄えていました。メキシコではヨーロッパ人の入植によって混血化が進み, 現在では国民の6割がメスチソで, 先住民も3割ほど生活しています。

人口が集中するメキシコシティは, かつて存在した湖を埋め立ててつくられた街です。そのため地盤が脆弱で, 地震が起こると被害が拡大しやすい環境下にあります。

③ メキシコの産業

メキシコの主産業は鉱工業です。石油輸出国機構(OPEC)には加盟していませんが, メキシコは**原油**の産出量が多く, 輸出もさかんです。ほかには**銀鉱**や鉛, 亜鉛などの産出がさかんです。

メキシコはとくに1960年代から工業化が進展しました。**マキラドーラ**とよばれる制度を創設して, 外国企業, とくにアメリカ企業の誘致を進めました。この制度は, 工業製品の製造に必要な原材料や部品を無関税で輸入できるなど, 多くの利点がありました。こうしてメキシコで生産された工業製品をアメリカ市場へと輸出するため, 多くの工場がアメリカ合衆国との国境付近に建設されました。近年ではメキシコの安価な労働力と, 大市場(メキシコの人口はおよそ1.3億人)を魅力として日本からも工場進出が見られます。とくに**自動車**生産台数が増加傾向にあり, 多くがアメリカ企業の工場進出によるものです。また, 先端技術(ハイテク)産業も同様に成長しています。

また, メキシコは太平洋とカリブ海から大西洋に面しているという地理的利点を生かして多くの国と自由貿易協定を結んでおり, メキシコの工業発展の原動力の1つとなっています。

メキシコは日本とも自由貿易協定(FTA)を結んでいるよ。

TRY! 表現力

近年, メキシコなどからアメリカ合衆国へ渡る移民(ヒスパニック→p.160)が増えている。彼らが移り住むおもな理由と, 合衆国内での彼らの労働の様子を説明しなさい。

（ヒント） ブルーカラーといわれる労働に従事する人々が少なくない。

（解答例） 理由：アメリカ合衆国の方が賃金が高く, 働く場所もあるから。
様子：農場や建設現場など, 重労働・低賃金の職場で働く人々が少なくない。

北アメリカの国々⑤ 歴史・文化・課題

UNIT 6

着目 ▶ アメリカ合衆国の民族の多様性，主要3国間のつながりについて理解する。

要点
- **アメリカ合衆国の社会** 多くの移民を受け入れてきた歴史があり，白人・黒人・ヒスパニック・アジア系・先住民からなる多民族国家である。
- **貿易協定** アメリカ合衆国・カナダ・メキシコはNAFTA（現USMCA）を結んで関係を深めてきた。

1 アメリカ合衆国の歴史・文化

　アメリカ合衆国の歴史は，移民の歴史でもあります。この地には，もともとは先住民（ネイティブアメリカン）が生活していました。そこへヨーロッパからの移民（白人）が移住し開拓がはじまりました。最初にアメリカにやってきたのは17世紀初頭のイギリス人だったといわれており，彼らは「新大陸」に信仰の自由を求めていきました。その後，現在のアメリカ東部に**13の植民地**をつくり，のちにイギリスから独立します。現在のアメリカ国旗に13本の赤と白の横線がデザインされているのはこれに因んでいます。1776年にアメリカ合衆国が建国され，以後も領土は拡大されて，現在の50州体制となりました。

　建国当初より，アメリカ移民の多くはヨーロッパ系でした。最初はイギリスからの移民が多く，のちにアイルランドでのじゃがいも飢饉，ドイツ国内の混乱などを理由に両国からの移民が増えました。

　20世紀前半までは，移民の多くがヨーロッパ系でしたが，第二次世界大戦後にはラテンアメリカからの移民が増加しました。とくにメキシコからの移民が多く，これらスペイン語圏からの移住者は**ヒスパニック**とよばれています。現在ではアメリカ国民のおよそ18%（2015年）がヒスパニックであり，その多くはメキシコに近接する南西部諸州で生活しています。

　1965年に移民に関する法律が改正されると，アジア各国からの移民も増加しました。

　アメリカ合衆国では移民だけでなく，かつての農業奴隷の子孫も生活をしています。三角貿易（→p.164）をしていた時代に連れてこ

参考

アメリカ移民

出身国の統計を見ると，現在では最大がドイツ系，次いでアイルランド系が多い。

参考

ネイティブアメリカン

アメリカ合衆国における先住民のこと。ヨーロッパ系白人の入植によって北アメリカは植民地となり，ネイティブアメリカンは住む土地を追われたりして数が減った。

● アメリカ合衆国におけるヒスパニックの州別割合

られたアフリカ系の人々で，全人口のおよそ12%をしめます。アメリカ合衆国では，1964年の公民権法の制定まで，黒人に対する合法的な差別が長く続きました。しかし，ときに差別や偏見をともないながらも，アメリカ国内における黒人の社会的地位は向上してきています。南東部諸州でその人口比が高くなっています。

↑ アメリカ合衆国における黒人の州別割合

(2010年)

20%以上　10%以上

（アメリカ統計局資料による）

アラスカ州

ハワイ州

アメリカ合衆国は複雑な人種・民族構成でありながら，それぞれが融合することなくお互いが尊重し合って存在しており，その状態は「人種のサラダボウル」とよばれています。

また，アメリカ合衆国の特色として，自動車社会の発達と都市郊外のショッピングセンター，ファストフードなどの文化があげられます。

② 北アメリカのこれからの課題

北アメリカの3か国は1994年に発効した北米自由貿易協定（NAFTA）により，緊密な貿易体制を敷いてきました。とくにアメリカ合衆国とカナダ，アメリカ合衆国とメキシコの間での貿易額が多くなっています。今後は2020年7月に発効した米国・メキシコ・カナダ協定（USMCA）という新しい協定を軸にさらなる連携を深めていきます。しかし，メキシコの経済体制が「アメリカ頼み」となっている事実は否めず，メキシコの経済的課題といえます。

またメキシコ系ヒスパニックには，英語が話せずアメリカ国内で就労が困難な人もいます。人・モノ・金・サービスの移動によって，さまざまな課題が顕在化してきています。

 参考

アメリカ合衆国の文化

自動車社会の発達により，都市を結ぶ高速道路網が整備され，郊外には広大な駐車場をもつ大規模な**ショッピングセンター**が建設された。また，手早く，安く食べることのできる**ファストフード**や，労働者の作業着からうまれた**ジーンズ**（→p.69）などは，現在では世界中に広がっている。

TRY! 表現力

アメリカ合衆国において，都市を結ぶ高速道路網が整備されてから広く見られるようになった自動車社会の様子を，「郊外」「ショッピングセンター」ということばを用いて説明しなさい。

ヒント　日本でも同様の様子が見られ，とくに地方ではそれが理由で「シャッター商店街」などを生んでいる。

解答例　都市郊外の幹線道路沿いに，広い駐車場を備えたショッピングセンターが立ち並ぶようになった。

南アメリカ州の姿

着目 日本から見て地球の反対側にあたり，多様な自然環境が見られる大陸である。

● **地勢** 世界最長かつ6,000ｍ級のアンデス山脈が西部を縦断している。
　　アマゾン川は流域面積が世界最大の河川で，流域には熱帯雨林が広がる。

● **気候環境** 熱帯から寒帯まで広く分布し，セルバなど特有の植生が見られる。

1 南アメリカの地勢

　南アメリカ大陸は西部の山地，東部の高地，東西にはさまれた中央部の低地に区分されます。

　西部は**環太平洋造山帯**の一部である**アンデス山脈**が約7,500kmに渡って縦断しています。とくに南アメリカ大陸南部では偏西風をさえぎる山脈となっているため，山脈の風下側であるアルゼンチン南部では乾燥気候が展開します。また西の沖合には，ペルー海溝やチリ海溝といった海溝が縦断していて，地震が頻発する地域として知られています。

　東部は**ギアナ高地**や**ブラジル高原**といった高地が広がります。かつてのゴンドワナランドの一部でかなり古い地形であるため，地震や火山などはほとんど見られません。ギアナ高地とブラジル高原は，もとは1つの地塊だったといわれていて，アマゾン川によって南北に分断されました。そのため，地体構造が同じような種類の鉱産資源の埋蔵が見られます。

　中央部は低地となっています。ここから流れだすのが**オリノコ川**，**アマゾン川**，**ラプラタ川**です。そのため，これらは河床勾配(→p.107)が小さい河川です。

アンデス山脈

6,000ｍを超える山が20以上あり，最高峰はアコンカグア山(6,959ｍ)。

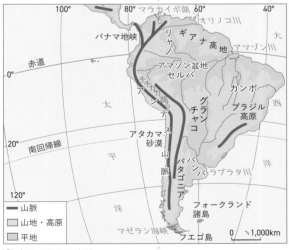

● 南アメリカの地形

② 南アメリカの気候環境

南アメリカ大陸は，すべての大陸の中で熱帯気候が展開する割合が最大です。また亜寒帯（冷帯）を除いてすべての気候が展開します。

アンデス山脈の西側では北から熱帯気候，乾燥気候，地中海性気候，西岸海洋性気候，ツンドラ気候と順に展開します。とくにチリは国土が南北に長く分布しており，気候の多様性が大きい国です。北部に展開する砂漠気候は，沖合を流れる寒流の影響で大気が冷やされ，上昇気流が発生しにくく大気が安定することで，ほとんど降水が見られません。こうしてできた砂漠は**海岸砂漠**とよばれます。中部では夏に亜熱帯（中緯度）高圧帯の影響を受ける**地中海性気候**，さらに南部では偏西風の影響から１年を通して降水が見られる**西岸海洋性気候**がそれぞれ展開します。最南部は南緯50度を超えるほど高緯度で，また周辺を寒流に囲まれていることもあり，寒冷な**ツンドラ気候**が展開します。

大陸東部は南回帰線より低緯度側では広い範囲で**熱帯気候**が展開します。さとうきびやコーヒー豆，バナナなどの熱帯性の作物が栽培されています。熱帯地域では熱帯草原の**リャノ，カンポ，グランチャコ**，熱帯雨林である**セルバ**などの植生が見られます。南回帰線付近から**温暖湿潤気候**が展開し，周辺には**パンパ**とよばれる温帯草原が広がって，肥沃な土壌が分布します。ここでは小麦やとうもろこしなどが大規模に栽培されています。さらに南側ではアンデス山脈の風下側となるため**乾燥気候**が展開し，ここでは羊の飼育なども行われています。

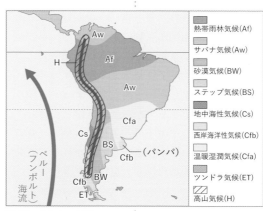

熱帯雨林気候(Af)
サバナ気候(Aw)
砂漠気候(BW)
ステップ気候(BS)
地中海性気候(Cs)
西岸海洋性気候(Cfb)
温暖湿潤気候(Cfa)
ツンドラ気候(ET)
高山気候(H)

↑ 南アメリカの気候

チリ北部でなぜ砂漠気候が展開するのか，その要因について説明しなさい。

ヒント　上昇気流が起きにくい環境にある。

解答例　沖合を流れる寒流の影響で大気が冷やされ，上昇気流が発生しにくく大気が安定するため，ほとんど降水がないから。

UNIT

南アメリカの国々① 農牧業

着目 ▶ アンデス山脈で行われている農牧業の特徴を理解する。

要点

● **歴史** スペインやポルトガルによってもちこまれた大土地所有制を基盤に農業が発展した。

● **アンデス山脈の農業** 標高によって栽培できる作物が異なる。ふもとでは熱帯作物，高原ではじゃがいもなど，4,000m以上の高地ではリャマやアルパカの放牧。

1 南アメリカの農牧業の発展

　南アメリカ大陸は，おもにスペイン人やポルトガル人が入植したことで，その植民地となっていきました。それまで存在した先住民（インディオ）による文明は滅ぼされ，ヨーロッパからもちこまれた大土地所有制によって土地が管理されていきました。こうして開かれた広大な土地では熱帯性の作物が栽培されていました。三角貿易によって黒人たちがアフリカから農業奴隷として連行され，その子孫が現在でも多

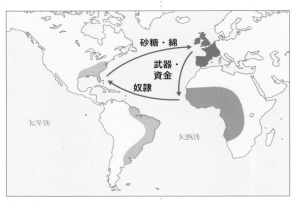

● 三角貿易

く生活をしています。こうして開かれた大農場では，1つの農園ではわずか数種類の農作物が大量に生産されました。

2 山岳地で行われている農牧業

　南アメリカ大陸の西部は高く険しい山々が連なり，**アンデス山脈**とよばれています。アンデス山脈は標高差が大きいため，高度に応じて農業経営が変化します。山麓などの標高が低い場所では，バナナなどの熱帯性の作物が栽培されます。標高が高くなるにつれて，小麦や**とうもろこし**，さらには果樹栽培なども行われるようになり，さらに標高が高くなると**じゃがいも**や大麦といった寒冷な気候下でも育つ農作物が栽培されるようになります。また耕作限界以上の高さになると，**リャマ**や**アルパカ**といった家畜の放牧が見られるようになります。

　このように標高に応じて栽培される農作物が異なるのは，気候条件

参考

大農場

ブラジルでは**ファゼンダ**，アルゼンチンでは**エスタンシア**などとよばれる。

に合わせて栽培できる農作物が変化するだけでなく，さまざまな農作物を育てることで不作に備えるという目的もあります。収穫した農作物を運ぶため，標高に応じて上ったり下ったりする荷役用としてリャマが重宝されました。

③ プランテーション農業

　南アメリカ諸国は，スペインやポルトガルの植民地支配を受けた経験をもちます。そのため，ヨーロッパからもちこまれた大土地所有制により，白人が管理する農場（**プランテーション**）で**商品作物**の大規模な栽培が行われていました。ブラジルなどではアフリカから黒人を農業奴隷として連行し農業に従事させていました。そのためブラジルには現在でもその子孫が多く生活をしています。

④ 日本人移民について

　かつて多くの日本人が農業移民として海を渡りました。とくに19世紀半ばからハワイへ，19世紀の終わりにはアメリカ本土に渡った日本人が数多くいました。1908年になると，最初のブラジル行きの移民が船で日本を出発しました。ブラジルではおもに農業従事者となり，コーヒー豆や野菜などの栽培に従事し，多くの人々が経済的に成功を収めました。現在，世界にはおよそ380万人（2017年）の**日系人**がいるとされており，日系ブラジル人が最も多くなっています。

　1989年，当時の日本は**バブル景気**にわいていました。労働者不足を補おうと，法律が改正され，単純労働作業への就労は日系3世までに限ることを条件として，来日が許されるようになりました。この法改正によってブラジル人が来日しました。彼らは**日系ブラジル人**です。彼らは製造業や建設業に従事し，それらが集まる愛知県や静岡県，三重県，岐阜県などで多く生活をしています。彼らが本国へ送る送金が，ブラジル経済の成長を後押ししていきました。

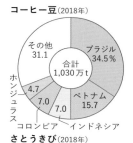

コーヒー豆（2018年）

その他 31.1
ブラジル 34.5%
ホンジュラス 4.7
コロンビア 7.0
インドネシア 7.0
ベトナム 15.7
合計 1,030万t

さとうきび（2018年）

その他 26.3
ブラジル 39.2%
パキスタン
タイ 3.5
中国 5.5
インド 19.8
合計 19.1億t
5.7

（「世界国勢図会」による）

❶ コーヒー豆とさとうきびの生産国の割合

TRY! 表現力

アマゾン川流域で行われてきた移動式の焼畑農業とはどのような農業をいうか，答えなさい。

（ヒント）　焼いて畑がつくられる。数年経つと畑地がやせるため，ほかの土地に移動する。

....

（解答例）　森林や草原を焼いて畑をつくり，その灰を肥料に作物を栽培する農業。

UNIT
3 南アメリカの国々② 鉱工業

着目 ▶鉱産資源が豊富であり，ブラジルやアルゼンチンでは工業化が進んでいる。

要点
● **鉱業** ブラジルの原油や鉄鉱石，チリの銅鉱石の産出は世界有数で，いずれも主要な輸出品である。
● **工業** ブラジルは自動車・航空機工業，アルゼンチンは自動車工業がさかんである。
● **開発と環境** 各種開発によって，ブラジルのアマゾン川流域で熱帯林の破壊が進んでいる。

1 ブラジルの鉱工業

　ブラジルは国土面積が世界5位と広大で，鉱産資源の埋蔵量が豊富であり，世界的に鉱産資源の産出量が多い国です。鉄鉱石や**ボーキサイト**，**レアメタル(希少金属)**などの産出量が多くなっています。とくに日本やイタリアの投資によって建設された製鉄所が活躍していて，豊富な鉄鉱石を基礎資源として粗鋼の生産量が増加しています。最近の40年間でおよそ2倍となりました。また人口増加と経済発展を背景に，これらの粗鋼を生かして，**自動車**生産台数も増加傾向にあります。自動車普及率は最近10年で2倍となりました。

　またブラジルは水力発電量が中国，カナダに次いで多く，総電力にしめる水力発電比率は60%を超えるなど，**水力発電**への依存度が高い国です。この豊富な電力を活用した**アルミニウム工業**も発達しています。国内でアルミニウム製造が困難な日本は，ブラジルからも輸入しています。

　近年のブラジルでは**原油**の採掘がさかんに行われるようになりました。地体構造上，陸上ではほとんど原油の埋蔵は見られませんが，沖合の海底油田の開発が進んでいます。石油生産量はここ40年間で13倍となりました。人口が2億人を超える国であり，近年の経済発展による生活水準の向上によって上昇した石油需要はまかなえています。また原油の輸出も急増しており，貴重な外貨獲得源となっています。

　こうして豊富な資源と巨大な国内市場を背景に，21世紀に入るとブラジルは急速に経済成長を遂げました。今ではロシア連邦，インド，中国，南アフリカ共和国とともに**BRICS**(→p.144)の一員に数えられています。

　しかし，急速な工業発展の一方でダムや高速道路の建設，鉱山開発，

発展

持続可能な開発

現代だけでなく，将来においても開発ができるような環境保全を進める考え方。1992年の地球サミット(国連環境開発会議)において具体的な行動計画などが合意された。

さらに，2015年の国連サミットでは「持続可能な開発のための2030アジェンダ」が採択され，長期的な目標をかかげた**持続可能な開発目標(SDGs)**が示された。

参考

都市化とスラム

もともと，ブラジルでは植民地開発の拠点が沿岸部に設けられ，のちに大都市へと発展した経緯があるため，都市部に人口が集中する割合が高い。さらに近年の経済発展にともなって，農村部からの人口流入が見られるため都市化の進展が著しい。しかし，就業機会や住宅を得られない人々がスラムで生活を送る例も見られる。

牧場の造成など，大規模な開発は**熱帯林の破壊**を引き起こしています。熱帯林は貴重な二酸化炭素の吸収源，また酸素の供給源であるため，その減少が地球温暖化の要因の1つだとされています。

② 南アメリカの鉱工業

ブラジル以外の国も鉱工業が発達しています。**ベネズエラ**は世界最大の**原油**の埋蔵量をほこる国で，石油生産量が多い国です。ほかには，コロンビア，エクアドル，アルゼンチンでも原油の産出が行われています。またベネズエラやアルゼンチンでは**天然ガス**，コロンビアでは**石炭**，チリでは**銅鉱石**の産出がそれぞれさかんです。農産物だけでなく，鉱産資源など**一次産品**の輸出がさかんなのが，南アメリカ諸国の貿易の特徴です。

しかし近年では，以前よりも工業発展が見られるようになってきました。とくにブラジルやアルゼンチンでは**自動車**の生産台数が増加傾向にあります。南アメリカでは**MERCOSUR（南米南部共同市場）**が，域内の関税撤廃などを目的に結成されています。ブラジルとアルゼンチンの間では関税が課されないため，ブラジルに工場進出する自動車企業はアルゼンチンにも工場を建設し，企業内で部品製造の分業体制を敷くことができます。こうして外国企業がブラジルやアルゼンチンに工場進出してきました。アメリカ企業の進出が目立ちますが，近年は日本の自動車企業の進出も見られるようになってきました。

↑ 南アメリカの鉱工業

TRY! 表現力

ブラジルのアマゾン川流域では「熱帯林の破壊」が起こっている。これが引き起こすさらなる環境問題や二次的な問題とはどのようなことか，答えなさい。

ヒント　大量の二酸化炭素を吸収し，大量の酸素を供給するアマゾンの熱帯林は「地球の肺」とよばれている。

解答例　例1：熱帯林が二酸化炭素を吸収する量が少なくなるため，地球温暖化が進む。
例2：動植物のすみかが破壊され，生態系が乱れたり絶滅したりする。
例3：アマゾンにくらす先住民たちの伝統的な生活が破壊される。

UNIT 4 南アメリカの国々③ ブラジル

着目 広大な国土と自然環境，発展する農業，さかんな工業と貿易について理解する。

要点
- **自然環境** アマゾン川流域に熱帯雨林が広がり，広い範囲で熱帯気候が展開する。
- **農業** コーヒー豆の生産・輸出に依存する経済から脱却し，とうもろこし・大豆など多角化が進む。
- **バイオ燃料** 原料となるさとうきびの生産量は世界一。バイオ燃料で走る自動車が普及している。

1 ブラジルの自然環境

　ブラジルの国土面積はおよそ850万km²で，日本のおよそ23倍あります。南アメリカ大陸のおよそ半分をしめ，サハラ砂漠とほぼ同じ規模の面積です。国土の北部を赤道が通過しており，これと平行するようにアマゾン川が流れています。**アマゾン川**は，もともとは1つの地塊であった場所を流れ，北側の**ギアナ高地**と南側の**ブラジル高原**に分断し，アマゾン川周辺は盆地状となりました。広大な国土のほとんどが古い地形であるため，地震や火山などはほとんど見られません。
　ブラジルの国土は赤道付近から南回帰線付近まで広がるため，広い範囲で**熱帯気候**が展開しています。そのため非常に高温多雨であり，流量の多い河川が数多く見られます。また熱帯の植生が分布しているのも特徴です。アマゾン川周辺では**セルバ**とよばれる**熱帯雨林**が広がります。常緑広葉樹が密集している地域であり，大量の蒸散によって上空では雲をつくり，それが降水をもたらします。また大量の二酸化炭素を吸収し，大量の酸素を供給するためアマゾンのセルバは「**地球の肺**」と称されています。またブラジル高原では，熱帯草原の**カンポ**やカーチンガといった熱帯草原も見られます。これらの熱帯草原は，もとは荒れ地でしたが，日本の援助によって農地開発が行われ，現在では一大農産地となっています。

2 ブラジルの農牧業

　近年の工業発展と並行して，ブラジルは農産物や鉱産資源などの**一次産品**の輸出がさかんな国です。とくに**コーヒー豆**は長らくブラジルの最大輸出品目であり，**モノカルチャー経済**の中心的農作物でした。現在でも，ブラジルはコーヒー豆の生産量，輸出量ともに世界最大で

参考

ブラジルの国土

ブラジルは，チリとエクアドルを除いた，南アメリカ州のすべての国と国境を接している。

アマゾン川

世界最大の流域面積をもつ河川。下流域には三角州が形成されている。アマゾン川河口付近で，緯度0度（赤道）と西経50度が交わる。

用語

モノカルチャー経済

特定の農産物や鉱産資源の生産・輸出に依存した経済状態のこと。ブラジル経済は，長らくコーヒー豆に依存していた。

す。また，**とうもろこしや**
大豆の栽培もさかんで，現
在では輸出量が世界有数と
なっています。とくに日本
や中国向けの輸出がさかん
です。しかし，生産の拡大
で熱帯林が破壊されるなど
の**環境問題**も指摘されてい
ます。また，**さとうきび**の
生産量は世界最大であり，
砂糖の生産だけでなく，**バ
イオエタノール(バイオ燃
料)**の原料としても利用されています。生産されたバイオエタノール
は自動車用燃料としても使用され，バイオ燃料で走る自動車が普及し
ています。

　ブラジルは世界最大の牛の飼育頭数をほこる国で，牛肉の生産量は
アメリカ合衆国に次ぐ規模です。牛肉の輸出はブラジル経済を支える
重要な産業の１つです。

③ ブラジルの鉱工業と貿易

　ブラジルは広大な国土を背景に，鉱産資源の埋蔵量が多く，**鉄鉱石**
や**ボーキサイト**，**レアメタル(希少金属)**の産出量が多い国です。近年
では豊富な鉱産資源を活用して工業発展を遂げており，**自動車**，**航空
機**，電子部品などの工業が発展しています。しかし，大豆や原油，鉄
鉱石，肉類といった一次産品も引き続き輸出の上位をしめています。
また，最大貿易相手国は中国です。

↑ ブラジルの農牧業地域

凡例:
🔥 さとうきび
🌀 綿花
🌾 とうもろこし
🌿 たばこ
🍃 大豆
🌾 小麦
🍌 バナナ
☕ コーヒー豆
🍫 カカオ豆
🐄 牛
🐖 豚

□ 放牧　□ 各種作物・牧畜　□ プランテーション　□ 森林・焼畑など

参考

ブラジルの大豆輸出

近年，中国では経済発展を
背景とした生活水準の向上
が見られ，食生活の多様化
が進み，肉類，乳製品，油
脂類の需要が増大している。
そのため畜産業における飼
料用穀物の需要が高まり，
とくにブラジルからの大豆
輸入が増大している。

用語

**バイオエタノール
(バイオ燃料)**

とうもろこしやさとうきび
などを利用して生産するエ
タノールのこと。植物は生
長時に二酸化炭素を吸収す
るので，燃焼しても大気中
の二酸化炭素量を増やす計
算にはならないという点で，
再生可能エネルギーとされ
る。バイオエタノール原料
として転用されることで，
とうもろこしの食料として
の流通量が減るなどの問題
点も指摘されている。

**TRY!
表現力**

「メスチソ」と「日系人」はそれぞれどのような人々のことをいうか，答えなさい。

（ヒント） 16世紀以降にヨーロッパから，また20世紀以降，第二次世界大戦前までの間に日本か
ら，それぞれ南アメリカに多くの移民が渡った。

（解答例） メスチソは，先住民(インディオ)と白人(ヨーロッパ系)との混血の人々。
日系人は，かつて行われた移民政策のもとで日本から移り住んだ日本人とその子孫。

南アメリカの国々④ アルゼンチン

着目 ▶ 変化に富んだ自然環境とパンパでの農牧業，さかんな工業について理解する。

要点

- **自然環境** ラプラタ川流域に温帯，南部に乾燥帯，最南端やチリとの国境に寒帯が分布する。
- **パンパ** 小麦やとうもろこしの栽培，肉牛の放牧が行われている。
- **主産業** 農牧業では大豆・とうもろこし・肉牛，工業では自動車の生産・輸出がさかんである。

1 アルゼンチンの自然環境

　アルゼンチンの国土は広大で，世界 8 位の広さです。その国土は，北部は南回帰線(南緯23.4度)，南部は南緯55度の緯線がそれぞれ通過するほど南北に長く展開しています。西隣のチリとの国境付近に**アンデス山脈**が縦断していることもあり，アルゼンチンの国土は全体的に西高東低の地形を示しています。東側には大西洋があり，ここに向かって河川が流れてきます。とくに大河川として**ラプラタ川**が知られており，この河口付近に**エスチュアリー(三角江)**が形成されており，ここに首都**ブエノスアイレス**があります。エスチュアリーの対岸にはウルグアイの首都モンテビデオが位置しています。

　アルゼンチンは気候分布が多様です。北部からラプラタ川河口付近にかけて**温暖湿潤気候**が展開しています。東部には**西岸海洋性気候**も見られます。**パタゴニア地方**とよばれる南部はアンデス山脈の風下側に位置するため，乾いた風が吹きおろして**乾燥気候**が展開します。最南部は高緯度であり，周囲を寒流に囲まれているため，寒冷な**ツンドラ気候**が展開します。

2 アルゼンチンの産業

　アルゼンチンの主産業の 1 つが農牧業です。とくに温帯草原の**パンパ**が広がる地域では大規模な農牧業が営まれています。年降水量550mmの等雨量線の東西で農業経営が異なります。東側は年降水量が多くなり，**湿潤パンパ**とよばれています。ここでは穀物栽培と肉牛の飼育を組み合わせた**混合農業**が営まれています。**アルファルファ**とよばれる牧草が栽培されており，肉牛の飼料としても利用されます。パンパの西側の**乾燥パンパ**とよばれる乾燥地域では**牧畜**，中間部では

用語

エスチュアリー

河川が運んでくる土砂の量が少ないため，河口付近で平野が形成されず，入り江のままとなっている地形。後背地が広いため，大都市が形成されやすい。

参考

パタゴニア地方

かつてこの地に伝説の巨人が住んでいたという伝説から，「大きな足跡」という意味の「パタゴン」に地名などに付ける接尾語のiaが付いてパタゴニアと名づけられた。

小麦栽培がそれぞれ行われています。

アルゼンチンにおける大農場は**エスタンシア**とよばれます。かつては，広大な農場や牧場を造成しても，パンパのような広大な草原地帯では，家畜の逃亡や害獣の侵入などに悩まされました。そこで，有刺鉄線を利用し，牧場や農園を囲みました。また牛肉を沿岸部まで運ぶための鉄道も建設されました。さらにヨーロッパ市場へ向けて輸出するために，**冷凍船**が開発され，この就航によって，供給地としてアルゼンチンの牛肉の生産がさかんになっていったといわれています。

↑ パンパの農牧業

▨ 小麦	🐂 牛
▨ とうもろこし	🐑 羊

アルゼンチンは**大豆**の生産が世界第3位(2018年)とさかんで，最大輸出品目は大豆からつくられる「**植物性油かす**」です。これは家畜の飼料やハム・ソーセージの原料の一部，またしょう油や味噌の原料となります。ほかにも大豆油や大豆の輸出もさかんで，大豆関連産業はアルゼンチンの主産業の1つとなっています。近年ではブラジル同様，中国向けの輸出が伸びています。ほかにもとうもろこしや小麦，肉類の輸出もさかんです。

またアルゼンチンは近年では**自動車**の生産，輸出がさかんで，植物性油かすに次いで自動車の輸出額が多くなっています(2018年)。

📖 参考

植物性油かす
一般に「ミール」と呼ばれる。大豆の脂分の含有量はおよそ20%であるため，ほとんどが油かすということになる。大豆油の搾り油(脂分)は油かすを製造するさいの副産物という位置づけである。

南アメリカ諸国の輸出は一次産品が多いね。自然環境は大丈夫かな。

TRY! 思考力

各種開発を進めている南アメリカの国々に今後求められる取り組みを，「持続可能な開発」ということばを用いて答えなさい。

（ヒント）持続可能とは，将来世代のことも考えた取り組みのこと。

（解答例）開発と環境保全を両立させて，持続可能な開発を進めていくことが求められる。

便宜置籍船

● 便宜置籍船とは？

　船舶にも人間と同じように国籍が存在し，船の国籍を「船籍」といいます。船舶は，登録した国の法律にもとづいて，さまざまな制約，そして保護を受けます。そのため，船舶の持ち主（船主）はよりよい条件を見つけて，自分の船舶をどこの国で登録するかを決めます。その多くは税金対策を念頭に置いています。船主が日本人だったとしても，船籍は別の国ということがおこりえます。船主が選好する国に籍だけ置いてある，このような船舶を**便宜置籍船**といいます。

● 船舶輸送の長所と短所

　船舶は一度に大量の輸送ができることから，自動車や鉄道，飛行機と比べても輸送費が非常に安価です。とくに飛行機と違って，輸送する貨物の大きさをあまり考慮しなくてすみます。付加価値が低いため，それほど値段の高くない鉄鉱石や石炭，石油などの鉱産資源の輸送に適しています。

　しかし，大規模な港湾設備を建設する必要があること，そもそも船舶の建造費が高いこと，移動速度が遅いことなどの短所も持ち合わせています。遠浅の海域が広がる沿岸部では浚渫工事（海底を深く掘る工事）を施さないと，船舶が接岸できるだけの深さを確保できません。また輸送費は安価ですが低速輸送であるため，緊急性の高い品物，例えば医薬品などの輸送には向いていません。さらに大量輸送を基本としていることから，美術品など絶対に無傷で運ばなければならない品物などの輸送にも向いていません。

● 便宜置籍船のメリットとは？

　船主にとっての便宜置籍船のメリットの1つに，船員費用のコスト削減という条件があります。日本をふくめ多くの国では，自国籍の船舶には，原則的に自国人や自国が承認する免許取得者の乗船を義務づけています。例えば，日本籍の船舶には原則的に日本国籍を有する者や日本政府が承認する免許取得者の乗船を義務づ

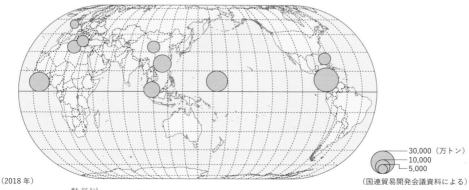

（2018年）

30,000（万トン）
10,000
5,000

（国連貿易開発会議資料による）

↑ 船籍別の商船船腹量（積める貨物の量）

けるということです。しかし，日本の賃金水準を考えると，船員の費用が高くなりがちで，利益が出にくい構造となっています。これでは賃金水準の低い国に国際競争力で負けてしまいます。そこで便宜置籍船であれば，登録国の人，つまり日本人船主から見て外国人にあたる船員を乗せることで，船員費用を低くおさえることができるのです。

　こうして世界の多くの船主が船籍を登録しているのが，パナマやリベリア，マーシャル諸島です。これらの国は，外国の個人や法人が所有する船舶の登録を認めており，また，税金も安く設定されています。左ページの「船籍別の商船船腹量」の上位国を表した図形表現図からも，それがわかります。他にも，ギリシャやキプロス，ホンコン(香港)，シンガポールなどでも多くなっています。しかし，下の「船主国別の商船船腹量」の図形表現図を見ると，パナマやリベリア，マーシャル諸島といった国に印がないことが分かります。このことからも，船主の所在国と置籍国が異なっていることが分かります。

● 近年の，港湾別コンテナ取扱量

　近年は，急速な経済発展を背景に中国の各港湾がコンテナ取扱量を増やしています。ホンコンは地の利をいかした中継貿易がさかんで，

中国から持ちこまれたコンテナを多くあつかっていました。しかし，近年は中国の各港湾から直接世界へと出荷されるため，ホンコンを経由する機会が減少しました。そのためホンコンのコンテナ取扱量は減少傾向にあります。

「パナマ船籍」って，よく聞くね！

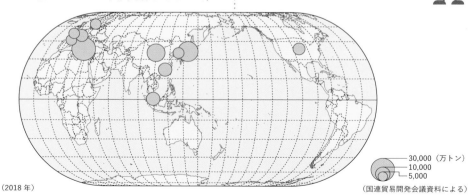

(2018年)

● 船主国別の商船船腹量

30,000 (万トン)
10,000
5,000

(国連貿易開発会議資料による)

オセアニア州の姿

着目 オーストラリア大陸，ニュージーランドと太平洋の島々からなる。

要点

● **地域区分** ニュージーランドと太平洋の島々はミクロネシア，ポリネシア，メラネシアに区分される。

● **自然環境** 多くの島々が，火山の噴火でできた火山島とさんご礁からなっている。

● **産業** 美しい自然景観を観光資源とした観光業がおもな産業である。

1 オセアニアの地域区分

「オセアニア(Oceania)」という用語は「大洋(Ocean)」ということばに，地名などに付ける接尾語の「ia」を付けたものです。地球の表面積の3分の1をしめる広大な大洋(太平洋)に多くの島が存在します。オセアニアとよばれる地域は非常に広大ですが，ここで生活する人々はおよそ4,300万人しかおらず，世界人口の0.5％あまりです(2020年)。その人口はオーストラリアがおよそ2,600万人，パプアニューギニアがおよそ890万人，ニュージーランドがおよそ480万人と3か国でおよそ91％をしめています(2020年)。

オセアニアは一般に，**オーストラリア大陸，ミクロネシア，ポリネシア，メラネシア**の4つの地域に区分します。ポリネシアはハワイ，

Ocean

古代ギリシャ時代の地図にえがかれた「オケアノス(oceanus)」を語源としている。

3つのネシア

「ネシア」は「島々」という意味がある。ミクロネシアは「小さい島々」，ポリネシアは「たくさんの島々」，メラネシアは「黒い島々」となる。

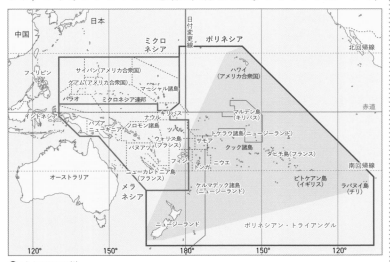

⬆ オセアニア州

ラパヌイ島(イースター島), ニュージーランドを結んだ三角形(ポリネシアン・トライアングル)の中にほとんどの島が位置しています。

② オセアニアの自然環境

　オセアニアの陸地は, およそ90％がオーストラリア大陸です。またパプアニューギニアとニュージーランドを合わせた面積は, オセアニアの陸地面積のおよそ99％をしめます。そのほとんどが北回帰線と南回帰線の間に位置しているため, **熱帯気候**が展開します。沿岸部ではヒルギ科などの植生の群生である**マングローブ**が見られ, 高潮のさいに天然の防波堤として機能しています。マングローブは薪炭材としての利用, 鳥類や魚介類の生態系の場としても利用されてきました。また島の周辺には**さんご礁**が形成されており, きれいな海とともに貴重な観光資源となっています。さらに火山によってつくられた島(**火山島**)もあります。

③ オセアニアの産業

　オーストラリアやニュージーランドも同様ですが, オセアニアの国々の多くで観光業がさかんであり, 経済にしめる依存度が高くなっています。人口が少なく国内市場が小さいため, 賃金水準が低くても外国企業による工場進出はほとんど見られません。またオーストラリアを除いて鉱産資源の埋蔵はほとんど見られず, これを基盤とした鉱業も未発達です。そのため, きれいな海, さんご礁など豊かな自然を観光資源とした観光業が主産業となっています。スキューバダイビングやシュノーケリング, サーフィンなど, マリンスポーツを目当てに多くの外国人が訪れています。

❶ さんご礁(オーストラリア, グレートバリアリーフ)

TRY! 思考力

オセアニアには観光業を主産業とする国々が多いが, それはなぜか。また, 観光業が発達することで起こっているおもな問題を「リゾート」「環境」ということばを使って答えなさい。

> **ヒント**　産業に関しては, 鉱工業が発達する要素が少ない。

> **解答例**　理由：ほとんどが小さな島国で鉱産資源に恵まれず, また人口も少なく国内市場が小さいため。観光資源となる豊かな自然があるから。
> 問題：リゾート開発が進む一方で, 美しい自然環境が破壊されている。

UNIT 2 | オセアニアの国々① オーストラリア

着目 特色ある気候，さかんな鉱業や農牧業，多文化主義について理解する。

要点
● **自然環境** 国土の3分の2におよぶ広い範囲で乾燥気候が展開し「乾燥大陸」とよばれる。
● **鉱業・農牧業** 西部で鉄鉱石，東部で石炭を産出。牛・羊の放牧，小麦の栽培がさかんである。
● **多文化主義** 白豪主義を撤廃し，先住民アボリジニや移民との共生社会を目指している。

1 オーストラリアの自然環境

オーストラリアはオーストラリア大陸にタスマニア島などの周辺の島々を加えた国土を有しています。オーストラリア大陸の平均高度は340mと，全大陸の中でもヨーロッパと並んで低く，東部に山地が見られるものの，全体的に平坦な地形をなしています。

国土は南北だけでなく，東西にも広がっているため，標準時は3つあります。国土面積はおよそ770万km²（日本の20倍），人口はおよそ2,600万人です（2020年）。このため，人口密度がおよそ3人/km²と小さい国です。また地理的に，オーストラリアは日本の真南に位置しています。

オーストラリアは西部の台地，中央部の低地，東部の山地に大きく区分されます。西部の台地では鉄鉱石などの鉱産資源の埋蔵が豊富で，鉱業はオーストラリアの主産業となっています。中央部の低地では乾燥気候が展開しており，羊の飼育などが営まれています。東部山地の麓には炭田が多く，産出された**石炭**の多くが輸出されて，オーストラリアの鉱業を支えています。

オーストラリアは，年間を通して亜熱帯（中緯度）高圧帯の影響を受けているため，国

凡例：
― 新期造山帯
― 古期造山帯
■ 盆地・平地
□ 砂漠

アーネムランド半島　ケープヨーク半島　カーペンタリア湾　グレートサンディー砂漠　カーペンタリア低地　ハマーズリー山脈　グレートアーテジアン盆地（大鑽井盆地）　エアーズロック（ウルル）▲　ギブソン砂漠　グレートディバイディング山脈　グレートビクトリア砂漠　エア湖　ダーリング川　ナラボー平原　ロクラン川　ルアペフ山　マランビジー川　グレートオーストラリア湾　オーストラリアアルプス山脈　マリー川　タラナキ（エグモント）山　心ス海峡　サザンアルプス山脈　マリーダーリング盆地　タスマニア島　フィヨルド海岸　▲アオラキ（クック）山

◆ オセアニアの自然

土の3分の2におよぶ広い範囲で乾燥気候が展開します。その割合は全大陸の中でもっとも高くなっています。南部の高緯度側では温帯気候が展開します。南西部には地中海性気候，南東部では温暖湿潤気候や西岸海洋性気候がそれぞれ展開しています。北部は南回帰線よりも低緯度側に位置するため，熱帯気候が展開し，周辺ではボーキサイトの産出も見られます。

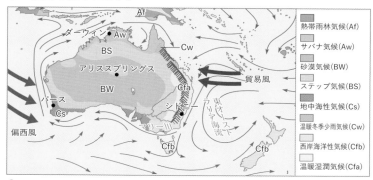

● オセアニアの気候

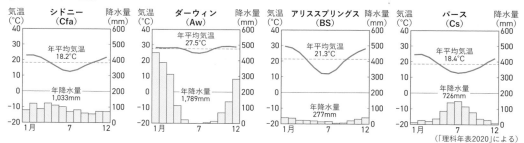

● オーストラリアのおもな都市の雨温図

2 オーストラリアの産業と貿易

　オーストラリアの主産業は鉱業です。国土が広大で，鉱産資源の埋蔵量が豊富です。しかし人口がおよそ2,600万人とそれほど多くないため，小規模の国内市場を生かした工業発展には限界があります。また鉄山や炭田といった資源産地と人口が集中している南東部や南西部が遠く離れているため，広大な国土をもつオーストラリアでは国内輸送が困難です。そのため鉱産資源の多くは国内で利用されず，多くが輸出されています。オーストラリアの輸出品目は鉄鉱石や石炭などの鉱産資源が上位をしめています。

● 露天掘り。地表から直接地下へ階段状に掘り下げていく。

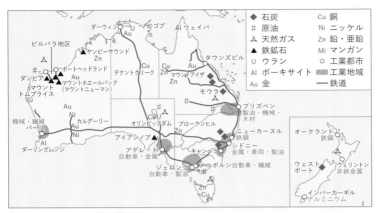

↑ オーストラリアの鉱工業

オーストラリアは農業もさかんです。広大な国土を利用した企業的農業が営まれています。**肉牛**や**羊**の飼育，また**小麦**の栽培などがさかんです。北部の熱帯地域ではさとうきびや綿花の栽培も見られます。オーストラリアは南半球に位置しているため，北半球とは収穫時期が異なるので，各国が品薄になる時期をねらって出荷しています。

参考

端境期出荷

品薄になる時期をねらって農産物を出荷することを端境期出荷という。たとえば，本来は夏野菜であるため，日本では冬に品薄となるはずのかぼちゃは，ニュージーランドなどから輸出されたものが日本国内で出回る。

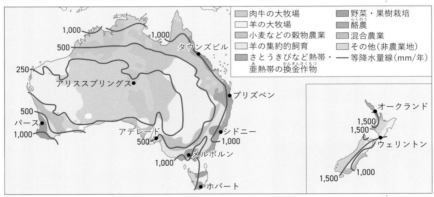

↑ オーストラリアの農牧業

③ オーストラリアの社会

オーストラリアは，古くから**アボリジニ**とよばれる先住民が生活をしていましたが，**イギリス植民地**となりヨーロッパ系の人々が入植しました。19世紀半ばに金鉱が見つかると**ゴールドラッシュ**が起こり，多くの人々がオーストラリアに流入しました。それまで40万人ほどだったオーストラリアの人口は220万人にまで増加しました。しか

し，これを脅威と見たヨーロッパ系オーストラリア人は移民の排斥運動を強めていき，オーストラリアを白人だけの国にするという白豪主義を国のあり方として採用しました。有色人種の移民は排斥され，先住民のアボリジニも，熱帯や乾燥帯などの気候環境が過酷な地域へと追われていきました。

　第二次世界大戦後は，イギリス以外のヨーロッパ系白人の移民が増えました。また1973年になるとイギリスが当時のヨーロッパ共同体（EC）に加盟するなど，イギリスとの関係が弱くなっていきました。こうしたことをきっかけに，オーストラリアは国のあり方を大きく転換していきました。近隣諸国との関係性を強めるために白豪主義は撤廃し，非白人の移住などに関するさまざまな法律を廃止していきます。また近隣である，アジアからの移民を受け入れるなど，多文化主義を国策として掲げるようになりました。さらにオセアニア諸国との経済的な関係を深めるために，1989年，オーストラリアの提唱によってアジア太平洋経済協力（APEC）が発足しました。

④　オーストラリアの貿易

　オーストラリアは人口が少ないため，国内で採掘した鉱産資源の多くが輸出に回されます。そのため，鉄鉱石や石炭，ボーキサイトなど鉱産資源の輸出がさかんです。輸入は工業製品が中心です。おもな輸出相手国は中国や日本です。これらの国は工業製品の生産がさかんであるため，その原料となる鉱産資源の需要が高くなっています。オーストラリアは先進国に分類されますが，輸出品目の上位には一次産品が並びます。輸入相手国の上位は，中国，アメリカ合衆国，日本，ドイツなどです。日本にとっては，原燃料の供給地であるため，関係の強化が期待されます。

輸出
1960年　計19億ドル

羊毛 40.5%　石炭0.8　その他
小麦7.7　　肉類7.2　　機械類1.7

2017年　計2,302億ドル

鉄鉱石 21.1%　石炭 18.8　8.5　肉類3.9　その他
液化天然ガス　金（非貨幣用）5.9

輸入
1960年　計23億ドル

機械類 19.8%　自動車7.3　原油　その他
綿織物4.7　石油製品2.7

2017年　計2,284億ドル

機械類 23.6%　自動車 13.0　原油3.3　その他
石油製品6.9　医薬品3.8
（「世界国勢図会」などによる）

🔼 オーストラリアの貿易品の変化

1965年　輸出入計63億ドル

イギリス 22.1%　アメリカ合衆国 17.3　日本 12.9　その他
西ドイツ4.4
ニュージーランド3.8

2017年　輸出入計4,590億ドル

中国 27.7%　日本 11.0　その他
アメリカ合衆国 7.2　インド3.5　韓国7.0
（国連資料による）

🔼 オーストラリアの貿易相手国の変化

TRY! 表現力

オーストラリアは，輸出統計では鉱産資源が上位をしめている。鉱産資源が豊富という理由以外に，そのような産業構造となっている理由を答えなさい。

ヒント　ほとんどの鉱山は草地や砂漠が広がる内陸部に分布し，都市や人口は海岸沿いに集中している。

解答例　例１：資源の産地と人が居住する都市部が離れているため，資源の活用が難しいから。
　　　　　例２：広い国土に対して人口が少なく，国内市場が小さいため，自国での工業発展が難しいから。

オセアニアの国々② ニュージーランド

UNIT 3

着目 ▶ 旧イギリス植民地で，農牧林業を主産業とする島国（海洋国）である。

要点
- **自然環境** 新期造山帯の環太平洋造山帯に属するため地震や火山が多い。
- **農牧林業** 羊・牛の飼育がさかんで，乳製品や肉類が重要な輸出品となっている。
- **社会** ヨーロッパ系白人と先住民マオリ族との共存・共栄が図られている。

1 ニュージーランドの自然環境

ニュージーランドはオーストラリアの南東側に位置していて，地図で見るとすぐ近くに位置しているように見えますが，実際はおよそ2,000kmの距離を海で隔てられています。多島国であり，おもな島は北島と南島です。

ニュージーランドは環太平洋造山帯に属しています。そのため地震が起こりやすく，また国土には多くの火山が見られ，これらを利用した**地熱発電**が行われています。とくに南島には**サザンアルプス山脈**が縦断しており，北西から吹いてくる偏西風をさえぎるため，山脈の西側では多雨となりますが，東側では少雨となります。南島南西部には**フィヨルド**が発達しています。

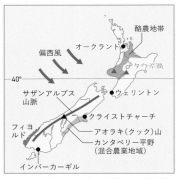

⬆ ニュージーランドの自然と農業地帯

ニュージーランドの気候は全土に**西岸海洋性気候**が展開するため，温暖で1年を通して降水が見られます。気温と降水量の年較差が小さい気候です。

2 ニュージーランドの産業と貿易

ニュージーランドの主産業は農牧林業です。西岸海洋性気候下で夏の冷涼な気候を生かして，北島ではとくに**酪農**が発達しています。同気候では牧草に恵まれるため，ここが乳牛の放牧地となります。生産されたチーズやバターなどの乳製品は世界市場へと輸出されていて，

参考

サザンアルプス山脈
最高峰は，3,724mのアオラキ（クック）山。

ニュージーランドの最大輸出品目となっています。

　南島を見ると西部は多雨地域で森林地帯となっており，**木材工業**が発達しています。**木材**はニュージーランドの貴重な輸出品目となっています。また東部のカンタベリー平野では少雨気候を生かして羊の飼育や**小麦**の栽培（さいばい）が行われています。羊の飼育頭数は人口のおよそ6倍にものぼります。

　ニュージーランドでは水力発電が国の電力を支えていて，地熱発電と合わせて，自然エネルギーを中心とした発電が行われています。そのため安価な電力を利用した**アルミニウム工業**がさかんで，アルミニウムの多くが輸出されています。

　このようにニュージーランドは国際競争力が高く，輸出がさかんです。それは，国内人口がおよそ480万人（2020年）と少なく，国内市場が小さいため，輸出余力が大きいのだと考えられます。

③ ニュージーランドの社会

　ニュージーランドでは先住民の**マオリ**が生活をしています。19世紀以降，イギリス人の入植が進むと，1840年に結ばれた条約によってニュージーランドは正式にイギリスの直轄（ちょっかつ）植民地となり，イギリスとの貿易がさかんに行われるようになりました。冷凍船（れいとうせん）の就航がイギリスとの貿易を支えました。オーストラリアと同様に1970年代からオセアニア諸国との結びつきを強めるようになっていきます。現在でもマオリはヨーロッパ系白人と共存しており，マオリ語は英語とともにニュージーランドの公（こう）用語（ようご）の1つとなっています。

❶ ラグビーニュージーランド代表によるハカ（マオリの伝統舞踊（ぶよう））

TRY! 表現力

オーストラリアとニュージーランドはともにイギリスからの移民（いみん）によって国づくりが進められた。このうちオーストラリアへの移民の出身国に見られる変化について，「白豪主義（はくごうしゅぎ）」ということばを用いて簡潔に説明しなさい。

ヒント 白豪主義はヨーロッパ系以外の移民を制限する政策である。この撤廃（てっぱい）後は，貿易相手国においても同様の変化が見られるようになった。

解答例 かつてはヨーロッパからの移民が大半をしめていたが，白豪主義撤廃後は，アジアからの移民が増えている。

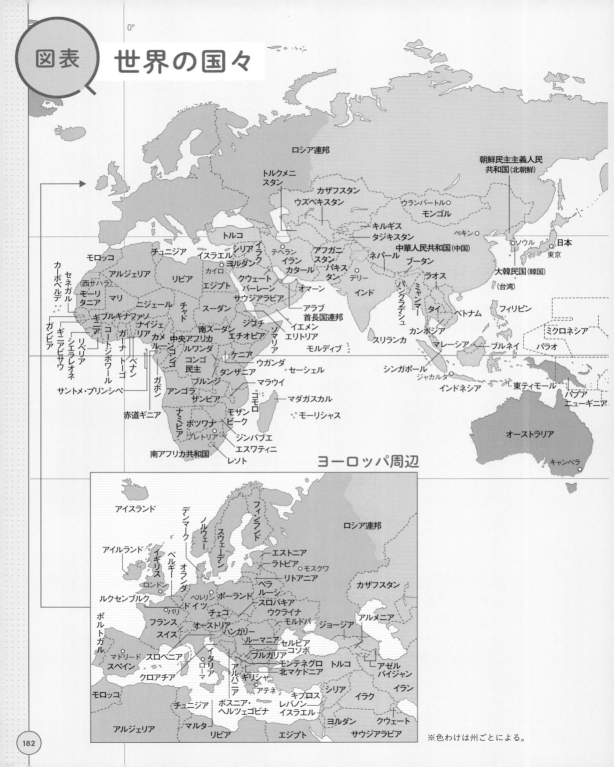

0°

ロシア連邦

朝鮮民主主義人民
共和国(北朝鮮)

トルクメニ
スタン

カザフスタン

ウズベキスタン

ウランバートル○

モンゴル

キルギス

タジキスタン

ペキン○

ソウル○

日本

東京

トルコ

チュニジア

イスラエル

シリア

イラク

テヘラン○

アフガニ
スタン

中華人民共和国(中国)

ネパール

ブータン

大韓民国(韓国)

ラオス

(台湾)

モロッコ

アルジェリア

リビア

ヨルダン○

カイロ○

エジプト

イラン

パキス
タン

カタール

デリー○

インド

ミャンマー

バングラ
デシュ

ベトナム

フィリピン

カーボベルデ

セネガル

モーリ
タニア

(西サハラ)

マリ

ニジェール

チャド

スーダン

クウェート

バーレーン

サウジアラビア

オマーン

アラブ
首長国連邦

イエメン

スリランカ

カンボジア

マレーシア

ブルネイ

ミクロネシア

パラオ

ガンビア

ギニアビサウ

ギニア

シエラレオネ

リベリア

ブルキナファソ

ナイジェ
リア

コートジボワール

ガーナ

トーゴ

ベナン

カメ
ルーン

中央アフリカ

南スーダン

エチオピア

ジブチ

ソマリア

エリトリア

モルディブ

セーシェル

シンガポール

ジャカルタ○

インドネシア

東ティモール

パプア
ニューギニア

サントメ・プリンシペ

赤道ギニア

ガボン

コンゴ
民主

コンゴ

ルワンダ

ブルンジ

ウガンダ

ケニア

タンザニア

マラウイ

コモロ

モザン
ビーク

マダガスカル

モーリシャス

アンゴラ

ザンビア

ナミビア

ボツワナ

ジンバブエ

プレトリア○

南アフリカ共和国

レソト

エスワティニ

オーストラリア

キャンベラ○

ヨーロッパ周辺

アイスランド

デンマーク

ノルウェー

スウェーデン

フィンランド

ロシア連邦

アイルランド

イギリス

ベルギー

オランダ

エストニア

ラトビア

リトアニア

モスクワ○

カザフスタン

ロンドン○

ルクセンブルク

ベルリン○

パリ○

ドイツ

ポーランド

ベラ
ルーシ

スロバキア

ウクライナ

モルドバ

ジョージア

アルメニア

ポルトガル

フランス

スイス

オーストリア

ハンガリー

チェコ

ルーマニア

セルビア

コソボ

トルコ

アゼル
バイジャン

マドリード○

スロベニア

クロアチア

イタリア

ローマ○

アルバニア

ギリシャ

モンテネグロ

北マケドニア

ブルガリア

スペイン

モロッコ

チュニジア

マルタ

リビア

ボスニア・
ヘルツェゴビナ

アテネ○

キプロス

レバノン

イスラエル

シリア

イラク

イラン

アルジェリア

エジプト

ヨルダン

サウジアラビア

クウェート

※色わけは州ごとによる。

180°

40°

0°

40°

（グリーンランド）

アメリカ合衆国
（アラスカ）

カナダ

オタワ

アメリカ合衆国

ワシントンD.C.

アメリカ合衆国
（ハワイ）

ジャマイカ

バハマ

ハバナ キューバ ドミニカ共和国

メキシコ

メキシコシティ

ベリーズ

ハイチ

グアテマラ

ニカラグア

ガイアナ

エルサルバドル

スリナム

ホンジュラス

ベネズエラ

赤道

コスタリカ

パナマ

コロンビア

マーシャル諸島

エクアドル

ナウル

キリバス

ペルー

ブラジル

ソロモン諸島

ツバル

ブラジリア

サモア

バヌアツ

ボリビア

フィジー

トンガ

クック諸島

パラグアイ

ニウエ

チリ

アルゼンチン

ウルグアイ

ブエノスアイレス

ウェリントン

ニュージーランド

カリブ海周辺

（プエルトリコ）

アンティグア・
バーブーダ

セントクリストファー・ネービス

ドミニカ国

セントルシア

セントビンセント
及びグレナディーン諸島

バルバドス

グレナダ

トリニダード・
トバゴ

ベネズエラ

183

定期テスト対策問題

解答 ➡ p.322

問 ❶ アフリカ州

右の地図を見て，次の問いに答えなさい。

(1) 地図中の**A・B**にあてはまる国々は，かつて
アフリカの多くの国々を ☐ として支配し
ていた。☐ にあてはまる語句を漢字３字
で答えよ。また，**A・B**にあてはまる国名を次
から１つずつ選び，記号で答えよ。

ア ドイツ **イ** フランス
ウ オランダ **エ** イタリア
オ イギリス

(2) 地図中の**C**の国々のうち，早くから工業化を
進め，2000年代にはBRICSの１つに数えられ
るようになった国を**ア〜エ**から１つ選び，記
号で答えよ。

(3) 右の雨温図は，地図中の**C**の国々に◎で示し
た都市の気候を示したものである。(2)の国の都
市にあてはまるものを**あ〜う**から選び，記号で
答えよ。

(4) 地図中の**■・▲**で産出されている鉱産資源を，
次から１つずつ選び，記号で答えよ。

ア 銅 **イ** 鉄鉱石 **ウ** ダイヤモンド **エ** 原油 **オ** 石炭

(5) 右のグラフは，地図中の**D・E**の国々の
輸出品を示したものである。これを見て，
次の問いに答えよ。

① グラフ中の ▨ には，それぞれ農作
物があてはまる。適切な農作物を次から
１つずつ選び，記号で答えよ。

ア コーヒー豆 **イ** 綿花
ウ カカオ豆 **エ** オリーブ **オ** 茶

② ▨ の農作物が不作となったとき，**D・E**の国々の経済は大きな打撃を受けることに
なる。このような特色をもつ経済を何というか。

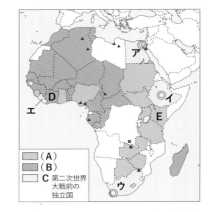

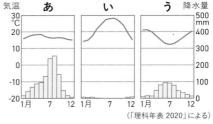

（「理科年表 2020」による）

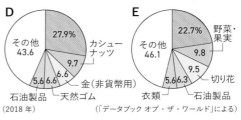

D 27.9% カシューナッツ 9.7 金（非貨幣用） 6.6 天然ゴム 6.6 石油製品 5.6 その他 43.6
（2018年）

E 22.7% 野菜・果実 9.8 切り花 9.5 石油製品 6.3 衣類 5.6 その他 46.1
（「データブック オブ・ザ・ワールド」による）

問 ② 北アメリカ州

アメリカ合衆国の人種・民族分布を示した右の地図を見て，次の問いに答えなさい。

(1) 地図中でヒスパニック，アフリカ系の人口割合がとくに高い地域の分布を適切に示したものを，次から1つずつ選び，記号で答えよ。

　ア　ミシシッピ川の下流部

　イ　プレーリー

　ウ　メキシコとの国境付近

　エ　グレートプレーンズ

　オ　カナダとの国境付近

(2) ヒスパニックの人々がおもに使用している言語は何か。

(3) 地図中の▼・■で産出されている鉱産資源を，次から1つずつ選び，記号で答えよ。

　ア　原油　　イ　銅　　ウ　石炭　　エ　ニッケル　　オ　鉄鉱石

(4) 地図中の**X**の州境は，北緯37度線に沿っている。この緯線より南側のアメリカ合衆国に発達した，先端技術(ハイテク)産業のさかんな地域を何とよぶか。

(5) 地図中に**Y**で示した2か所に栽培地域が分布している農作物を，次から1つ選び，記号で答えよ。また，その世界の輸出量割合を示したグラフを右の**カ～ケ**から1つ選び，記号で答えよ。

　ア　とうもろこし　　イ　綿花

　ウ　小麦　　　　　　エ　米

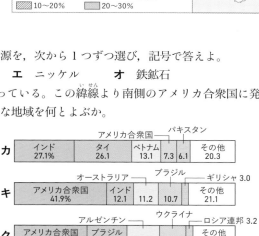

カ	アメリカ合衆国		パキスタン		
	インド 27.1%	タイ 26.1	ベトナム 13.1	7.3	6.1	その他 20.3

キ		オーストラリア	ブラジル	ギリシャ 3.0
	アメリカ合衆国 41.9%	インド 12.1	11.2	10.7	その他 21.1

ク		アルゼンチン	ウクライナ	ロシア連邦 3.2
	アメリカ合衆国 32.9%	ブラジル 18.1	14.7	12.0	その他 19.1

ケ	アメリカ合衆国	オーストラリア	ウクライナ	
	ロシア連邦 16.8%	13.9	カナダ 11.2	11.2	8.8	その他 38.1

(2017年)　　　　　　　　　（「世界国勢図会」などによる）

(6) 次の説明にあてはまる都市を，地図中の**ア～オ**から1つずつ選び，記号で答えよ。

　① 独立100周年を記念して，フランスからおくられた自由の女神像が建っている。世界の金融の中心地であるウォール街がある。

　② インターネット関連やソフトウェア開発などの情報通信技術(ICT)産業が集まるシリコンバレーがあり，世界のハイテク産業の中心地となっている。

　③ 周辺の鉱産資源を利用して古くから鉄鋼業が発達した。現在は金融・教育・保険などの新しい産業を中心としたまちづくりを進めている。

(7) 地図中の**Z**から北上し，アメリカ合衆国の南東部に風水害をもたらすことがある熱帯低気圧を何というか。

右の地図を見て，次の問いに答えなさい。

(1) 次の説明にあてはまる降水量の範囲を，地図中の**ア〜カ**から１つずつ選び，記号で答えよ。

① グレートアーテジアン(大鑽井)盆地で羊の飼育がさかんである。

② アンデス山脈の西側に，乾燥した狭い低地が南北に伸びている。

③ 火山の噴火でできた火山島と，さんご礁の島がある。

④ 流域面積が世界最大の川が流れ，広大な熱帯雨林が分布している。

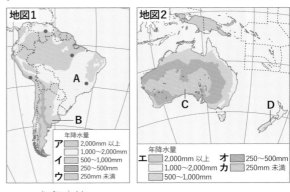

(2) 右の表は，**地図1**中の大陸，**地図2**中の大陸，アフリカ大陸，北アメリカ大陸の気候帯別面積割合を示している。**地図1**中の大陸，**地図2**中の大陸を示したものを表中の**あ〜え**から１つずつ選び，記号で答えよ。

(%)

気候＼大陸	あ	い	う	え
熱帯	39	5	63	17
乾燥帯	47	14	14	57
温帯	15	14	21	26
亜寒帯	0	43	0	0
寒帯	0	24	2	0

※合計が100％になるように調整していない。

(「データブック オブ・ザ・ワールド」による)

(3) **地図1**中の**A**の国では，右のグラフのように輸出品が変化してきた。これを見て，次の問いに答えよ。

① グラフ中の**X**は，現在も**A**の国が世界一の生産国となっている農作物である。この農作物を次から選び，記号で答えよ。

ア コーヒー豆　　**イ** さとうきび
ウ とうもろこし　**エ** 茶

1960年
計12.7億ドル

砂糖 4.6　綿花 3.6
X 56.2%　　その他 25.9
カカオ 5.5　**Y** 4.2

2018年
計2,398.9億ドル

大豆 13.8%　原油 10.5　**Y** 8.4　　その他 53.6
機械類 7.7　肉類 6.0

(「世界国勢図会」などによる)

② グラフ中の**Y**は，**地図1**中の●で産出されている鉱産資源である。この鉱産資源を次から選び，記号で答えよ。

ア 銀　　**イ** 銅　　**ウ** 鉄鉱石　　**エ** 原油

(4) **地図1**中の**B**の国のラプラタ川流域に広がる，小麦栽培や牧畜がさかんな大草原を何というか。

(5) **地図2**中の**C・D**の国の先住民をそれぞれ答えよ。

(6) **地図2**中の**C**の国の現在の輸出相手国第1位を次から選び，記号で答えよ。

ア アメリカ合衆国　　**イ** 中国　　**ウ** パプアニューギニア　　**エ** イギリス

KUWASHII

GEOGRAPHY

中学
地理

4章

日本の特色と世界

SECTION 1 地域の調査
SECTION 2 自然環境
SECTION 3 人口
SECTION 4 資源・エネルギーと産業
SECTION 5 貿易・交通・通信

UNIT 1 地形図の読み方・使い方①

（着目）地形図の種類と縮尺，地図の分類について理解する。

要点

- **地形図** 最も基本的な２万５千分の１地形図，５万分の１地形図，１万分の１地形図の３種類。
- **縮尺** ２万５千分の１地形図のほうが，５万分の１地形図よりも縮尺が大きい。
- **地図の分類** 作成方法や使用目的により，実測図と編集図，一般図と主題図に分類できる。

1 地形図

地形図とは地表面の起伏の様子や，山地や河川，平野など，地形の様子を表した地図です。日本の地形図は，国土交通省国土地理院が作成して発行しています。一般に地形図とよばれるものは，１万分の１，２万５千分の１，５万分の１の３つの縮尺で描かれたものだけです。２万５千分の１地形図はあらゆる地図の基本の図となっており，およそ4,400枚で日本全域をカバーしています。

現在，地形図は**ユニバーサル横メルカトル図法**を使って作成されており，描かれている図幅の範囲は，縦：横が２：３で描かれます。

地形図	緯度差（実際の距離）	経度差（実際の距離）
１万分の１地形図	２分30秒	３分45秒
	（約５km）	（約７km）
２万５千分の１地形図	５分40秒	９分50秒〜７分35秒
	（約９km）	（約10〜14km）
５万分の１地形図	11分20秒	19分40秒〜15分10秒
	（約19km）	（約20〜28km）

○ 地形図の図幅の範囲
地球は球体なので，経度１秒あたりの長さは，赤道方向にいくにしたがって長くなる。そのため，地形図の経度（横幅）も，北にいくほど狭く，南にいくほど広い範囲を記す。

2 縮尺

地形図における縮尺とは，「実際の距離をどれくらいの割合で縮めたか？」を表したものです。実際の距離が１kmだった場合，地図上での長さは，２万５千分の１地形図では４cm，５万分の１地形図では２cmとなります。たとえば右の図では，aは縮尺２分の１（面積は$\frac{1}{2} \times \frac{1}{2} = \frac{1}{4}$），bは縮尺４分の１（面積は$\frac{1}{4} \times \frac{1}{4} = \frac{1}{16}$）です。

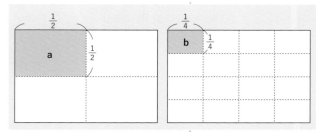

○ ２分の１の縮尺と４分の１の縮尺

aとbを比べると，aのほうが大きいため，4分の1より2分の1の
ほうが「縮尺が大きい(大縮尺)」といいます。

③ 作成方法による分類と使用目的による分類

三角測量や航空写真などを利用し，実際に測量して得られたデータ
をもとに作成した地図を**実測図**といいます。2万5千分の1地形図
は実測図に分類されます。現在の航空写真は，「くにかぜⅢ」という
飛行機によって撮影されています。

実際に測量してつくられたものを利用し，編集された地図を**編集図**
といいます。5万分の1地形図は，2万5千分の1地形図を利用し
て編集されます。

「くにかぜⅢ」は
災害時には緊急撮
影を行って情報収
集もするよ。

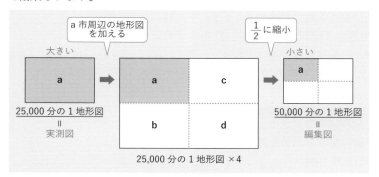

↱ 2万5千分の1地形図と5万分の1地形図

地表面上の自然・人工のものすべてを，強調することなく表した地
図を**一般図**といいます。一般図はさまざまな目的で用いられるため，
可能な限り詳細に表現されています。一般図に分類されるのは，地形
図のほか，国土基本図や地勢図(20万分の1の地図)などがあります。

一方で，**主題図**は特定の目的のために用いる地図です。人口分布図
や海図などが主題図に分類されます。

TRY!
表現力

**2万5千分の1地形図と5万分の1地形図では，どちらのほうが縮尺が大きいか，理由を
ふくめて答えなさい。**

(ヒント) 縮小したあとの大きさを比較する。

(解答例) 一般に，縮尺の分母が小さいほうが「縮尺が大きい(大縮尺)」ことになるため，2万5
千分の1地形図のほうが縮尺が大きい。

UNIT 2

地形図の読み方・使い方②

着目 ▶ 等高線の種類や読み取り方，尾根と谷の読み取り方について理解する。

要点
● **等高線** 計曲線，主曲線，補助曲線の３種類。異なる高さの等高線と交わることはない。
● **等高線と土地の傾斜** 等高線の間隔が広いほど傾斜はゆるやか，間隔が狭いほど傾斜は急。
● **尾根と谷** 標高が低いほうに張りだすところが尾根，高いほうに食いこむところが谷。

1 等高線の読み取り方

　等高線とは海抜高度の等しい地点を結んだ線のことです。等高線には，**計曲線**，**主曲線**，補助曲線の３種類があります。計曲線は太い実線，主曲線は細い実線，補助曲線は破線でそれぞれ描かれます。補助曲線には２種類ありますが，第２次補助曲線は実際に地形図で目にする機会は多くはありません。

用語

海抜高度
平均海水面から測った陸地の高さのこと。

等高線	記号	1万分の1地形図	2万5千分の1地形図	5万分の1地形図
計曲線	——	平地・丘陵 10m 山地 20m	50mごと	100mごと
主曲線	—	平地・丘陵 2m 山地 4m	10mごと	20mごと
第1次補助曲線 （間曲線）	- - -	平地・丘陵 1m 山地 2m	5mか2.5mごと	10mごと
第2次補助曲線 （助曲線）	- - - - - -	——	——	5mごと

↑ 等高線

　等高線は土地を水平面に切った切り口に沿って描かれることから，途切れずつながった線になります。しかし，実際の等高線はとても長く，１枚の地形図におさまらないことがほとんどなので，つながった等高線が見られるのは山の頂上付近くらいです。等しい高さを結んだ線なので，もちろん異なる高さの等高線と交わることはありません。

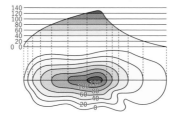
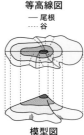

等高線図
—— 尾根
…… 谷

模型図

↑ 等高線と断面図

等高線の間隔が広いところは土地の傾斜がゆるやか，間隔が狭いところは傾斜が急になります。等高線の間隔から，土地の傾きを知ることができるのです。

また，等高線の状態から，山の尾根と谷を見つけることができます。尾根は標高が低いほうに向かって張りだしており，谷は標高の高いほうに食いこんでいます。尾根を結んだ線を尾根線，谷を結んだ線を谷線といいます。尾根線は分水嶺となるため，雨が降ると，ここを基準にして雨水が外側の低いほうへと流れていきます。尾根線と尾根線に囲まれた水が集まってくる範囲を集水域といい，河川では流域ともいいます。

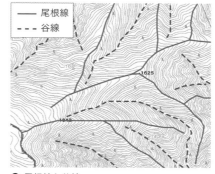

```
―――  尾根線
- - -  谷線
```

❶ 尾根線と谷線

❶ 分水嶺（――）と水の集まる方向（——→）

（用語）

分水嶺

降った雨は低いほうに向かって流れる。そのため尾根線のどちら側に降ったかによって，流れる先（河川や湖，海など）が異なる。山地においてはそれが顕著であり，尾根線が分水嶺となる。

② 地形図の記号

地形図では，等高線で土地の起伏を知ることができるだけでなく，地図記号で建造物や土地利用などを知ることもできます。基本的な記号は覚えておきましょう（→ p.196）。

最も新しい地図記号は「**自然災害伝承碑**」です。これは平成30年7月豪雨（通称「西日本豪雨」）をきっかけに誕生しました。かつて災害が発生したさい，先人たちはその様子を石碑などに記録として遺してくれています。その教えを後世にも伝えようというねらいからつくられました。

（用語）

自然災害伝承碑

「記念碑」の地図記号に，碑文を表す縦線を加えた形。記念碑の地図記号より，やや大きく表記される。

TRY!

表現力

等高線の間隔と土地の傾きの関係について説明しなさい。

（ヒント）　土地の傾きは「ゆるやか」か「急」であるか，ということ。

（解答例）　等高線の間隔が広いほど土地の傾斜はゆるやか，間隔が狭いほど傾斜は急である。

UNIT 3 地形図の読み方・使い方③

（着目）➤ 扇状地，三角州，河岸段丘の特徴を理解し，地形図を読み解く。

要点
- **扇状地** 扇頂・扇央・扇端からなる。扇央は果樹園や畑，扇端は水田や集落に利用。
- **三角州** 河口付近に形成。水もちがよいため水田に利用。近年は宅地開発が行われる。
- **河岸段丘** 段丘面と段丘崖が階段状に連なる。段丘面は畑や果樹園に利用。

1 扇状地

沖積平野（→p.201）では上流から下流にかけて，扇状地，氾濫原，三角州などの地形が河川によって形成されます。

扇状地は谷の出口を頂点にして広がる堆積地形です。扇状地は河川の最も上流部に位置するため，粒の大きい砂や石などからなり，堆積してできた地形が「扇」のように見えることから名付けられました。扇状地は同心円状に土砂が堆積するため，等高線は等間隔に円弧を描きます。

谷から流れでた河川は，扇頂（谷の出口付近）では地表を流れますが，土砂が最も厚く堆積して水がしみこみやすい扇央（中央部）で伏流します。伏流した河川は，扇端（末端部）で再び地表に湧きだします。このため扇頂と扇端は水が利用しやすい地域ですが，扇央は水の利用が困難な地域です。これが土地利用に大きく影響します。

扇頂と扇端では水田や集落が見られ，とくに扇端では古くから開発が進んで大規模に発達しました。扇央では水の利用が困難なため，水をあまり必要としない畑や果樹園などに利用されています。養蚕業がさかんだった時代は**桑畑**も見られましたが，その後の車社会の到来で，輸送園芸農業が発達したこともあり**果樹栽培**が中心になりました。

❶ 扇状地の地形図（2万5千分の1「石和」）

用語

伏流

河川の水など，地表を流れる水が地下にもぐること。比較的浅い場所にある砂礫層は水を通しやすい。たとえば扇状地の扇央部では砂礫が厚く堆積しているため，地表を流れる河川が伏流している。

2 三角州

　河川が運搬してきた土砂の量が多いと，河口付近に堆積が進んで**三角州**を形成します。三角州は，粒が小さい砂や泥，粘土などでできているため，水もちがよく，古くからおもに水田として利用されてきました。近年は，住宅地としても開発されています。こうした周辺よりも標高が低く，湿地となっている場所を**低湿地**といいます。

　三角州は土地が平坦で非常に標高が低いため，等高線はあまり見られません。主曲線を用いることができないほどです。河川は一般に，いく筋にも分かれて流れています。

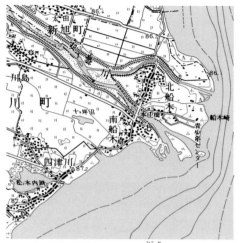

● 三角州の地形図（5万分の1「彦根西部」）

3 河岸段丘

　侵食によって河川の両側，または片側にできた階段状の地形を**河岸段丘**といいます。平坦な段丘面，急崖（急斜面）の段丘崖が交互に現れるのが特徴です（→p.201）。そのため段丘面は等高線の間隔が広く，段丘崖は間隔が狭くなります。

　時代によって水面が上下した結果，水面が高い時代にできたのが段丘面です。段丘面は土地が高く，平地より地下水位が深いこともあり，水が得にくいため，畑や果樹園などに利用されています。

● 河岸段丘の地形図（5万分の1「飯田」）

TRY! 表現力

扇状地の末端（扇端）で大規模な水田や集落が見られるのは，扇端のどのような自然条件が関係しているのか説明しなさい。

（ヒント）　水田と集落が見られる場所は，水の利用が可能なところである。

（解答例）　扇端は，扇状地の中央部（扇央）で伏流した河川水が地表に湧きだすところであり，水の利用が可能であるため水田が開かれ，集落が成立した。

UNIT

4

地域調査の方法

着目 ▶地域調査の目的と方法，手順について理解する。

要 点

● **地域調査の方法**　文献調査と野外調査（フィールドワーク）がある。

● **文献調査**　文献として統計や資料を用いる。文献で得た情報の取りあつかいに注意が必要。

● **野外調査**　聞き取り調査や野外観察。ルートマップの作成，質問内容など準備が大切。

① 地域調査の目的と方法

　身近な地域を調査することによって，自然環境，そこで暮らす人々の文化，歴史，政治，経済，他地域との関係性など，その地域がもっている特徴を知ることができます。単に現在の様子をうかがうだけでなく，これを手がかりとして未来を読むことも重要です。

　地域調査には，文献調査と野外調査があります。文献調査では，統計や資料を使って地域の情報を集めたり，新旧の地形図や空中写真などを用いて地域を俯瞰したりします。

　野外調査は**フィールドワーク**ともいい，実際に現地をたずねて観察を行います。そこで暮らす人々や役所・施設などへ行う**聞き取り調査**や，地域を歩いて情報を集める**野外観察**などの方法があります。地理学では，野外調査のことを**巡検**ということもあります。

興味のあることを調査テーマにしてみよう。

② 統計や資料，地図などを利用した地域の観察

　統計や資料を使って行う調査のことを，**文献調査**といいます。

　統計は，多くの自治体や公的機関によって発表されたものがあります。総務省が実施・発表する**国勢調査**などが代表的です。とくに，身近な地域の統計であれば，市町村，または都道府県が発表している統計の利用が最適です。統計数値は数字の羅列でしかないため，たとえば，円グラフや棒グラフ，帯グラフなどに加工すると，特徴や変化が読み取りやすくなります。

　資料も地域調査には欠かせません。市町村や都道府県，図書館，博物館，美術館などが所有する資料だけでなく，新聞記事，写真，観光パンフレット，交通機関が発行している時刻表なども参考になります。また近年では，それらの統計や資料，写真などは**インターネット**で検

索することができるため，以前よりも入手しやすくなっています。しかし，インターネット上では，発信源が明らかになっていない情報も多いため，情報の取りあつかいには十分な注意が必要です。

③ 野外調査と注意点

　野外調査を行うさいは，その手順を決めておきます。まずは，「どこを調べるのか？」，「何を調べるのか？」をしぼります。場所と目的が決まったら，地形図や地図などを利用して，「どういうルートで調べるのか？」を記しておきます。このようにしてつくった地図を，**ルートマップ**といいます。

　実際に野外調査を行うさいの持ち物も，しっかりと準備しておきましょう。筆記用具はもちろんのこと，聞き取り調査などによって得られた情報を記録するフィールドノート，地域の様子を記録するためのスケッチブックやカメラ，方位磁針，定規などもあるとよいでしょう。近年では，スマートフォンやタブレットなどに搭載されている，衛星測位システム（位置情報）を利用することもできます。

　実際の野外調査では，自分で見聞きした情報と，地形図や地図などに記載されている内容に相違点があることもあります。そのときはフィールドノートに記録を残し，様子をカメラに収める，またはスケッチブックに書いておくなどします。また，聞き取り調査では，あらかじめ質問する内容を決めておきます。そこで暮らす人々の生の声は貴重な資料となります。さらに，一人だけでなく，なるべく多くの人に聞き取り調査をすることで，地域の実情が見えやすくなります。

　野外調査が終わったら，得られた情報をもとに，地域の様子を**分析・考察**してまとめます。見えてくる課題に対してどのような対応策を講じるべきかを考え，また地域の未来像を明らかにしていくことをめざしましょう。

❶ ルートマップの一例

TRY!
表現力

身近な地域の調査で，①文献調査→②野外調査→③まとめを行う場合の流れを説明しなさい。

（ヒント）　①統計や資料で調べてから，②野外へ出て調査し，③調査結果をまとめる。

（解答例）　統計や資料，写真などをもとに地域の特徴を調べたあと，野外で観察や聞き取り調査を行い，得られた調査結果や考察した内容をレポートなどにまとめる。

⬇ 地形図の読み方・使い方　→ p.188～p.193

2万5千分の1地形図の記号―平成25年図式―

> 自然災害伝承碑は平成30年に新しくできた地図記号。

田		広葉樹林
畑		針葉樹林
果樹園		竹 林
茶 畑		笹 地
ハイマツ地		ヤシ科樹林
荒 地		桑畑*

- ◎ { 市 役 所 / 東京都の区役所 }
- ○ { 町 村 役 場 / 指定都市の区役所 }
- ⚲ 官 公 署
- ⚖ 裁 判 所
- ◇ 税 務 署
- ⊞ 病 院
- ▦ 普 通 建 物
- ▨ 堅ろう建物
- ▩ 高 層 建 物
- Λ 74.8 電子基準点
- △ 52.6 三角点 ・124.7 現地測量による標高点
- ⊡ 21.7 水準点 ・125 写真測量による標高点

湿地／砂れき地／干がた／岩／護岸／隠顕岩／防波堤

- ⊗ 警 察 署
- ✕ 交 番
- Ｙ 消 防 署
- ⊕ 保 健 所
- ⊕ 郵 便 局
- ⚡ 発電所・変電所
- 文 小・中学校
- ⊗ 高 等 学 校
- 命 老人ホーム
- 卍 神 社
- 卍 寺 院
- ⊡ 高 塔
- ⊥ 墓 地
- ⚒ 採 鉱 地

- ⌐ 記 念 碑
- ⊟ 自然災害伝承碑
- ⌐ 煙 突
- ⚲ 電 波 塔
- ⌗ 油井・ガス井
- ※ 灯 台
- ∩ 坑 口
- ∩ 城 跡
- ∴ { 史跡・名勝・天然記念物 }
- ⚲ 噴火口・噴気口
- ♨ 温 泉
- ⚙ 風 車
- 血 博 物 館（美術館）
- ▣ 図 書 館
- ⚓ 漁 港

-65- 水面標高／-23- 水深／-20／-10／かれ川／高深線／地下の水路／ダム／滝／（高架）／（地下）／堤防／比高＋6.0／水制／橋／岸高 7.5／流水方向／水門／渡船（フェリー・その他）

9000／2900／（小おう地）／（おう地）／（がけ(土)）／（がけ(岩)）／岩／万年雪

トンネル		幅員13.0m以上の道路（歩道のある2車線）
		幅員5.5～13.0mの道路（歩道のない2車線）
		幅員3.0～5.5mの道路（1車線）
		幅員3.0m未満の道路（軽車道）
		幅員1.0m未満の道路（徒歩道）
(14)		高 速 道 路
(14)		国 道
(14)		都道府県道
241		国 道 番 号
		庭 園 路
		建設中の道路
		有 料 道 路
単線 駅 複線以上／側線 地下駅 トンネル		Ｊ Ｒ
側線		Ｊ Ｒ 以 外
		地下鉄および地下式鉄道
		特 殊 軌 道
		路 面 の 鉄 道
		索道（リフト等）
		Ｊ Ｒ　建設中または
		JR以外　運行休止中
		橋 および 高 架 部
		切 取 部
		盛 土 部
		送 電 線
		石 段
		都 府 県 界
		北海道の振興局界
		市 区 町 村 界
		町・村界，指定都市の区界

*桑畑（Ｙ）は，2万5千分の1地形図では使われなくなったが，古い地形図などには残っている。

⬇ 統計や資料，地図などを利用した地域の観察 → p.194～p.195

折れ線グラフ	変化を表すのに有効。縦軸に数量，横軸に年などの時間を表す。

日本の貿易額の移り変わり

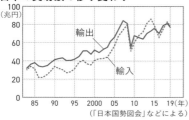

（「日本国勢図会」などによる）

棒グラフ	数量を比べるときや，変化を表すのに有効。棒の幅や間隔は一定にする。

日本の木材供給量の変化

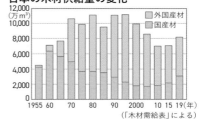

（「木材需給表」による）

円グラフ	全体の中での構成比（割合）を表す。数値の大きいものから時計回りに書く。

日本の原油の輸入先

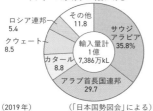

（2019年）　　　（「日本国勢図会」による）

帯グラフ	割合を表すのに有効。複数のグラフを並べると割合の変化がわかりやすい。

オーストラリアの輸出品の変化

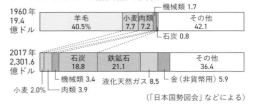

（「日本国勢図会」などによる）

主題図

主題図（→p.189）のうち，統計資料を地図に表した「統計地図」。この図では，おもな港の輸出額・輸入額を表すのに図形（▥）を用いている。表現したい数値の最大値と最小値が表せるように図形（円，棒，方形など）の基準を定める。

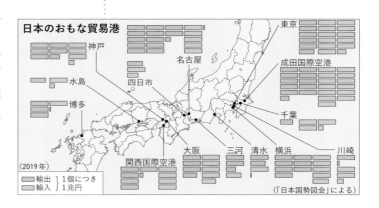

日本のおもな貿易港

（2019年）

■ 輸出 ⎫ 1個につき
■ 輸入 ⎭ 1兆円

（「日本国勢図会」による）

4章　日本の特色と世界

197

日本の地形① 山地・海岸

UNIT 1

(着目) 日本列島の山地と火山，海岸の特徴について理解する。

要点

● **日本の山地** 国土の４分の３は山地・丘陵地。環太平洋造山帯に属しているため地震や火山活動が活発。フォッサマグナを境に東西で地形の様子が異なる。

● **日本の海岸** 日本列島に島が多いため，海岸線が長い。出入りが多く，複雑な地形。

1 日本の山地

　日本列島は環太平洋造山帯に位置しているため，地震や火山活動が活発です。火山は島をつくりだし，島々は弓状に並んでいます（**弧状列島**）。火山が多いため，日本列島は全般的に起伏が大きく，国土のおよそ４分の３を山地や丘陵地がしめています。

　日本列島は**フォッサマグナ**によって東北日本と西南日本に区分されます。東北日本では山地・山脈がおよそ南北方向に，西南日本ではおよそ東西方向に連なっています。また西南日本は，**中央構造線**（メディアンライン）によって日本海側の**内帯**と太平洋側の**外帯**に区分します。内帯は起伏が小さく比較的なだらかな山地が多く，外帯は起伏が大きい山地が見られます。本州中央部にそびえる**飛騨山脈**，**木曽山**

参考

弧状列島

大陸の縁に沿って，細長く弓なりに連なる島々のこと。火山や地震が多く，海洋側には海底が深く入りこんでできた海溝がある。日本列島はおよそ7,000の島々から構成されている。

変動帯

プレートの境界に位置する地殻変動の活発な地帯を変動帯とよび，造山帯とは区別される。

用語

フォッサマグナ

本州島中央部に存在する，地層のずれによってできた大きな溝（大地溝帯）。フォッサマグナの西端は糸魚川―静岡構造線，東端は不明瞭。ドイツ人ナウマンによって命名された。

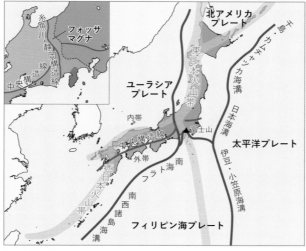

↑ 日本の地形

脈，赤石山脈は日本アルプスとよばれ，3,000mを超える高くけわしい山地が見られます。

　日本列島には非常に多くの火山があります。これらが列状に並んでいる場所を火山帯といい，**東日本火山帯**と**西日本火山帯**が存在します。鹿児島県の**桜島**(御岳)など現在でも噴火活動が活発な火山も見られます。また火山の爆発によってもとの山体が吹き飛び，円形の凹地である**カルデラ**が形成されることがあります。屈斜路湖カルデラや**阿蘇**カルデラなどがカルデラの典型例です。

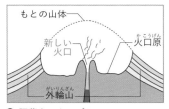

↑ 阿蘇山のカルデラ

桜島の大正大噴火

1914年1月12日にはじまった噴火は，その後1か月にわたって断続的に続いた。多量の溶岩が流れでたことにより，桜島は大隅半島と陸続きになった。

2 日本の海岸

　日本列島は周囲を海に囲まれています。また，半島や岬などが多数存在していることから，海岸線の出入りは激しく，複雑に入り組んでいます。そのため，海岸線の延長距離が長く，約3万km(33,889km)あります。細長い弓なりの形をしているため，47都道府県の中で海に面していない県は8つしかありません。

　海岸線は河川が運搬する土砂による自然改変，護岸工事や埋め立て工事による人工改変によっても変化します。とくに，大規模な地震が発生すると地盤の隆起，または沈降によって海岸線の形や位置が変わってしまうこともあります。

海に面していない県

群馬県，栃木県，埼玉県，山梨県，長野県，岐阜県，滋賀県，奈良県の8つ。

TRY!
表現力

東北日本と西南日本では山地・山脈の並び方に違いが見られる。どこを起点にどのような違いが見られるか説明しなさい。

ヒント　日本列島は，本州(中部地方)に南北に伸びる大きなみぞを境に，東西で地形や岩石が異なる。

解答例　フォッサマグナを境に，東北日本ではおよそ南北方向に伸びており，西南日本ではおよそ東西方向に連なっている。

日本の地形② 川・平地

着目 日本の河川の特徴と平地の様子について理解する。

要点
- **日本の河川の特徴** 短くて急流の川が多く，大陸の川と比べて流域面積が狭い。
- **河川災害と河川の活用** 下流域で洪水が発生しやすい。ダムによる水の確保，水力発電など。
- **河川と平野** 川が山地から平地に出たところに扇状地，河口に三角州がつくられる。

1 日本の河川

　日本は国土のおよそ4分の3が山地・丘陵地でしめられるため，起伏が大きく，複雑な地形をしています。山がちな地形を流れる河川は世界的に見ても急流が多く，また河川の延長距離は一般に短くなっています。

　河川流域の降水量のうち，河川に流れこむ割合を**流出率**といいます。日本の河川の多くは流出率が高く，雨が降るとすぐに水位が上がります。急流が多い河川の流れははやく，さらに山間部を抜けた先の平野部は狭いため，河川の水は短時間で海まで流れていきます。そのため，上流部で大量の雨が降ると，河川の水位は一気に増してしまい，中・下流域での洪水の危険が高まります。日本は，洪水による河川災害が発生しやすい環境にあるのです。

参考

日本三大急流
富士川，球磨川，最上川の3つを取り上げることが多い。

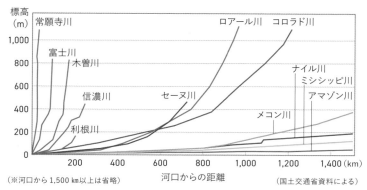

❶ 日本と世界の河川

日本の河川は河口からの距離が短くて流れが急だね！

　日本の気候は気温と降水量の年較差（→p.44）が大きいため，梅雨や台風，雪どけ水などによって河川の流量が増加する時季が存在します。

河川に流れる水の最大流量と最小流量のひらきは**河況係数**で表され，日本を流れる河川の多くは河況係数が大きくなっています。こうした要因から，日本では大型船舶による交通路として河川を利用することが困難であり，現在においても，河川交通はほとんど発達していません。

　日本は世界的に見ても降水量が多い地域なので，河川の流量が豊富です。河川の水は古くから，生活用水や農業用水，工業用水として利用されてきました。さらに，短時間で海まで流れでてしまうため，ダムなどを建設して水の流れを調節したり，発電を行ったりしています。

② 日本の平地

　日本の国土のうち平地はおよそ4分の1しかありません。平地には，長い年月をかけて侵食されて平地となったもの，河川が運んできた土砂が堆積して平地となったものがあります。日本では後者の平地が多くなっています。平地は，**沖積平野**(上流から扇状地，氾濫原，河口の三角州と配列→p.303)と，**洪積台地**(河川の周辺に形成される段丘状の河岸段丘など)に区分されます。また，内陸部にある山に囲まれた平地をとくに盆地といいます。

　一般に，台地よりも平野のほうが地下水位が浅く，生活用水が得やすいこともあり，平野部では早くから集落が発達しました。河川の近くではかんがい用水を利用した稲作，河川から離れたところや台地上などでは畑作が，それぞれ行われていました。とくに，沖積平野の最下流部に形成される三角州は，砂や泥といった堆積物が見られ，水もちがよいため水田として利用されてきました。

用語

氾濫原

洪水の発生により河川からあふれた水が氾濫する範囲の平野のこと。氾濫のさいに土砂があふれでて堆積した数メートルの微高地を**自然堤防**という。また，あふれた水は河川に戻らず自然堤防の背後に湿地を形成する。これを**後背湿地**という。

🔼 河岸段丘

TRY! 表現力

日本では洪水による河川災害が発生しやすい。そうなる理由について，日本の河川の特徴や地形を踏まえて説明しなさい。

（ヒント）　日本の地形は，山から海までの距離が短い。つまり平野部は狭く，川は急流になる。

（解答例）　日本の河川は急流が多く，また平野部は狭いため，上流に降った雨は短時間で海まで到達し，下流域では水位が一気に上昇しやすいから。

UNIT
3

日本の気候

着目 ▶ 日本を6つの地域に区分して，地域ごとの気候の特徴を理解する。

要点
● **日本の気候の特徴** 気温と降水量の年較差が大きく，四季がはっきりしている。
● **6つの気候区分** 北海道，日本海側，太平洋側，中央高地，瀬戸内，南西諸島に区分。北海道を除く地域は温帯の温暖湿潤気候，北海道は亜寒帯(冷帯)気候。

1 日本の気候の特徴

　日本列島はユーラシア大陸の東岸に位置しているため，**季節風（モンスーン）**の影響が大きく，夏は高温多雨，冬は寒冷少雨となります。夏と冬の気温と降水量の年較差が大きく，季節の変化がはっきりしています。北海道は亜寒帯(冷帯)気候，本州以南はおもに温帯の温暖湿潤気候が展開しています。

　冬は，海洋よりも相対的にユーラシア大陸が冷えて高気圧が発達し，大陸側よりも相対的に気圧の低い太平洋に向かって冷たく乾燥した季節風が吹きだします。このとき日本は，**西高東低の気圧配置**となり，寒冷な北西の季節風の影響を受けて，寒さが厳しくなります。

　春になり大陸の高気圧が弱まると，偏西風の影響で移動性高気圧と温帯低気圧が日本付近を通過するようになり，天気は周期的に変化します。また，南寄りの風が吹くようになり，気温は徐々に上昇し，あたたかい陽気に包まれます。5月頃になると，北側に冷たく湿ったオホーツク海高気圧，南側にあたたかく湿った太平洋高気圧が発達しはじめます。2つの高気圧はほぼ同じ勢力でぶつかるため，その間には停滞する**前線**が発達します。これが**梅雨前線**です。日本の南部に位置する沖縄本島周辺は梅雨のはじまりが早く，九州以北は一般に6月上旬から7月下旬くらいまで梅雨の季節が続きます。また北海道はほとんど梅雨前線の影響を受けません。

　オホーツク海高気圧の勢力が弱まり，太平洋高気圧が張りだすと，梅雨前線は日本海側へと抜けていきます。これが「梅雨明け」です。こうして暑い夏がやってきます。この頃になると，台風が多く発生します。やがて太平洋高気圧が弱まり，オホーツク海高気圧が発達してくると，梅雨の時期と似た気圧配置となり，前線が停滞します。これ

参考

冬型の気圧配置

西高東低が，日本付近での典型的な冬型の気圧配置。等圧線は縦に狭い間隔で並び，北西から南東方向へ，筋状の雲が発達する。

用語

春一番

立春(2月4日頃)から春分(3月21日頃)の間に吹く，最初の強い南風。あたたかい南寄りの強い風となる。

前線

温度が異なる2つの気団がぶつかる境目が，地表と交わる線のこと。前線では広い範囲で降水が見られる。気団は気温や湿度がほぼ一定である空気のかたまりで，多くが高気圧である。

台風

赤道付近の北西太平洋上で発生した**熱帯低気圧**で，最大風速が約17m/秒以上のもの。最初は北西に向けて進路をとるが，その後，偏西風にのって北東に進路をとり，太平洋高気圧に沿って移動する。

を秋雨前線といい，この時期の降水は「秋の長雨」や「秋霖」とよばれます。その後，秋雨前線は太平洋側へと抜けていき秋晴れとよばれる晴天の多い時季となります。そしてシベリア高気圧の発達とともに秋が深まり，冬が訪れます。

❷ 日本の６つの気候区分

日本はおもに６つの気候に区分されます。

① 北海道の気候は，日本の中でもとくに気温の年較差が大きく，日本列島で唯一の亜寒帯気候です。冬の寒さが厳しくなりますが，降水量はそれほど多くありません。

② 日本海側の気候は，冬の降水量が多い気候です。大陸からの乾燥した北西の季節風は，日本海上で水蒸気をふくみ，日本列島の山脈にぶつかって日本海側で雪を降らせます。降雪量が多く，世界有数の豪雪地帯になっています。

③ 太平洋側の気候は，降水量の年較差が大きい気候です。夏は海洋からの南東の季節風や，台風の影響で多雨となります。冬になると，季節風は日本海側で雪を降らせて水蒸気が少なくなるため，乾燥した風となって山脈をこえて吹きおろしてきます。太平洋側の地域では晴天が続き，非常に空気が乾きます。

④ 内陸（中央高地）の気候は，気温の年較差と日較差が大きく，降水量が比較的少ない気候です。降水量が少ないのは，内陸に位置しているため，季節風の影響を受けにくいからです。高原では夏の涼しい気候を利用して，野菜の抑制栽培が行われています。

⑤ 瀬戸内の気候は，梅雨前線や秋雨前線の影響は受けますが，年間を通して降水量が少ない気候です。これは，北側を中国山地，南側を四国山地に囲まれて，季節風の影響が小さいためです。

⑥ 南西諸島の気候は，１年を通してあたたかく，年降水量が多い気候です。冬も温暖であり，亜熱帯気候ともよばれます。

➊ 日本の気候

雪に備えた生活様式

日本海側の豪雪地帯では，大雪に備えた独特の生活様式がうまれた。雪よけの屋根である雁木や，急勾配の屋根をもつ合掌造りなどの家屋が見られる。

おろし

山地の風下側に吹きおろす風を「おろし」という。冬の関東平野に吹きおろす風は「からっ風」とよばれている。

夏の瀬戸内地方

降水量が少ないため，深刻な水不足を引き起こすことがある。

TRY! 表現力

「太平洋側の気候」と「日本海側の気候」の，冬の降水量の違いについて説明しなさい。

ヒント　日本列島は夏と冬に季節風（モンスーン）の影響を強く受ける。

解答例　大陸から吹きだす北西の季節風の影響によって，風上側となる日本海側は雪や雨が多く降り，風下側となる太平洋側は少雨となる。

UNIT 4

自然災害と防災

着目 ▶ 日本列島で発生しやすい自然災害について理解する。

要点
- **自然災害** 地震による災害(津波,液状化現象など),火山噴火による災害(火砕流など)。
- **気象災害** 水害(洪水,高潮,土石流など),干害,冷害,雪害。
- **防災対策** ハザードマップの活用,ライフライン停止への備え,防災教育の充実。

① 自然災害と防災

　自然災害とは,地震や津波,台風,高潮などの自然現象によって,人間の生命や財産にたちまち大きな被害をもたらす現象のことです。先人たちの不断の努力によって自然災害への対策技術は向上していますが,それでも多大なる被害をもたらす自然災害が発生することがあります。人口が集中している地域ではとくに被害が大きくなりがちです。

　日本は,世界的に見ても自然災害が発生しやすい地域です。そのため,災害発生時の対策などの法整備は必須であり,**ハザードマップ**(**防災マップ**)の活用や,**ライフライン**(電気・水道・ガスなど)の停止に対する備え,学校教育における防災教育の充実などを図っていく必要があります。

　一方で自然災害には,人間に利益をもたらす面もあります。洪水によって肥沃な土壌が堆積して農業活動が可能となり,また火山活動によって源泉がうまれることで,温泉や地熱発電として利用することができます。さらに台風などは,夏の水不足解消にも一役買います。

② 日本の自然災害

　日本で自然災害を引き起こす自然現象の多くは,台風,豪雨,火山活動,地震やそれにともなう津波が主ですが,東北日本では雪害も発生しています。1940年代後半から1950年代にかけて発生した,1,000名を超える尊い命が失われる大災害のほとんどが地震や台風によるものでした。

　日本列島は環太平洋造山帯に属し,地震や火山活動が頻発する地域です。巨大地震によって発生した自然災害を,震災といいます。古くは1923年の**関東大震災**(関東地震)が知られていますが,濃尾地震

参考

津波と高潮

津波は,地震や海底での地すべりなどが原因で発生する。高潮は台風など発達した低気圧の発生にともなって発生する。津波と高潮は由来する自然現象が異なる。

関東地震

関東地震は1923年9月1日に発生し,関東大震災を引き起こした。発生当日,日本列島付近に台風が存在したこともあり非常に風が強い日であり,火の手が回るのが早かったといわれている。現在9月1日は,「**防災の日**」になっている。

用語

液状化現象

地震のゆれで地中の土砂が液体のようになり,その上の建物などが傾いたり,浮き上がったりすること。埋立地など,人工的に土地を造成したところでは,地盤が弱いために起こりやすい。

(1891年)や福井地震(1948年)などの大地震でも大きな被害が出ており，とくに福井地震の影響から「震度7(激震)」のレベルが新設されました。1,000人以上の死者・行方不明者を数えた震災は，最近では1995年の**阪神・淡路大震災**(兵庫県南部地震，約6,400人)，2011年の**東日本大震災**(東北地方太平洋沖地震，約22,000人)があります。

　火山の爆発にともなう火山灰などの噴出物が，山地斜面を高速で流れていく現象は**火砕流**とよばれます。日本のおもな火山災害は，桜島(御岳，鹿児島県)，浅間山(長野県・群馬県)，阿蘇山(熊本県)，雲仙岳・普賢岳(長崎県)，霧島山(鹿児島県・宮崎県)などで発生しています。近年では，2014年9月に発生した御嶽山(岐阜県・長野県)の噴火により，大きな火山災害が起こっています。

　また日本は，台風の襲来が多い地域です。台風によって高潮が発生すると海水面が高くなり，床上・床下浸水などの被害が発生します。とくに満潮時と重なると，被害は大きくなります。かつては1,000人を超える死者・行方不明者を数えることもありましたが，近年では気象情報の充実・精度の向上，災害対策の進展などにより，以前よりも少なくなってきています。

③ その他の気象災害

　日本列島は，九州以北では毎年6月から7月にかけて梅雨前線の影響を受けます。このため降水量が多くなり，河川流量が増加することで**洪水**や**土石流**などの水害が発生しやすくなります。逆に降水量が少なく**干害(干ばつ)**が発生すると，深刻な水不足となります。さらに，梅雨前線の停滞が長引くことで夏の気温が上がらず，日照不足となれば，稲の生長が遅れて凶作となります。これは**冷害**とよばれ東北地方や北海道に多い災害です。

参考

震度7を観測した地震と地震の規模

兵庫県南部地震(1995年，M7.3)，新潟県中越地震(2004年，M6.8)，東北地方太平洋沖地震(2011年，M9.0)，熊本地震・前震(2016年，M6.5)，熊本地震・本震(2016年，M7.3)，北海道胆振東部地震(2018年，M6.7)の6つ。
※Mはマグニチュード。

予測されている大地震

海底の深いところにある細長い幅広の溝を**トラフ**という。西南日本の太平洋沖にある水深4,000m前後の**南海トラフ**では，これまでに**東海地震・東南海地震・南海地震**という巨大な津波をともなう3つの地震が繰り返し発生してきた。近い将来には**南海トラフ巨大地震**が発生すると予測されており，各自治体では対策を急いでいる。

豪雨による被害 ➡
(2020年，熊本県)

4章
日本の特色と世界

TRY!
思考力

自然災害が発生したときに，災害から身を守るために求められる行動を，「公助」「自助」「共助」のことばを用いて説明しなさい。

ヒント 国や地方公共団体などによる救助や支援活動を公助という。

解答例 公助にたよるだけでなく，自分や家族の命を守る自助や，地域の住民同士で助け合う共助の行動が求められる。

特集 ◁ 災害大国日本＆どこにお城を建てるか？

● 自然災害が多い日本

「日本は，諸外国と比べて自然災害が発生しやすい国です！」と聞くことがありますが，実際に数字を使って見ていきましょう。ここでは，内閣府が発行している「防災白書」で確認します。パーセンテージはすべて全世界の総数に対するものです。また，ここでいう**自然災害**とは，地震や台風，豪雨，豪雪，火山噴火などをさします。

①マグニチュード6以上の地震のおよそ20％が日本で発生＊1
②全世界の活火山の7％が日本に存在＊2
③自然災害で受けた被害金額のおよそ12％が日本でのもの＊3

＊1：2000〜2009年の合計。
＊2：およそ1万年以内に噴火した火山等。
＊3：1979〜2008年の合計。
（「平成22年度 防災白書」による）

このように，日本は世界的に見ても自然災害が多い国であることが，数字からもわかります。日本列島の面積は全世界の陸地面積のわずか0.28％しかありません。それにも関わらずこれだけの自然災害が発生し，多くの被害を受けています。

● 時代とともに死者・行方不明者は減少

右のグラフは自然災害による死者・行方不明者数の推移です。1960年頃までは，1つの台風や地震で1,000人以上が亡くなることもありました。これはまだ現在ほど社会資本の整備が進んでいなかったためです。しかし現在では台風や地震へ備える意識が向上し，河川の堤防を強力に整備し，また地震に対する建築技術の向上などもあって，1つの台風や地震で1,000人以上の死者・行方不明者を出すことはほとんどなくなりました。しかし，それでも1995年1月の**阪神・淡路大震災**，2011年3月の**東日本大震災**では多くの死者・行方不明者を出しました。

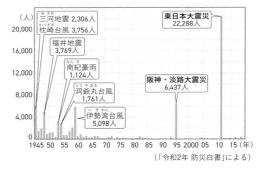

三河地震 2,306人
枕崎台風 3,756人
福井地震 3,769人
南紀豪雨 1,124人
洞爺丸台風 1,761人
伊勢湾台風 5,098人
阪神・淡路大震災 6,437人
東日本大震災 22,288人

（「令和2年 防災白書」による）

↑ 自然災害による死者・行方不明者数の推移

●「家選び」は「命をつなぐ」こと

私たちが生活するさいの「家選び」は，さまざまな基準によってなされます。駅から近い，学校に近い，商店街が近くにあるなど，生活の便利さを優先させる傾向があります。しかし，「大雨のさいに水害にあいにくいだろうか？」，「地震に強い地盤だろうか？」といった自然環境を考慮した家選びをする人は少ないかもしれません。

ハザードマップという地図があります。これは自然災害による災害を予測して，その被害がおよぶ範囲や避難所などを地図にしたものです。これを活用することで災害発生時に，地域住民は迅速に避難することができ，また災害による

精神的パニックが原因となる二次災害を最小限におさえることができます。しかし、ハザードマップを日頃（ひごろ）から見る習慣はほとんどなく、活用されているとは言いがたい現状があります。

「どこに家を選ぶか？」これは「いかにして災害リスクを最小限におさえるか？」ということであり、ひいては「命をつなぐこと」でもあるのです。

● 大名はどこにお城を建てるか？

江戸城（えどじょう）、大阪城、名古屋城（なごやじょう）などの城郭（じょうかく）は、台地の末端（まったん）に築かれました。東京には荒川（あらかわ）、大阪には淀川（よどがわ）、名古屋には木曽川（きそがわ）などがそれぞれ流れており、大規模な沖積平野を形成しています。現代よりも土木技術が未熟だった時代において、大名（だいみょう）の命をつなぐ安全な場所はやはり台地だったと考えられます。

とくに台地の末端が選ばれたのは、防衛上の理由からです。敵が平野から攻めてくる場合、切り立った崖（がけ）（段丘崖（だんきゅうがい））を上る必要があり、攻めるのが困難（こんなん）です。また、守る側も崖側からくる敵を城壁（じょうへき）の上からむかえ撃（う）つことができて有利になります。一方、台地の側から攻められても、開けた台地上では敵の姿は丸見えで、こちらも

むかえ撃ちやすくなっています。

台地上に築かれた城の一段下である沖積平野には一般庶民（いっぱんしょみん）が生活していました。城から見ると「下に見える町」であるため、「下町（したまち）」とよばれました。また下町から見ると、城は山の方に位置するため、「山手（やまて）」とよばれました。このことから、東京の場合は武蔵野台地（むさしの）の縁（へり）に沿って敷設された鉄道は「山手線（やまのてせん）」と名付けられました。また一般庶民よりも高いところに位置することから威厳（いげん）を示すこともできました。

台地上に城を築くことは、世を治める武士としての誇りを示すだけでなく、「命をつなぐ」ことも念頭におかれていたのです。

身近な自然環境を知ることは、自分たちの安全にもつながるんだね。

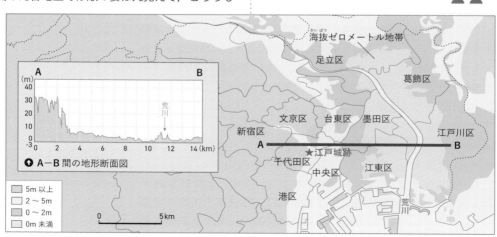

↑ A－B間の地形断面図

- 5m 以上
- 2〜5m
- 0〜2m
- 0m 未満

0   5km

海抜（かいばつ）ゼロメートル地帯

足立区
葛飾区
文京区　台東区　墨田区
新宿区
江戸川区
A ━━━━ ★江戸城跡 ━━━━ B
千代田区
中央区　江東区
港区
荒川

↑ 東京都心部の地形

日本の人口

着目 ▶日本の人口動態と人口分布について理解する。

要点

● **人口の変化** ベビーブーム後，出生率・死亡率ともに低下。少子高齢社会となる。
● **高齢社会** 日本は世界有数の長寿国であり，世界でも高齢化が最も進んだ国の1つである。
● **人口の分布** 東京・大阪・名古屋の三大都市圏や太平洋ベルトに人口が集中している。

① 日本の人口の推移

　日本の総人口は国勢調査によって把握します。江戸時代末期，当時の全国の石高数から，およそ3,500万人の人口がいたとされています。1920年の国勢調査による総人口が約5,600万人なので，明治時代から大正時代半ばまで急激に人口が増加していたことがわかります。

　第二次世界大戦で多くの男性が戦死したこともあって1945～46年は出生率が低下しますが，戦後の混乱期を脱した1947年から一転して出生率が上昇します。とくに1947～49年の3年間の出生率が高く，3年間でおよそ800万人の子どもがうまれました（第一次ベビーブーム）。

　この頃になると，医療技術の進展や医薬品の普及，食料事情の改善などによって死亡率が低下していき，高い出生率を背景に人口が増加し続けました。1967年頃には，日本の人口は1億人を超えました。第一次ベビーブーム世代が結婚・出産適齢期になると，さらに出生率が上昇して，1971～74年の4年間でおよそ800万人の出生数が見られました（**第二次ベビーブーム**）。しかし，1974年以降に出生率は減少傾向へと転じ，少子化の進行が見られるようになりました。一方で，死亡率は低い水準で推移しています。

② 日本の人口構成の変化

　出産可能と考えられる「15～49歳の女性が一生のうちに出産する子どもの数の平均値」を合計特殊出生率といいます。また15歳未満を**年少人口**，15～64歳人口を**生産年齢人口**，65歳以上人口を**老年人口**といいます。出生率と同様，日本では1974年以降に合計特殊出生率が減少傾向にあります。生まれてくる子どもが減る，つまり出生

用語

国勢調査
総務省が5年に一度行う人口統計調査。1920年（大正9年）に実施された第1回統計では，総人口は5,596万人だった。

第一次ベビーブーム
1947～49年の出生数が多かった3年間をいう。この世代は「団塊の世代」とよばれる。

第二次ベビーブーム
1971～74年の出生数が多かった4年間をいう。4年間の出生数はおよそ800万人を数える。とくに「団塊の世代」を親にもつ子ども（団塊ジュニア）が多いが，必ずしも第二次ベビーブーム世代と団塊ジュニアが一致するとは限らない。

合計特殊出生率
一般に，人口の維持には2.1程度の数値が必要とされている。日本は1974年以降，減少傾向にある。

数の減少によって年少人口の割合が低くなることを**少子化**といいます。少子化の進行にはさまざまな理由があり，女性の社会進出などによって非婚や晩婚が増えていること，教育費の高騰，育児休暇の取りづらさなどが指摘されています。出生数は減少傾向にありますが，医療技術の進展や医薬品の普及などで死亡率は低い水準にあり，**平均寿命**は年々延びています。このように出生数の減少にともない，相対的に老年人口割合が高くなることを**高齢化**といいます（→p.23）。つまり，少子化と高齢化は別々の要因で起こる現象であり，必ず先に少子化が進行します。日本は世界的に見ても高い水準で**少子高齢化**が進行しており，これによってさまざまな問題が発生しています。

● 日本の人口の移り変わり

③ 日本の人口分布

人口が集中して分布している地域を**稠密地域**といいます。日本における稠密地域は**東京圏**，**大阪圏**，**名古屋圏**の三大都市圏です。三大都市圏では日本の総人口のおよそ半数の人が生活をしています。三大都市圏をふくむ，京浜地方から東海道を経て九州北部に至る帯状の地域は**太平洋ベルト**とよばれ，政令指定都市をふくむ日本の大都市が集まっていて，工業もさかんな地域です。

📖 **用語**

政令指定都市

日本の政令指定都市は全部で20都市ある（2020年）。太平洋ベルトの外側に位置する政令指定都市は，札幌市，仙台市，新潟市，熊本市の4都市。

● 日本の人口分布

TRY! 表現力

1970年代前半に出生率が増加した背景について説明しなさい。

（ヒント） 第一次ベビーブーム（1947〜49年）とよばれる時期に生まれた世代が関係している。

（解答例） 第二次世界大戦後の1947〜49年に「第一次ベビーブーム」とよばれる出生率の大幅な増加が見られたが，この世代が結婚・出産適齢期を迎えたため。

日本の人口問題

UNIT 2

着目 少子化と高齢化，それぞれの要因と社会に与える影響について理解する。

要点

● **少子化・高齢化** 日本では同時に進行しているが，別々の要因で起こる現象。労働力の不足，市場の縮小，社会の活力低下，社会保障費の増大などの影響。

● **都市部と農村部の人口分布** 都市部では過密，農村や山村・離島では過疎が進行している。

1 少子化と高齢化

日本で少子高齢化が顕著になったのは1990年代後半です。1997年に年少人口割合と老年人口割合が逆転しました。

少子化の背景には，さまざまな要因が指摘されています。女性の大学進学率が高まり社会進出の機会が増えたことで，結婚・出産適齢期が上昇しました。晩婚や晩産だけでなく，非婚女性・男性も増えています。また**育児・介護休業法**では男性の育児休業の取得が認められていますが，なかなか男性の育児休暇の取得は増えません。さらに教育費が高騰していること，託児所不足で**待機児童**が増えて仕事と育児の両立が難しいことなども，要因として考えられています。

少子化の進行によって，将来的な労働力不足が指摘されています。労働者が減ることで国内市場は縮小していきます。労働者は同時に納税者でもあるので，納税額の減少も考えられます。また，社会の活力も低下してしまいます。

高齢化は少子化の進行に加えて，死亡率の低下による平均寿命の延びを背景に，相対的に老年人口割合が高まることです。社会保障制度は，15〜64歳の生産年齢人口が支える仕組みです。日本では少子化と高齢化が同時に進行していることから，老年人口を支える負担が年々大きくなっています。こうした社会保障費の負担増大は，ますます少子化の要因となりかねません。少子化と高齢化，それぞれの問題の要因を考え，解決していく必要があります。

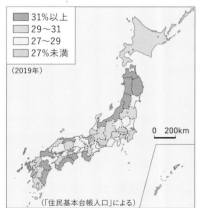

31%以上
29〜31
27〜29
27%未満

(2019年)

0 200km

(「住民基本台帳人口」による)

⬆ 都道府県の老年人口割合

② 都市部と郊外の人口分布

高度経済成長期(1955〜73年)に顕著となったのが，**過疎と過密**の問題です。この時期は重化学工業の発展が著しく，**農山村地域は進学や就職で若者の流出が相次ぎ，過疎が問題となりました。太平洋ベルトでは若者の人口流入が進み，これによって都市部では人口と産業が過度に集中して過密が問題となりました。**社会資本整備が追いつかず，公害やごみ問題，渋滞などによって生活環境が悪化しました。また過密が進んだ都市部では地価が高騰し，住宅の需要と供給のバランスが悪くなって住宅不足を引き起こし，住宅費の高騰を招きました。

過密となった都市部では，**第二次ベビーブーム**によって世帯人員が増えたこともあり，よりよい生活環境と安くて広い住宅を求めて，郊外に住宅を求める人が増えました。こうした人々を吸収したのが郊外の**ニュータウン**でした。こうして都心部での昼間人口(常住人口)の減少により**ドーナツ化現象**が見られるようになりました。一方の郊外では，急速に開発が進んだため社会資本整備が追いつかず，無秩序・無計画に都市化の進展が見られる**スプロール現象**が起きました。近年は**都心回帰**(→p.287)が起こっていますが，都心へ通勤・通学する人々で朝夕の電車の混雑は常態化しています。また電車などの公共交通機関が延伸すれば，それだけ郊外の拡大につながり，遠距離通勤が一般化しているのが現状です。

(昼間人口 ÷ 夜間人口) ×100 の数値

■ 200 以上
□ 100 〜 200 未満
□ 100 未満

夜間人口 100 人
あたりの昼間人口を示す。

(2015 年)
(「国勢調査報告」による)

● 東京23区の昼夜間人口比率

用語

ドーナツ化現象

都心部の常住人口が減少し，郊外の人口が増加する現象。中心部が空洞化し，ドーナツの形のような人口分布を示す。都心部の地価の高騰や生活環境の悪化などが原因で起こる。

スプロール現象

無秩序・無計画に都市化が進展する現象のこと。災害への対応力が弱く，被害が拡大しやすい。また再開発には膨大な時間がかかる。

夜間人口と昼間人口

夜間人口はある地域の夜間の人口のこと。常住人口ともいう。昼間人口は通勤・通学での移動をふくめた昼間の人口。大都市の都心部では，昼間人口が多く，夜間人口が少ない。逆に大都市周辺の郊外(ニュータウンなど)では，夜間人口が多く，昼間人口が少ない。

4章 日本の特色と世界

TRY! 表現力

少子化が進むことによって将来的にどのような問題が起こると考えられるか，答えなさい。

ヒント　子どもの数が少ない＝将来の社会を支える労働力が少ない。

解答例　労働力が不足し，国内市場の縮小，社会の活力の低下が懸念される。

UNIT
3

世界の人口

着目 世界の人口増加の推移と人口分布について理解する。

要点
- **人口増加** 20世紀後半にアジアやアフリカなどの発展途上国で人口爆発が起こる。
- **人口ピラミッド** 発展途上国には富士山型，先進国にはつりがね型やつぼ型が多い。
- **人口稠密地域** 農業が発達するアジア，工業が発達する北アメリカやヨーロッパ。

1 世界の人口増加の推移

国連の統計(2020年)によると，世界の人口はおよそ78億人を数えます。**人口密度**はおよそ60人/km²です。

最初に世界の人口が増えはじめたのは，およそ1万年前の農業生産のはじまりによるものでした。最終氷期(およそ7万年前～1万年前)が終了し，地球が温暖化したことで穀物栽培が可能となりました。それまでは狩りや漁によって食料を調達していたので，食料供給は不安定でした。しかし農業がはじまったことで，安定した食料供給が可能となり，地球の人口が増えはじめました。

18世紀後半になりイギリスで**産業革命**がはじまると，蒸気機関の改良によって蒸気機関車，蒸気船などが登場し，遠隔地との交易が可能となります。それまでは食料供給を自給自足でまかなっていましたが，これによって食料の輸入が可能となり，食料供給量が飛躍的に増大し，人口増加につながりました。このとき人口が増加した地域は，産業革命に成功した欧米諸国が中心でした。

用語

人口密度

人口を単位面積で割った値。一般に1km²あたりの人口が用いられる。

参考

農業のはじまり

穀物栽培のはじまりは，西アジアでの小麦栽培とされている。人口増加によって村落が拡大していき，土器や磨製石器などが登場して新石器時代がはじまった。1万年前におよそ500万人だった地球の人口は，紀元前後には2億5,000万人にまで増加したと考えられている。

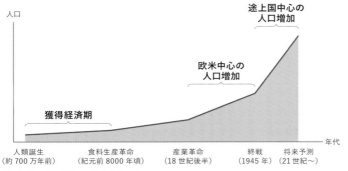

● 人類の人口増加の推移と予測

第二次世界大戦が終わると，一転して発展途上国を中心に人口増加が見られました。これは，それまでの多産多死型から，多産少死型へと人口動態が移行したことがおもな要因です。医療技術の発達や医薬品の普及など，さまざまな要因で死亡率，とくに乳幼児死亡率が低下したことに加え，依然として出生率が高い水準を保っていたからです。発展途上国で出生率が高かったのは，子どもが貴重な労働力として期待されていること，乳幼児死亡率が高いため子どもを多くもうける傾向があることなどがおもな原因です。こうして地球の人口は人口爆発と称されるほど激増しました（→p.141）。

しかし，人口の推移を見ると，1950年が25億人，2000年が61億人，2050年が97億人（推定）なので，人口増加率は以前と比べてゆるやかになる傾向にあります。

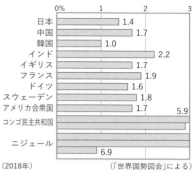

（2018年）　　　　　　　　（「世界国勢図会」による）

❶ おもな国の合計特殊出生率

2　世界の人口稠密地域

農業活動がはじまったことで人口が増えたように，食料供給量の増加は人口増加に大きく影響します。また経済水準が高い地域では，仕事を求めて多くの人々が集まってきます。

世界の人口稠密地域は，季節風（モンスーン）の影響を強く受けるモンスーンアジア諸国，欧米諸国です。前者は米の生産量が多く食料供給量が極めて大きいことに加え，農業が主産業であり依然として子どもが貴重な労働力であることが要因です。後者は高度に経済が発達し，それを背景に多くの人が集まっています。

参考

人口転換と人口ピラミッド

人口の自然増減を考えると，経済発展や産業構造の高度化によって**多産多死型**から**多産少死型**，そして**少産少死型**，**少産多死型**へと移行していく。これを人口転換という。性別および年齢別の人口構成を図にしたものが人口ピラミッドである。多産多死型や多産少死型は出生率が高く年少人口割合が大きい，また老年人口割合が小さいため**富士山型**を示す。少産少死型の前期では年少人口割合と老年人口割合に差がない**つりがね型**を示す。少産少死型の後期から少産多死型になると，老年人口割合が大きく上部がふくらんだ**つぼ型**となる。現在の日本はつぼ型を示している。

TRY! 表現力

第二次世界大戦後，発展途上国を中心に人口が増加した背景について説明しなさい。

ヒント　多産多死型から多産少死型へと移行した。

解答例　医療の発達や衛生環境の改善によって死亡率が低下したが，依然として出生率は高いままであったため。

UNIT

4

世界の人口問題

着目 ▶人口増加にともなって起こる食料・都市問題と人口移動について理解する。

要点

● **食料問題** 人口増加に対して食料生産が追いつかない→食料不足。発展途上国で深刻。

● **都市問題** 農村部からの人口流入→住宅不足やスラムの形成など，都市環境が悪化。

● **国際的な人口移動** 就労やよりよい暮らしを求める移民，紛争・戦争から退避する難民。

1 人口増加にともなって発生する食料問題

　人口が増加すればその分だけ必要な食料やエネルギーが増加します。とくに近年の人口増加が著しい**アジア**や**アフリカ**の**発展途上国**では，過剰な耕作やかんがい，薪炭材の伐採などが行われています。これらの国々では食料需要に生産が追いついていません。こうした食料不足は輸入することでまかなわれ，輸入のための代金を得るために茶やコーヒー豆，バナナなどの商品作物の栽培に力を入れています。そのため，食料自給率が上がることはありません。また，熱帯地域では過剰な焼畑が行われています。熱帯林が回復するサイクルを超えた過剰な焼畑が行われた所では，熱帯林が激減しています。

　また生活水準が向上すると，**肉類**や**油脂類**，**乳製品**の需要が高まります。近年の中国では，経済発展を背景に生活水準が向上し，これらの食料需要が増大しています。肉類の需要が高まると，食肉輸入量が増えるだけでなく，牛肉生産の過程で必要な飼料用穀物の需要も増えます。中国ではとくに，大豆などの飼料用穀物の輸入量が増えています。

2 人口増加にともなって発生する都市問題

　日本や欧米諸国などでは，早い段階から農村部から都市部への人口移動が見られました。都市部で生活する人の割合を**都市人口割合**といい，これらの国々では非常に高くなっています（→p.21）。

　農業が主産業である発展途上国では依然として農村部人口の割合は高いものの，近年では都市人口割合が上昇傾向にあります。しかし，都市部では増加する人口を支えるだけの就業機会や住宅などが不足しています。そのため郊外の線路沿いや河川沿いなどの居住環境の悪い

用語

焼畑

熱帯地域の土壌はやせているため，草木を燃やした草木灰をまいて肥料にすることで，穀物栽培を行っている。そのため，過剰な焼畑は熱帯林の破壊につながる。

参考

牛肉の生産

個体差にもよるが，一般に牛肉1kgを生産するために，飼料が10kg必要だといわれている。穀物を食料として用いれば，食料不足を少しでも解消できる。

!?

ところで生活をする人々がいます。こうして形成された**スラム**は衛生環境が悪く，犯罪が頻発しています(→p.166)。

↑ スラム(ケニア)

③ 国際的な人口移動

　かつてアメリカ合衆国は，信仰の自由を求めてやってきたイギリス人によって建国され，その後は多くのヨーロッパ人がアメリカをめざしました。またアフリカから農業奴隷として黒人を強制連行した歴史をもち，彼らの子孫も多く生活しています。さらに1970年代になるとアジア系移民の増加が見られ，現在の多様性のある「移民国家・アメリカ合衆国」となりました。またヨーロッパでは，西アジアやアフリカからの移民が近年増えています。

　こうした**移民**だけでなく，**難民**となってやむを得ず祖国を離れる人々もいます。かつてアフリカを植民地支配していたのはイギリスやフランスなどでした。植民地時代に民族の分布を無視した境界線を引いたため，現在でもアフリカではところどころに直線的な国境が存在します。こうした民族の分断が，内戦などの争いのもととなっています(→p.147)。アフリカでは政情が不安定な国が数多くあり，国民は戦火を逃れ，難民となって国外へ移動しています。また人口増加による食料不足も難民が発生する要因の1つです。

↑ 国連難民高等弁務官事務所(UNHCR)の難民キャンプ(マリ)

TRY! 表現力

アフリカにおいて難民が多く発生しているのはなぜか，説明しなさい。

(ヒント)　難民とは，やむなく国内の混乱・危機から逃れる人々のことをいう。

(解答例)　アフリカでは人種や民族，宗教の対立による争いが各地で多発しているから。

日本の６つの気候区分 → p.203

日本各地の雨温図　　一般に雨温図では，気温を折れ線グラフ，降水量を棒グラフで表す。

北海道の気候

冬はとくに寒冷。１年を通して降水量が少ない。

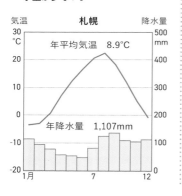

札幌
年平均気温　8.9℃
年降水量　1,107mm

日本海側の気候

冬に雪や雨が多いため，棒グラフの形はU字型になる。

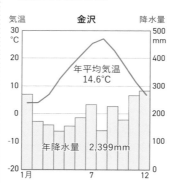

金沢
年平均気温 14.6℃
年降水量　2,399mm

太平洋側の気候

降水量が夏に多く冬に少ないため，棒グラフの形は山型になる。

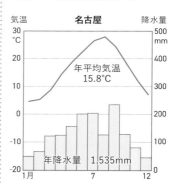

名古屋
年平均気温 15.8℃
年降水量　1,535mm

内陸（中央高地）の気候

夏と冬の気温の年較差が大きい。降水量は１年を通して少ない。

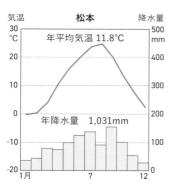

松本
年平均気温 11.8℃
年降水量　1,031mm

瀬戸内の気候

梅雨の時期に雨が降るが，降水量は全体的に少ない。冬も温和。

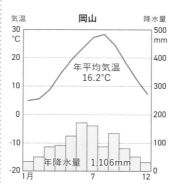

岡山
年平均気温 16.2℃
年降水量　1,106mm

南西諸島の気候

年平均気温が20℃以上で冬も温暖。夏・秋はとくに降水量が多い。

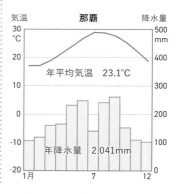

那覇
年平均気温　23.1℃
年降水量　2,041mm

（雨温図の統計は「理科年表2020」による）

日本と世界の人口 → p.208〜p.213

おもな国の人口ピラミッド　富士山型は発展途上国に多く，つりがね型・つぼ型は先進国に多い。

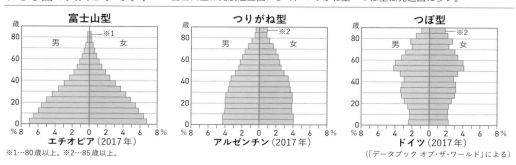

※1…80歳以上。※2…85歳以上。

（「データブック オブ・ザ・ワールド」による）

日本の人口ピラミッドの推移　多産多死型の「富士山型」から，少産少子型の「つりがね型」，「つぼ型」へと変化してきた。

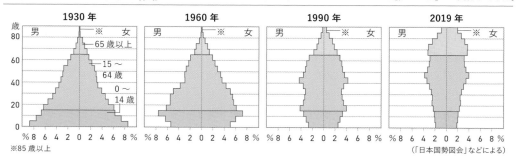

※85歳以上

（「日本国勢図会」などによる）

過疎地域と過密地域の人口ピラミッド

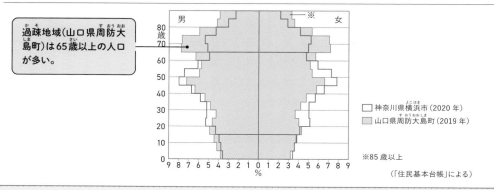

過疎地域（山口県周防大島町）は65歳以上の人口が多い。

☐ 神奈川県横浜市（2020年）
☐ 山口県周防大島町（2019年）

※85歳以上

（「住民基本台帳」による）

UNIT 1 日本の資源・エネルギー

着目 ▶日本の資源・エネルギー事情と主要電力について理解する。

要点
- **日本の鉱業** 鉱産資源の種類は多いが，埋蔵量が少なく，海外からの輸入に依存する。
- **日本のエネルギー資源** 石炭から石油・天然ガスへ変化。国内需要のほとんどを輸入に依存する。
- **日本の電力** 火力発電が中心。東日本大震災（2011年）後，原子力発電が大幅に縮小。

1 日本の鉱業

　日本で自給が可能な鉱産資源は，**石灰石**と**硫黄**くらいです。それほど鉱産資源に恵まれていないのは，日本列島が環太平洋造山帯に位置しており，地質が複雑で大規模な鉱床がほとんど存在していないからです。日本列島は鉱産資源の種類は多いものの，それぞれの埋蔵量が少なく，採掘コストに見合った産出量が見こめないため，日本はそのほとんどを海外からの輸入でまかなっています。こうしたことを背景に，日本では原料や燃料を輸入し，工業製品に加工して輸出する**加工貿易**の体制をとっています。鉄鉱石はオーストラリアやブラジルなどから，銅鉱はチリやオーストラリアなどから輸入しています。

　最近では日本列島の近海には，**メタンハイドレート**や**マンガン団塊**，**レアアース**などのさまざまな鉱産資源の埋蔵が確認されていますが，採算がとれるほどの採掘にはまだまだ時間がかかりそうです。

2 日本のエネルギー資源

　かつて日本の一次エネルギー自給率は，**石炭**を中心におよそ6割あり，日本各地に炭鉱都市がありました。しかし，人口増加にともなうエネルギー需要の増大で国内産出量だけではまかなえず，また炭鉱が小規模で埋蔵量が少なかったこともあり，次第に採算がとれなくなっていきました。その後日本は安価な海外からの石炭輸入に依存するようになり，最盛期には800を超えた日本各地の炭鉱は閉山していきました。現在ではオーストラリアやインドネシアからの石炭輸入が中心です。

　1960年代になると，高度経済成長を背景にエネルギー需要はさらに高まりを見せ，石炭よりも燃焼効率がよく，液体で輸送効率がよい

参考

端島

長崎市にある島で，かつては海底炭鉱によって栄えた島。1974年の炭鉱閉山までは有人島だったが，現在は無人島で，「軍艦島」の通称で知られている。2015年に世界文化遺産（「明治日本の産業革命遺産」）に登録された。

石炭（2019年）
カナダ 5.5
アメリカ合衆国
ロシア連邦 7.1
インドネシア 10.8
15.1
その他 2.8
オーストラリア 58.7%
合計 1.9億t

原油（2019年）
ロシア連邦 5.4
クウェート 8.5
カタール 8.8
その他 11.8
サウジアラビア 35.8%
アラブ首長国連邦 29.7
合計 1.7億kL

液化天然ガス（LNG）（2019年）
ブルネイ 5.6
ロシア連邦 8.3
カタール 11.3
その他 23.8
オーストラリア 38.9%
マレーシア 12.1
合計 7,733万t
（「日本国勢図会」による）

🔼 おもな資源の輸入先

石油の利用が拡大しました。こうして日本のエネルギー利用は輸入する石油中心へと移っていきます。これによって，日本のエネルギー自給率は大きく低下しました。1973年には**第一次石油危機（オイルショック）**による石油価格の高騰で経済的な打撃を受けました。現在，日本は原油をサウジアラビアやアラブ首長国連邦，カタール，クウェートなどのペルシア湾岸諸国からの輸入に依存しています。

近年，日本が輸入量を増やしているのは**天然ガス**です。天然ガスは－162℃に冷却すると液体となり，気体の状態に比べて体積が600分の1になります。一度に大量の輸送が可能となるため，島国で，他国からのパイプラインの敷設が困難な日本にとって，**液化天然ガス（LNG）**は重要なエネルギーとなっています。

③ 日本の電力

かつて日本は**水力発電**を中心としており，1960年には総電力のおよそ半分を水力発電でまかなっていました。しかし人口増加や産業発展によって電力需要が増大すると，水力発電だけではまかなえなくなり，石油や天然ガスを利用した**火力発電**が中心となっていきます。1970年代の二度のオイルショックを機に**原子力発電**が加わり，最も多いときで電力構成のおよそ30％をしめるまでになりました。しかし，2011年3月の東日本大震災を機に原子力発電の利用は大幅に縮小され，電力構成のほとんどを火力発電がしめるようになりました。

日本は化石燃料の多くを海外に依存しており，これは東日本大震災によって原子力発電による電力供給が低下したことからより顕著になっています。そのため**再生可能エネルギー**の利用が期待されています。2030年には再生可能エネルギーの割合を22～24％にまで高めようとしています（2017年ではおよそ16％）。これには発電コストの低減，電源の安定供給などの課題が残されています。

用語

エネルギー革命

1960年代に見られた，エネルギーの中心が石炭から，石油や天然ガスなどへ転換した現象。さらに国際石油資本（→p.101）の登場で産油量が増加して，安価に流通するようになった。

用語

第一次石油危機（オイルショック）

1973年の第四次中東戦争をきっかけに石油価格が高騰した経済的混乱。アラブ諸国からなるOAPEC（アラブ石油輸出国機構）の，原油生産の段階的な削減などにより価格が高騰した。

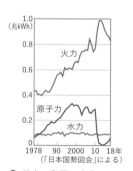

❶ 日本の発電の変化

TRY! 表現力

日本の火力発電所の多くが太平洋ベルトの沿岸部に集中している。この理由について説明しなさい。

ヒント　火力発電の燃料となる石油や石炭，天然ガスは，海外から船で輸入される。

解答例　太平洋ベルトは経済活動がさかんなため電力需要が高く，また沿岸部は，石油や石炭，天然ガスなど燃料の輸入に便利だから。

UNIT

2

世界の鉱産資源・エネルギー資源

着目 ▶ 主要な鉱産資源・エネルギー資源の分布と産出国について理解する。

要点

● **鉱産資源の産出** 鉄鉱石はオーストラリア，レアメタル（希少金属）はロシア連邦や中国で多い。

● **エネルギー資源の産出** 原油はペルシア湾岸諸国，石炭は中国（世界の産出量のおよそ半分をしめる），天然ガスはアメリカ合衆国やロシア連邦で多い。

1 世界の鉱産資源と分布

　鉱産資源は，世界的に一様に分布しているわけではなく，それぞれの鉱産資源は偏って分布しています。とくにロシア連邦のような広大な国土面積を有する国では鉱産資源の埋蔵量が多くなりがちですが，シンガポールのような小さい国では埋蔵はほとんど見られません。

　鉄鉱石の産出量は，オーストラリアを筆頭に，ブラジル，中国，インド，ロシア連邦，南アフリカ共和国などが上位をしめていて，国土面積の大きい国で産出量が多い傾向にあります。とくに，ブラジル，ロシア連邦，インド，中国，南アフリカ共和国のBRICS 5か国は，国内人口が多いことに加え，鉄鉱石などの資源が豊富であることも経済発展の要因として注目されています。鉄鋼は「**産業の米**」とよばれ，工業製品の材料としてなくてはならないものです。

　先端技術（ハイテク）産業には**レアメタル**（希少金属）とよばれる，産出量の少ない鉱産資源の存在が欠かせません。これらのレアメタルはとくに，ロシア連邦や中国，アフリカ大陸南部などに偏って分布しています。南アフリカ共和国はレアメタルの産出がさかんで，貴重な外貨獲得源となっています。

2 世界のエネルギー資源と分布

　エネルギーとはここでは燃料のことです。エネルギー資源の需要は経済水準や人口規模に応じて変化します。とくにアメリカ合衆国や中国では国としてのエネルギー需要が膨大で，国内での産出が追いつきません。そのためエネルギー資源の多くを輸入しています。

　原油の産出量が多いのは，アメリカ合衆国やロシア連邦，サウジアラビアです。ほかには，ペルシア湾岸諸国の産出量が多くなっていま

鉄鉱石の産出量

国土面積の大きいカナダやアメリカ合衆国も上位10か国に入る。

鉄鉱石　計15.0億t

| オーストラリア 36.5% | ブラジル 17.9 | 中国 14.9 | インド 8.3 | その他 |

ロシア連邦 4.1

石炭　計64.5億t

| 中国 54.7% | インド 10.5 | その他 |

インドネシア7.2
オーストラリア6.4
アメリカ合衆国 5.0

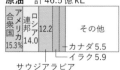

原油　計46.5億kL

| アメリカ合衆国 15.3% | ロシア連邦 14.0 | 12.2 | その他 |

カナダ 5.5
イラク 5.9
サウジアラビア

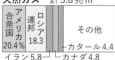

天然ガス　計3.8兆m³

| アメリカ合衆国 20.4% | ロシア連邦 18.3 | その他 |

カタール4.4
イラン5.8　カナダ4.8
（2017年，原油は2019年）
（「世界国勢図会」による）

❶ 世界の資源の生産割合

す。とくに原油は，埋蔵の多くがペルシア湾周辺に偏っているため，湾岸諸国の原油の産出量は，世界の石油価格に影響を強く与えます。1973年と1979年の二度の**石油危機（オイルショック）**では，湾岸諸国が産油量を意図的に減らしたことで石油価格が高騰し，世界的に経済が停滞しました。それまでのエネルギー多消費型の経済は，省エネルギー型へと転換せざるを得なくなり，日本では素材供給型産業から，加工組立型産業へと産業の転換が見られました。一方で産油国は莫大な利益を得て，これをきっかけに経済が成長しました。

石炭はエネルギーとしてだけでなく，鉄鋼業でも必要とされます。埋蔵量が多く，石油に比べて分布に偏りがありませんが，実際には世界全体の産出量のおよそ半分が中国でしめられています。中国では国内人口が多いこと，鉄鋼生産量が多いことなどを背景に，国内需要が急拡大しました。このため，沿岸部を中心に輸入石炭を利用しています。

天然ガスの産出量はアメリカ合衆国とロシア連邦の２か国だけで，世界のおよそ40％をしめます。それ以外では，イランやカナダ，カタール，中国，ノルウェー，オーストラリアなどで産出量が多くなっています。産出地から陸続きになっている国では**パイプライン**を敷設して輸送することが多いですが，輸送元と輸送先が固定されるためテロなどの標的になりやすいという弱点があります。また液体化させた**液化天然ガス（LNG）**は，気体の天然ガスに比べて体積が600分の１に圧縮されるため，タンカーなどにより一度に大量の輸送が可能となります。そのため輸送コストを大幅に削減できる利点があります。

石油などの**化石燃料**の消費は二酸化炭素の排出など，環境に大きな影響を与えてきました。また，これらの資源には限りがあるため，**持続可能な開発**を続けていくことが求められています。

発展

石炭の利用

石炭は火力発電の燃料としての利用だけでなく，鉄鋼業においても利用される。鉄鉱石は酸化鉄であるため，鉄分を取りだすさいに酸素を除去するさいに，石炭からつくられたコークスが利用される。

輸出 計22.4億 t

ロシア連邦 10.9	イラク 8.1	カナダ 7.4	その他

15.0％
サウジアラビア
アラブ首長国連邦 5.1
（2017年）

埋蔵量 計2,676億 kL

ベネズエラ 18.0％	サウジアラビア 15.9	サウジアラビア 10.0	イラン 9.2	イラク 8.6	その他

（2020年）
（「世界国勢図会」などによる）

◆ 原油の輸出国と埋蔵国

		水力	火力	原子力	地熱・新エネルギー
中国 6.6兆 kWh		17.9％	火力71.9	3.7	6.4
アメリカ合衆国 4.3兆 kWh		7.6％	64.6	19.6	8.1
日本 1.0兆 kWh		8.9％	85.5	3.1	2.4
ドイツ 0.7兆 kWh		4.0％	61.8	11.7	22.2
ブラジル 0.6兆 kWh		62.9％		27.0	7.3 2.7
フランス 0.6兆 kWh		9.8％ 13.0	70.9		6.1

※合計が100％になるように調整していない。
（2017年）
（「世界国勢図会」による）

◆ おもな国の発電量の内訳

TRY!
思考力

化石燃料の産出国には偏りがある。このことがもたらすと考えられる問題を，「価格」「安定」のことばを使って説明しなさい。

〔ヒント〕 化石燃料などの資源が自国のみでまかなえない場合は，他国からの輸入が必要。

〔解答例〕 化石燃料を他国からの輸入にたよっていると，価格が不安定になったり，政治情勢の悪化で輸入できなかったりして，安定したエネルギー供給ができなくなるおそれがある。

日本の農業

着目 ▶ 日本の農業・畜産業の特徴とその問題点について理解する。

要点

● **農業経営の特徴** 小規模の自作農，副業的農家が多い。農業従事者の減少と高齢化，安価な農産物の輸入増加により食料自給率の低下を招く。

● **農業の様子** 全国的に行われる稲作，畜産業の発展，地域の特性を生かした野菜・果樹栽培。

1 日本の農業経営の特徴

　日本列島は環太平洋造山帯に属しており，山がちな地形をしているため，北アメリカやヨーロッパなどの農業と比べて，大規模な耕地を利用した農業経営が困難です。農家1戸あたり耕地面積は3.0 ha（2019年）です。現在は，第二次世界大戦後の農地改革を経て，家族労働中心の自作農が行われています。また機械化が進展していること，肥料の投下量が多いことなどから，単位面積あたりの収穫量が多い（土地生産性が高い）のが特徴です。しかし耕地が狭く総収穫量がそれほど多くないため，単位時間あたりの収穫量は少なくなっています（労働生産性が低い）。

　日本の農業は機械や肥料といった資本財を多く投入しているため**集約的農業**が行われているといえます。さらに農家の多くが副業的農家で，主業農家（→p.296）は減少しています。

　農業従事者は年々減少傾向にあります。とくに1960年代の高度経済成長期からの減少が顕著です。工業分野と農業分野の賃金水準の差が，工業労働者への転換をうみ，農村地域から労働力（人口）が流出して，過疎が進みました。都市部を中心に日本の人口は増加しますが，一方で労働力が減り，高齢化の進んだ農村地域では，増加する日本の人口を支えるほどの農産物の生産量をあげられず，結果，農産物の輸入量が増えて自給率が低下しました。1960年頃に70%を超えていた**食料自給率**（カロリーベース）は，現在は38%（2019年）にまで低下しています。また穀物自給率もおよそ30%と低水準です。

　日本全国で行われているのは**稲作**です。しかし，近年の食生活の多様化にともなって米の消費量は減少傾向にあり，米があまるようになりました。現在では米の流通を政府が管理する制度は廃止され，販売

農家1戸あたり耕地面積

北海道は28.5 ha，都府県平均は2.2 ha（2019年）。

集約的と粗放的

労働力を例にすると，耕地面積に対して十分な労働力を活用していれば集約的，労働力が不足していれば粗放的となる。アメリカ合衆国などの農牧業は耕地が広大であるため，十分な労働力を投下できない粗放的経営であるが，機械を投下してこれを補っている。

農業事業体の定義

主業農家，準主業農家，副業的農家に分けられる。準主業農家は「農業所得が農家所得の50%未満」，かつ「65歳未満の農業従事60日以上の者がいる」農家のこと。副業的農家は「65歳未満の農業従事60日以上の者がいない」農家のこと。

の競争が進み，また輸入が一部自由化されています。

2 日本の畜産業の発展

　高度経済成長期を経て，日本人の生活水準は向上しました。それにともなって肉類や乳製品の需要が高まり，同時に畜産業が発展しました。しかし家畜を育てるさいには膨大な量の飼料用穀物が必要となるため，日本では生産が追いつかず，需要の多くを輸入でまかなっています。たとえば鶏卵の自給率はほぼ100％ですが，養鶏のさいに必要な飼料の多くを輸入しているため「鶏卵を自給している」といってよいかという議論があります。

　畜産業の発展は飼料用穀物の輸入増大につながり，これが日本の食料自給率の低下を招いた要因の1つとなりました。日本は飼料用穀物の多くをアメリカ合衆国から輸入しています。また生産だけでは需要に追いつかないため，とくに1991年の**牛肉・オレンジの輸入自由化**以降は，肉類の輸入が増加しています。

3 日本の野菜と果樹栽培

　野菜や果物は，新鮮なまま市場へ輸送する必要があります。そのため，大都市周辺で栽培を行う**近郊農業**を基本としています。近年では**コールドチェーン**が確立され，また高速道路網が整備されたことで鮮度を保って輸送することができるようになったため，**輸送園芸農業**（→p.259）など，大都市から離れた場所での生産もさかんです。

　食生活の多様化によって，野菜や果物の需要が高まっているため，地域の特性を生かし，全国各地でさまざまな種類の生産が行われています。

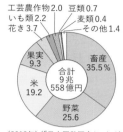

工芸農作物2.0　豆類0.7
いも類2.2　　　麦類0.4
花き3.7　　　　その他1.4
果実 9.3
米 19.2
畜産 35.5%
野菜 25.6
合計 9兆558億円

(2018年)（「日本国勢図会」による）
↑ 部門別の農業生産額

 用語

コールドチェーン

高鮮度保持を必要とする製品を冷蔵，または冷凍して配送する方式のこと。冷凍食品や生鮮食品だけでなく，医薬品，化学薬品，血液なども対象となる。たとえば，野菜などはとれたてに近い状態で消費地まで送ることができる。コールドチェーンは，現代では欠かせない物流システムである。

TRY! 表現力

日本の食料自給率の低下は，米の消費量の減少に加え，畜産業の発展と関係があるといわれる。この理由について説明しなさい。

ヒント　日本は畜産業で必要な飼料用穀物を輸入している。

解答例　畜産物の消費量が増加し，これにともなって飼料用穀物の需要が増えたが，日本ではそのほとんどを輸入に依存しているため。

UNIT 4

日本の林業・水産業

着目 ▶ 日本の林業・水産業のあゆみと現在の様子を理解する。

要点
- ● **日本の林業** 1960年代以降，安価な外国産木材の輸入が増加。従事者の減少や高齢化の問題。
- ● **日本の水産業** かつて世界最大の漁獲量。現在は世界有数の水産物輸入国。
「とる漁業」から，養殖業や栽培漁業など「育てる漁業」への転換が進む。

1 日本の林業

　日本の森林面積は国土のおよそ65％をしめていて，世界的に見ても非常に高い水準です。しかしこれだけ多くの林産資源が存在するにもかかわらず，日本の木材自給率は低い水準にあります。

　日本では第二次世界大戦後の復興と，その後の経済成長を背景に木材需要が増大しました。しかし国産材だけでは需要に追いつかず，安価な外国産木材を輸入できるよう，1964年にかけて木材の輸入自由化が進められました。そのため，1960年におよそ80％あった木材自給率は，2000年には20％を下回るまでに低下しました。新規に林業に従事する人は減り，高齢化が進んだことによって，間伐や林道の整備など山林の維持が不十分となり，ますます木材の伐採が難しくなりました。

　日本では1950年代に大規模な植林を行いましたが，植林してすぐに伐採できるわけではなく，伐採までに数十年はかかります。2000年代後半から，伐採時期をむかえた人工林の伐採が行われるようになり，現在では自給率は38％（2019年）にまで回復しました。

　日本は山がちな地形であるため，森林の多くが平地林ではなく山地林です。木材となる樹木は傾斜が急な場所に存在していること，樹木を伐採したあとにトラックで輸送するための林道も未整備なことから，国産材の活用が難しいと指摘されています。

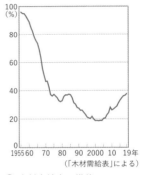

❶ 木材自給率の推移

2 日本の水産業

　日本では古くから魚介類はたんぱく源として重宝され，水産業が発達してきました。以前よりも減少傾向にはあるものの，現在でも日本人の1人1日あたり魚介類消費量は122ｇ（2018年）と世界的にも高

い水準にあります。日本列島は近海に**大陸棚**や**バンク**(→p.119)が存在すること，また**潮目(潮境)**(→p.283)を形成する海域があることなどから，好漁場に恵まれています。また**リアス海岸**などの複雑な海岸線は水深が深く波がおだやかであるため，漁港の建設に有利でした。

　日本の漁業は**遠洋漁業**と**沖合漁業**を中心に発展してきました。1973年の**第一次石油危機(オイルショック)**で燃料費が高騰したこと，1976年からの**200海里漁業専管水域**(現在の**排他的経済水域**)の設定による操業制限などを理由に，遠洋漁業は漁獲量を減らしました。それでも1988年まで漁獲量は世界最大でした。1990年代に入ると乱獲や主力のまいわしの漁獲量が減少したこと，北洋漁業の衰退などを背景に，沖合漁業の漁獲量も減っていきました。しかし国内の水産物需要は高いため，**養殖業**がさかんになりました。また**栽培漁業**も行われるようになり，水産資源の確保に努めています。それでもまかなえない分は，輸入もしていて，日本はアメリカ合衆国と並ぶ世界的な水産物の輸入国です。円高の進行，航空機輸送の発達などを背景に輸入が増大しました。

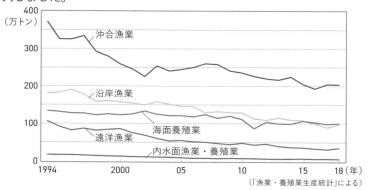

❶ 漁業種類別生産量の推移

用語

大陸棚

海岸から深さ約200mまでゆるやかに傾斜する海底。水産資源に恵まれているほか，海底の鉱産資源も豊富にあると考えられている。

栽培漁業

人工的にふ化させた稚魚や稚貝などの種苗を海や川へ放流し，成長したのちに捕獲する漁業。栽培漁業センターによって行われている。

参考

水産物輸入

金額ベースによると，日本の水産物輸入量は，さけ・ます，まぐろ，えびの順に多い。

4章 日本の特色と世界

TRY! 表現力

日本の遠洋漁業の漁獲量が減少した理由について，1970年代におこった2つのできごとをあげて説明しなさい。

ヒント 1970年代前半に第一次石油危機(オイルショック)がおこり，70年代後半に200海里漁業専管水域を設定する国が相次いだ。

解答例 第一次石油危機で船の燃料費が高騰したことや，200海里内での外国船の操業を規制する水域を設定する国が相次ぎ，漁場や漁獲量が制限されたため。

日本の工業①

着目 日本の工業の移り変わりと工業生産の特徴について理解する。

要点
● **日本の工業** 加工貿易を通して発展。軽工業から，重化学工業，先端技術(ハイテク)産業へと工業の中心が変化。現在は，機械類・自動車・先端技術製品の生産が多い。
● **産業の空洞化** 欧米諸国での現地生産の増加，賃金の安い東南アジアや中国への工場進出が原因。

1 日本の貿易体制

　日本は資源小国であるため，多くの資源を海外からの輸入でまかなっています。そのため原燃料を輸入し，工業製品に加工して輸出するという**加工貿易**が特徴です。

　海外への工場進出が増えたこともあり，近年では海外で生産された工業製品の輸入が増えています。そのため現在は，以前ほどには加工貿易の性格は強くありません。

2 日本の重工業化

　第二次世界大戦以前は生糸や綿織物といった繊維工業の比重が大きく，**軽工業**中心でした。しかし，1955年頃から高度経済成長がはじまり，鉄鋼業やアルミニウム工業，造船業といった**重工業**中心に変化しました。さらに，石油化学工業なども発達して，重化学工業化が進みました。1960年代になると離農する若者が増え，また第一次ベビーブーム世代が学生生活を終えて社会に進出する時期でもあり，多くの若者が工業発展の担い手として活躍しました。

　しかし1973年の**第一次石油危機(オイルショック)**によって燃料費が高騰したことで，それまでのエネルギー多消費型の社会を見直し，省エネルギーで効率的なエネルギー利用を模索するようになりました。このことは機械工業や自動車工業などの技術の成長につながっていきます。こうして日本は，世界第2位の工業国である西ドイツ(当時)とともに，第1位のアメリカ合衆国にせまるほどの国際競争力を得ていきました。また並行して電子機器や先端技術(ハイテク)産業なども成長しはじめました。

参考

産業の種類
●重厚長大型産業
重化学工業のように，原料を大量に使い，大規模に立地する産業のこと。日本では高度経済成長期に，鉄鋼やアルミニウムなどの金属や造船など，重くて・厚くて・長くて・大きなものをあつかう産業が中心となった。

●軽薄短小型産業
半導体やIC(集積回路)，精密機械など，小型で軽量，高付加価値の製品をあつかう産業のこと。日本では石油危機のあとに，軽くて・薄くて・短くて・小さい部品を集めて組み立てる，加工組立型産業が中心となった。

③ 国際分業体制の進展と「産業の空洞化」

重化学工業化をとげた日本は、生産した工業製品を国内市場で売るだけでなく、世界市場へも輸出していました。しかしアメリカ合衆国との間で貿易摩擦が生じました。これに対し日本は、現地生産や輸出の自主規制などの対策をとりました。また1985年のプラザ合意によって急激な円高が進行すると、対米輸出は落ち着きを見せるようになりました。しかし、こうした輸出不振を解消すべく、日本企業の多くがアメリカ合衆国だけでなく、東南アジア諸国へと工場進出しました。東南アジア諸国がもつ、賃金水準の低さや、資源が豊富で原料の現地調達が容易であるという利点が注目されたのです。こうして東南アジア諸国の経済成長がはじまります。日本企業はその後中国にもさかんに進出するようになりました。

しかし、日本国内の工場が海外に移転したことで、国内で生産される工業製品の出荷額や就業機会が減少しました。こうした状況は「産業の空洞化」とよばれています。

また近年は、各国が最も得意とする分野の物品を世界市場へ輸出するという国際分業体制（→p.238）が整いつつあります。中国のように安価で豊富な労働力を有する国では加工組立型の産業が発達し、中国は「世界の工場」として世界各国へ工業製品を輸出しています。日本も中国などからの工業製品の輸入が増加していて、貿易の形は変わってきています。日本は、機械類や自動車、先端技術製品などの生産を得意としており、これらを輸出しています。

用語

貿易摩擦

国際間の貿易で、輸出・輸入の急激な変化から起こる問題（摩擦）のこと。日本はアメリカ合衆国やヨーロッパ各国に対して輸出超過となっており、1960年代後半から1990年代にかけて、繊維→鉄鋼→電化製品（カラーテレビ）→自動車→半導体の順に、とくにアメリカ合衆国との間で激しい貿易摩擦が起こった。

プラザ合意

1985年9月22日、ニューヨークのプラザホテルで合意された為替レートの安定化に関する発表。アメリカ合衆国の対日貿易赤字の改善策としての意味合いが大きく、この合意によって円高ドル安を誘発するのが目的だった。9月22日当日は1ドルが235円だったが、1年後には150円近くまで切り上げられた。

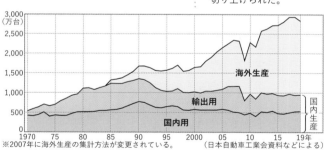

❶ 日本の自動車生産の変化

※2007年に海外生産の集計方法が変更されている。
（日本自動車工業会資料などによる）

TRY! 表現力

日本で1990年代に「産業の空洞化」とよばれる現象が起こったのはなぜか、答えなさい。

ヒント　「産業の空洞化」とは、国内での生産が減少することで産業が衰退すること。

解答例　欧米諸国との貿易摩擦をきっかけに現地生産をはじめる企業が増えたり、賃金の安い東南アジアや中国への工場進出が増えたりしたため。

日本の工業②

着目 ▶ 工業地域の広がりや，日本各地の工業地帯・地域の特徴について理解する。

要点

● **工業地帯** 四大工業地帯(京浜・中京・阪神・北九州)の周辺に，瀬戸内・東海など工業地域が拡大し，臨海型の太平洋ベルトが形成された。現在は北九州を除く三大工業地帯。

● **新しい工業地域** 高速道路網の整備により，内陸部や東北・九州地方に工場が進出した。

1 日本の工業地帯

　「太平洋ベルト」ということばがうまれたのは1960年頃でした。当時の政府が所得倍増計画を策定するさい，四大工業地帯のそれぞれの中間地域に新たな工業地域をつくりだすことが計画され，太平洋に面する広い範囲(ベルト)を工業発展の中核とすることが提唱されました。この頃から「太平洋ベルト」ということばが用いられるようになります。太平洋ベルトでは，原燃料の輸入に便利な，大都市に近接した沿岸部に工場が建設されています。沿岸部には掘り込み式港湾や**埋立地**が造成され，**石油化学コンビナート**も建設されました。その後1970〜80年代にかけては，高速道路や空港の整備が進み，輸送費の負担が小さい軽薄短小型の部品を生産・使用する加工組立型工業が発展したことから，沿岸部だけでなく内陸部へも工業地域が拡大していきました。

　製造品出荷額が最大なのは**中京工業地帯**です。愛知県や三重県北部などを中心に，自動車や自動車関連産業などが発達しています。次いで製造品出荷額が多いのは**阪神工業地帯**です。大阪府や兵庫県などを中心に，古くから工業がさかんです。第二次世界大戦前は日本最大の工業地帯でしたが，

用語

太平洋ベルト
太平洋ベルトの範囲は，経済産業省の統計によるものが一般に定義として用いられる。

所得倍増計画
池田勇人内閣が1960年に策定した長期経済政策。国民所得を10年間で2倍にする目標をかかげ，日本の高度経済成長を後押しした。

四大工業地帯
京浜工業地帯，中京工業地帯，阪神工業地帯，北九州工業地帯の4つ。現在は北九州を除いて，三大工業地帯が一般に用いられる。

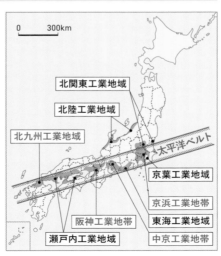

0 300km

北関東工業地域

北陸工業地域

北九州工業地域

太平洋ベルト

京葉工業地域

京浜工業地帯

阪神工業地帯

東海工業地域

瀬戸内工業地域

中京工業地帯

 日本の工業地帯・地域

繊維工業の衰退でその座を京浜工業地帯に奪われました。京浜工業地帯は東京都と神奈川県を中心に，鉄鋼業や石油化学工業，自動車産業，印刷業などがさかんです。長らく日本最大の工業地帯でしたが，工場の過剰集積による地方分散などを背景に，製造品出荷額は減少傾向にあります。かつては四大工業地帯に数えられた北九州工業地域は，筑豊炭田をはじめとする炭鉱の閉山や産業構造の転換などを背景にはやい段階から製造品出荷額が減少しました。

参考

先端技術産業の集積地
東北地方はシリコンロード，九州地方はシリコンアイランドとよばれた。

2 新しい工業地域

　高度経済成長期に，四大工業地帯の間などに工業地域が発達しました。北関東工業地域(関東内陸工業地域)，瀬戸内工業地域，東海工業地域，北陸工業地域，京葉工業地域などで製造品出荷額が多く，ほかにも鹿島臨海工業地域や堺・泉北臨海工業地域，播磨工業地域などが知られています。とくに北関東工業地域と瀬戸内工業地域の製造品出荷額は，京浜工業地帯より大きくなっています。

　1970年代になるとモータリゼーション(車社会化)の進展や高速道路網の拡充などにより，土地の高い都市部周辺から離れ，その沿線の郊外に安価で広大な土地を購入して工場進出する企業が増えました。また地元自治体は企業誘致を進め，雇用の創出を図りました。先端技術(ハイテク)産業に必要なIC(集積回路)などは小型軽量で高価格であるため，高速道路や航空機を利用した輸送でも費用負担が小さくなります。そのため，工場の多くが工業団地とともに，高速道路のインターチェンジや空港の近くに建設されました。さらに安価な人件費をもとめて，東北地方や九州地方への進出も目立ちました。

出荷額の多い順

	金属	機械	化学	食品	繊維	その他

中京 — 9 / 69 / 6 / 5 / 1
機械工業（自動車）がとくにさかん。毛織物や陶磁器に特色がある。

阪神 — 21 / 37 / 17 / 11 / 1
金属工業や化学工業の割合がやや大きい。繊維工業も他地域より多い。

北関東 — 14 / 45 / 10 / 16 / 1
部品を組み立てる形の機械工業がとくにさかん。食料品工業も大きい。

瀬戸内 — 19 / 35 / 22 / 8 / 2
重化学，とくに化学工業の割合が大きい。繊維工業も他地域より多い。

京浜 — 9 / 49 / 18 / 11 / 0.4
機械工業がさかんで，繊維工業の割合は少ない。印刷業に特色。

東海 — 8 / 52 / 11 / 14 / 1
自動車など機械工業と，地元の原料を使った食料品工業に特色。

北陸 — 17 / 41 / 13 / 9 / 4
繊維工業の割合が他地域より多い。繊維・金属などの伝統産業が発達。

京葉 — 22 / 13 / 40 / 16 / 0.2
化学工業がとくにめだつ。石油化学コンビナートと鉄鋼業が中心。

北九州 — 16 / 47 / 6 / 17 / 1
金属工業の割合は低下してきた。食料品工業の割合がめだつ。

（数字は%）　（2017年）
（「日本国勢図会」による）

↑ 日本の工業地域の工業の特色

TRY!
表現力

IC工場の多くが高速道路のインターチェンジや空港の近くに立地しているのはなぜか，説明しなさい。

ヒント　ICは小型軽量で高価格である。

解答例　ICは小型軽量であるため航空機での輸送に適しており，また高価格であるため航空機や高速道路を利用して輸送した場合でも，生産費にしめる輸送費の割合は小さいため。

UNIT 7 日本の商業・サービス業①

着目 ▶ 日本の商業の特徴とその変化について理解する。

要点
● **日本の商業** 事業所・従業者数では小売業，年間販売額では卸売業のほうが多い。
● **日本の商業（小売業）の変化** 古くからの商店街が衰退，ショッピングセンターやコンビニエンスストア中心へ。インターネットショッピングも増加している。

1 商品の流通

　野菜を例にとると，野菜を生産する農家（**生産者**）がいて，その農家から野菜を買う**卸売業者**(問屋)がいます。次に卸売業者から野菜を仕入れる**小売業者**へと流通し，消費者である私たちはスーパーマーケットなどの小売店で購入します。これら**流通**の過程では，商品を運ぶ運送業者，商品を保管しておく倉庫業者など，商品の移動・保管にかかわる**物流業**や，商品の宣伝を行う**広告業**もかかわります。

　卸売業者は複数の小売業者に商品を卸しますが，それだけでなく別の卸売業者に卸すこともあり，2段階，3段階と経ることがあります。また小売業者を経ずに直接消費者へ販売することもあります。そのため卸売業者の販売対象者は小売業者よりも多く，その分，年間販売額が高くなっています。一方の小売業者は，消費者に直接販売するため多くの店舗を構えており，卸売業者に比べて事業所・従業者数が多くなっています。

2 日本の卸売業

　卸売業は商圏（商業活動のおよぶ範囲）が広いため，年間販売額が大きい業種です。卸売業者は東京と大阪に集中しており，とくに東京は卸売商圏の中心的存在です。卸売業者は小売業者へ商品を卸しやすい，つまり小売業者がアクセスしやすい地理的中心地に立地する傾向があるため，これまでは都心部に集中していました。都心部には小規模ながらも，問屋街が残っているところもあります。しかし，都心部での過密を背景に郊外へ移転して，卸売業者が集まる団地が建設されるようになりました。

参考

商業

卸売業と小売業に分けられる。いずれも第3次産業に該当する。

③ 日本の小売業

スーパーマーケットや**コンビニエンスストア**，**デパート（百貨店）**などは小売業に分類されます。現在，最も年間販売額が大きいのは大型スーパーマーケットです。また最近30年でコンビニエンスストアが急成長をとげています。一方のデパートは年間販売額が減少傾向にあり，店舗の統廃合や閉店が進んでいます。

近年はモータリゼーション（車社会化）の進展を背景に，郊外の幹線道路沿いに大型駐車場を備えた大規模なスーパーやファミリーレストラン，ショッピングセンターが見られるようになりました。人々は自家用車で買い物にいくため，これまで徒歩や自転車で客が来ていた既存の商店街は，客足を奪われて衰退傾向にあります。

コンビニエンスストアは近年成長をとげています。人々が多様な生活様式をもつようになったことで，コンビニエンスストアの24時間営業，徒歩圏への出店，豊富な品ぞろえなどが消費者のニーズを獲得しました。また高い頻度で商品の少量輸送を繰り返すしくみや，**POSシステム**の導入などによって多くの在庫を抱える必要がありません。店舗面積が小さくてすむため，駅周辺の地価の高いところへの出店も見られます。

近年はインターネットの登場により，実際に店舗に足を運ばずに在宅のまま買い物ができる（**インターネットショッピング**）ようになりました。高速道路網の整備やコールドチェーンの確立によってこうしたことが可能となり，運送業は売り上げを伸ばしています。

近年は既存の商店街の衰退が目立つようになりました。これは郊外の大型店に客足を奪われているだけでなく，中心市街地での常住人口の減少，施設の老朽化や後継者不足なども要因といわれています。

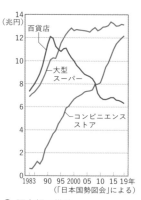

↑ 販売額の推移

「日本国勢図会」による

用語

POSシステム

販売時点情報管理システム（Point of sale system）のこと。販売時点での情報で商品管理を行うため，大量の在庫を抱えることなく，効率よく販売することができる。

TRY! 表現力

古くからある商店街では，閉店を余儀なくされている店舗が増えている。その理由として考えられることを，説明しなさい。

ヒント　モータリゼーション（車社会化）が関係している。

解答例　自動車の普及とともに，郊外の幹線道路沿いに巨大な駐車場を備えたショッピングセンターや専門店が立ち並ぶようになり，一度にまとめ買いができる便利さなどからそうした大型店を利用する人が増えたため。

UNIT ⑧ 日本の商業・サービス業②

着目 日本の産業別人口構成と第３次産業の発展について理解する。

要点
- **日本の産業別人口** 第３次産業従事者が最も多く，東京都と沖縄県で高い割合をしめる。
- **近年の観光業** 日本は観光立国をめざして取り組んでいる。
- **第四次産業革命** IoT(Internet of Things)，ビッグデータやAI(人工知能)の活用。

1 日本の産業別人口割合

　一般的に**産業別人口構成**は，発展途上国で第１次産業従事者，先進工業国では第３次産業従事者の割合がそれぞれ高くなります。日本は第３次産業従事者の割合が年々高まっています。都道府県別に見ると，最も割合が高いのは**東京都**です。東京都は政治や経済の中心都市であり，同時に消費都市でもあります。次いで割合が高いのが**沖縄県**で，観光業が発達していることが要因です。北海道も同様です。

2 近年の観光業

　観光による海外渡航が自由化された1964年から1980年代はじめのドルに対して円安だった頃，海外旅行は非常にお金のかかるものでした。そのため，旅行産業は国内旅行が中心で，観光客をよぶために，国内ではリゾートやレジャー施設，テーマパークなどが相次いで建設されました。しかし，プラザ合意(→p.227)で円高が進行すると円の海外での価値が高まり，海外旅行がそれまでよりも割安となって，1980年代後半から海外旅行者数が急増しました。さらに海外パッケージツアーやインターネットの登場によって海外旅行者数は増えていきました。日本は先進国の中でも労働時間が長いこともあり，日本人の余暇活動は「安い費用，近い場所，短い期間」が特徴です。そのため海外旅行先もアジア諸国が中心となっています。

　近年では訪日外国人観光客の増加が見られます。2000年代初頭から「ビジット・ジャパン・キャンペーン」が行われ，アジア諸国からの旅行者を中心に訪日外国人観光客が増えてきました。訪日外国人は日本の有名な観光地を，効率よく見て回るルートをとることが多く，立ち寄り先が偏っています。そのため，近年では**農泊**とよばれる新し

発展

産業別人口構成

農林水産業などは第１次産業，製造業や建設業などは第２次産業，小売業やサービス業，金融業などは第３次産業に分類される。これはイギリスの経済学者コーリン・クラークが『経済的進歩の諸条件』(1945年)で著した産業分類で，国家の経済発展につれて第１次から第２次，そして第３次へと主産業が移行すると説いた。これを「**産業構造の高度化**」という。
日本には独自に日本標準産業分類という総務省による分類があり，日本国内の統計調査の結果を表すさいに使用されている。

用語

ビジット・ジャパン・キャンペーン

国土交通省が中心となって行っている，訪日外国人旅行客を増やすための，さまざまな観光促進活動のこと。

い旅行形態の提供も進められています。訪日外国人は順調に増加し，2019年に過去最多を記録，2020年には年間4,000万人の訪日外国人数をめざしていましたが，2020年の新型コロナウイルスの世界的な流行の影響で激減し，観光業には大打撃となりました。

③ 第四次産業革命

2016年にスイスで開かれたダボス会議で「**第四次産業革命の理解**」が主要テーマとしてとり上げられました。第四次産業革命は2010年頃から進んだ，**IoT**(Internet of Things, モノのインターネット)の進展による技術革新のことです。以前は，インターネットはパソコンから接続するのが一般的でしたが，スマートフォンやタブレットなどのモバイル端末からもインターネットへの接続が可能となりました。さらに洗濯乾燥機などの家電製品や自動車などの「モノ」がインターネットに接続されるようになっています。

たとえば料理をするさい，これまではつくり方を本やインターネットで調べていましたが，インターネットに接続された自動調理鍋などの家電製品では，もともと内蔵されているレシピ以外の新しいレシピを，ダウンロードして利用することも可能となっています。**ビッグデータ**とよばれる大量のデータを**AI(人工知能)**が分析することにより，利用者に最適な情報を提供することもできるようになりました。これまでの大量生産による画一的なサービスではなく，消費者のニーズをくみ取り，個々に最適化されたサービスが提供できるようになったのです。第四次産業革命は人間生活や社会のあり方を変えてしまうかもしれません。それと同時に，情報技術の高度化は，労働のAIへの代替による雇用への影響，**情報格差**の拡大，消費電力の増加などの課題も抱えています。

用語

農泊

農山漁村での滞在型の旅行のこと。日本の自然に触れることを希望する外国人が増えていることもあり，地域一丸となって，ビジネスとして実施できる体制を整備している。農山漁村の経済の活性化，雇用の創出による移住者の増加，耕作放棄地や空き家の活用，また外国人と交流ができるなどの利点があるとされており，近年外国人にも人気の旅行形態である。

冷蔵庫のAIが，中の食材に応じてメニューを提案してくれる…

⁉️

TRY! 表現力

沖縄県で第3次産業人口の割合が高くなっているのはなぜか，県の産業の特徴を踏まえて説明しなさい。

(ヒント) 沖縄県は豊かな自然や独特の歴史・文化を観光資源とした日本有数のリゾート地である。

(解答例) 沖縄県は観光業が重要な産業となっており，観光に関連するサービス業に従事する人が数多くいるから。

UNIT
1

日本の貿易

着目 ▶日本の貿易の特徴や，貿易品目・貿易相手国の変化について理解する。

要点
- **貿易依存度** 日本の貿易依存度は低く，国内需要で経済が回っている。
- **日本の貿易の特徴** 原燃料を輸入し，工業製品を輸出。近年では工業製品の輸入が増加。
- **日本の貿易相手国・地域** 中国，アメリカ合衆国，次いで韓国・台湾などアジア諸国が多い。

1 日本の貿易依存度

　日本は世界的に見ても人口規模が大きく，国内市場が大きい国です。そのため国外需要よりも国内需要を対象として生産活動を行う企業が多くなっています。**国内総生産（GDP）**に対する輸出額と輸入額の割合は，それぞれ輸出依存度が14.8％，輸入依存度が15.1％です（2018年）。輸出依存度・輸入依存度ともに世界平均がおよそ22％なので，日本は世界的に見ても貿易依存度が低い国です。しかし，1990年代初頭は現在の半分程度の水準だったため，**国際分業**の拡大によって部品の輸出，工業製品の輸入が増えていることがわかります。

2 日本の貿易品

　日本の貿易は，以前よりもその性格は弱まったとはいえ，**加工貿易**を基本としています。

　輸入品は，鉄鉱石・銅鉱・木材などの**原材料**や，原油・石炭・天然ガスなどの**燃料**が中心です。現在では，海外への工場進出などによって，現地で生産された工業製品の輸入も増えています。また，農産物や食料品の輸入も多くなっています。日本が自給できるのは米と鶏卵くらいで，肉類や魚介類，乳製品，野菜，果物，加工食品などの輸入が増えています。

　輸出品は，機械類や自動車，自動車関連部品などの工業製品が中心です。そのほか，精密機械や鉄鋼，船舶などの輸出もさかんです。

参考

日本の貿易

第二次世界大戦前までの日本の貿易は，軽工業が中心であった。綿花や羊毛などの繊維原料を輸入し，綿織物や衣類などの繊維製品を輸出するという加工貿易を基本としていた。

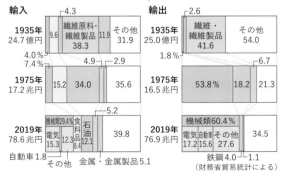

輸入

| 1935年 24.7億円 | 9.6 | 繊維原料・繊維製品 38.3 | 4.3 | 11.9 | その他 31.9 |

| 1975年 17.2兆円 | 4.0% 7.4% | 15.2 | 4.9 | 34.0 | 2.9 | 35.6 |

| 2019年 78.6兆円 | 機械類29.4% 電気15.3 | 食料品8.4 12.3 | 石油12.1 | 5.2 | 39.8 |
自動車1.8
その他　金属・金属製品5.1

輸出

| 1935年 25.0億円 | 繊維・繊維製品 41.6 | 2.6 | その他 54.0 |

| 1975年 16.5兆円 | 1.8% 53.8% | 18.2 | 6.7 | 21.3 |

| 2019年 76.9兆円 | 機械類60.4% 電気17.2 自動車15.6 | その他27.6 | 34.5 |
鉄鋼4.0　1.1
（財務省貿易統計による）

◆ 日本の貿易品の変化

③ 日本の貿易相手国

　日本の最大の貿易相手国は長らくアメリカ合衆国でしたが，現在は**中国**が最大の相手国です。人口大国である中国は，近年の経済成長によって国民の生活水準が高まり，購買層が拡大することによって，市場として魅力が高まりました。日本から中国市場への輸出だけでなく，日本企業が工場をおき，安価な労働力を用いて製造した工業製品を輸入するための生産拠点としても機能しています。

　地域別では，1990年代から日本企業のアジアへの進出が本格化しました。2000年代にはアジア諸国の経済成長にともない，日本の貿易はそれまでの欧米諸国中心から，韓国・台湾などアジア諸国中心に変化しました。

　日本のおもな貿易相手国は，加工貿易を反映したものとなっています。そのため，原燃料の輸入先であるサウジアラビアやアラブ首長国連邦などのペルシア湾岸諸国，オーストラリア，インドネシアなどの国々は日本にとって重要な貿易相手国です。とくにペルシア湾岸諸国は，石油や天然ガスの重要な輸入先となっています。また鉄鉱石はオーストラリアやブラジルから，石炭はオーストラリアやインドネシアからの輸入量が多くなっています。オーストラリアから多くを輸入している鉄鉱石や石炭は，日本の鉄鋼業にとって欠かせない原燃料です。

　日本は多くの国に対して輸出超過となっていて，貿易摩擦を引き起こすことがあります。とくにアメリカ合衆国との貿易摩擦は長年にわたって続いており，アメリカ合衆国は日本の市場開放が不十分であると主張しています。そのため，2020年1月には，日米間の農産品と工業製品の関税を撤廃または削減させるという日米貿易協定が発効しました。加えて，アメリカ合衆国は，アメリカ企業の日本での経済活動の自由度を高めるようにも要求しており，貿易摩擦は，**経済摩擦**へと発展することもあります。

輸出(2018年)

中国 19.5%
合計 7,380億ドル
その他 32.6
アメリカ合衆国 19.1
韓国 7.1
(台湾) 5.7
(香港) 4.7
EU 11.3

輸入(2018年)

中国 23.2%
合計 7,483億ドル
その他 39.0
アメリカ合衆国 11.2
オーストラリア 6.1
サウジアラビア 4.5
韓国 4.3
EU 11.7

（「日本国勢図会」による）

↑ 日本の貿易相手国

カナダ 6.2
その他 10.2
オーストラリア 57.3%
ブラジル 26.3
合計 1.2億t

(2019年)（「日本国勢図会」による）

↑ 鉄鉱石の輸入先

TRY! 表現力

日本にとってオーストラリアが重要な貿易相手国といえるのはなぜか，説明しなさい。

 日本の輸入相手国の第3位がオーストラリアである（2018年）。

 工業や電力に欠かせない原燃料のほとんどを輸入に依存している日本にとって，オーストラリアは鉄鉱石や石炭，液化天然ガスの最大の輸入相手国となっているから。

日本の交通・通信

UNIT 2

着目 ▶ 日本の陸上・海上・航空交通の様子と変化について理解する。

要点

● **日本の交通** 旅客・貨物輸送ともに自動車の利用が最多。原燃料・自動車など重厚長大な品は海上輸送，IC など軽薄短小な品や高鮮度が求められる農水産物は航空輸送。

● **日本の通信網** 高度な情報通信技術(ICT)が情報化社会を支える。近年は SNS が発達。

1 日本の陸上交通

　日本の近代的な陸上交通は明治時代に導入されて以降，長らく鉄道が主役でした。鉄道網の整備は，**国有鉄道**だけでなく私鉄も加わり進められました。「夢の超特急」新幹線の開業は1964年，9日後の**東京オリンピック**開幕を間近に控えた10月1日のことでした。それ以後，新幹線は次々と開業し，日本を縦断する重要な交通網として活躍しています。また在来線は三大都市圏を中心に利用者数が多くなっています。日本は世界の中でも鉄道輸送量(単位：人キロ)が多い国です。

　一方で1960年代の高度経済成長期を経て，自家用車の保有台数が急増しました。とくに1980年代から90年代にかけて日常生活での自動車への依存度が高まり，モータリゼーション(車社会化)が進みました。同時に，高速道路網の整備が進められ，1963年の**名神高速道路**の開通をはじめとして，日本全国各地を結ぶ高速道路が開通していきました。現在では青森県から鹿児島県まで高速道路で結ばれています。

　鉄道は大量輸送，長距離輸送，高速輸送が可能です。**自動車**はこうした輸送を担うことができませんが，戸口輸送や端末輸送が可能であり，また動かしたいときに動かせるなど輸送の弾力性があります。こうして自動車と鉄道はそれぞれの短所を補いながら，陸上交通を担っています。近年は自動車輸送量が増えすぎたこともあり，排気ガスによる大気汚染，騒音，振動などの交通公害，交通事故，駐車場の不足などが問題視されていて，鉄道が再評価されています。

2 日本の海上交通，航空交通

　日本は山がちな地形で河川は急流が多いため，大規模な河川交通は発達しませんでした。そのため船舶交通の中心は**海上輸送**です。船舶

参考

国鉄の民営化

日本国有鉄道(国鉄)は1987年にJRグループ各社に分割され，民営化された。

日本の新幹線

東海道新幹線，山陽新幹線，東北新幹線，上越新幹線，山形新幹線，秋田新幹線，九州新幹線，北陸新幹線，北海道新幹線がある(2020年)。

用語

戸口輸送と端末輸送

戸口輸送は，荷物を発送荷主の戸口から，受取先の戸口まで輸送すること。ドア・ツー・ドア輸送ともいう。

端末輸送は，大型の物流倉庫である配送センターと受取・発送先の間で，小口の荷物を集荷・配送すること。

は大量輸送が可能であるため，安価に輸送することができますが，非常に低速であるという短所をもっています。しかし，日本のような海洋国家における船舶交通の重要度は高く，貨物輸送量は自動車に次いで多くなっています。近年では，石油などを運ぶ**タンカー**や**コンテナ船**，**自動車専用船**や**LNG**（液化天然ガス）**船**などの，輸送する貨物に特化した専用船が就航しています。

航空交通は飛行機を利用するため，非常に高速で輸送できます。しかし，輸送できる貨物は少量で，小型のものに限られることに加えて，輸送費が高いため，輸送する貨物は限られます。近年は精密機械などの小型軽量で高価な貨物の輸送需要が増加したこともあり，航空輸送量が増えています。また航空交通の発達で，観光業が進展したことも見逃せません。

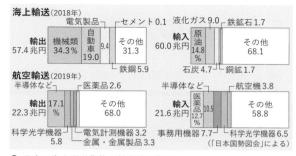

● 日本の海上運送貨物と航空輸送貨物

③ 日本の通信網

近年は**情報通信技術**（**ICT**）が日進月歩で発達し，**情報社会**が進展しています。電話やファックス，手紙といったこれまでの通信手段だけでなく，インターネットを利用した通信網が整備され，送れる情報量も増大しています。さらにインターネットを利用するさいは，パソコンだけでなくスマートフォンやタブレットなどモバイル端末を利用できるようになり，遠距離を克服して交流が可能な時代になってきました。

一方で，**SNS**などの新しいコミュニケーションには，犯罪被害や個人情報の漏洩，情報の信憑性などの問題点も存在するため，利用にさいしては**情報リテラシー**を身につける必要があります。

 参考

航空輸送

高い鮮度を保つ必要がある肉類や魚介類，野菜，果物といった生鮮食料品や花などの輸送も行われている。またダイヤモンドや美術品などの高額なもの，医薬品などの緊急を要するものなどにも適している。

SNS

ソーシャル・ネットワーキング・サービス（Social Networking Service）のこと。ウェブサイト上で社会的なネットワークを構築できるサービス。時と場所を問わず見知らぬ相手とコミュニケーションをとることができる。

情報リテラシー

情報・データを，適切に管理・使用できる能力。

TRY!
表現力

日本の貨物輸送において，近年注目されている取り組みの1つにモーダルシフトがある。そのしくみとおもな効果について説明しなさい。

ヒント　モーダル（modal）シフト（shift）は直訳すると，様式を転換すること。

解答例　自動車に鉄道や船を組み合わせる輸送方式のことで，自動車輸送の一部を鉄道や船に切り換えることによって，二酸化炭素の排出量を削減でき，地球温暖化対策になる。

UNIT

3

世界の貿易

着目 おもな貿易の形態と，諸国間や域内で拡大する貿易の様子を理解する。

要点

● **世界の貿易** 得意な物品を製造・輸出し合う国際分業，自由貿易と保護貿易，垂直貿易と水平貿易など。世界貿易機関(WTO)主導で自由貿易を促進してきた。

● **域内貿易** EU，ASEAN，FTA・EPA，TPPなど，各組織・協定の締結国間で拡大している。

1 国際分業の確立と貿易の拡大

世界各国が自国の特性を生かして生産した物品を世界市場へ輸出しあうことを，国際分業といいます。たとえば，資源小国である日本は原燃料を海外から輸入し，高い技術力をもって工業製品を生産して世界市場へ輸出する加工貿易を採用していて，これも国際分業です。国際分業は自国で物品を生産するよりも，安価で手に入れることを目的としています。また自給自足の経済では手に入らない産物が手に入るため，生活の多様性がよりうまれやすくなります。

世界では国際分業を背景とした貿易が行われています。ロシア連邦やサウジアラビアなどは石油，オーストラリアは鉄鉱石や石炭をそれぞれ輸出しています。日本やアメリカ合衆国といった先進国は機械類や自動車などの工業製品を輸出しています。世界人口の増加にともなってさまざまな需要がうまれ，日々貿易が拡大しています。

しかし，関税などの障壁を排した**自由貿易**を推進すると，国内産業が衰退する可能性があります。そのようなとき，国内産業を保護するために，高い関税をかけたり，輸入量を制限したりして，他国からの輸入を制限することもあります。ただし，こうした規制が強すぎると**保護貿易**と指摘されることがあります。第二次世界大戦前にも，欧米諸国で保護貿易政策がすすめられ，これが政治的な摩擦にもつながっていきました。この反省から1947年にうまれたのが**関税及び貿易に関する一般協定(GATT)**です。GATTは1995年に**世界貿易機関(WTO)**へと強化されました。

2 域内貿易の拡大

1967年に結成された**ヨーロッパ共同体(EC)**は，1993年にヨー

発展

保護貿易

第二次世界大戦前の世界で顕著となった。1929年に発生した**世界恐慌**によって輸出不振となった欧米諸国は，それぞれの植民地をふくめた経済圏で保護貿易政策を進めた。一方，植民地をもたない日本やドイツ，イタリアなどは，経済圏や資源確保の必要にせまられ，これが他国・他地域への侵略の要因の1つとなったとされる。

ロッパ連合(EU)へと発展しました。人・モノ・金・サービスの移動が自由化され，EU域内の貿易が促進されています。また北アメリカでは**米国・メキシコ・カナダ協定(USMCA)**，東南アジアでは**東南アジア諸国連合(ASEAN)**をそれぞれ結成して域内貿易を拡大させています。

近年では，**自由貿易協定(FTA)**をふくむ広い範囲での経済的な関係強化を目的とした，**経済連携協定(EPA)**の締結も見られるようになってきました。日本は2002年にシンガポールとの間で最初のEPAを締結し，その後もEPA締結を進めています。最近では**環太平洋パートナーシップ(TPP)協定**や地域的な包括的経済連携(RCEP)協定を締結し，自由貿易の拡大をめざしています。

用語

USMCA
米国・メキシコ・カナダ協定の略称。1994年に発効した北米自由貿易協定(NAFTA)よりも自由貿易の度合いを薄めた内容で，アメリカ合衆国，カナダ，メキシコの3か国で署名され，2020年7月に発効した。

③ 垂直貿易と水平貿易

発展途上国の主要な輸出品目は，鉱産資源や農産物などの**一次産品**であることが多く，先進国がそれらを輸入しています。こうした貿易を**垂直貿易**といい，おもに先進国と発展途上国との間で行われています。先進国と発展途上国の間の貿易では，先進国が安く商品を買い入れることによって，現地の企業や生産者に十分に利益がいきわたらないということが，近年問題になっています。そのため，先進国が適正な価格で商品を買い入れる**フェアトレード**によって，生産者の生活向上や自立につなげる活動が行われています。先進国同士は工業製品の輸出入が多くなっていて，これは**水平貿易**とよばれます。

東南アジア諸国では，かつては日本やアメリカ合衆国などへ一次産品を輸出する垂直貿易が中心でしたが，近年ではASEAN域内での水平貿易がさかんです。こうした状況を後押しするために，ASEANはそれまでのASEAN自由貿易地域(AFTA)に加えてASEAN経済共同体(AEC)を創設し，域内貿易の拡大を図っています。

国際的な基準を満たしたフェアトレード商品には，認証ラベルがつけられているよ。

TRY! 表現力

先進国と発展途上国との貿易において近年重要視されている「フェアトレード」とは何か，答えなさい。

ヒント　フェアトレード(fair trade)は直訳すると「公平(公正)な貿易」のこと。

解答例　先進国が発展途上国から適正な価格で農産物などを買い入れることで，生産者の生活向上や自立につなげようという貿易のしくみ。

UNIT

世界の交通・通信

着目　高速交通や情報通信技術の発達による，国家間や地域間の結びつきの変化を理解する。

- **せまくなる地球**　人々の空間認識が拡大，高速道路網の発達により時間距離が縮まる。
- **世界の交通**　陸上交通の中心は自動車。国土面積の広大な国では鉄道交通，ヨーロッパでは河川交通が発達。航空交通では旅客輸送が中心。

1 せまくなる地球

　かつて世界の各地域はそれぞれがほぼ孤立して存在しており，人々の空間認識は非常に乏しいものでした。古代ギリシャ時代に描かれた地図が西アジア周辺しか描かれていなかったことからも，それが理解できます。

　「**せまくなる地球**」ということばがあります。このことばは交通網などの発達によって，世界の遠く離れた国々を身近に感じることができるようになったことが背景でうまれました。これは，交通手段の高速化だけでなく，インターネットの登場による情報収集手段の飛躍的な向上などが背景にあります。

　人々が最も重要視するのは，目的地に到達するまでの所要時間です。これを一般に**時間距離**といいます。物理的な距離は小さくならないので，時間距離を小さくするためには，移動や輸送の高速化を図る（所要時間を短くする）必要があります。こうして交通や通信が発達してきました。移動や輸送の高速化は，航空機や高速鉄道の登場，高速道路の敷設などによって可能となりました。

　通信手段も飛躍的に向上しました。かつて日本からイギリスまで手紙を国際便で出すと6日かかったといわれますが，現在では手紙を電子メールで作成すれば，すぐに相手に送ることができます。つまり情報の移動に関する時間距離は消滅したといえます。また，**通信衛星**の登場により，地球の裏側で行われているスポーツなどのイベントも，映像でほぼ同時に観ることができるようになりました。

2 おもな輸送機関の特徴

　18世紀以前の人類は，風力や水力，畜力など，おもに自然の力を

国名	％
韓国	96.0
イギリス	94.9
ドイツ	89.7
アメリカ合衆国	87.3
フランス	82.0
ロシア連邦	80.9
日本	79.8
メキシコ	65.8
タイ	56.8
中国	54.3
ナイジェリア	42.0
インド	34.5

（2018年）（「世界国勢図会」による）

🔵 おもな国のインターネット利用者割合

利用して活動していました。18世紀後半からの産業革命（さんぎょうかくめい）によって**蒸気機関車**（じょう）や**蒸気船**が登場し，人々の行動空間は飛躍的に広がりました。

陸上交通の発展は鉄道輸送からはじまりました。**鉄道交通**は大量・長距離・高速輸送が可能で，自動車の登場までは陸上交通の中心でした。人だけでなく貨物輸送にも利用され，現在でも国土面積が広大な国では，モノの輸送に**大陸横断鉄道**が活躍しています。**自動車**は鉄道の短所を補うことができ，その利便性の高さから現在の陸上交通の中心となっています。

⬆ 大陸横断鉄道(オーストラリア)

船舶交通（せんぱく）は古い時代から利用されていました。大規模な河川交通は日本では発達しませんでしたが，地形の起伏（きふく）が小さい欧米諸国（おうべい）では，河川は重要な交通網として発展しました。低速ですが，大量輸送が可能で，その分，輸送費が非常に安くなります。現在でも世界中をめぐる船舶交通が利用されています。

航空交通は，航空技術の進歩にともない，とくに第二次世界大戦後に発達しました。出発地と目的地を最短距離で結ぶことができ，高速輸送が可能であるため，航空機を利用した場合の移動の時間距離は小さくなります。しかし大量輸送や高重量貨物の輸送はできず，輸送費は高くなります。そのため輸送できる貨物は小型軽量で高額なものに限られており，多くは旅客輸送として利用されています。

③ 世界を結ぶ通信網

近年，インドでは**ソフトウェア産業**が発展しています。英語が準公用語（こう）（ようご）であること，アメリカ合衆国との時差（じさ）がおよそ半日であることから，アメリカ合衆国の企業（きぎょう）などと連携（れんけい）して24時間体制での開発が可能となっています。情報社会は距離の概念（がいねん）をくつがえして，新しい価値をうみだしています。

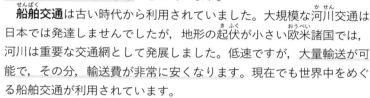

参考

情報通信網

国際間，大陸間の通信を行うために，世界中に**海底ケーブル**が張りめぐらされている。19世紀中ごろのヨーロッパを始まりに，整備がすすめられ，現在は**光ファイバー**の使用によって，大容量の通信が可能となっている。また，**人工衛星**もさまざまな情報の通信などに使用されている。身近なものとして，衛星放送や，カーナビやスマートフォンでも使用されている**GPS**（全地球測位システム）がある。

TRY! 表現力

インドのソフトウェア産業が発展した理由について，アメリカ合衆国との地理的位置関係の面から説明しなさい。

（ヒント） インドはアメリカ合衆国の真裏に位置し，両国は昼夜が反対の関係にある。

（解答例） インドはアメリカ合衆国とおよそ半日の時差があるため，アメリカ合衆国が夜の時間帯にインドの企業は，合衆国の企業からソフトウェアの開発・作成を引き継ぐことができるから。

4つの「距離」

●「距離」といえば，「絶対距離」

距離という言葉を聞くと，「自宅から学校までの距離」，「東京から大阪までの距離」，「日本からアメリカ合衆国までの距離」といったように，出発地から目的地までの距離をイメージすると思います。これは「**絶対距離**(または**物理距離**)」といいます。

●「時間距離」という概念

「本日は，弊社にお越しいただきありがとうございます。ご自宅からここまでどれくらいの時間がかかりましたか？」

みなさんが将来，就職活動の面接のときに必ず聞かれると思われる言葉です。これに対して，「30分です！」とか「1時間くらいです！」といった返答をすると思いますが，この「30分」も距離であり，これは「**時間距離**」とよばれます。

人間は生きている限り，みんな平等に「1日24時間」の時間を与えられて生きています。時間というものは大変貴重なものであり，お金と違って失った時間は二度と戻ってきません(お金は努力次第では取り戻すことができます)。そのため，先人たちだけでなく，我々のような現代人においても，移動にかかる時間距離を短縮させることをいの一番に考えてきました。

時間距離を短縮させるためには，絶対距離を短縮させるか，もしくは移動の高速化を可能にする必要があります。しかし，前者は不可能です。日本とハワイの直線距離はおよそ6,500kmですが，これがある日突然20kmくらいになることはありません。もしそれが現実となるなら，地球上では天変地異が起こって大変なことになってしまいます。しかし，後者は可能です。移動に利用する自動車や鉄道，船舶，飛行機などの輸送機関の高速化を図ればよいのです。そのために，自動車の高速移動を可能にする高速道路，新幹線のような高速鉄道，出発地と目的地を直線で結ぶ(つまり最短距離となる)飛行機などを開発しました。また，これらに関連して大型ターミナル駅や空港なども整備されました。

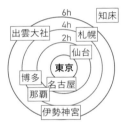

↑ 東京からの時間距離

●「時間距離」はゼロになった！？

移動するのは人やモノだけではありません。情報も移動します。

1582年，明智光秀が主君・織田信長を裏切り，信長は京都の本能寺で自害するという事件がおきました。信長の死後，光秀は有力大名に対して「自分に与するよう」にと密書を送りました。しかし密書を携えた使者が，毛利と戦っていた羽柴秀吉の陣営に迷い込んでとらえられてしまいます。その後，秀吉は信長の死を隠しつつ，毛利と和睦を結び，10日間でおよそ200kmの行程を引き返して光秀を討ち果たします。

もし，あの時代にLINEなどがあれば，秀吉に知られることなく，光秀は即座に有力大名に

連絡ができ，天下をとったかもしれません。しかし，信長自身も秀吉にすぐ助けを求めたかもしれませんね。

つまり，近年は通信技術の向上によって，インターネットに接続可能な情報端末さえあれば，世界中どこにいても即座に情報を伝えることができるのです。情報の移動にかかる時間距離は，もはや「ゼロ」になったといえます。

● 時間をとるか，お金をとるか

移動にかかる費用を表したものを**経済距離**といいます。以前に比べて，円高が進行したことや，海外パッケージツアーが登場したことによって，気軽に海外旅行を楽しめるようになりました。経済距離が短縮したといえます。

しかし，経済距離が小さければよいことだとは言い切れません。東京から鹿児島までの移動を考えます。飛行機で移動すれば時間距離は小さくなりますが，経済距離は大きくなります。しかし新幹線で移動すれば時間距離は大きくなりますが，経済距離は飛行機より小さくなります。どちらがよいという問題ではなく，人それぞれ目的に応じて取捨選択します。

● 情報の質と量で変化する「感覚距離」

感覚距離は，感覚によって表す距離です。日本から見てアメリカ合衆国までの絶対距離は大きいですが，感覚距離は小さいといえるでしょう。しかし，中央アジアの国までの絶対距離は小さいですが，感覚距離は大きいといえます。これは日本人が中央アジアについての知識をあまりもっていないことが理由です。

突然ですが，パラオ共和国という国をご存じですか？　「えっ！？　どこ！？」といった感覚を覚えたと思います。

パラオは1994年10月1日にアメリカ合衆国の信託統治領から独立した国です。かつて1919年からおよそ26年間日本の委任統治領だったこともあり，多くの日本語がパラオ語になりました。「ビョーイン」，「デンキ」，「ベントー」など，500近い言葉が日本語由来です。また独立した当時の大統領はクニオ・ナカムラという日系人でした。さらに東経135度を標準時の基準としていることもあり，日本と時差がありません。こうした情報を聞いて，少しは身近に感じましたか？

入手できる情報の質と量で変化するもの，これこそが感覚距離といえるのです。

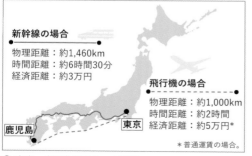

新幹線の場合
物理距離：約1,460km
時間距離：約6時間30分
経済距離：約3万円

飛行機の場合
物理距離：約1,000km
時間距離：約2時間
経済距離：約5万円＊

＊普通運賃の場合。

鹿児島　東京

● 東京－鹿児島間の3つの距離

いろいろな「距離」があるんだね！　!?

定期テスト対策問題

解答 ➡ p.322

問 1 地形図

右の地形図を見て，次の問いに答えなさい。

(1) 地形図中の**A〜D**の
地図記号が示す建物を
次から１つずつ選び，
記号で答えよ。

　ア　高等学校
　イ　市役所
　ウ　郵便局
　エ　図書館
　オ　小・中学校
　カ　消防署
　キ　町村役場
　ク　老人ホーム

（国土地理院発行 2万5千分の1地形図「宇治」）

(2) 地形図中の**B**の地点
のおよその標高を，次
から１つ選び，記号で答えよ。

　ア　約100m　　イ　約120m　　ウ　約140m　　エ　約160m

(3) 地形図中の**E**の地域の土地利用を，次から１つ選び，記号で答えよ。

　ア　田　　イ　桑畑　　ウ　果樹園　　エ　茶畑

(4) 地形図中の**F**の「銘城台」から見た**C**の建物の方位を，八方位で答えよ。

問 2 自然

右の地図を見て，次の問いに答えなさい。

(1) 地図中の**A**に伸びる活断層の集まりを境として，日
本列島の山地の方向が変わっている。**A**を何とよぶか。

(2) 地図中の**B**・**C**の平野を流れる川を，次から１つず
つ選び，記号で答えよ。

　ア　利根川　　イ　石狩川　　ウ　北上川
　エ　筑後川　　オ　木曽川

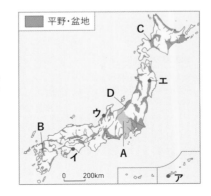

(3) 右の図は，地図中の**D**の川と世界の大河川の勾配(こうばい)を比べたものである。この図から読み取れる，**D**の川の特色を簡単に説明せよ。

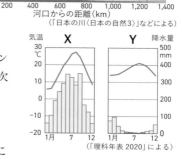

(グラフ内) 標高(m)　D　アマゾン川(6,516km)　セーヌ川　ナイル川(6,695km)　河口からの距離(km)

(「日本の川〈日本の自然3〉」などによる)

(4) 右の雨温図**X**で気候を示した都市を，地図中の**ア〜エ**から1つ選び，記号で答えよ。

(5) 右の雨温図**Y**は，**X**の都市とほぼ同緯度(いど)に位置するロサンゼルス(アメリカ合衆国)の気候を示している。**Y**の気候を次から選び，記号で答えよ。

ア 西岸海洋性気候(せいがんかいようせい)　**イ** ステップ気候
ウ 地中海性気候(ちちゅうかいせい)　**エ** 温暖湿潤気候(おんだんしつじゅん)

気温　**X**　**Y**　降水量
(「理科年表2020」による)

(6) ロサンゼルスは，日本列島と同じ造山帯に属している。この造山帯を何というか。

(7) 地図中の**ア**の都市をふくむ南西諸島では，海岸沿いに _____ という樹木群が見られ，多様な生物の生息地になっている。_____ にあてはまる語句を答えよ。

問 **3** 人口

右の資料を見て，次の問いに答えなさい。

(1) **資料1**中の**ア〜ウ**は，ヨーロッパ・アフリカ・アジアの人口割合を示している。アジア・アフリカにあたるものを**ア〜ウ**から1つずつ選び，記号で答えよ。

(2) **資料1**中の**ア・イ**の地域を中心に見られる，人口の急激な増加を何というか。

(3) **資料2**は日本・中国・インド・アメリカ合衆国の人口ピラミッドを示している。インドにあたるものを**ア〜エ**から選び，記号で答えよ。

資料1

	1960	1990	2020	(年)
オセアニア0.5				
北アメリカ		4.7		
ラテンアメリカ	0.5	5.3	8.4	
ウ	6.7	8.3	9.6	
	7.3	13.5	17.2	
イ	19.9	11.8	59.5%	
ア	9.3	60.6%		
	56.2%			

(「世界国勢図会」による)

(4) 人口ピラミッドには，おもに次の**ア〜ウ**の3種類がある。1930年代から現在にかけて，日本の人口ピラミッドはどのように変化してきたか。古いものから順に並べ，記号で答えよ。

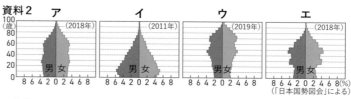

資料2　**ア** (2018年)　**イ** (2011年)　**ウ** (2019年)　**エ** (2018年)　男 女　(%)
(「日本国勢図会」による)

ア つりがね型　**イ** 富士山型(ふじさん)　**ウ** つぼ型

(5) 日本の農山村では，人口の減少と高齢化(こうれいか)が進み，地域社会を維持(いじ)する機能が弱くなっている。このような現象を何というか。

問 4 資源・産業

右の地図を見て，次の問いに答えなさい。

(1) 地図中の**ア〜ウ**は，次の①〜③(三大穀物)の栽培地域を示している。①〜③にあてはまるものを**ア〜ウ**から1つずつ選び，記号で答えよ。

① 米 ② とうもろこし
③ 小麦

(2) 日本から地図中の**A**などの遠くの海へ航海してまぐろなどを漁獲する ☐ **a** ☐ は，原油などの ☐ **b** ☐ 燃料を多く消費するため，石油危機をきっかけに衰退していった。**a**にあてはまる漁業の種類，**b**にあてはまる語句を答えよ。

(3) 右のグラフは，地図中の4か国の発電量割合を示している。日本・フランスにあたるものを**ア〜エ**から1つずつ選び，記号で答えよ。

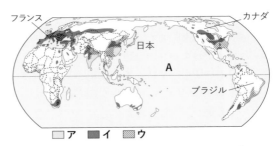

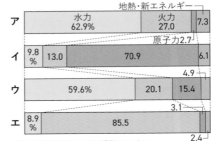

※合計が100％になるように調整していない。
(2017年) (「世界国勢図会」による)

問 5 交通・通信

右の地図を見て，次の問いに答えなさい。

(1) 地図中の**A〜C**の新幹線の路線名をそれぞれ答えよ。

(2) 貿易が日本最大の空港を地図中の**ア〜エ**から1つ選び，記号で答えよ。

(3) 次のグラフは，自動車・船舶・鉄道・航空機による旅客輸送量の変化を示している。鉄道・航空機にあたるものを**ア〜エ**から1つずつ選び，記号で答えよ。

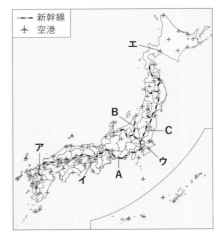

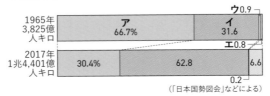

(「日本国勢図会」などによる)

5 章

日本の諸地域

SECTION 1 九州地方
SECTION 2 中国・四国地方
SECTION 3 近畿地方
SECTION 4 中部地方
SECTION 5 関東地方
SECTION 6 東北地方
SECTION 7 北海道地方

UNIT 1 ｜ 九州地方① 概要・自然

着目 ▶ 特色ある火山地形が見られ，温暖で雨の多い気候であることを理解する。

要点
- **九州地方のあらまし** 九州島の7県と沖縄県からなり，対馬や南西諸島の島々など離島も多い。
- **九州地方の地勢** 火山が多く，阿蘇カルデラやシラス台地は火山活動によってできた地形である。
- **九州地方の気候** 九州島は太平洋側の気候，南西諸島は亜熱帯気候を示す。

1 九州地方のあらまし

九州地方は九州7県と沖縄県をふくむ**南西諸島**からなります。人口は1,426万人で，全国のおよそ11%をしめます。また面積は4万4,512 km²で，人口密度はおよそ320人/km²となっています(2019年)。

2 九州地方の地勢

九州地方は日本列島の南西に位置して南北に長く広がっています。北側は**日本海**，西側は**東シナ海**，南側は**太平洋**に面しています。

九州地方は**火山**の多い地域です。阿蘇カルデラの一部である阿蘇山や姶良カルデラの一部である桜島(御岳)，雲仙岳などの火山が有名です。こうした火山を利用して**地熱発電**が行われており，大分県の**八丁原地熱発電所**など，国内の地熱発電所の6割が九州地方に存在します。火山灰が堆積してできた**シラス台地**は，畑作に利用されています。また源泉が多く見られ，これらは**温泉**として利用されています。とくに大分県，熊本県，鹿児島県は源泉数の多い県として知られています。またとくに低緯度に位置している地方であるため，強い太陽エネルギーを利用して**太陽光発電**も行われています。

参考

九州地方

九州島にある福岡県，大分県，熊本県，佐賀県，長崎県，宮崎県，鹿児島県の7県と沖縄県を指す。

阿蘇カルデラ

南北約25 km，東西約18 kmもあり，その規模は世界最大級である。

● 九州地方の様子

248

③ 九州地方の気候

　九州地方は，暖流の黒潮（日本海流）と対馬海流が東西を流れています。こうした暖流に囲まれているため温暖な気候を示し，また降水量が多い地域です。冬になると大陸からの季節風（モンスーン）の影響を受けますが，比較的温暖なため降雪量はそれほど多くなく，積雪もほとんどありません。

　九州地方は，梅雨前線の影響を強く受ける地域であり，6〜7月にかけて降水量が多くなります。また8〜9月は台風の襲来に見舞われ，夏から秋にかけて土砂災害や洪水などの被害が発生します。とくに沖縄県は日本列島の中でも早い段階で梅雨入りする地域であり，また低緯度に位置しているため1年を通して温暖で，亜熱帯気候とよばれる高温多雨の気候が展開します。

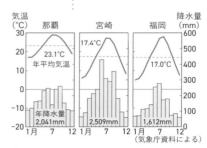

↑ 九州地方の雨温図

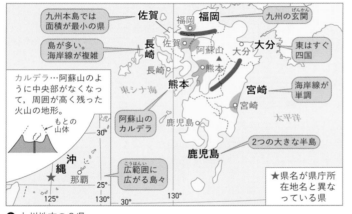

↑ 九州地方の8県

TRY! 表現力

九州北部は日本海側に面しているが，冬にそれほど多くの降雪が見られず，積雪もほとんどない。その理由について説明しなさい。

（ヒント）九州北部の緯度を考える。

（解答例）九州北部はそれほど高緯度に位置しておらず，周辺海域を暖流が流れているため冬でも温暖であるから。

UNIT 2 ｜ 九州地方② 農林水産業

着目 ▶ 北部と南部で農業形態が異なることを理解する。

要点

● **九州地方の農業** 北部は稲作，南部は畑作と畜産業がさかんである。

● **特色ある農業** 宮崎平野で野菜の促成栽培，筑紫平野で二毛作が行われている。

● **九州地方の水産業** 大陸棚が広がる東シナ海は好漁場となっている。

1 九州地方の農業

　九州地方は北部と南部でおもな農業形態が異なります。北部は筑紫平野や熊本平野などが広がり稲作がさかんに行われています。筑紫平野では水田の裏作として，小麦などを栽培する二毛作も行われています。また福岡市や北九州市，熊本市といった政令指定都市が位置していることもあり，大市場向けの**園芸農業**も行われています。そのほか，長崎県のみかんやびわ，佐賀県の米，大麦，みかんなども有名です。

　一方の南部は，火山灰が堆積してできたシラス台地が広がっており，保水性が悪く稲作に適していません。そのため鹿児島県や宮崎県などでは**畑作**が中心となっています。宮崎平野ではきゅうりやピーマンの促成栽培がさかんです。鹿児島県では昔から**さつまいも**の生産がさかんであり，地中で育つため台風が襲来しても不作になる心配が少なく，安定した食料供給源として重宝されてきました。南部は**畜産業**もさかんです。さつまいもなどは豚の飼料としても用いられています。畜産品としては**豚肉**だけでなく**牛肉**や**鶏肉**なども生産されています。

　沖縄県では亜熱帯気候を利用した熱帯性作物の栽培がさかんです。**さとうきび**や**パイナップル**などが主産品となっていて，近年では**野菜や花き**の栽培もさかんです。

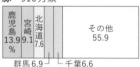

豚 916万頭

鹿児島 13.9%	宮崎 9.1	北海道 7.6	その他 55.9

群馬 6.9 ── ┗ 千葉6.6

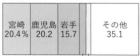

肉用若鶏 1.4億羽

宮崎 20.4%	鹿児島 20.2	岩手 15.7	その他 35.1

青森 5.0 ── ┗ 北海道 3.6

（2019年） （農林水産省資料による）

◆ 豚・肉用若鶏の飼育数

2 九州地方の林業

　九州地方は南北におよそ1,200kmと範囲が広いため，気候に適し

参考

宮崎平野の促成栽培

温暖な気候を利用して野菜の早づくり（促成栽培）をして端境期出荷（→p.259）を行っている。きゅうりやピーマン，なす，かぼちゃなどの夏野菜を中心に生産されている。

沖縄の園芸農業

かんがい施設の整備が進んだこと，また航空交通の発達で大都市への出荷が容易になったことから発達した。温暖な沖縄県は野菜や草花の生長が早いため促成栽培が可能となっている。近年では，海外からの安価な輸入品との競争から，栽培の多角化を模索する傾向にある。

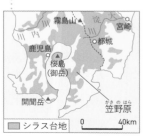

◆ シラスの分布

たさまざまな森林地帯が形成されており、その広さはおよそ280万haにのぼります。全国のおよそ4分の1の木材生産量をしめるほど、全国でも有数の林業が発達した地域です。とくに大分県や宮崎県で林業がさかんに行われています。

③ 九州地方の水産業

九州地方の近海では漁業がさかんに行われています。西側の東シナ海は**大陸棚**が広がっていて、好漁場となっています。とくに**長崎県**では**リアス海岸**が形成されており、海岸線が複雑で入り江の水深が深いため、天然の地形を利用したよい漁港が建設されています。長崎県は日本でも有数の漁業基地となっていて、北海道に次いで漁業就業者や漁獲量が多くなっています。

鹿児島県では沖合の黒潮(日本海流)が漁場となって、**まぐろ**や**かつお**などの大型魚の水揚げが見られます。鹿児島県枕崎市ではかつお節の生産が有名です。

また**沖縄県**でも水産業は行われています。とくにまぐろやかつおなどをとる沖合漁業が発達しており、温暖な海域からは、ほかの九州各県とは異なる魚種が水揚げされています。

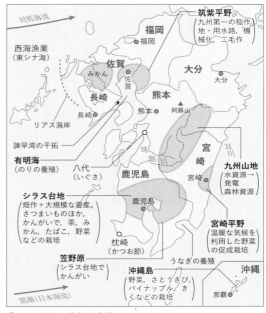

↑ 九州地方の農林水産業

参考

九州地方の養殖業
有明海でのり、鹿児島県でうなぎやぶり、長崎県の大村湾や対馬で真珠の養殖が行われている。

TRY! 表現力

九州南部は北部に比べて、稲作よりも畑作が発達している。その理由について説明しなさい。

ヒント 稲作は低湿地で行うのが基本である。

解答例 九州南部は、火山灰が厚く堆積してできたシラス台地が広がるため、低湿地が少ないから。また九州地方は「台風銀座」とよばれるほど台風に見舞われる地域であるため、地中で育つさつまいもの生産は安定した食料供給につながった。

3 九州地方③ 工業

着目 →工業地帯から工業地域への移り変わりと，主要な工業の変化について理解する。

要点

- **北九州工業地域** 八幡製鉄所の操業開始以来，鉄鋼業や石炭産業で発展してきた。
- **先端技術（ハイテク）産業** 空港や高速道路のインターチェンジ付近にIC工場が立地している。
- **自動車工業** 九州北部の臨海部には自動車工場が進出している。

1 北九州工業地域

北九州工業地域は，古くは八幡製鉄所（1901年操業開始）を中心に**鉄鋼業**が栄え，現在の三大工業地帯に加えて四大工業地帯の１つに数えられていました。九州北部は炭田が存在し，当時の鉄鉱石の輸入先である中国に

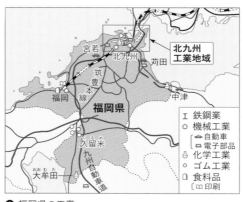

⬆ 福岡県の工業

凡例
- 工 鉄鋼業
- ✿ 機械工業
- 🚗 自動車
- 電子部品
- 🏭 化学工業
- ⬡ ゴム工業
- ⬡ 食料品
- 🖨 印刷

近かったことで，八幡製鉄所は原料指向型の製鉄所として栄えていました。

しかし，1960年代以降は，**エネルギー革命**による炭田の閉鎖や，他地域や外国での鉄鋼業の発達などによって，鉄鋼生産地としての地位は低くなっていきました。

ほかには大分県大分市，宮崎県延岡市などで化学工業もさかんであり，鉄鋼と合わせて工業製品の原材料の生産が行われています。そのため，大規模装置を使用した大工場が多いのが特徴です。

2 先端技術産業と自動車産業の発展

高度経済成長期（1955〜73年）が終わりに近づく頃，九州地方では半導体産業の工場が集積するようになり，**IC（集積回路）**の生産がさかんになりました。集積回路は高額製品であるため，輸送費用が高く

参考

九州北部の炭田

古くは江戸時代から筑豊炭田が開発されていた。さらに三池炭鉱と合わせて，日本の石炭需要を高い割合でになってきた。そのため炭鉱で働く労働者が集まり都市が形成された。直方，田川，飯塚，大牟田などは炭鉱都市として有名であった。1960年代以降，エネルギーの中心が石炭から石油や天然ガスへと移行するようになると（エネルギー革命），多くの炭田が閉山していった。

長崎の造船業

長崎は江戸時代に外国との窓口である出島がおかれたこともあり，ヨーロッパからもたらされた技術により，幕末には近代的な製鉄所や造船所が建設された。とくに**造船業**はさかんとなり，第二次世界大戦中は多くの軍艦や貨物船が建造された。戦後には大型タンカーなどが建造されている。

なっても十分に利益が出ます。そのため、高速道路や航空便を利用して輸送します。九州地方では集積回路の航空機輸送が多く、工場の多くが空港の近くに建てられています。また、日本の中で九州地方は比較的賃金水準が低いこと、また土地代が安く、広い工場を建設するための用地取得が容易であったこと、さらに水や空気がきれいであることなども、工場集積の要因となりました。こうして集積回路の工場が集積した九州地方は**シリコンアイランド**とよばれるようになりました。

1990年代以降は韓国や台湾、2000年代以降は中国で半導体の生産がさかんになったこともあり、近年ではIoT（→p.233）に対応した製品を開発するなど、付加価値の向上を目指した取り組みが進められています。

九州地方でIC（集積回路）の生産と並んで発達したのが**自動車工業**で、輸出に便利な福岡県苅田町や宮若市、大分県の中津市などに自動車工場の集積が見られます。現在の九州地方の工業製品出荷額は**機械工業**が中心となっており、近年の半導体産業はこの自動車産業との融合が進められています。

一方で、1950〜60年代には、熊本県や福岡県などで水質汚濁や大気汚染などの公害が発生し、大きな問題となりました。現在、**北九州市**では、この公害を克服した経験を踏まえて、家電製品や自動車などのリサイクル工場を集めたエコタウンの建設や、太陽光・風力発電などの新エネルギーの導入、環境政策にかかわる人材の育成などの取り組みを行っています。

（2019年）

● IC工場
▲ 自動車組立工場
✈ 空港
━ 高速道路
━ おもな国道

0　　50km

❶ IC工場と自動車組立工場の分布

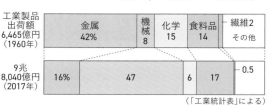

工業製品出荷額 6,465億円 (1960年)	金属 42%			機械 8	化学 15	食料品 14	繊維2 その他
9兆 8,040億円 (2017年)	16%	47			6	17	0.5

（「工業統計表」による）

❶ 福岡県の工業生産の変化

用語

公害

工業化や開発などにより環境が破壊され、人間や動植物の健康・生命に被害が出ること。日本では**高度経済成長期**に深刻化した。「**水俣病**」（熊本県）、「**新潟水俣病**」（新潟県、メチル水銀が原因）、「**四日市ぜんそく**」（三重県、亜硫酸ガスが原因）、「**イタイイタイ病**」（富山県、カドミウムが原因）は四大公害病。

環境モデル都市

低炭素社会の実現を目指して、温室効果ガスの大幅な排出削減などに取り組む都市。2021年1月現在、全国で20都市が指定されている。九州地方では、**北九州市**や熊本県**水俣市**・小国町が指定されている。

TRY! 表現力

九州地方には1960年代後半以降、先端技術産業が進出した。その理由を説明しなさい。

（ヒント）先端技術産業が発達するためには何が必要かを考える。

（解答例）九州地方には、安価で広大な土地を確保しやすいこと、他地域よりも比較的賃金水準が低いこと、航空路線や高速道路が整備されていること、などの利点があったから。

九州地方④ 歴史・文化

UNIT 4

着目 ▶ 九州地方は大陸と近く，古くから朝鮮半島や中国とのかかわりが深いことを理解する。

要点

● **外国とのかかわり** 金印の発見，元寇の襲来（福岡県），鉄砲の伝来（鹿児島県種子島），出島や対馬での交易（長崎県）など。

● **琉球王国** 外国との交易で栄え，独自の文化が発展した。亜熱帯気候に合わせた住居のつくり。

1 九州各地の歴史

　日本の歴史において，九州地方が最初に登場するのは，福岡県の**志賀島**で見つかった金印の話です。鎌倉時代には元寇の襲来（文永の役・1274年，弘安の役・1281年）によって，福岡県の博多湾が戦いの舞台ともなりました。そのときに築かれた防塁は現在もその一部が残っています。また博多湾に面した**博多**は古くから港町として栄え，中世になり**自治都市**として繁栄し，のちに現在の福岡市へと発展しました。

　長崎県**長崎市**は，鎖国を敷いていた江戸時代にはオランダや清王朝（現在の中国からモンゴル一帯を支配した王朝）との交易の玄関口として栄えました。周辺はリアス海岸が発達して，水深が深く波がおだやかであることから港町として栄えました。また出島や**対馬**は外国との交流の場として，現在でもその遺跡が見られます。太平洋戦争末期の1945年8月9日には長崎市に**原子爆弾**が落とされ，多数の犠牲者を出しました。

　鹿児島県は南九州の玄関口として，古くから外国との交流がありました。16世紀になると種子島に**鉄砲**が伝えられ，これによって日本での戦のあり方が変わっていきました。また鹿児島は，キリスト教の布教のために**ザビエル**が上陸した都市でもあります。さらにさつまいもが日本に伝わったのも鹿児島が最初だといわれています。江戸時代を通じて，**薩摩藩**（現在の鹿児島県全域と宮崎県の一部）は琉球王国を属国として従え，間接的に支配していました。

　かつて沖縄県と鹿児島県の離島の一部を琉球王国が支配していました。**琉球王国**は1429年におこり，1609年以降は薩摩藩の属国となり，1879年に沖縄県となりました。中国との交流もさかんで，独自

参考

金印

かつて東アジアでは中国の皇帝が周辺諸国の王に対して臣下と認める証として印が授けられていた。これを印綬といい，東アジアでは冊封体制が敷かれていたことがわかる。志賀島で発見された金印は「漢委奴国王印」であり，現在は国宝に指定されている。

出島

1636年に完成した人工島。現在は周囲が埋め立てられて，長崎市と陸続きになっている。1639年に鎖国がはじまってからはオランダとの交易の場となった。

の琉球文化を発展させました。太平洋戦争末期にはアメリカ軍が沖縄島に上陸し，激しい戦いの末に多くの犠牲者を出しました。日本軍の組織的な戦闘が終わったとされる6月23日は「慰霊の日」となっています。戦後はアメリカ軍の占領下にありましたが，1972年に日本へ復帰しました。しかし現在も米軍基地の多くが残されています。

2 九州各地の文化

　沖縄県は亜熱帯気候を示す高温多雨地域です。また「台風銀座」とよばれるほど台風の襲来が多い地域なので，強い風に対応するため，家屋の高さが低く，また**平屋根**が多く見られます。島々の近海に発達するさんご礁などを材料につくった石垣や樹木は風よけの役割をもっています。また独自に発展した琉球文化の史跡として**首里城**が知られています。民謡の島唄は別の音楽との融合によって，新しい音楽をうみだしており，世界に向けて発信されています。

　佐賀県では日本最古の陶磁器といわれる**有田焼**や**伊万里焼**が有名です。これは豊臣秀吉の朝鮮侵略のさいに，朝鮮半島からやってきた陶工たちがこの地ではじめたものです。

　九州地方には4つの世界文化遺産があります。沖縄県の「**琉球王国のグスク及び関連遺産群**」，福岡県の「『**神宿る島**』**宗像・沖ノ島と関連遺産群**」，長崎県と熊本県の「**長崎と天草地方の潜伏キリシタン関連遺産**」，九州5県をふくむ「**明治日本の産業革命遺産**　製鉄・製鋼，造船，石炭産業」です。また鹿児島県の**屋久島**は世界自然遺産に登録されています。

参考

沖縄の観光開発と環境問題

沖縄県は温暖な気候と美しい自然，伝統的な琉球文化を観光資源とする**観光業**がさかんである。そのため，沖縄県は他県と比べて**第3次産業**従事者の割合が高くなっている。近年は，ホテルやゴルフ場など**リゾート**開発が進められている一方で，さんご礁やマングローブの破壊などの環境問題が起こっている。

❶ 九州地方の世界遺産

TRY! 表現力

沖縄県では屋根が平らになっている家屋が多い。その理由について説明しなさい。

（ヒント）　平屋根にすることで何から家屋を守ろうとしているのか考える。

（解答例）　沖縄県では台風の襲来時は雨風が強くなるため，屋根を平らにすることで，家屋への風害を軽減する目的がある。

中国・四国地方① 概要・自然

着目 ▶山陰・瀬戸内・南四国の３地域に分けられることと，その特色を理解する。

要点
● **中国・四国地方のあらまし** 瀬戸内に主要な都市と人口が集中している。
● **中国・四国地方の地勢** 瀬戸内海をはさんで中国山地と四国山地が東西に連なる。
● **中国・四国地方の気候** 地域ごとに日本海側，瀬戸内，太平洋側の気候を示す。

1 中国・四国地方のあらまし

　中国・四国地方は，人口は 1,100 万人で，全国のおよそ９％をしめます。また面積は５万 725 km² で，人口密度はおよそ 217 人/km² となっています（2019 年）。
　中国・四国地方は，日本海側の山陰，瀬戸内海に面した瀬戸内，太平洋側の南四国の３つの地域に大きく分けられます。人口を見ると瀬戸内に集中しており，山陰や南四国は比較的少なくなっています。

2 中国・四国地方の地勢

● 中国・四国地方の様子

参考

中国・四国地方

中国地方は，岡山県，広島県，鳥取県，島根県，山口県の５県，四国地方は，香川県，徳島県，愛媛県，高知県の４県を指す。

地域区分

中国山地よりも北側は山陰，南側は**山陽**とよばれる。また四国山地よりも北側は**北四国**，南側は南四国とよばれる。瀬戸内海に面しているのは山陽と北四国で，これらを合わせた地域を瀬戸内という。

用語

砂浜海岸

海岸が遠浅で，沿岸に単調な砂浜が続く海岸。鳥取平野や**九十九里浜**（千葉県）など。鳥取砂丘のような，**砂丘**が見られることもある。

中国・四国地方ではそれぞれ山地が横断しています。なだらかな**中国山地**と険しい**四国山地**です。中国・四国それぞれにこれらの脊梁山脈が横断しますが，ここから流れでた河川により，ところによって平野が見られます。山陰の鳥取平野，瀬戸内の広島平野や岡山平野，讃岐平野，南四国の徳島平野や高知平野などです。とくに**広島平野**では**太田川**がつくりだした**三角州**が有名です。

用語

脊梁山脈

ある地域を南北や東西に分断し，分水嶺となる山脈。中国山地，四国山地ともに地域を南北に分断している。

3 中国・四国地方の気候

山陰は，冬に北西から吹く季節風（モンスーン）が対馬海流上で水分をふくむため，冬に雪や雨が多くなります。

南四国は，夏に南東から吹く季節風と黒潮（日本海流）の影響で，夏に雨が多くなります。

瀬戸内は，南北を山地にはさまれているため，夏と冬で季節風の風下側となります。そのため乾いた空気が吹きこみ，日本の他地域と比べると年間を通して比較的降水量が少ない地域です。こうした気候を背景に，瀬戸内では夏に水不足が顕著となります。しかし，梅雨前線の影響は受けるので，6～7月の降水量が多くなります。

中国・四国地方の雨温図

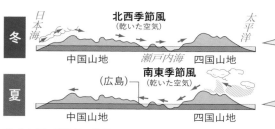

● 冬と夏の季節風の様子

TRY! 表現力

瀬戸内は，日本の他地域と比べて比較的年降水量が少ない。その理由について説明しなさい。

ヒント 何らかの要因で，湿った空気が届かない。

解答例 瀬戸内は南北を山地にはさまれており，夏・冬ともに湿った季節風は風上側に雨を降らせて，乾いた空気となって吹きおろしてくるから。

UNIT
2

中国・四国地方② 農林水産業

（着目）▶山陰，瀬戸内，南四国で農業の特徴が異なることを理解する。

要点

● **農業の特色** 山陰では稲作とかんがい農業，瀬戸内では果樹栽培，南四国の高知平野では野菜の促成栽培と輸送園芸農業がさかんである。

● **漁業の特色** 日本有数の水揚げをほこる漁港があり，瀬戸内や宇和海では養殖業が発達する。

1 中国・四国地方の農業

　中国・四国地方では，気候条件に合わせて山陰・瀬戸内・南四国にそれぞれ農業の特徴があります。

　山陰は年降水量が多いことから，鳥取平野や出雲平野などでは稲作がさかんです。また**鳥取砂丘**などの砂地では**かんがい**を行うことで，らっきょうやメロン，すいか，ねぎ，日本なしなどがつくられています。

　瀬戸内は，南北を山地に囲まれているため年間を通して降水量が少ない気候を示します。そのため，夏の少雨に適した果樹栽培がさかんに行われています。愛媛県の**みかん**，岡山県の**ぶどう**，広島県の**レモ**ンが有名です。また，農業用水が不足するため，古くから**ため池**をつくって水を確保してきました。現在では**香川用水**が建設されて**吉野川**の水が利用できるようになりました。

参考

ため池

香川県には讃岐平野を中心に1万4,000以上のため池があり，なかでも9世紀初頭に空海によって改修された**満濃池**が最大である。香川県以外に，広島県や兵庫県の瀬戸内地方にもため池が多い。

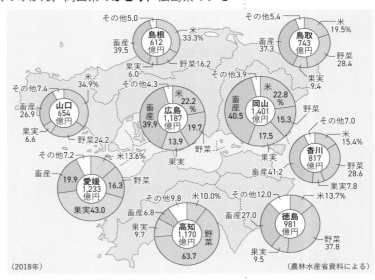

● 中国・四国地方の農業産出額と内訳

（2018年）　　　　　　　　　　　　　（農林水産省資料による）

南四国では古くは米の二期作が行われていましたが，のちに食生活の多様化で米の消費量が減少すると，地の利を生かして野菜栽培がさかんになりました。この地域は温暖な気候を示すため，**ビニールハウス**などを利用して野菜の生長を促し，大都市が野菜の**品薄**となる時期をねらって**出荷**します。こうした出荷は端境期出荷，野菜の早づくりは促成栽培とよばれています。高知平野では**なすやピーマン**，きゅうりなどの野菜の栽培がさかんです。促成栽培でつくられる野菜が関東地方などの遠方へ出荷されるようになったのは，交通網やコールドチェーン（→p.223）とよばれる輸送システムの整備が進んだことが要因です。野菜は鮮度を保ったまま，高速道路や保冷トラックを利用して大都市へ出荷されます（輸送園芸農業）。

（→p.223）

② 中国・四国地方の林業

中国・四国地方の林業は，高知県でとくにさかんです。高知県が位置する南四国は高温多雨であるため，すぎやひのきといった森林資源が豊富です。なかでも，**こうぞ，みつまた**，がんぴといった低木は，古くから和紙の原料として利用されています。繊維が長く強くて，粘り気があるため繊維同士がからみやすいという特徴をもっています。とくに，こうぞ，みつまたは栽培が容易で古くから**土佐和紙**の原料として利用されています。

③ 中国・四国地方の水産業

中国地方は北側を対馬海流が，四国地方は南側を黒潮（日本海流）がそれぞれ流れて，よい漁場となっています。鳥取県の**境**，高知県の**土佐清水**などは日本でも有数の水揚げ量をほこります。瀬戸内海ではおだやかな海域を生かして，広島県の**かき**をはじめ各地で養殖業がさかんです。また宇和海ではたいやぶり，真珠の養殖が行われています。

用語

二期作

1年のうち，同じ耕作地で同じ作物を二度つくること。

参考

端境期出荷

品薄となる時期をねらって出荷すること。たとえば，一般に夏野菜といわれるかぼちゃなどは，冬の時期になると収穫量が減少する。そのため日本でかぼちゃが品薄となる時期をねらってニュージーランドなどから日本市場へかぼちゃが輸出される。ニュージーランドなどは南半球に位置して日本と季節が反対であるため，端境期出荷が可能となる。

TRY! 表現力

高知県では野菜の早づくりが行われている。これを可能にした自然的・社会的な理由について説明しなさい。

ヒント 南四国は温暖な気候を示す。

解答例 温暖な気候やビニールハウスを利用して野菜の生長を促し，全国的に整備された交通網を利用してこれらの野菜の端境期出荷が可能となっている。

中国・四国地方③ 工業

着目 ▶瀬戸内工業地域を中心に重化学工業が発達していることを理解する。

要点
- **瀬戸内工業地域** 鉄鋼業や石油化学工業がさかんで，石油化学コンビナートが集中する。
- **水島臨海工業地域** 倉敷市は岡山県の工業の中心都市である。
- **内陸部の工業** 内陸部に先端技術(ハイテク)産業の工場が進出している。

1 瀬戸内工業地域

　瀬戸内は臨海型工業地域として発展してきました。ここでは**鉄鋼業**や**石油化学工業**が発達していて，製鉄所や**石油化学コンビナート**が集中しています。鉄鋼業は鉄鋼という素材を供給する工業であり，これを原材料として自動車工業や造船業も発達しました。

　瀬戸内工業地域が発達した要因は，自然と社会の両面から考えられます。自然的な要因としては，まず瀬戸内海に注ぐ河川が多く，また地下水の利用もふくめて水利に恵まれていたことがあげられます。また天然の良港に恵まれ水運が発達していたことなども要因の１つです。水運の発達は原燃料や製品の輸送を後押ししました。さらに，北九州工業地域と阪神工業地帯の中間に位置して，経済的な結びつきが得られたことも工業発展の大きな要因となりました。社会的な要因としては，**広島市**や**岡山市**など人口が多い都市が多く集まって大きな市場を形成していることがあげられます。また，かつて軍用地であった場所や埋立地の造成，塩田の廃止によって広大な土地が得られたことも要因の１つです。こうして発達した瀬戸内工業地域は周辺の労働力を吸収したため，山陰や南四国では若者の流出が見られました。

2 水島臨海工業地域

　瀬戸内工業地域の中でも中心地として発展してきたのが**水島臨海工業地域**で，岡山県**倉敷市**で発展した工業地域です。倉敷市の中でも水島地区，児島地区，玉島地区の３つの地区にまたがって，高梁川の河口付近に発達しており，倉敷市は岡山県の工業の中心都市です。ここでは，大規模な工業用地と港湾が整備されて，**鉄鋼業**や**石油化学工業**，**自動車工業**などが栄えています。しかし，これらの地域では**大気汚染**

参考

塩田の廃止
イオン交換膜製塩法が開発されたことで，1972年に塩田は全面的に廃止された。塩田での製塩は天候に左右されること，多くの労働力を必要とすること，大きな用地を必要とすることなどの短所があった。廃止された塩田は住宅用地や工業用地，商業流通用地などへと転用された。

や赤潮などの公害が発生するなど，負の側面も少なからずあります。

③ 内陸部の工業

1973年の第一次石油危機(オイルショック)によって産業構造が転換すると，それまでの素材供給型工業から加工組立型工業へと中心が移行していきました。さらに先端技術(ハイテク)産業が発展するようになり，臨海地域だけでなく内陸部にも工場が進出するようになりました。岡山県北部の津山市など，中国自動車道沿いに先端技術産業の工場の進出が見られるようになりました。先端技術産業は小型軽量で高付加価値の製品をあつかうため，輸送費にコストをかけても十分に利益がだせることから，高速道路のインターチェンジ付近や空港の周辺に立地する傾向があります。

 用語

赤潮

プランクトンが大量発生することで，海水が赤く見える現象で，工場廃水や生活排水が原因とされている。プランクトンが大量発生すると，海水中の酸素が不足すること，プランクトンがエラに詰まってしまうことなどから，魚の死滅を招く場合があり，養殖業に被害をもたらす。

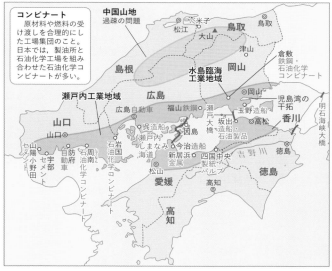

● 中国・四国地方の工業

● 瀬戸大橋(本州四国連絡橋)

TRY! 表現力

瀬戸内工業地域が発展してきた理由について説明しなさい。

(ヒント) 工業発展に必要なものを考える。

(解答例) 瀬戸内工業地域は，河川水や地下水などの水利に恵まれていること，天然の良港に恵まれ水運が発達していること，ほかの工業地域との結びつきが得られる好立地などを背景に発展した。

近畿地方① 概要・自然

着目 ▶ 北部・南部に山地が横断し，山地を境に気候が大きく異なることを理解する。

要点

● **近畿地方のあらまし** 関東地方に次いで人口が多く，京阪神大都市圏が形成されている。

● **近畿地方の地勢** 北になだらかな丹波高地，南に険しい紀伊山地があり，中部は低地が広がる。

● **近畿地方の気候** 北部は日本海側，中央部は瀬戸内，南部は太平洋側の気候を示す。

1 近畿地方のあらまし

　近畿地方は，人口は 2,231 万人で全国のおよそ 18% をしめます。また面積は 3 万 3,126 km² で，人口密度はおよそ 673 人/km² となっています（2019 年）。大阪市，京都市，神戸市を中心に東京・名古屋と並ぶ三大都市圏の 1 つ，京阪神大都市圏を形成しています。

2 近畿地方の地勢

　北部は中国山地から連なるなだらかな**丹波高地**が横断し，さらに福知山盆地が広がります。日本海に面する海岸部は**リアス海岸**が発達しており，古くから漁港として栄えました。そしてここから運ばれた魚介類は京の都へ運ばれていました。近江盆地には日本最大の湖である**琵琶湖**があります。中央部は琵琶湖から流れ出る**淀川**によってつく

↑ 近畿地方の様子

参考

近畿地方

大阪府，京都府，兵庫県，滋賀県，三重県，奈良県，和歌山県の 7 府県を指す。

鯖街道

鉄道や自動車が存在しなかった時代に，若狭湾（現在の福井県）でとれた魚介類を京都まで運ぶさいに利用された街道のこと。冷蔵・冷凍技術がなかった時代であり，若狭湾でとれた魚は塩で締め，行商人によって歩いて運ばれた。丸 1 日かけて運ばれる頃には，よい具合に塩味が効いており，京都の人々に愛されたといわれる。とくに鯖が多く運ばれたことから，鯖街道とよばれた。

られた**大阪平野**が広がっており，淀川は大阪湾に注ぎます。南部は紀伊山地が横断しており，高く険しい地形をなしています。紀伊山地の風上側である紀南地域ではとくに降水量が多く，ここを分水嶺として河川が流れだし，太平洋に注いでいます。東部の志摩半島では**リアス海岸**が形成されており，養殖業が営まれています。

③ 近畿地方の気候

　近畿地方の気候は北部，中央部，南部で明確に異なります。

　北部は日本海に面しているため，冬はユーラシア大陸から吹きだす北西の季節風(モンスーン)の風上側となります。冬の北西季節風は本来乾いた風ですが，日本海の上空を通過するさいに多くの水分をふくむため湿潤な風となります。これが吹きつけるため，冬に雪や雨が多くなります。日本海側に位置する舞鶴(京都府)の気温と降水量のグラフ(右図)を見ると，冬の降水量が多いことがわかります。

　瀬戸内海に面している中央部は，瀬戸内の気候が展開します。北側と南側にそれぞれ山地が横断していることもあり，夏も冬も季節風の影響が小さくなります。梅雨前線(6～7月)や秋雨前線(9～10月)の影響は受けますが，年降水量は比較的少ない地域です。京都市や奈良市は内陸に位置して盆地が広がっていることもあり，夏は暑さが厳しく，冬は冷えこみ，気温の年較差が大きくなっています。

　南部は太平洋を流れる黒潮(日本海流)の影響により温暖で，夏に南東の季節風や台風の影響で降水量が多くなり，年降水量も多い地域です。日本列島の年降水量の平均値がおよそ1,800mmなので，上の図に示した潮岬の年降水量がいかに多いかがわかります。

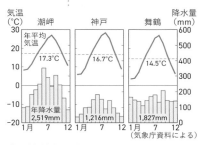

❶ 近畿地方の雨温図

TRY! 表現力

近畿地方南部では，とくに夏の降水量が多くなる。その理由について説明しなさい。

ヒント　山地の風上側では降水量が多くなる。

解答例　近畿地方南部には紀伊山地が横断しており，ここに南東から吹いてくる夏の湿った季節風が多くの雨を降らせるから。

UNIT
2
近畿地方② 農林水産業

着目 ▶大消費地に近いことから近郊農業が発達し，漁業もさかんである。

要点
● **特色ある農業**　京都では近郊農業で京野菜の栽培，和歌山では果樹栽培がさかんである。
● **畜産業・水産業**　畜産業では肉牛の飼育，水産業では志摩半島周辺で養殖業がさかんである。
● **近畿地方の林業**　紀伊山地一帯で行われ，吉野すぎ，尾鷲ひのきなどが有名である。

1 近畿地方の農業

　近畿地方には**京阪神大都市圏**という大市場が存在するため，近隣では近郊農業が発達しています。

　和歌山県では果樹栽培がさかんです。温暖な気候を生かしたみかんの生産がさかんで全国一の出荷量となっています。とくに有田川の中流域では南向きの山地斜面を利用したみかん畑が見られます。ほかには，かきやうめなどの栽培もさかんです。**京都市**では古くから**賀茂なす**や**九条ねぎ**などの**京野菜**が栽培されています。とくに京都は三方を山に囲まれているため，水が豊富に得られ，京都の水質が京料理を支えているともいわれます。また京都府南部では，水はけがよく，風通しのよい山地斜面を生かして茶が栽培されています。ここでつくられた茶は**宇治茶**として，高いブランド力をもっています。

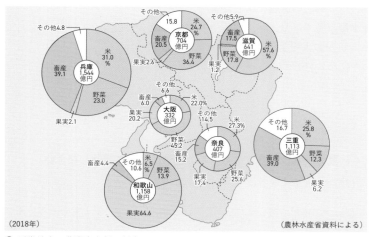

(2018年)
(農林水産省資料による)

● 近畿地方の農業産出額の割合

用語

京阪神大都市圏

大阪市，京都市，神戸市を中心に形成されている大都市圏。人口はおよそ1,700万人を数える大市場となっている。

近郊農業

大消費地である大都市の近隣で営まれている農業。大市場までの輸送距離が短いため，輸送コストが小さく，その分利益の最大化を図りやすい。また輸送時間が短くなるため，おもに高鮮度保持を目的とした野菜や果物，花きの栽培が行われている。

参考

山地斜面の果樹栽培

山地斜面は日当たりがよいことから，果樹栽培地として利用される傾向がある。扇状地の扇央部も同様である。

近畿地方は畜産業もさかんです。兵庫県の**但馬牛**，滋賀県の**近江牛**，三重県の**松阪牛**などの高級ブランドが知られています。

② 近畿地方の林業

近畿地方の林業は，とくに**和歌山県**で発達しています。和歌山県は，夏に太平洋から吹きつけてくる湿潤な南東の季節風（モンスーン）の影響で非常に降水量が多い地域です。なかでも**紀伊山地**周辺は，とくに温暖湿潤な気候を示すため植生が豊富で林業がさかんです。日本は森林が豊富な国ですが，急斜面に山地林が多いため伐採が難しく，木材需要の多くを外国からの輸入木材でまかなっています。しかし，第二次世界大戦後に植林した樹木が伐採時期に至るようになり，近年では木材自給率が上昇傾向にあります。こうした森林資源を生かした林業では，従事者の高齢化が進んでいますが，若い担い手を集めて後継者を育てる取り組みが行われています。かつては伐採した木材を，山地から流れる河川を利用して搬出していたため，河口付近に木材加工業が発達しました。**和歌山市**や**新宮市**が好例です。また和歌山県だけでなく，奈良県の**吉野すぎ**，三重県の**尾鷲ひのき**なども有名で，これらの地域では**私有林**が多く，古くから林業が発達しました。

③ 近畿地方の水産業

日本海側では**ずわいがに漁**が有名ですが，近年は乱獲を防ぐために漁獲量を制限しています。三重県や和歌山県では暖流の黒潮（日本海流）に乗ってやってくるまぐろ，さば，いわしなどの水揚げが多くなっています。和歌山県の勝浦港は日本有数の遠洋漁業の基地として知られています。またリアス海岸が発達して水深が深く波がおだやかな志摩半島周辺では，**真珠**や**のり**の養殖業や，**伊勢えび**漁がさかんに行われています。

みかん　計74.7万t

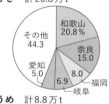

かき　計20.8万t

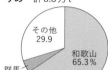

うめ　計8.8万t

（2019年）（農林水産省資料による）

○ みかん・かき・うめの生産量の割合

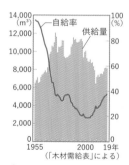

（「木材需給表」による）

○ 木材供給量と自給率

TRY! 表現力

志摩半島周辺では養殖業が行われており，真珠やのりなどが生産されている。志摩半島周辺が養殖に適している理由について説明しなさい。

ヒント　地形的な特徴を考慮する。

解答例　志摩半島周辺にはリアス海岸が広がっており，水深が深く波がおだやかであるため，養殖業を営むのに適している。

近畿地方③ 工業

着目 ▶阪神工業地帯は戦前は軽工業，戦後は重化学工業を中心に発展したことを理解する。

要点
- **阪神工業地帯の特色** とくに金属工業・化学工業の割合が高く，内陸部には中小工場が多い。
- **伝統産業** 京都では西陣織，京友禅などの伝統的工芸品がつくられている。
- **京阪神大都市圏** 私鉄が発達し，郊外にはニュータウンが建ち，衛星都市が分布する。

1 阪神工業地帯

　かつて大阪は「天下の台所」とよばれ，江戸時代には物流の拠点であり，また商業の中心地でした。綿花の生産，綿織物製品の製造などが発達し，明治時代になると近代的な紡績工場が建設され，**繊維工業**を中心に軽工業が発達しました。その後は，沿岸部を中心に製鉄業や造船業などがおこり，第二次世界大戦前に京浜工業地帯に抜かれるまでは日本最大の工業地帯でした。

　阪神工業地帯は，古くから商業の中心地である**大阪市**を抱えていることもあり，資本や労働力が豊富であったこと，大阪市だけでなく**京都市**や**神戸市**といった大都市が控え大市場を抱えていること，また海岸部に**埋立地**を造成して工場の建設を進めたことなどを背景に発展してきました。また自然的な要因としては，瀬戸内海の東端に位置するため，水上交通と陸上交通の結節点にあたり，交通の便がよかったこともあげられます。

↑ 阪神工業地帯
（泉大津から尼崎方面を臨む）

　阪神工業地帯の中心は大阪府の臨海地域であり，埋立地に**鉄鋼**や**石油化学**などの大工場が進出し，**重化学工業**を中心に発展しました。金属工業や化学工業の割合が高いことが特色です。大阪府南部では古くから綿織物業がさかんで繊維工業が中心となっています。また**東大阪市**や**八尾市**などでは日用雑貨や金属部品をつくる**中小工場**が多く，**門真市**や**守口市**では電気製品などの**機械工業**が発達しています。

　阪神工業地帯では，第一次石油危機（オイルショック）後に産業構造が転換すると工業出荷額が伸び悩み，工場の閉鎖や海外移転などが見られるようになりました。さらに地下水のくみ上げによる**地盤沈下**，工場廃水による**水質汚濁**，**大気汚染**などの公害が発生し，その対応に追われました。

近年では大阪湾岸から転出した工場の跡地が液晶パネルや太陽光電池パネル，燃料電池などの生産拠点となり，大阪湾岸は「**パネルベイ**」とよばれるようになりました。しかし，円高の進行による輸出不振，新興国の台頭などによって国際競争力を失いつつあり，新たなる産業の創出が期待されています。

近畿地方は古くから日本の中心地であったこともあり，**伝統産業**が発達していることも特徴です。京都の**西陣織**や**京友禅**，**清水焼**などが好例で，ほかには大阪の**堺打刃物**も有名です。

工業の種類	
▨	金属・化学・機械
▧	機械
▦	繊維 □ 雑貨

↑ 大阪府の工業

② 京阪神大都市圏と近畿地方の交通

京阪神大都市圏は人口2,000万人を抱える大都市圏です。そのため都市圏の中には数多くの**衛星都市**が存在します。大都市と衛星都市を結ぶ交通網が整備されており，近鉄，阪急，阪神，南海，京阪などの私鉄電車が発達して，京阪神大都市圏の人々の足となっています。また自動車交通網も整備されており，大阪を中心に郊外へと高速道路が延びています。

さらに京阪神大都市圏には圏外からの交通手段として新幹線があり，空の玄関口として，**大阪国際空港**(伊丹空港)や24時間発着が可能な**関西国際空港**もあります。

用語

衛星都市

都市機能は，職・住・学・遊などがある。これらが1つの都市内に存在することが理想であるが，大都市になると職機能が強まる傾向にある。都市が本来はもっているはずの住機能を別の都市に依存するようになると，それは大都市にとっての衛星都市となる。住機能が強い衛星都市になると，ニュータウンが建設される。関西では大阪の**千里**や**泉北**，神戸の丘陵部などにニュータウンが建設された。ここに住む人々は大都市へ電車通勤するため，朝夕の電車は混雑が激しくなりやすい。京阪神の私鉄沿線には自社で運営される大型百貨店や遊園地などがあり，乗客を増やす取り組みをしてきた。

5 章 日本の諸地域

TRY!
表現力

阪神工業地帯が発達した自然的要因について，地理的位置の観点から説明しなさい。

 ヒント 沿岸部に位置して，交通の便がよかった。

解答例 阪神工業地帯は瀬戸内海の東端に位置しているため，水上交通と陸上交通の結節点にあたり，物流をさかんに行うことができたため。

UNIT 4 | 近畿地方④ 歴史・文化

（着目）京都などでの，歴史的景観を保全するための取り組みについて理解する。

● **古都の奈良・京都** 古代の条坊制や条里制にもとづく碁盤目状の道路網が見られる。

● **文化財や文化遺産** 国宝をふくむ重要文化財が数多く残され，世界文化遺産も多数ある。

● **神戸市** 沿岸に埋立地を建設，1995 年には阪神・淡路大震災にみまわれた。

1 古都・奈良の歴史的景観

奈良盆地には古くから日本の都が建設されました。**藤原京**や**平城京**です。これらは中国の都にならって建設されました。世界最古の木造建築である**法隆寺**や，**東大寺大仏殿**などの寺社が見られ，「法隆寺地域の仏教建造物」や「古都奈良の文化財」は世界文化遺産に登録されています。ここでは**条坊制**にもとづいた道路網や**条里制**にもとづいて建設された条里集落の遺構が見られ，碁盤目状に区画割りされた道路網が今もなお残されています。

● 条里制の村（5 万分の 1 地形図「桜井」）

2 古都・京都の歴史的景観

794 年に**平安京**が開かれて以来，京都は長らく日本の都でした。平安京も中国の都にならい，条坊制にもとづいて碁盤目状に区画割りされた道路網が構築されました。宮殿から南を向いて右側（西側）を右京，左側（東側）を左京とよび，現在でも京都市の区制にその名を残しています。

京都には歴史的な寺社や国宝を始めとする文化財が多く残り，「古都京都の文化財」は世界文化遺産に登録されています。また京都独特の伝統家屋である**町家**も至る所に見られます。こうした京都の街並みや文化財などは観光資源となっており，国内外を問わず多く

（用語）

条坊制と条里制

条坊制は都の街路を碁盤目状に配置する都市計画のこと。条里制は農村の土地区画制度で，区画は正方形に区分された。

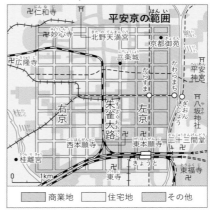

● 平安京と現在の市街地

| 商業地 | 住宅地 | その他 |

の観光客が訪れています。

　しかし，都市の発展にともなって人口が増加すると住宅が不足するようになり，高層住宅などが建設されるようになりました。こうした建造物は歴史的な景観を損なうと考えられており，建物の高さやデザイン，屋外広告などに規制を設けたり，電柱の地中化を進めたり，歴史的風土保存区域を指定したりするなど，古都・京都の景観を維持するために努力しています。こうしたことを背景に，京都市では文化財保護条例が制定され，国の**古都保存法**による指定も受けています。

⬆ 町家（京都市）

③ 貿易都市として発展した神戸

　神戸市が港町として発達したのは中世の頃です。平清盛が中国（当時は宋）と貿易をするために**大輪田泊**（現在の神戸港の西半分）を改修したことにはじまります。江戸時代末期には国際貿易港として開港しました。

　神戸は和田岬に囲まれており，また水深が深いこともあって，波がおだやかで船の接岸を可能にした地の利を生かして貿易港として発展し，造船などの工業も発達しました。京阪神大都市圏の海の玄関口として重要な役割を担っており，周辺には**ポートアイランド**や**六甲アイランド**などの埋立地が控えます。

　1995年1月に発生した**兵庫県南部地震**（阪神・淡路大震災）によって大きな被害を受けましたが，その後は道路幅を広げ，避難場所となり得るような広場や公園を設けるなど，防災を念頭においた復興が進められました。こうして神戸の古い市街地は生まれ変わっていきました。

参考

ポートアイランド
六甲山地をけずった土砂を利用して，神戸港内に造成した人工島。土砂をとった跡地は**ニュータウン**開発に利用された。

TRY!
表現力
　京都市では歴史的景観を保全するためにどのような取り組みが行われているか，説明しなさい。

　ヒント　景観保全のための条例や法律が定められている。

　解答例　建物の高さやデザイン，屋外広告などに規制を設けたり，電線の地中化を進めたり，歴史的風土保存区域を指定するなどしている。

定期テスト対策問題

解答 → p.323

問 1 九州地方，中国・四国地方，近畿地方の自然・工業

右の地図を見て，次の問いに答えなさい。

(1) 地図中の**A**の火山に見られる，噴火で火山灰がふき出したあとがくぼんでできた地形を何というか。

(2) 地図中の**ア〜オ**の地域のうち，次の説明にあてはまるものを 1 つずつ選び，記号で答えよ。

① 砂浜海岸が発達し，日本有数の砂丘も見られる。

② 降水量が多く温暖で，すぎをはじめとする木材の産地となっている。

③ 火山の噴出物が積み重なったシラス台地が広がっている。

(3) 地図中の那覇市の気候を示した雨温図を，右の**ア〜エ**から 1 つ選び，記号で答えよ。

(4) 地図中の**B**の都市の特色としてあてはまらないものを，次から 1 つ選び，記号で答えよ。

ア 平和記念都市 イ 地方中枢都市
ウ 文化学術研究都市 エ 政令指定都市

(5) 地図中の**B**の都市をふくむ工業地域の出荷額割合を示したものを，右の**ア〜ウ**から 1 つ選び，記号で答えよ。

(6) 地図中に◇・■で分布を示したものを次から 1 つずつ選び，記号で答えよ。

ア ニュータウン イ 環境モデル都市 ウ 製鉄所
エ 石油化学コンビナート オ 人口100万人を超える都市

(7) 地図中の**C**の湖はどのように利用されてきたか。あてはまらないものを次から 1 つ選び，記号で答えよ。

ア つりなどのレジャーの場 イ 京阪神大都市圏の飲料水
ウ 京阪神大都市圏の工業用水 エ 原子力発電所の冷却水

那覇市

気温 **ア** **イ** **ウ** **エ** 降水量

（「理科年表 2020」による）

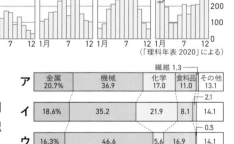

繊維 1.3

	金属	機械	化学	食料品	その他
ア	20.7%	36.9	17.0	11.0	13.1
イ	18.6%	35.2	21.9	8.1	14.1
ウ	16.3%	46.6	5.6	16.9	14.1

注：**ア〜ウ**は北九州工業地域，瀬戸内工業地域，阪神工業地帯のいずれかを示す。

(2017年) （「日本国勢図会」による）

問 **2** 九州地方，中国・四国地方，近畿地方の農業・人口

右の地図を見て，次の問いに答えなさい。

(1) 地図中の**A～D**の地域に見られる農業の特色を，次の**ア～オ**から１つずつ選び，記号で答えよ。

ア 砂地に適したらっきょうやすいかの栽培がさかんである。

イ ビニールハウスを利用してなすなどの野菜が栽培されている。

ウ 賀茂なすや九条ねぎなどが，近郊農業で栽培されている。

エ 水田の裏作として冬に小麦などを栽培する二毛作がさかんで，いちごやトマトも栽培されている。

オ 丘陵地でマスカットやももの栽培が行われている。

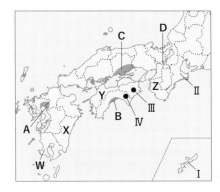

(2) **グラフ１**中の①・②は，都道府県別の家畜の飼育頭数割合，③は果物の生産量割合を示し，**W～Z**は地図中の県を示している。①～③にあてはまる家畜・果物を次から１つずつ選び，記号で答えよ。

ア 肉牛　　**イ** 肉用若鶏

ウ 乳牛　　**エ** 豚

オ うめ　　**カ** みかん　　**キ** 日本なし

グラフ１

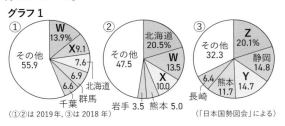

① W 13.9% X 9.1 7.6 6.9 6.6 その他 55.9 北海道 千葉 群馬

② 北海道 20.5% W 13.5 X 10.0 その他 47.5 岩手 3.5 熊本 5.0

③ Z 20.1% 静岡 14.8 Y 14.7 熊本 11.7 6.4 長崎 その他 32.3

（①②は2019年，③は2018年）　　（「日本国勢図会」による）

(3) **グラフ２**中の④・⑤は，地図中の**Ⅰ・Ⅱ**の県の産業別就業人口割合を示し，**a・b**は第２次産業・第３次産業のいずれかを示している。**Ⅰ**の県と第３次産業にあてはまるものの正しい組み合わせを次から選び，記号で答えよ。

ア ④・a　　**イ** ④・b

ウ ⑤・a　　**エ** ⑤・b

グラフ２

第１次産業 4.0%
④ a 15.4 b 80.7
-3.0%
⑤ 32.3 64.7

注：合計が100％になるよう調整していない。
（2017年）　　　　　　　（「データでみる県勢」による）

(4) 右の表は，地図中の**Ⅲ**と**Ⅳ**で行われている □**c**□ おこしの事例を示している。**c**にあてはまる語句を漢字１字で答えよ。また，表中の**d**にあてはまる語句を答えよ。

Ⅲ	特産のすだちの栽培がさかんである。また，□ d □化の対策としてインターネット環境の整備による企業誘致に取り組んでいる。
Ⅳ	ゆずの特産地であり，ゆずそのものを出荷する以外にも，ジュースを製造して産地名をつけて販売している。

UNIT 1 中部地方① 概要・自然

着目 ▶ 東海・中央高地・北陸の3地域に大きく分けられることと，その特色を理解する。

要点
- **中部地方のあらまし** 名古屋市など政令指定都市がいくつか設けられている。
- **中部地方の地勢** 日本アルプスとよばれる飛驒・木曽・赤石山脈などの険しい山が連なる。
- **中部地方の気候** 東海は太平洋側，中央高地は内陸性，北陸は日本海側の気候を示す。

1 中部地方のあらまし

中部地方は，人口は2,121万人で，全国のおよそ17%をしめます。また面積は6万6,807 km² で，人口密度はおよそ318人/km² となっています（2019年）。**名古屋市**を中心とした**名古屋大都市圏**だけでなく，**静岡市**や**浜松市**，**新潟市**などの**政令指定都市**を抱えています。

2 中部地方の地勢

中部地方は，太平洋に面する**東海**，内陸に位置する**中央高地**，日本海に面する北陸の大きく3つに区分されます。

東海には中央高地から流れでた河川が見られ，**木曽三川**とよばれる**木曽川**，**長良川**，**揖斐川**が濃尾平野を形成しています。とくに静岡県に流れてくる**天竜川**や**大井川**，**富士川**は急流となっています。

中央高地には日本アルプスとよばれる飛驒山脈，木曽山脈，赤石山脈がそれぞれ連なっており，3,000m級の高く険しい山地が見られます。これらが日本海側と太平洋側を分ける分水嶺となっています。また富士山や浅間山，御嶽山などの火山も点在しています。山脈の間にはところどころ盆地が形成されていて，長野盆地や松本盆地，諏訪盆地，甲府盆地が見られます。山間の深い谷を流れでた河川が扇状地を形成しているところもあり，そこは果樹栽培に利用されています。

参考

中部地方

愛知県，静岡県，岐阜県，長野県，山梨県，福井県，石川県，富山県，新潟県の9県を指す。

⬆ 中部地方の様子

北陸には日本最長の信濃川が流れており，阿賀野川とともに越後平野を形成しています。海岸線付近まで山地がせまっており，若狭湾にはリアス海岸が広がっています。また神通川が富山平野を，九頭竜川が福井平野をそれぞれ形成しています。

③ 中部地方の気候

東海は，季節風(モンスーン)の影響によって太平洋側で見られる典型的な気候を示します。夏は南東の季節風の影響で降水量が多くなり，冬は逆に降水量が少なくなります。そのため気温と降水量の年較差が大きいのが特徴です。

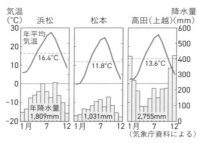

↟ 中部地方の雨温図

中央高地は夏も冬も季節風の影響が小さいため，年降水量が比較的少ない地域です。内陸に位置していて標高も高いため，夏と冬，昼と夜の気温の差が大きく，とくに冬の寒さが厳しい地域です。

北陸は，北西の季節風が吹きつける冬に降雪量が多くなり，世界有数の豪雪地帯となっています。内陸部に位置するところでは，大雪に備えた雁木や合掌造りなどが見られます。

↟ 白川郷合掌造り集落(岐阜県)

参考

中央高地
「東山地方」ともよばれる。律令制がしかれていた古代の日本において，陸奥国(現在の福島県，宮城県，岩手県，青森県に相当)から近江国(現在の滋賀県)までの地域が「東山道」とよばれていたことに由来している。現在の東山地方は，おもに山梨県，長野県，岐阜県が該当する。

5 章 日本の諸地域

TRY! 表現力

東海で見られる気候の特徴について説明しなさい。

ヒント　季節風の影響を考える。

解答例　夏は暖かく湿った季節風の影響で多雨となり，冬は寒冷で乾いた季節風が吹きおろして少雨となる。そのため，気温と降水量の年較差が大きい。

UNIT 2 中部地方② 農林水産業

着目 ▶ 東海，中央高地，北陸で農業の特徴が異なることを理解する。

要点

● **中部地方の農業** 東海では施設園芸農業，中央高地では抑制栽培による高原野菜の栽培がさかんであり，北陸は水田単作地帯となっている。

● **中部地方の水産業** 静岡県焼津港で水揚げされるまぐろ漁，富山湾のほたるいか漁など。

1 中部地方の農業

中部地方の農業については，東海，中央高地，北陸でそれぞれ特徴があります。

東海では，茶や果物の栽培，稲作などが行われています。濃尾平野は木曽三川が流れこむため水に恵まれており，稲作が行われています。愛知県の**知多半島**や渥美半島では**愛知用水**，**豊川用水**が引かれたことで水不足が解消され，園芸農業が発達しました。とくに**キャベツ**などの野菜づくりや電照菊の栽培が知られています。ビニールハウスなどの施設を利用して行われる園芸農業です（施設園芸農業）。静岡県は夏の季節風（モンスーン）の影響で降水量が多く，また牧ノ原や磐田原の台地が広がって水はけがよいため茶の栽培がさかんです。静岡県は日本有数の茶の産地となっています。また日当たりのよさを利用して，みかんの栽培もさかんです。

中央高地は，標高が高く夏でも涼しい気候を利用した野菜づくりが行われています。抑制栽培によって収穫時期をずらすことで端境期出荷を行い，利益の最大化を図っています。とくに**キャベツ**や**はくさい**，**レタス**などの高原野菜が栽培されています。また，**長野盆地**や**甲府盆地**といった盆地では，周辺に形成された扇状地で果樹栽培が行われています。長野県の**りんご**，山梨県のぶどうやももが有名です。かつて養蚕業がさかんだった時代には，蚕の餌である桑の畑として利用されていましたが，高速道路の開通によって東京などの大市場に短時間で

● 愛知・明治・豊川用水

参考

扇状地での果樹栽培

扇状地は砂礫質の堆積地形であり，扇状地の中央（**扇央**）では果樹栽培が行われる。扇央は最も厚く砂礫が堆積しているため，上流から流れてきた河川が伏流する。そのため，あまり水には恵まれないが，果物はあまり水を吸いすぎると甘みが薄まるため，果樹栽培にとっては都合がよい。また，扇状地のような斜面は日当たりがよく日照時間が長いため，果樹栽培にとっては好条件である。

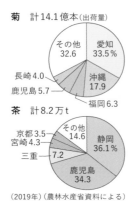

菊 計14.1億本（出荷量）

愛知 33.5%
沖縄 17.9
福岡 6.3
鹿児島 5.7
長崎 4.0
その他 32.6

茶 計8.2万t

静岡 36.1%
鹿児島 34.3
三重 7.2
宮崎 4.3
京都 3.5
その他 14.6

（2019年）（農林水産省資料による）

● 菊・茶の生産量の割合

輸送できるようになると、近郊農村としての役割をもつようになり果樹栽培へと転用されていきました。周辺の町や村ではこれらの果物を使って、**6次産業化**が進められている地域もあります。

　北陸は、①夏の季節風が脊梁山脈（→p.257）を越えて吹きおろすため、晴天日数が多く日照時間が長いこと、②冬の季節風の影響で降雪量が多くなり、その雪どけ水が平野に流れこむためかんがい用水が豊富であること、などを主因として稲作がさかんです。とくに新潟県の米の生産量は日本最大をほこります。新潟県、富山県、石川県、福井県の北陸4県は耕作地に対する水田の割合が大きく、農業産出額の多くを米がしめています。新潟県の**コシヒカリ**などの銘柄米（ブランド米）が有名です。また全国的に新米が出回る直前は、市場で米が不足することがあり、この需要をねらって米の**早場米**の生産も見られます。早場米は、台風がやってくる8月から9月よりも前に収穫することで、少しでも多く台風の被害を受けないようにしています。冬の降雪で農業が難しいため、1年に1回だけ稲作を行う**水田単作地帯**が多いのも特徴です。

② 中部地方の水産業

　東海は、とくに静岡県での漁業がさかんです。沖合を流れる**黒潮（日本海流）**に乗ってやってくる**まぐろ**と**かつお**の漁獲量はともに日本最大をほこります。**焼津港**は遠洋漁業の基地で、まぐろなどを水揚げします。また浜名湖では**うなぎ**の養殖がさかんです。

　長野県などの内陸部においては、ますなどの淡水魚の養殖が行われています。

　北陸は対馬海流が流れる日本海を漁場として、漁獲量が多い地域です。とくに富山湾は好漁場となっていて**ほたるいか漁**が有名です。

ぶどう　計17.3万t

山梨 21.4%
長野 18.4
山形 9.5
岡山 9.1
その他 41.6

もも　計10.8万t

山梨 28.5%
福島 25.0
長野 11.1
山形 8.7
その他 26.7

（2019年）（農林水産省資料による）

❶ ぶどう・ももの生産量の割合

 発展

6次産業化

第1次産業を担う農林漁業者が、加工（第2次産業）、流通・販売（第3次産業）にも取り組む経営形態。「1次×2次×3次＝6次」から、6次産業化という。たとえば、りんごを生産し（第1次産業）、りんごジャムに加工し（第2次産業）、販売（第3次産業）すること。

TRY!
表現力

北陸4県は稲作がさかんであり、農業産出額の多くを米がしめている。その理由について説明しなさい。

ヒント 稲の生長に必要な自然条件を考える。

解答例 北陸には夏の季節風が日本アルプスの山々を越えて吹きおろすため、晴天日数が多く日照時間が長いこと、雪どけ水が流れこみかんがい用水が豊富であることなどがおもな要因である。

中部地方③ 工業

着目 ▶ 日本最大の工業地帯を中心に，多様な工業の発展を理解する。

要点
● **中京工業地帯** 豊田市を中心に自動車工業とその関連工場が集積している。
● **東海工業地域** 静岡県の太平洋岸に広がり，古くから物づくりの風土がある工業地域である。
● **北陸** 農作業ができない冬の副業から発展した伝統産業や地場産業がさかんである。

1 中京工業地帯

　中京工業地帯は愛知県から三重県北部にわたって広がる工業地帯であり，日本最大の製品出荷額をほこります。中心となっているのは**自動車工業**で，愛知県**豊田市**は**企業城下町**として知られています。もともとは綿花の生産がさかんな地で，綿織物業が発達していました。のちに，綿織物生産に使用していた自動織機の技術を生かして自動車製造業がおこると，そこに子会社，孫会社といった関連企業の工場（**関連工場，下請け工場**）が集積し，世界的な自動車製造都市となりました。ここで製造された自動車は**名古屋港**などから海外へ輸出されています。

　ほかには愛知県**東海市**の**鉄鋼業**，三重県**四日市市**の**石油化学工業**などもさかんです。また三重県亀山市では液晶パネルの製造が行われています。さらに愛知県**瀬戸市**や岐阜県**多治見市**では良質の土が手に入ることから，古くから陶磁器を製造する窯業が発達していました。近年では**ファインセラミックス**といった耐熱などにすぐれた製品も生産されています。

2 東海工業地域

　東海工業地域は静岡県の沿岸部に広がる工業地域です。自動車工業を中心に，**浜松市**や**磐田市**では**オートバイ**の生産も見られます。天竜川の河口に位置する浜松市では，上流から河川を使って流した木材を利用してかつては木材加工業が発達しました。この木材を利用して古くから**楽器**の製造が行われています。ここで製造された**ピアノ**は国内外で高い評価を受けていて，世界に向けて輸出もされています。また豊富な森林資源と富士山麓の湧き水を生かし，**富士市**や**富士宮市**では

用語

企業城下町

特定の企業の本社や工場，子会社，孫会社といった関連企業の工場が集積することで，就業機会の多くをその企業に委ねている自治体のこと。中部地方では，豊田市のほかに，静岡県磐田市，長野県諏訪市なども企業城下町の好例である。

参考

自動車製造

自動車1台を製造するために必要な部品数は約3万点にもおよぶ。そのため，自動車を組み立てる工場の周辺には，これらの部品を製造する工場が集積する。自動車会社は多数の部品を製造する子会社，孫会社を傘下に置いており，雇用力の大きい産業である。

製紙・パルプ工業が発達しています。さらに漁業がさかんな県でもあるため、静岡市や焼津市、沼津市では**水産加工業**が発達しています。

　東海工業地域は京浜工業地帯と中京工業地帯の中間に位置しており、これらの経済を結ぶ結節点にあること、森林や湧き水などの天然資源に恵まれることなどの要因から発達してきました。

③ 中部地方の工業地域

　北陸は降雪量が多いこともあり、冬の農作業が困難な地域です。そのため古くから家内工業が発達しました。それらは現在においても**伝統産業**として存続していて、地元の資本や労働力、原材料を活用した**地場産業**となっているものもあります。福井県**鯖江市**の**眼鏡フレーム**、新潟県**燕市**の**金属洋食器**、富山県の薬売りなどが例としてあげられます。また北陸では繊維工業や化学工業、製紙・パルプ工業、富山県ではアルミニウム加工業もさかんです。

　中央高地では、長野県の**諏訪市**や**岡谷市**などに、きれいな水や空気を求めて精密機械工業が進出して時計やカメラなどが製造されてきました。1980年代以降、高速道路の整備が進んでからは、プリンターやIC(集積回路)などの**電気機械工業**が発達しました。

⬆ 眼鏡フレーム(福井県)　⬆ 輪島塗(石川県)

参考

北陸の伝統産業

新潟県燕市の**金属洋食器**、三条市の**刃物**、小千谷ちぢみ、十日町がすり、富山県の**高岡銅器**、石川県の**輪島塗**、**加賀友禅**、**九谷焼**、福井県の**越前和紙**などが有名である。

⬆ 中部地方の工業

TRY!
表現力

自動車工業の雇用力が大きい理由について説明しなさい。

(ヒント)　自動車を構成する部品数は数万点と多い。

(解答例)　自動車を製造するのに必要な部品数は多く、親会社が部品を製造する子会社、孫会社を傘下に置いているピラミッド構造をなしているため、雇用力が大きくなる。

UNIT 4

中部地方④ 歴史・文化

着目 ▶ 気候風土に合わせた生活様式が，地域ごとに根づく様子を理解する。

要点

● **東海** 東海の歴史は治水の歴史。輪中がつくられた。

● **中央高地** 豊かな自然や町並みなどの観光資源を守る取り組みが行われている。

● **北陸** 豪雪地帯で暮らすための知恵や，特徴ある町づくり・村づくりが見られる。

1 東海の人々の生活

濃尾平野は木曽三川が流れこむ場所であり，古くから水害に悩まされてきました。そのため，江戸時代には「宝暦の治水」とよばれる工事が行われたほどです。

周辺では，集落ごと堤防で囲む**輪中**が建設されました。輪中のなかは，多くが海抜ゼロメートル地帯となっているため，人々は普段暮らしている**母屋**の近くに，盛り土をして，その上に避難小屋をつくりました。この避難小屋は**水屋**とよばれ，大切な家財道具がしまってあったり，非常食や上げ舟（脱出用の船）などが常備されていました。

東海は，**名古屋大都市圏**の中心都市である**名古屋市**があり，周辺は一大経済圏となっています。そのため交通網が充実しており，名古屋市には新幹線が停車します。さらに2000年代に**中部国際空港（セントレア）**が開港し，東京や大阪に向かわなくても海外へ出ることが可能となりました。また**世界文化遺産**の富士山を目当てとする外国人観光客も増加傾向にあります。

↑ 輪中

2 中央高地の人々の生活

中央高地のなかでも長野県などは夏の**避暑地**として，冬はウインタースポーツを楽しめる**リゾート地**として人気を集めています。現在は北陸新幹線の開通によって東京からも短時間で行くことができるようになり，多くの観光客が訪れています。しかし，観光客の増加にとも

参考

宝暦の治水

現在の岐阜県養老町付近は木曽三川が落ち合うところであり，古くから水害に悩まされていた。宝暦3年（1753年），江戸幕府は薩摩藩（鹿児島県）に治水工事をするよう命じた。そのさい，人材，費用，材料のすべてを薩摩藩が負担するという命令であった。あまりにも難工事であったため，薩摩藩士の多くが命を落とし，工事の責任者であった薩摩藩家老・平田靱負は，工事の完了を見届けると自害したとされる。木曽三川の分流工事でつくられた堤防には松の木が植えられ，この堤防は史跡に指定されている。

海抜ゼロメートル地帯

海抜高度が，平均海面よりも低い土地のこと。水害にあいやすい。

なってごみ問題，観光資源の破壊，大気汚染などの問題が顕在化しました。近年，**上高地**では車の乗り入れ規制をしたり，低公害のシャトルバスを走らせるなど，観光資源を守るための取り組みが行われるようになりました。岐阜県にある**白川郷合掌造り集落**（**世界文化遺産**）でも入村制限などの取り組みが行われています。

③ 北陸の人々の生活

　北陸は，冬の北西の季節風（モンスーン）の影響で降雪量が非常に多い豪雪地帯です。とくに内陸部は積雪量も多く，こうした自然環境に適応した生活様式や街づくりが見られます。道路に注目すると，積もった雪を道路脇に寄せておくスペースを設けるために幅が広くなっていたり，水路に雪を落とすための**流雪溝**が設置されていたり，また雪が道路に流れてこないように柵などが設けられたりしています。さらに，雪よけ用の屋根（**雁木**）を設けることで歩道に雪が積もらないようにしています。道路の中央分離帯には**消雪パイプ**が設けられていて，ここから出る水によって雪をとかします。地下水を利用するため，少なからずふくまれている鉄分によって道路が赤くさびたような色になっている所もあります。

⬆ 雁木（新潟県）

　富山県の**砺波平野**では**散村**（散居村）とよばれる集落が見られます。これは家屋が分散的に分布している集落のことで，江戸時代の加賀藩の政策によって成立しました。散村は，家屋の周りに農地が配置されているため，農作業が効率よく行えるほか，火災のさいに隣の家に火が燃え移る心配がありません。しかし家屋が密集しておらず，冬の冷たい季節風が直に吹きつけるため，家屋の周りには**屋敷林**（防風林）が植えられています。樹木は周囲から見えないようにするブラインドの役目ももち，かつては樹木が薪炭材として，落ち葉は堆肥の原料としても利用されていました。

⬆ 砺波平野の散村（富山県）

TRY!
表現力

富山県の砺波平野で見られる散村（散居村）の利点について説明しなさい。

（ ヒント ）家屋がまばらに分布している。

（ 解答例 ）家屋の周りに耕作地を集めることができるため，農作業が効率よく行えるほか，火災のさいに隣の家に火が燃え移るなどの延焼の心配がない。

関東地方① 概要・自然

着目 ▶ 首都東京があり，日本の政治・経済・文化の中心であることを理解する。

要点

● **関東地方のあらまし**　日本で最も人口が集中する地域で，**東京大都市圏**が形成されている。

● **関東地方の地勢**　日本最大の平野である関東平野，関東ロームに覆われた台地が広がる。

● **関東地方の気候**　大部分が太平洋側の気候に属す。小笠原諸島は亜熱帯気候の地域。

1 関東地方のあらまし

関東地方は，人口は4,347万人で，全国のおよそ34％をしめます。また面積は3万2,433km²で，人口密度はおよそ1,340人/km²となっています（2019年）。日本の7地方のうち最も小さい面積ですが，最も人口が多く，総人口のおよそ3分の1が集まっています。とくに**東京都，神奈川県，埼玉県，千葉県**の1都3県は**東京大都市圏**を形成しています。人口の集中は高度経済成長期に進み，近年は再び東京への人口移動が加速しています。

2 関東地方の地勢

関東地方は，日本最大の**関東平野**が広がり，西は関東山地，北は越後山脈や阿武隈高地に囲まれ，荒川や多摩川，利根川（日本最大の流域面積，日本第2位の長さをもつ河川）などが流れています。これらの河川沿いは，かんがい用水が得やすいなどの理由から，古くから水田に利用されてきました。また台地も広がっています。**下総台地**や**武蔵野台地**，**相模原台地**などが好例です。台地は，富士山などの周辺の火山がもたらした火山灰などが積もってできた赤土に覆われています。これらは**関東ローム**とよばれます。

参考

関東地方

東京都，神奈川県，埼玉県，千葉県，茨城県，栃木県，群馬県の1都6県を指す。伊豆諸島と小笠原諸島の島々，沖ノ鳥島と南鳥島は東京都にふくまれる。

用語

関東ローム

ロームとは粘性質の高い土壌のこと。火山噴出物が粘土化した関東ロームは，ふくまれる鉄分が酸化して赤く見える。

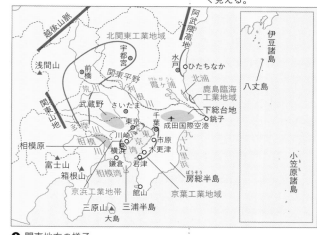

○ 関東地方の様子

③ 関東地方の気候

　関東地方は，気温と降水量の年較差が大きい，典型的な**太平洋側の気候**を示します。夏は海洋から吹きつける南東の季節風(モンスーン)の影響で降水量が多くなり，暑く，また湿度が高くなります。しかし冬になると，越後山脈から乾燥した北西の季節風が吹

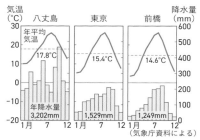

❶ 関東地方の雨温図

きおろして晴天の日が多くなります。関東地方に冬に吹きおりてくる乾いた風は**からっ風**とよばれます。

　埼玉県や群馬県，栃木県などの海に面していない内陸部では，海から吹く風の影響が小さいため，沿岸部に比べて気温の年較差が大きくなる傾向にあります。これは１日の中の気温差(日較差)でも同様です。沿岸部の千葉県銚子市と内陸部の群馬県高崎市を比較すると，内陸の高崎市のほうが，日中最高気温が高く，日中最低気温は低くなっています。

　また東京大都市圏のように過度に人口や産業が集中している地域では，人工熱の放出が多いこと，舗装された道路が熱をもつことなどから**ヒートアイランド現象**が発生します。これは地球温暖化とは別のメカニズムで発生するもので，熱帯夜などの原因となっています。

　東京都には伊豆諸島や小笠原諸島に多くの**離島**があります。小笠原諸島は日本の中でも低緯度に位置していることから，１年中降水量が多い**亜熱帯気候**となっています。

📖 用語

ヒートアイランド現象

都心部の気温が周囲よりも高くなる現象のこと。とくに草地や森林，水田などの植生域の減少，アスファルトやコンクリートなどによる被覆物の増加などによって日中に蓄えられた熱が夜間になると放出されるため，夜間の気温が高くなる。都市化の進展によって，ヒートアイランド現象はより顕著になっている。

5章 日本の諸地域

小笠原諸島へは東京湾からフェリーで24時間かかるよ！

TRY! 表現力

千葉県銚子市より群馬県高崎市のほうが，日中の最高気温が高くなる傾向にある。その理由について説明しなさい。

　ヒント　海は比熱が大きく，あたたまりにくく冷めにくい。

　解答例　高崎市は内陸部に位置して海から受ける影響が相対的に小さいため，あたたまりやすく冷めやすい気候を示すため。

UNIT 2 | 関東地方② 農林水産業

着目 東京大都市圏の需要を支えている農水産業の様子について理解する。

要点
● **関東地方の農業** 東京大都市圏への出荷を目的とした近郊農業が発達している。
● **関東地方の畜産** さつまいもなどを飼料に用いた豚の飼育がさかんである。
● **関東地方の水産業** 沖合に発達した潮目（潮境）を利用した漁業がさかんである。

① 関東地方の農業

　関東地方には，東京を中心とした東京大都市圏が形成されています。ここでは多くの人々が生活をしており，大市場となっています。こうしたことを背景に，大市場である東京の周辺では近郊農業が発達しています。かつては東京23区でも農業が行われていましたが，都市化が進んでからは郊外へと農地が移って行きました。

　とくに野菜の生産がさかんに行われています。関東地方は全国的に見ても農業産出額にしめる野菜の割合が高くなっていて，なかでも茨城県と千葉県の産出額は全国有数です。群馬県の**嬬恋村**などでは夏でも涼しい気候を生かして出荷時期を遅らせる抑制栽培が行われており，キャベツなどの高原野菜を栽培しています。高速道路が整備されたこと，コールドチェーンが確立したことで長距離輸送が可能となり，東京などの都市部へ出荷しています。茨城県の**メロン**，栃木県の**いちご**，千葉県の**日本なし**なども有名です。

（さつまいも・乳牛・豚・生乳は2019年，そのほかは2018年）　（農林水産省資料による）

◆ 関東地方のおもな農産物

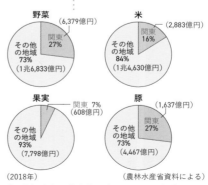

野菜（6,379億円）
関東 27%
その他の地域 73%（1兆6,833億円）

米（2,883億円）
関東 16%
その他の地域 84%（1兆4,630億円）

果実
関東 7%（608億円）
その他の地域 93%（7,798億円）

豚（1,637億円）
関東 27%
その他の地域 73%（4,467億円）

（2018年）　（農林水産省資料による）

◆ 関東地方の農産物が全国にしめる割合

② 関東地方の畜産

　関東地方に広がる**ローム層**では**さつまいも**の生産がさかんで，とくに茨城県や千葉県で多くなっています。さつまいもはおもに食用ですが，飼料としても利用されます。そのため群馬県，千葉県などでは**豚**の飼育頭数が多く，茨城県や千葉県などでは**採卵鶏**の飼養羽数も多くなっています。栃木県などでは**乳牛**も飼育され，毎日新鮮な牛乳や卵が大市場に向けて出荷されています。

③ 関東地方の水産業

　日本人の１人１日あたり魚介類消費量は，およそ122g（2018年）と世界的に見ても多くなっています。とくに東京大都市圏は大市場であるため，その需要をまかなうためまぐろやかつお，さば，いわし，さんまなど多くの魚が水揚げされています。主要な漁港は千葉県の**銚子港**，勝浦港，神奈川県の三崎港などです。また**東京港**の輸入品目の上位５位内に**魚介類**があり，輸入された世界各地の魚介類が豊洲や築地の市場で売り買いされています。

　関東地方で漁業がさかんな理由として，大市場に近いという社会的要因以外に，近海に潮目（潮境）が存在しているという自然的要因もあります。関東地方から東北地方南部にかけての沖合では，**黒潮（日本海流）と親潮（千島海流）**がぶつかって潮目を形成します。潮目は好漁場となることが多いため，とれた魚は大市場へ出荷されます。また，銚子港の沖合は利根川が運んできた豊富な栄養分が流れこむこともあり，とくに魚が集まりやすい海域となっていて，その水揚げ量は全国有数となっています。

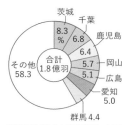

茨城 8.3%
千葉 6.8
鹿児島 6.4
岡山 5.7
広島 5.1
愛知 5.0
群馬 4.4
その他 58.3
合計 1.8億羽

（2019年）（農林水産省資料による）

⬆ 採卵鶏の飼養羽数

用語

潮目

潮境ともいう。潮目は暖流と寒流が出合う海域である。相対的に冷たく重い寒流は，潮目で暖流の下にもぐりこむため海水中の栄養分を海面近くまで運ぶ湧昇流が発生する。ここにプランクトンが集まり，それを食べる魚も集まるため好漁場となる。また暖海性，寒海性の魚がともに集まるため魚種が豊富である。

TRY!
表現力

関東地方では，ほかの地方と比較しても農業産出額にしめる「野菜」の割合が高い傾向にある。その理由について説明しなさい。

ヒント　野菜づくりは近郊農業の典型例である。

解答例　東京大都市圏は人口が多く，大市場であるため，ここで発生する需要を取りこもうと野菜栽培が行われており，高速道路やコールドチェーンの確立が高鮮度維持とすばやい輸送を可能にしている。

関東地方③ 工業

UNIT 3

着目 ▶ 東京湾岸の西部から東部へ，さらに内陸へと工業地域が広がる様子を理解する。

要点
● **工業地域の拡大** 京浜地区の工業用地の不足や，交通網の整備が進んだことが背景にある。
● **京浜工業地帯** 機械工業や印刷業がさかんで，近年は先端技術産業や情報通信技術産業が成長。
● **工業地域** 京葉工業地域で化学工業，北関東工業地域で自動車や電気機械工業がさかんである。

1 京浜工業地帯

　京浜工業地帯は東京都から神奈川県の川崎市や横浜市にまたがる範囲で発達した工業地帯です。かつては日本最大の製造品出荷額をあげていましたが，現在では1990年と比較すると半分近くに落ちこんでいます。

　1950年代半ばからはじまった**高度経済成長**期には，急速な工業発展によって都市部を中心に多くの労働力需要がうまれました。そうして東京で働こうと考えた人々が地方から集まり，経済成長を支えるとともに，急速な人口増加は住宅用地の開発を促しました。一方で工業用地の需要も増大しましたが，都市部の**過密化**にともない市街地が拡大したために用地の拡張や新規獲得が難しくなっていきました。そこで1970年代以降，北関東へと工業地域が展開されていきます。これを後押ししたのが関越自動車道や東北自動車道などの**高速道路**の開通でした。

　京浜工業地帯の製造品出荷額の半分近くをしめるのは**機械工業**です。また印刷業がさかんなことも特徴としてあげられます。とくに価値ある情報を印刷・出版するためには，情報の収集が重要となってきます。多くの人口が集まっている東京には情報が集まりやすく，出版社や新聞社が多く存在します。近年はインターネットが登場したこともあり，雑誌や新聞といった出版物の販売が不振となっており，京浜工業地帯の製造品出荷額が落ちこんだ要因の1つとされています。

　また，近年は**先端技術（ハイテク）**産業がさかんになってきています。

京浜工業地帯の工業

　現在の中心 ‥‥‥‥ 機械・化学・食料品
　古い中心 ‥‥‥‥‥ 金属・機械・雑貨
　‥‥‥ 印刷
　0　　　20km

⊕ 京浜工業地帯と周辺の工業地域

参考

京浜工業地帯の製造品出荷額の減少

日本の工業統計の分類が2003年に変わり，それまで「工業」に分類されていた出版業と印刷業のうち，出版業が第3次産業に移された。このことが，京浜工業地帯の製造品出荷額が減少した原因の1つになっている。

先端技術産業の発達には研究開発部門の充実が必要不可欠であり，それは優秀な人材，大学や研究所，資金，情報などを要素として進展します。こうした発達要素は大都市に集まる傾向があるため，東京にはこうした企業の研究所が集まるようになっています。また**産官学連携**で進められるプロジェクトもあり，京浜工業地帯の新しいあり方となっています。

　そのほか，インターネットに関連した**情報通信技術（ICT）**産業や，アニメーションやゲームソフトなどの**情報コンテンツ産業**も，東京などの大都市を中心に発達しています。

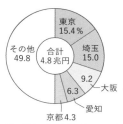

（2018年）（「工業統計表」による）

🔷 印刷・同関連業の出荷額の割合

② 関東地方の工業地域

　千葉県では，1960年代から湾岸沿いの埋め立てによる工業用地の拡大によって工業発展が見られました。資源小国である日本では，原料・燃料の輸入は必須であり，輸入に便利な沿岸部に**石油化学工業**や**製鉄業**が発達しました。これらの地域は京葉工業地域とよばれます。

　また栃木県や群馬県といった北関東では，古くは生糸を生産するなど軽工業が中心でした。しかし1970年代以降に京浜工業地帯から移転した**自動車・電気機械・印刷**などの工場の立地が見られ，北関東工業地域（関東内陸工業地域）として発展しました。北関東工業地域の発展を支えたのは，高速道路による輸送力の増強です。現在，高速道路のインターチェンジ周辺には**工業団地**がつくられています。

　茨城県の沿岸部には**鹿島臨海工業地域**が発展しました。ここでは製鉄業や石油化学工業などが発達し，重化学工業を中心とした工業発展が見られました。とくに鹿島灘の砂丘に建設された鹿島港は**掘り込み式港湾**として知られ，大規模な工業用地が設けられました。

掘り込み式港湾は，海岸から陸地を掘り込んでつくった人工港だよ。

TRY! 表現力

京浜工業地帯から北関東工業地域へと工場移転が見られるようになった背景を，京浜工業地帯における社会的な要因をもとに説明しなさい。

（ヒント）　用地は有限である。

（解答例）　高度経済成長期に人口増加や経済発展にともなって，住宅・工業用地の需要が高まり，それに合わせて市街地が拡大したため，工業用地の拡大や新規取得が困難になったから。

UNIT
4

関東地方④ 首都東京

着目 ▶東京大都市圏の中心である，東京都への一極集中が進む様子を理解する。

- **首位都市・東京**　日本最大の人口を有し，政治・経済・文化の中心となっている。
- **都心と副都心**　都心が過密になったことから新宿・渋谷・池袋などの副都心が形成された。
- **都心回帰**　都心の地価が下落し，再開発も進んだことから見られるようになった。

1 首位都市・東京

　東京は，かつて「江戸」とよばれており，明治新政府が置かれたのちに「東京」と改められ，日本の首都となりました。東京の東部には「東京23区」があり，その人口はおよそ950万人にのぼります（東京都の人口はおよそ1,400万人）（2019年）。東京は，日本最大の人口を有しており，政治・経済・文化の中心となっています。こうした2位以下の人口を大きく引きはなした都市を，**首位都市**とよびます。東京は日本の**首都**であり，**東京大都市圏**の中心となっています。

　第二次世界大戦で一時的に人口が減少したものの，1950年代半ばからはじまった高度経済成長によって，多くの若年層が東京に集まってきました。1950年に約630万人だった人口は，1970年には約1,100万人にまで増加しました。

2 東京大都市圏の様子

　東京の都心には国会議事堂，首相官邸や多くの省庁，各国の**大使館**，大企業の本社や銀行の本店，放送局や新聞社・出版社，美術館などの文化施設が集まっています。1960年代は，とくに東京都心への人口集中が見られました。これにともなって地価が高騰しました。さらに，当時は現在よりも出生率が高かったこともあり，結婚して家族が増えた人々が，より快適で，広い住居を求めて地価の安い郊外に移り住むようになりました。郊外は住機能に特化して，ベッドタウンとしての性格をもった**衛星都市**となっていきました。**多摩ニュータウン**や港北ニュータウンなどが好例です。一方で住む場所と働く場所が遠くなり（職住分離），都心と郊外を結ぶ電車は朝夕の混雑が激しくなっていきました。こうして都心部の常住人口（夜間人口）は減少し，人口分布が

東京大都市圏

日常的に通勤・通学，または買い物が行われる圏内を大都市圏という。東京大都市圏は公共交通機関が発達しているため，人々の移動が活発であり，朝は東京へ向かう電車が，夕方以降は東京から郊外へ向かう電車が混雑する傾向にある。このため，**昼夜間人口比率**（昼間人口÷夜間人口×100）を見ると，東京都は非常に高い数値となるが，周辺の神奈川県，埼玉県，千葉県の数値は小さくなる。

関東地方の政令指定都市

横浜市，川崎市，千葉市，さいたま市，相模原市の5都市ある。

ドーナツの形のようになっていきました。これを**ドーナツ化現象**といいます。その後も公共交通機関の営業距離の延長に合わせて東京大都市圏は拡大し，半径50km圏を網羅するようになりました。

　また都心部は過度に人口が集中したことで過密となりました。これによって騒音や振動，悪臭，水質汚濁などの問題が起こり，また過度な地下水のくみ上げによって地盤沈下を引き起こしました。

↑ 東京の市街地

　東京大都市圏が地理的に拡大し，また人口が増えていくと，商業用地の減少，駅の収容人数の飽和などを背景に，都心だけでは都市機能をまかなえなくなりました。こうして**新宿**や**渋谷**，**池袋**といった新しい中心地が形成されていき，これらの街は**副都心**とよばれています。副都心には通勤・通学や買い物に便利な公共交通機関の**ターミナル駅**があり，高層ビルが林立しています。

　1991年に**バブル景気**が終わると，都心部を中心に東京の地価は下落しました。同じ頃，都心や東京湾岸ではオフィスビルや高層マンションの建設など**再開発**が進められました。その後住宅供給量が増加したこともあり，バブル景気で高騰していた土地や住宅の価格は次第に落ち着きを見せ，1990年代終わり頃になると，郊外から都心に近い地域へと人口流入が見られました。これを**都心回帰**といいます。現在は東京都外からの人口流入も加わって，東京23区の人口は増加の一途をたどり，東京への**一極集中**が進んでいます。

東京の市街地
山の手エリア…武蔵野台地の東端。関東大震災（1923年）以後，人口が増え，住宅地が広がった。
下町エリア…隅田川，荒川，江戸川下流の東部低地。古くからの商工業地区。
都心…国の省庁が集まる霞が関，大企業が集まる丸の内や大手町，高級商店街の銀座などの地域を指す。

再開発
市街地や施設の再整備をすること。1980年代以降，東京都心に集中する都市機能を分散させるため，**みなとみらい21**（横浜市），**幕張新都心**（千葉県），**さいたま新都心**（さいたま市）などが建設された。また，東京の過密対策をおもな目的として，茨城県つくば市には大学や研究機関が集まる**筑波研究学園都市**が建設された。

TRY!
表現力

1990年代の終わり頃から，東京都心に近い地域への人口流入が見られ，人口が増加傾向に転じるようになった。その理由について説明しなさい。

ヒント　都心回帰が起こった。

解答例　バブル景気の崩壊で都心の地価が下落し，再開発も進み住宅供給量が増加したことで，それまでより安価で住宅の入手ができるようになり，人口が流入するようになった。

東北地方① 概要・自然

UNIT 1

着目 ▶本州北部にある南北に長い地方で，ほかの地方に比べて気温が低いことを理解する。

要点
● **東北地方のあらまし**　各県の県庁所在地に人口が集中している。
● **東北地方の地勢**　中央部の奥羽山脈を柱に3列の山地が南北に走る。
● **東北地方の気候**　奥羽山脈を境に西部は日本海側，東部は太平洋側の気候を示す。

1 東北地方のあらまし

　東北地方は，人口は867万人で，全国のおよそ7％をしめます。また面積は6万6,948km²で，人口密度はおよそ130人/km²となっています（2019年）。人口規模が極端に小さいわけではありませんが，各県の県庁所在地に人口が集中していて，県内における人口分布の偏りが比較的大きくなっています。

2 東北地方の地勢

　東北地方は南北に奥羽山脈が縦断しており，これを分水嶺として太平洋側と日本海側に区分します。

　太平洋側は北部に北上高地，南部に阿武隈高地がそれぞれ位置します。宮城県には仙台平野が広がり，ここには北から北上川，南から阿武隈川が流れこみます。

　日本海側は，北部に出羽山地が位置します。秋田県と山形県にはそれぞれ平野が広がっており，雄物川が秋田平野を，最上川が庄内平野を流れ，それぞれ日本海へと注ぎます。青森県と秋田県の県境には，世界自然遺産のある白神山地が広がっています。

　山地の間には北上盆地や山形盆地などの盆地が点在しています。また岩木山や磐梯山などの火山も点在しており，十和田湖や田沢湖など，**カルデラ**に水がたまってでき

東北地方

青森県，秋田県，岩手県，山形県，宮城県，福島県の6県を指す。

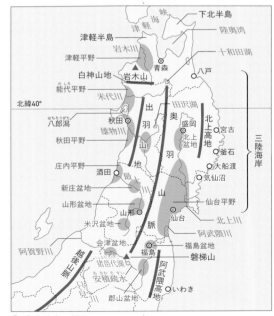

↑ 東北地方の様子

た湖も見られます。

海岸線に注目すると、太平洋側の三陸海岸は出入りの激しいリアス海岸が見られるので複雑ですが、日本海側は平野が広がり単調な海岸線が続きます。

③ 東北地方の気候

東北地方の気候も太平洋側と日本海側で降水量に顕著な違いが見られます。

日本海側は、冬に日本海上を通過する冷たく湿った北西の季節風（モンスーン）の影響で降雪量が多くなります。夏は太平洋から南東の季節風が奥羽山脈を越えて吹きおりるため、**フェーン現象**による気温上昇が見られます。

太平洋側は夏に太平洋から吹きこむ季節風の影響を受けますが、比較的緯度が高いため、夏の気温上昇の幅は他地域に比べて大きくありません。冬は北西の季節風の風下側となるため、降水量や降雪量は日本海側と比べると少なくなります。また太平洋側は毎年6月から7月にかけて**梅雨前線**の影響を受けますが、何らかの影響でこれが長引くと、オホーツク海気団から吹きだす冷たく湿った北東風の影響を受けて冷夏となります。この風をやませといい、これによって稲の生長が遅れて収穫量が少なくなってしまうなどの冷害が発生することがあります。

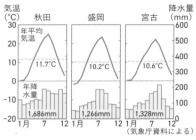

● 東北地方の雨温図

最高気温を記録した山形県

1933年7月25日、山形市では40.8℃を記録したことがある。これは2007年8月16日に岐阜県多治見市などが40.9℃を記録するまで、長らく歴代最高気温であった。

梅雨前線

オホーツク海気団と小笠原気団との間にできた前線。毎年6月から7月頃に日本列島付近に停滞し、やがてオホーツク海気団の勢力が弱まり、小笠原気団の勢力が増してくると日本海側へと移動して消滅する。

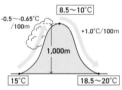

● フェーン現象。湿った空気が山に沿って上ると、100mにつき約0.5〜0.65℃の割合で温度が下がり雨を降らせる。山をおりるときは100mにつき約1.0℃の割合で温度が上がるため、風下側の気温が高くなる。

TRY! 表現力

東北地方ではとくに太平洋側において、冷害が発生することがある。その理由について説明しなさい。

（ヒント）　梅雨前線が例年以上に停滞する。

（解答例）　何らかの影響で梅雨前線が停滞すると、オホーツク海気団から吹きだすやませの影響で冷夏となるため。

東北地方② 農林水産業

UNIT 2

着目▶稲作や果樹栽培，養殖業もさかんな水産業の様子について理解する。

要点

● **東北地方の農業**　東北地方は日本最大の米どころである。

● **東北地方の林業**　日本三大美林の秋田すぎ，青森ひばが有名である。

● **東北地方の水産業**　三陸海岸沿いはリアス海岸が発達して漁業がさかんである。

1 東北地方の農業

　東北地方は，東北6県すべてで米の生産がさかんで，地方別で見ると日本最大の米の生産量をほこります。その割合は日本全国の3割近くをしめていて，東北地方は「**日本の穀倉地帯**」とよばれます。冬に降雪が見られるため単作を基本としています。米にはさまざまな品種があり，地域によって銘柄米（ブランド米）が生産されています。各県で生産されている農産物の割合（金額ベース）で見ても，各県の主力農産物が米であることがわかります。

　しかし数年に一度，梅雨が長引くことによってオホーツク海気団から吹きこむ冷たく湿ったやませの影響を受けて，冷夏となることがあります。そうすると稲などの生長が遅れてしまい，農作物の生産量が減少することがあります。これを冷害といいます。

　東北地方では米以外にも，自然条件や社会条件などを背景に各県でさまざまな種類の農作物が生産されています。青森県では**津軽平野**を中心に涼しい気候を利用したりんごの生産，山形県ではさくらんぼ（おうとう），福島県では

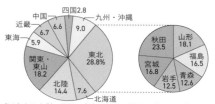

（※東山は山梨・長野，東海は岐阜・静岡・愛知・三重。2019年）
（「日本国勢図会」による）
⬆ 米の収穫量にしめる東北地方・各県の割合

参考

東北地方でつくられる銘柄米

ひとめぼれ，あきたこまち，ササニシキ，はえぬき，まっしぐらなどが有名である。

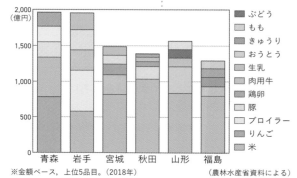

※金額ベース，上位5品目。（2018年）
（農林水産省資料による）
⬆ 東北地方の各県で生産する農産物の内訳

日本なしやももの生産がそれぞれさかんです。

また畜産業もさかんで，肉牛・乳牛の飼育や養豚などが営まれています。岩手県は日本でも有数の酪農がさかんな県です。

② 東北地方の林業

東北地方は国有林が多い地域です。日本三大美林に数えられる**秋田すぎ**，**青森ひば**（もう１つは**木曽ひのき**）などが有名です。秋田県米代川の河口に位置する能代市は秋田すぎの集散地であり，これを生かして木材加工業が発達してきました。

③ 東北地方の水産業

東北地方では水産業もさかんです。とくに太平洋側では，三陸海岸にリアス海岸が発達しているため，水深が深く，波がおだやかで漁港の建設に適しています。また太平洋の沖合には**親潮**（**千島海流**）と**黒潮**（**日本海流**）がぶつかって**潮目（潮境）**が形成されるため，好漁場となって魚種が豊富です。青森県の**八戸**，岩手県の**大船渡**，宮城県の**石巻**や**気仙沼**などの漁港が有名で，まぐろやかつお，さんまなどが水揚げされます。また，**水産加工業**や，三陸海岸でのこんぶやわかめ，かきの養殖業もさかんです。

2011年３月11日に発生した**東北地方太平洋沖地震**では，津波で漁業施設が押し流されたり，漁獲量が減少するなど大きな被害が出ました（**東日本大震災**）。その後は震災前の水準にまでは達していないものの，地域住民らの努力によって回復傾向にあります。

⬆ リアス海岸（岩手県）

5章 日本の諸地域

TRY!
表現力

東北地方の太平洋の沖合が好漁場となり，また三陸海岸沿いに天然の漁港が発達している理由について説明しなさい。

ヒント　海流と海岸線に発達した地形について考える。

解答例　沖合を流れる親潮と黒潮がぶつかって潮目を形成しており，また三陸海岸沿いにリアス海岸が発達しているため，水深が深く波がおだやかであるから。

UNIT
3

東北地方③ 工業・文化

着目 ▶ 高速交通網が発達したことで，関東地方から工場が進出したことを理解する。

要点
● **工場の進出** IC（集積回路）などの半導体，自動車，電気機械をつくる工場が進出している。
● **工業団地** 東北自動車道などのインターチェンジ付近を中心に形成されている。
● **伝統産業** 津軽塗や南部鉄器など，各地でさまざまな伝統的工芸品がつくられている。

1 東北地方の工業

　東北地方の工業は，1970年代から整備が進んだ東北自動車道をはじめとする高速道路により大きく発展しました。輸送手段の増強によって原料・燃料や工業製品の輸送が可能となり，関東地方との行き来が容易になりました。とくに高速道路は一般道に比べて輸送費用が高いため，**IC（集積回路）**や半導体などの先端技術（ハイテク）産業の工業製品の輸送が見られます。これら先端技術産業の工業製品は小型のわりに価格が高いため，輸送費が高くても十分に利益が出ます。こうして高速道路のインターチェンジ付近には大規模な工業団地が形成されました。工場の建設には広大な用地が必要であるため，地価や賃金水準が低い東北地方への工場進出は企業にとってメリットがありました。こうして東北自動車道沿いは**シリコンロード**とよばれるようになりました。

　現在はIC工場のほかに，**自動車**組み立て工場や**電気機械**をつくる工場などが進出しています。

　東北地方の日本全国にしめる製造品出荷額はおよそ6％（2017年）で，なかでも福島

❶ 東北地方の工業都市と交通網

働く場所である工場の進出は，地方からの人口流出をおさえたよ。

県と宮城県が多くなっています。東北地方の人口は1位宮城県，2位福島県となっており，人口を背景に商業や工業がさかんであるといえます。

② 東北地方の伝統産業

　東北地方は**伝統産業**もさかんです。とくに日本海側では冬に雪に閉ざされることもあり，かつては農家の人たちだけでなく武家の人たちも副業として内職を行っており，これらは家内工業を基本としていました。江戸時代には各藩がこれを奨励していたこともあり，大いに発展しました。

　伝統産業は地元で調達できる原材料を用いて製造され，洗練された技術は現代にも連綿と受け継がれています。こうして伝統産業は地場産業として発展してきました。青森県の**津軽塗**，秋田県の**大館曲げわっぱ**・川連漆器・樺細工・秋田杉桶樽，岩手県の**南部鉄器**・岩谷堂箪笥，山形県の**天童将棋駒**・置賜紬・山形鋳物，宮城県の**伝統こけし**・雄勝硯，福島県の**会津塗**・大堀相馬焼・会津本郷焼などが有名です。これらは法律によって**伝統的工芸品**として指定されています。

　伝統的工芸品は，長年にわたって技術を磨いた職人の手によって製造されるものです。しかし，1980年代半ばをピークに生産額は減少の一途をたどり，大量生産される価格の安い製品との競争や，職人の高齢化，後継者不足などの問題を抱えています。

③ 東北地方の生活・文化

　東北地方には，**かまくら**や**なまはげ**などの伝統行事や，**いぶりがっこ**（大根などを燻製してつくる漬物）などの郷土食があります。また，**青森ねぶた祭**，**秋田竿燈まつり**，**仙台七夕まつり**（宮城県）などの夏祭りも有名です。

用語

伝統的工芸品

日常的に使われるもの，手工業を中心に製造されたもの，伝統的技術によって製造されたもの，伝統的に使われてきた原材料を用いていることなどを条件とする。

🔼 南部鉄器（岩手県）

🔼 かまくら（秋田県）

🔼 青森ねぶた祭

5章 日本の諸地域

TRY! 表現力

東北地方では近年，先端技術産業の集積が見られる。その理由について説明しなさい。

　ヒント　先端技術産業の工場が立地する要因について考える。

　解答例　先端技術産業でとりあつかう製品は軽量・高価なものが多く，高速道路などを利用しても十分に採算がとれるため，輸送に便利な東北自動車道などのインターチェンジ付近に工場が集積した。

北海道地方① 概要・自然

着目 ▶日本の最北で，周囲を海に囲まれ，東部に北方領土の島々があることを理解する。

要点

● **北海道のあらまし** 都道府県別面積では最大で，道庁所在地の札幌市に人口が集中している。

● **北海道の地勢** 中央部を山地が縦断する。火山が多く分布し火山地形が見られる。

● **北海道の気候** 亜寒帯（冷帯）気候に属し，梅雨の影響をほとんど受けない。

1 北海道地方のあらまし

　北海道地方は，人口は525万人で，全国のおよそ４％をしめます。また面積は8万3,424 km²で，日本の総面積のおよそ２割をしめます。人口密度はおよそ67人/km²となっています（2019年）。１つの都道府県としての人口は多いほうですが，道内人口のおよそ３分の１が道庁所在地である札幌市に集中しています。

◆ 碁盤目状の札幌市の市街地

2 北海道地方の地勢

　北海道は，津軽海峡をはさんで本州と，宗谷海峡をはさんで樺太（サハリン）と向き合い，北東側は**オホーツク海**に面しています。中央部に**石狩山地**があり，北には**北見山地**と**天塩山地**，南には**日高山脈**と**夕張山地**が縦断しています。これらが北海道の分水嶺となって石狩川や天塩川，十勝川などが流れだします。それぞれの河川の下流域では平野が形成されています。山間部には盆地が形成されていて，名寄盆地，北見盆地，上川盆地，富良野盆地などが点在しています。また南東部には**根釧台地**が広がり，東部には択捉島をはじめとする北方領土の島々があります。

　北海道には**有珠山**や十勝岳など火山も多く存在します。洞爺湖や

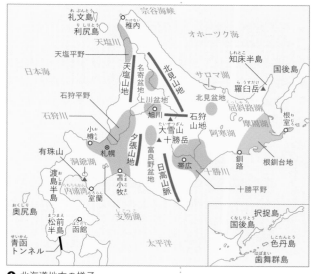

◆ 北海道地方の様子

摩周湖などは**カルデラ**に水がたまってできた湖です。

③ 北海道地方の気候

　北海道は日本のなかで最も高緯度に位置していることもあり，**亜寒帯(冷帯)気候**が展開します。夏でも涼しい気候を背景に各地で**酪農**が営まれています。冬の気温が非常に下がることもあり，気温の年較差が大きくなります。また，

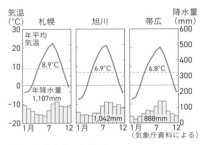

↑ 北海道地方の雨温図

北海道地方は梅雨の影響がほとんど見られないのも特徴です。そのため，6月から7月にかけての降水量は他地域よりも少なく，年降水量はそれほど多くありません。

　日本海側は冬に北西の季節風(モンスーン)の影響を受けて，降水量が多くなります。北海道はほかの日本海側と比較して，北西の季節風が海上を通過する時間が短いため降雪量はやや少なくなりますが，寒冷であるため積雪量が多くなります。

　オホーツク海沿岸には，冬に流氷が押し寄せ，観光資源としても利用されています。

　太平洋側は夏に濃霧が発生しやすい地域です。沖合を寒流の**親潮(千島海流)**が流れるため，夏の気温の上昇が抑制されます。あたたかく湿った空気である夏の季節風は，寒流の上で冷やされ，空気中の水蒸気は行き場を失って霧となります。釧路市は年間で100日近く霧が発生することから「霧の街」とよばれています。霧が発生すると，気温の上昇が抑制されるため，太平洋側は夏でも気温が上がりにくい地域です。こうした涼しい気候が馬の成育環境に適していることから，日高地方は日本有数の馬産地となっています。

 参考

**有珠山の噴火と
ハザードマップ**

有珠山は洞爺湖の南に位置する火山で，20世紀の100年間で4度噴火した。2000年の噴火では，危険地域の住民は事前に避難して人的被害はなかった。これには，日頃の**防災教育**や**防災対策**が大きな役割をはたした。2000年には三宅島(東京都)も大規模な噴火を起こしており，被害予測や避難情報を記した**ハザードマップ**が改めて見直されることとなり，各自治体などでの公表・整備が進んだ。

5
章

日本の諸地域

↑ 流氷(北海道オホーツク海沿岸)

TRY!
表現力

北海道の太平洋岸で夏に濃霧が発生する理由について説明しなさい。

ヒント　寒流と季節風が関係している。

解答例　夏の南東の季節風はあたたかく湿った風であるが，寒流の親潮(千島海流)の上空を通過するさいに冷やされて，発生した水蒸気が霧となる。

北海道地方② 農林水産業

着目 ▶ 日本の食料基地ともいわれ，道産の農水産物が全国へ出荷されることを理解する。

要点
- **農業の特色** １戸あたりの経営耕地面積が広く，多くの主業農家が大規模な農業を行っている。
- **農業地域** 石狩平野で稲作，十勝平野で畑作，根釧台地で酪農がさかんである。
- **水産業** 北洋漁業が衰退してからは養殖業や栽培漁業に力が注がれている。

1 北海道地方の農業

　北海道は広大な土地に恵まれていて，全国のおよそ25％にあたる耕地面積をもちます。北海道の一戸あたりの経営耕地面積は28.52ha（2019年）となっていて，これは全国平均の2.99haよりはるかに大きい数値です。経営耕地面積のおよそ8割が畑地や牧草地となっており，北海道では畑作を中心とした農業が営まれています。また農家の多くが農業でおもな収入を得る主業農家であり，その割合は72.9％（2018年）となっています。こうした大規模な農業経営を支えるのがトラクターやコンバインといった，大型の農業機械です。小麦や大豆，じゃがいも，牛肉，生乳など，生産量が日本一となっている農産物が数多くあり，北海道は，日本の食料基地ともいわれています。

　北海道では地域ごとに特色ある農業が営まれています。

　道央地帯（石狩や上川，日高など）は稲作を中心に野菜栽培や畜産業が発達しています。本来，北海道の自然環境は稲作には適していませんが，土地改良や品種改良，栽培技術の進展などによってこれを克服し，日本有数の米どころとなりました。

　道南地帯（後志や渡島，檜山など）は施設園芸を中心とした野菜や果樹の栽培が行われています。とくに野菜は道南地帯の農業産出額のおよそ3割

主業農家
販売農家（経営耕地面積が30a以上，または農産物販売金額が年間50万円以上の農家）のうち，「農業所得が主（所得の50％以上が農業による所得）で，1年間に60日以上自営農業に従事している65歳未満の世帯員がいる農家」の条件を満たすのが主業農家である。主業農家は，専業農家とは異なる区分である。

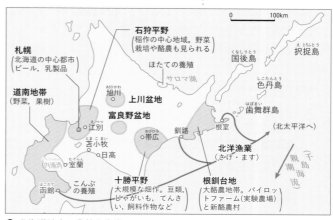

⬆ 北海道地方の農林水産業

をしめています。

　道東地帯(十勝など)は畑作が中心で, **小麦**や大麦, **大豆**, **てんさい**, **じゃがいも**などの栽培がさかんです。また**酪農**も行われています。

　道東・道北地帯(根釧台地が広がる釧路や根室など)では冷涼な気候を利用した酪農が営まれています。この地域は, 沖合を寒流の親潮(千島海流)が流れていることから夏でも涼しく, 牧草地にする広い土地に恵まれていることもあり, 酪農経営に適しています。とくに1956年の**パイロットファーム**(実験農場), 1973年の**新酪農村**の建設によって日本を代表する酪農地帯へと発展しました。

注：カッコ内は作付面積または飼育頭数。(※は2019年, その他は2018年)　　(農林水産省資料などによる)

小麦 65.4%（※） 67.8万トン（12.1万ha）
大豆 40.6%（※） 8.8万トン（3.9万ha）
あずき 93.7%（※） 5.5万トン（2.1万ha）
いんげん 94.8%（※） 1.3万トン（0.6万ha）
じゃがいも 77.1% 174.2万トン（5.1万ha）
てんさい 100%（※） 398.6万トン（5.7万ha）
そば 46.2%（※） 2.0万トン（2.5万ha）
たまねぎ 62.1% 71.7万トン（1.5万ha）
かぼちゃ 41.1% 6.6万トン（0.7万ha）
にんじん 28.6% 16.4万トン（0.5万ha）
スイートコーン 38.4% 8.4万トン（0.9万ha）
アスパラガス 13.7% 0.4万トン（0.1万ha）
生乳 55.4%（※） 404.8万トン（80.1万頭）
牛肉 20.5%（※） 9.2万トン（51.3万頭）
軽種馬 97.5% （0.7万頭）

❶ 北海道の農産物が全国にしめる割合

2 北海道の水産業

　北海道の近海は**親潮(千島海流)**が流れていることもあり, 好漁場となっています。すけとうだらやさけ・ます, ほっけ, かに, こんぶなど魚種が豊富で, 北海道の漁獲量は全国一となっています。**釧路や根室**などの漁港は水揚げ量が多く, 水揚げされた魚介類を使った**水産加工業**が発達しています。

　かつてはオホーツク海やベーリング海などへの出漁(**北洋漁業**)がさかんでした。しかし各国が排他的経済水域を設定したことで, これらの海域での漁業は入漁料の支払いや漁獲量の制限を必要とするようになり, 北洋漁業は衰退していきました。その後は**養殖業**や**栽培漁業**などの「育てる漁業」にも力が入れられるようになりました。

発展

母川国主義

　さけやますなど, 産卵やふ化のために生まれ育った川(母川)に戻ってくる魚類の権利は, 母川のある国がもつとする考え方。漁場が狭められ, 北洋漁業の衰退をもたらした。

TRY! 表現力

北海道の道東・道北地帯で酪農が発達する背景について, 自然的要因を説明しなさい。

（ヒント）　酪農は夏に冷涼な気候を示す地域でさかんである。

（解答例）　沖合を流れる寒流の影響で気温の上昇が抑えられ, 夏でも涼しい気候を示すため。

北海道地方③ 鉱工業・観光業

着目 ▶ かつては石炭産業で栄え，現在は食品加工業や観光業がさかんなことを理解する。

要点

● **石炭産業の盛衰** 「石炭のまち」が多く栄えたが，エネルギー革命により衰退した。

● **食品加工業** 北海道の農水産物を原材料とした食品加工業がさかんである。

● **観光業の拡大** グリーンツーリズムなど，雄大な自然を利用した観光業がさかんである。

1 北海道の石炭産業

18世紀後半にイギリスで**産業革命**がはじまって以来，エネルギーの中心は**石炭**でした。しかし，1960年代の**エネルギー革命**によってエネルギーの中心が石炭から**石油**へと移行していきました。石油のほうが熱効率や輸送効率がよいなどの利点があること，国際石油資本（メジャー）の参入によって産油量が増えて石油価格が安くなったことなどが背景でした。日本においては1962年から原油の輸入自由化が進められたことなども要因でした。

また日本列島の地質構造上，石炭の埋蔵は見られるものの，その品質はあまりよいものではありませんでした。さらに地質が複雑で採炭条件が悪いことなどから事故も多く発生しました。こうしてエネルギーの中心が石油へと移っていきました。

とくに北海道の**夕張市**は明治時代から「石炭のまち」として栄え，多くの労働者が集まり，1960年には市内の人口が11万人を超えていました。石油危機（オイルショック）によって石炭がいったん見直されたものの，安価な外国産の石炭の輸入増加などによって，企業は石炭産業から撤退していきました。北海道**歌志内市**でも同様で，かつて4万人を超えた人口は減少し続け，現在は日本で最も人口の少ない市となっています（3,130人，2020年）。夕張市は2番目に人口の少ない市です。このように産業によって就業機会が増減し，人口も同様に増減するのです。

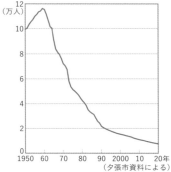

❶ 夕張市の人口の推移

2 北海道の工業

北海道は農畜水産業が発達していることもあり，これらを原材料と

した**食品加工業**がさかんで，北海道の工業製品出荷額のおよそ３分の１が食品工業となっています。乳製品やビール，水産加工品などがおもな生産物です。

　また重化学工業も発達しています。とくに**室蘭市**は明治時代から「鉄のまち」として栄え，道内で産出される石炭と輸入鉄鉱石を利用して**鉄鋼業**が発達しました。**苫小牧市**では，森林資源と豊富な水に恵まれるため，地の利を生かした**製紙・パルプ工業**が明治時代から発達しています。1963年には世界初の**掘り込み式港湾**として苫小牧港が開港し，自動車工場や石油精製工場が進出しました。また石油備蓄基地も建設されています。

③ 北海道の観光業

　北海道は観光業もさかんです。雄大な自然環境は大きな魅力であり，貴重な観光資源となっています。夏は他地域よりも涼しいため**避暑地**として多くの観光客が訪れ，冬は**リゾート**としてスキーを楽しむ人たちで賑わいます。とくに，日本とは季節が逆になるオーストラリアや，東アジア，自国で降雪などほとんど見られない東南アジアの国々からの外国人観光客が多くなっています。**札幌市**の「さっぽろ雪まつり」や**網走市**の「あばしりオホーツク流氷まつり」などは，国内外を問わず多くの観光客を集めています。

　また雄大な自然環境に身をおくことで，その価値や人間との関係性を学びながら楽しむ**エコツーリズム**，農山漁村地域に数日間滞在し農林漁業などを手伝いながら自然とふれあう**グリーンツーリズム**といった旅行形態も人気です。

↑ さっぽろ雪まつり

TRY! 表現力

グリーンツーリズムとはどういった旅行形態か，また旅行者にとってどのような利点があるか説明しなさい。

（ヒント）　滞在型の余暇活動である。

（解答例）　農山漁村に数日間滞在し，そこで農林漁業などを手伝いながら自然とふれあえる体験型の旅行で，旅行者は自然に対する意識を高めたり，その地の文化や人々とのふれあいを楽しむことができる。

UNIT 4 北海道地方④ 歴史・文化

 先住民族アイヌの文化と，北海道の開拓の歴史について理解する。

要点
- ● **先住民族アイヌ** かつては狩猟や採集を中心とした暮らし。アイヌ語由来の地名が各地に残る。
- ● **開拓の歴史** 本格的な開拓は，明治時代に屯田兵によってはじめられた。
- ● **寒さへの備え** 二重窓や無落雪の屋根，ロードヒーティングなど。寒さに備えた住居や施設。

1 北海道の歴史

北海道にはアイヌとよばれる先住民族が生活をしています。その昔，アイヌの人たちは狩猟や採集を生業としていました。また，交易は物々交換が基本で，北海道だけでなくオホーツク海周辺を経済圏として生活していました。

1669年には松前藩が，当時は「蝦夷地」とよばれていた北海道を平定します。1792年にロシア人が北海道を訪れたため，江戸幕府は伊能忠敬に命じて測量をさせ，北海道の経営をはじめます。1869年には蝦夷地は「北海道」と改められ，北海道開拓のための役所として開拓使が置かれました。1874年には屯田兵村を設置して，石狩平野や上川盆地では大規模な開拓が行われました。「少年よ大志を抱け」のことばで有名なクラークが校長を務めた，札幌農学校が設立されたのもこの頃です。屯田兵村はアメリカ合衆国のタウンシップ制をモデルにして開拓されました。タウンシップ制は碁盤目状に区画された縦×横およそ800m四方の土地を入植者に与えるというもので，入植者は5年間の定住によって土地を所有することができるようになりました。そのため，北海道では屯田兵村が開拓された名残として，碁盤目状の土地区画が数多く見られます。

屯田兵は，もともとは北海道の警備と開拓のために設けられた制度です。1904年までに37の屯田兵村がつくられました。なかには，アイヌの人たちの土地を強制的に開拓した所もあり，アイヌの人たちは土地を奪われただけでなく文化的同化を強いられました。

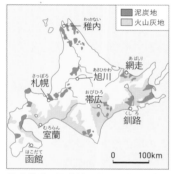

⬆ 北海道の泥炭地と火山灰地の分布

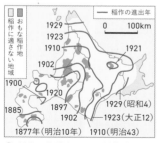

⬆ 稲作の北進とおもな稲作地

北海道は寒冷な気候を示すことに加え、泥炭地が広がっていることもまた農業経営を困難にさせていました。泥炭は植物が十分に分解されずに堆積したもので、とくに寒冷な湿原に多く分布しています。農業が困難な土地でしたが、排水を施し、農業に適した土を他地域から運び入れる客土をすることで土地を改良しました。こうして水田が開かれていきました。

1945年8月14日、日本はポツダム宣言を受諾し、翌15日に終戦の詔書が出されたことで、1941年12月8日にはじまった太平洋戦争は終戦を迎えました。しかし、終戦前後にソビエト連邦が北方領土を侵略し、以来ソビエト連邦、現在はロシア連邦の占領下にあります。長らく領土問題として、日本とロシア連邦との間で帰属をめぐり対立していますが、北方領土は日本固有の領土です。

❶ アイヌ語に由来する北海道の地名
同化政策により一時は衰退したアイヌ文化だが、アイヌ語に由来する地名はいまも各地に残されている。また、アイヌの文化を伝え、残す取り組みが続けられており、「アイヌ施策推進法」も制定された。

② 北海道の人々の生活

北海道は寒冷な気候を示すこともあり、これに対応した生活のくふうが見られます。住居は壁を厚くし、また窓を二重にしてあります。玄関を二重にしている住居も見られます。さらには落雪の被害がでないよう、屋根にくぼみを設けて電熱や太陽熱で雪をとかしています。道路は電熱線や温水パイプなどを埋めこむロードヒーティングを施し、積雪や凍結を防いでいます。

❶ 北海道の住宅

TRY!
表現力

北海道では道路にロードヒーティングの設備が見られる。その理由について説明しなさい。

ヒント　北海道は寒冷な気候を示す。

解答例　北海道は高緯度に位置して寒冷な気候を示し、降雪だけでなく積雪も多いため、雪が道路に積もって凍結しないようにしている。

日本の都道府県

● 地図中の番号，都道府県名（都道府県庁の所在地），産業の特色，の順です。

❶ 北海道（札幌）	石狩平野や盆地で稲作。根釧台地で酪農。十勝平野で畑作。釧路は漁港。	
❷ 青森県（青森）	津軽平野のりんごは全国一。八戸は漁港。秋田県境に白神山地。	
❸ 岩手県（盛岡）	三陸海岸はリアス海岸。沖合は好漁場。やませによる冷害。平泉の世界文化遺産。	
❹ 宮城県（仙台）	仙台平野で稲作。漁港が多い。松島湾でかき養殖。地方中枢都市の仙台。	
❺ 秋田県（秋田）	秋田平野で稲作。八郎潟の干拓→大潟村。白神山地は世界自然遺産。	
❻ 山形県（山形）	最上川下流の庄内平野で稲作。さくらんぼなどの果物。	
❼ 福島県（福島）	ももなどの果物。高地で酪農。会津塗などの伝統産業。	
❽ 茨城県（水戸）	掘り込み式港湾のある鹿嶋・神栖で重化学工業。畑作（近郊農業）と稲作。	
❾ 栃木県（宇都宮）	足利の絹織物。宇都宮などで機械工業→北関東（関東内陸）工業地域。	
❿ 群馬県（前橋）	桐生，伊勢崎の絹織物。浅間山ろくで高原野菜（嬬恋村のキャベツ）。	
⓫ 埼玉県（さいたま）	川口などで金属，機械工業。東京に近く人口増加率が高い。	
⓬ 千葉県（千葉）	京葉工業地域。近郊農業。らっかせいなど畑作がさかん。成田国際空港。	
⓭ 東京都（東京）［新宿区］	東京（23区）は日本の首都→過密。京浜工業地帯。都心で印刷業。	
⓮ 神奈川県（横浜）	川崎，横浜の京浜工業地帯。横浜港は全国有数の貿易港。	
⓯ 新潟県（新潟）	越後平野の稲作。阿賀野川下流で新潟水俣病。冬に雪が多い。	
⓰ 富山県（富山）	富山平野の稲作。富山湾のほたるいか漁。神通川下流でイタイイタイ病。	
⓱ 石川県（金沢）	金沢平野の稲作。漆器の輪島塗，焼き物の九谷焼。北陸新幹線がのびる。	
⓲ 福井県（福井）	福井平野の稲作。むかしからの絹織物。若狭湾沿岸に原子力発電所。	
⓳ 山梨県（甲府）	甲府盆地の扇状地で，ぶどう，もも（ともに全国一）などの果物栽培。	
⓴ 長野県（長野）	内陸性の気候。りんご（長野盆地），高原野菜（八ヶ岳山ろくの野辺山原）。	
㉑ 岐阜県（岐阜）	長野県，富山県とのさかいに飛驒山脈（北アルプス）。濃尾平野に輪中。	
㉒ 静岡県（静岡）	みかん，牧ノ原の茶。浜名湖のうなぎ。東海工業地域（浜松など）。	
㉓ 愛知県（名古屋）	中京工業地帯（豊田の自動車，一宮の毛織物，瀬戸の焼き物）。	
㉔ 三重県（津）	志摩半島で真珠の養殖。四日市で石油化学産業→公害病（四日市ぜんそく）。	
㉕ 滋賀県（大津）	近畿の水がめ＝琵琶湖。近江盆地の稲作。人口増加率が高い。	
㉖ 京都府（京都）	古都・京都で西陣織や清水焼などの伝統産業。宇治の茶。	
㉗ 大阪府（大阪）	阪神工業地帯（大阪，堺）。大阪は京阪神大都市圏の中心で人口が多い。	
㉘ 兵庫県（神戸）	阪神工業地帯（尼崎，神戸）。播磨工業地域（姫路）。阪神・淡路大震災。	
㉙ 奈良県（奈良）	近郊農業（いちごなど）。古都奈良の文化財などが世界文化遺産。	
㉚ 和歌山県（和歌山）	紀ノ川，有田川流域のみかん。紀伊山地の林業→私有林が多い。	
㉛ 鳥取県（鳥取）	なしの生産は全国有数。中国山地で牛の放牧。鳥取砂丘。過疎の問題。	
㉜ 島根県（松江）	津和野盆地の和紙。石見銀山が世界文化遺産。出雲大社。過疎の問題。	
㉝ 岡山県（岡山）	倉敷（水島地区）で重化学工業→瀬戸内工業地域。岡山平野の果物。	
㉞ 広島県（広島）	広島は地方中枢都市。瀬戸内海沿岸で機械，金属工業。広島湾でかき養殖。	
㉟ 山口県（山口）	秋吉台は石灰岩の台地→カルスト地形。瀬戸内海沿岸で工業。	
㊱ 徳島県（徳島）	鳴門海峡に淡路島と結ぶ橋。吉野川の水を讃岐平野へ送る（香川用水）。	
㊲ 香川県（高松）	水不足でため池，香川用水。瀬戸内海の島でオリーブ栽培。瀬戸大橋。	
㊳ 愛媛県（松山）	みかん生産は全国有数。新居浜で機械，金属工業。今治からしまなみ海道。	
㊴ 高知県（高知）	高知平野で野菜の促成栽培（なす，きゅうり，ピーマン）。和紙も有名。	
㊵ 福岡県（福岡）	福岡は地方中枢都市。北九州はエコタウン，その周辺に自動車工業。	
㊶ 佐賀県（佐賀）	筑紫平野の稲作。有明海の干拓。有田焼。みかん。のりの養殖。	
㊷ 長崎県（長崎）	長崎の造船業。長崎は，東シナ海などの漁業の基地。離島。リアス海岸。	
㊸ 熊本県（熊本）	水俣の化学工業→水俣病。みかん。阿蘇山（日本有数のカルデラ）。	
㊹ 大分県（大分）	大分で重化学工業。一村一品運動のはじまり。八丁原地熱発電所。	
㊺ 宮崎県（宮崎）	宮崎平野で野菜の促成栽培。大規模な家畜飼育（豚，肉牛，ブロイラー）。	
㊻ 鹿児島県（鹿児島）	シラス台地で畑作（さつまいも）。宮崎県と同じく大規模な家畜飼育。	
㊼ 沖縄県（那覇）	広いアメリカ軍基地。さとうきびやパイナップルから，野菜や花へ。	
㊽ 北方領土	国後島，択捉島，歯舞群島，色丹島。現在，ロシアが不法占拠。	

東経125度

北緯25度

（台湾）

㊼

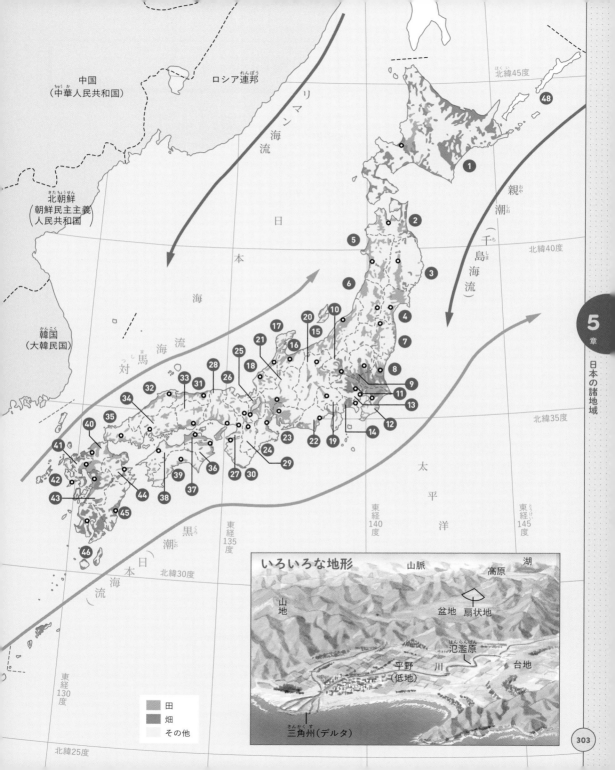

中国
(中華人民共和国)

ロシア連邦

北朝鮮
(朝鮮民主主義
人民共和国)

リマン海流

北緯45度

親潮（千島海流）

48

1

2

5

北緯40度

日

3

6

韓国
(大韓民国)

本

海

流

4

7

対馬海流

17

20

10

8

9

21

15

16

11

13

25

18

12

28

5章

日本の諸地域

33 31

26

14

北緯35度

32

34

23

22

19

35

24

29

太

40

27 30

平

41

39

36

洋

42

37

東経140度

44

38

東経145度

43

45

黒潮

46

東経135度

北緯30度

日本海流

東経130度

北緯25度

田
畑
その他

いろいろな地形

山脈　　　高原　　　湖

山地　　　盆地　扇状地

氾濫原

平野
(低地)　川　　台地

三角州（デルタ）

定期テスト対策問題

解答 → p.324

問 ❶ 中部地方，関東地方，東北地方，北海道地方の自然・工業

右の地図を見て，次の問いに答えなさい。

(1) 地図中の Ⅰ〜Ⅲ で示した山地・山脈の並びを正しく示したものを，次から1つ選び，記号で答えよ。

Ⅰ 飛驒山脈・赤石山脈
Ⅱ 出羽山地・北上高地
Ⅲ 天塩山地・日高山脈

(2) 地図中の **ア〜エ** の風のうち，やませとよばれるものはどれか。また，やませがもたらす自然災害を次から選び，記号で答えよ。

カ 干害　　**キ** 風水害　　**ク** 冷害

(3) 右下のグラフは，中京工業地帯・東海工業地域・京浜工業地帯・京葉工業地域の工業製品出荷額割合を示している。化学工業・機械工業にあてはまるものを **ア〜ウ** から1つずつ選び，記号で答えよ。

(4) (3)の4つの工業地帯・地域のうち，次の工業都市がふくまれるものを1つずつ選べ。

① 川崎市　　② 浜松市

(5) 地図中の輪島市・会津若松市・弘前市で共通してさかんな伝統産業の製品を，次から選び，記号で答えよ。

ア 漆器　　**イ** 陶磁器
ウ 絹織物　　**エ** 鉄器

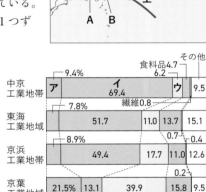

中京工業地帯 — ア 9.4% / イ 69.4 / ウ 9.5 / 食料品4.7 / 6.2 / その他
東海工業地域 — 7.8% / 51.7 / 11.0 / 13.7 / 15.1 / 繊維0.8
京浜工業地帯 — 8.9% / 49.4 / 17.7 / 11.0 / 12.6 / 0.7 / 0.4
京葉工業地域 — 21.5% / 13.1 / 39.9 / 15.8 / 9.5 / 0.2

注：**ア〜ウ** は機械工業・化学工業・金属工業のいずれかを示す。
(2017年)　　　　　　　　　　　　（「日本国勢図会」による）

(6) 地図中の **A・B** の都市の工業について，次の文中の **a・b** にあてはまる語句を答えよ。

・**A** の諏訪市では，第二次世界大戦後に発達した時計などをつくる ☐ **a** ☐ 工業を基礎に，現在は電子部品やプリンターの製造がさかんである。

・北関東工業地域では，**B** の高崎市をはじめとする交通の便利な都市に，県や市町村が工場を誘致したまとまりである ☐ **b** ☐ が形成されている。

(7) 地図中の **C** の高速道路の沿線に進出した工業としてあてはまらないものを，次の **ア〜エ** から1つ選び，記号で答えよ。

ア 自動車部品　　**イ** 情報通信機械　　**ウ** 電子部品　　**エ** 製紙

問 **2** 中部地方，関東地方，東北地方，北海道地方の農業・都市
右の地図を見て，次の問いに答えなさい。

(1) 地図中の ● は，暖流と寒流がぶつかる海域で，養分が豊富なためさまざまな魚が集まる好漁場となっている。これを何というか。

(2) **資料1**の①～③は，地図中の**A・C・E**の道県が主産地となっている農作物の生産量割合を示している。それぞれの農作物を次から1つずつ選び，記号で答えよ。

ア てんさい **イ** 茶
ウ みかん **エ** ねぎ
オ じゃがいも **カ** 大豆

(3) **資料2**は，地図中の**A～E**の道県を比較したものである。**A・C・E**にあたるものを資料中の**ア～オ**から1つずつ選び，記号で答えよ。

(4) 地図中の**C**では，大都市の消費者向けに，鮮度が求められる野菜・果物・花などを生産している。このような農業を何というか。

(5) **資料3**は，地図中の**E**と，ほかの都府県の農家1戸あたりの耕地面積を比較したものである。**E**の農業の特色を，「農業機械」の語句を用いて簡単に説明せよ。

(6) 地図中の東京都の中心部では，自動車やエアコンなどから出る排熱が原因で，周辺部と比べて中心部の気温が上がる現象が見られる。この現象を何というか。

(7) 地図中の東京都で進められた再開発を，次から選び，記号で答えよ。

ア みなとみらい21 **イ** 臨海副都心
ウ さいたま新都心 **エ** 幕張新都心

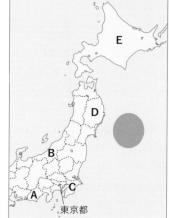

資料1

① その他13.5 京都3.6 宮崎4.4 三重7.2 鹿児島32.6 A38.7%

② C13.8% 埼玉12.3 茨城11.0 群馬4.3 E4.3 その他54.3

③ C1.4 その他11.1 茨城2.0 長崎4.1 鹿児島4.3 E77.1%

(2018年)（「日本国勢図会」などによる）

資料2

	人口密度（人/km²）(2018年)	米生産量（万t）(2018年)	乳牛飼育頭数（頭）(2019年)	まぐろ類漁獲量(t)(2017年)
ア	1,213	30	29,400	460
イ	81	27	42,000	5,014
ウ	471	8	13,500	29,658
エ	67	52	801,000	984
オ	179	63	6,370	3,834

（「データでみる県勢」による）

資料3

E：1ha未満7.7% 1.0～10.0ha 29.1 10.0～30.0ha 34.2 30ha以上29.0

ほかの都府県：1ha未満53.5% 1.0～5.0ha 40.7 5.0～10.0ha3.9 10ha以上1.9

(2019年)（「日本国勢図会」などによる）

入試問題にチャレンジ ①

問 ① 世界地理

(4)理由8点，他3点×8

右の図や地図を見て，次の問いに答えなさい。

[富山県：改]

(1) 図中の**P**は三大洋の１つである。**P**の海洋名を書け。また，**P**と同じ海洋を地図中の**X**〜**Z**から１つ選び，記号で答えよ。

(2) 地図上では同じ長さとして表されている**a**〜**c**のうち，実際の長さが最も短いものを１つ選び，記号で答えよ。

(3) 資料１や地図を参考にして，ブラジリアが７月６日午後８時のとき，東京は何月何日の何時か，午前・午後の区別も入れて書け。なお，サマータイムは実施されていないものとする。

(4) 資料２の**d・e**は，ナイジェリア，南アフリカ共和国，コートジボワール，ケニアのいずれかの国の輸出品目割合を示している。それぞれの国名を書け。また，**d・e**の国では，国の収入が安定しないという問題を抱えている。その理由を，次の語をすべて使って説明せよ。

[特定　　変動]

(5) 地図中の×は，資料３の**Ⅰ**の鉱産資源の分布を示し，●は**Ⅱ**の鉱産資源の分布を示している。**Ⅰ**と**Ⅱ**の鉱産資源名をそれぞれ書け。

図　陸が多く見える向きから見た地球

地図　緯線と経線が直角に交わる地図

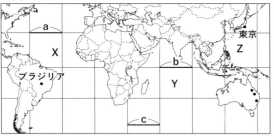

資料１

都市名	緯度	経度	標準時子午線
ブラジリア	南緯16度	西経48度	西経45度
東京	北緯36度	東経140度	東経135度

資料２　おもな輸出品目の割合

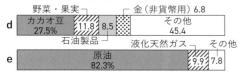

（2018年）　　　　　　　　　（「世界国勢図会」による）

資料３　日本のおもな鉱産資源の輸入先

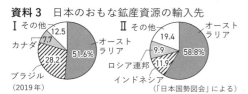

（2019年）　　　　　　　　　（「日本国勢図会」による）

次の問いに答えなさい。

［山梨県：改］

(1) 右の地図は，世界の一部の地域を
表したものである。これに関する問
いに答えよ。

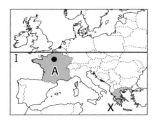

① 地図中の**A～D**の国のうち，
2021年1月1日午前7時を迎え
たのが最も遅かった首都がある国
を1つ選び，記号で答えよ。

② 地図中の**I～Ⅳ**のうち，2つ
は同じ緯度の緯線である。同じ緯
度の緯線の組み合わせとして正し
いものを次から1つ選び，記号
で答えよ。

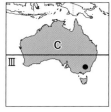

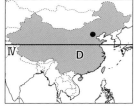

※A～DとXは国を，●はA～Dの首都を，I～Ⅳは緯線をそれぞれ示しており，
各地図の縮尺は異なる。

　ア　IとⅡ　　　イ　IとⅢ
　ウ　IとⅣ　　　エ　ⅡとⅢ
　オ　ⅡとⅣ　　　カ　ⅢとⅣ

③ 右の写真は，地図中の**X**の国の沿岸部に見られる特徴ある
街並みである。この写真の中の住居について説明した，次の
文章中の□□□□にあてはまる内容を簡潔に書け。また，**X**
の国の首都名を書け。

　これらの住居には，地域の気候に合わせて窓を小さくする
くふうが見られる。これは，□□□□ためである。

④ 次の文章は，地図中の**B**の国を流れる大河の流域に住む人々が，伝統的に行ってきた農業
についてまとめたものである。文章中の□□□□に入る語句を書け。

　この地域の人々は森林や草原を燃やし，その灰を肥料として作物を栽培する□□□□農業
を続け，自然と共存しながら森林を利用する伝統的な生活を営んできた。

(2) アメリカ合衆国の産業の特色を説明した次のI・Ⅱのそれぞれの文が正しければ○，誤りで
あれば×と答えよ。

I　シリコンバレーとよばれる地域には，情報通信技術(ICT)に関する研究機関や企業が集ま
り，新技術の開発が行われている。

Ⅱ　中央平原とよばれる内陸の地域では，センターピボット方式による大規模なかんがい農業
が行われており，小麦などが栽培されている。

次の問いに答えなさい。

(1) 右の**資料**は，愛知県の渥美半島内にある地域を示した2万5千分の1地形図の一部である。資料の地形図から読み取れることとして最も適当なものを，次から1つ選び，記号で答えよ。

[京都府]

ア ◯で囲まれた**A**の地域は，標高が50m以上であり，田として利用されている土地をふくむ。

イ ◯で囲まれた**B**の地域は，標高が50m以上であり，果樹園として利用されている土地をふくむ。

資料

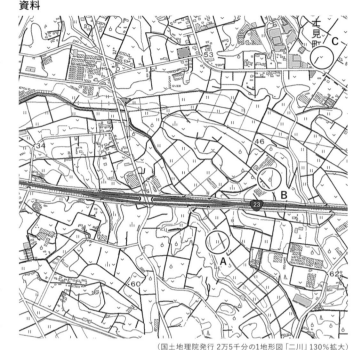

(国土地理院発行 2万5千分の1地形図「二川」130%拡大)

ウ ◯で囲まれた**C**の地域は，標高が50m以上であり，茶畑として利用されている土地をふくむ。

(2) 北陸には，農家の副業から発達した伝統産業や地場産業がある。下の文は，北陸の農家の副業について述べたものである。文中の ▢ に入れるのに適している内容を，北陸をふくむ日本海側の気候の特徴にふれて，「農作業」の語を用いて簡潔に書け。　　　　　　[大阪府]

北陸では，冬に北西から吹く季節風の影響により， ▢ ため，農家の副業がさかんに行われたことが，伝統産業や地場産業の発達の一因となった。

(3) 右の表は，三重県，京都府，大阪府，和歌山県のいずれかの府県に関する統計をまとめたものである。表中の**ア**にあてはまる府県名を答えよ。

[鳥取県]

府県名	人口 （万人）	人口密度 （人/km²）	老年人口の 割合(%)	産業別人口にしめる 第2次産業人口の割合(%)
ア	178	308	29.7	32.0
イ	881	4,624	27.6	24.3
ウ	258	560	29.1	23.6
エ	93	196	33.1	22.3

(2019年，第2次産業人口割合は2015年)　　　　　　　　　　(「日本国勢図会」による)

右の地図を見て，次の問いに答えなさい。

(1) 地図中の **A－B** の断面を示した模式図として適切なものを，次から1つ選び，記号で答えよ。

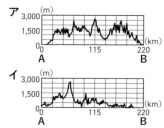

(2) **資料1**は，県別の農業産出額にしめる米，野菜，果実，畜産などの割合を示している。**資料1**の①～③は，地図中の **X～Z** のいずれかの県である。①・③にあたる県として適切なものを1つずつ選び，記号で答えよ。

資料1

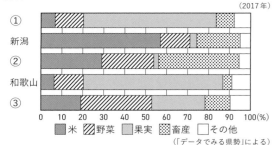

(2017年)

(「データでみる県勢」による)

(3) **資料2**の **A～D** は，地図中の **カ～ケ** のいずれかの府県を示している。**A・D** にあたる府県を，**カ～ケ** から1つずつ選び，記号で答えよ。

(4) 次の文中の **a～c** に入る語句として適切なものを，あとの各選択肢から1つずつ選び，記号で答えよ。

日本では，2011年に発生した ▢ a ▢ の後，防災対策がより進められた。**資料3**は，地震にともなう ▢ b ▢ 対策の標識の1つである。近い将来に発生が予測されている四国，紀伊半島から東海の沖合にある ▢ c ▢ の巨大地震では，大規模な ▢ b ▢ の被害が想定されており，身近な地域の自然環境の特徴などを知っておくことが重要である。

資料2

(2017年)

府県名	製造品出荷額(億円)			
	繊維工業	化学工業	金属製品	輸送用機械器具
愛知	3,995	12,289	15,598	264,951
A	1,176	18,307	5,549	43,249
B	560	11,890	3,960	23,766
C	2,051	1,697	1,550	1,898
D	3,021	19,498	15,967	14,398
滋賀	2,232	10,624	4,111	9,489

(「データでみる県勢」による)

a ア 関東地震(関東大震災)　イ 東北地方太平洋沖地震(東日本大震災)
b ア 火災　イ 津波
c ア 南海トラフ　イ 日本海溝

資料3

入試問題にチャレンジ ❷

制限時間：	50分	点

解答 ➡ p.326

問 **①** 世界地理　　　　　　　　(1)(3)各完答3点×2，(2)(4)3点×3，(5)6点

右の模式図と表，図を見て，次の問いに答えなさい。

[秋田県]

(1) **模式図1**に示した経度0度の経線**X**の名称を書け。また，**X**と同じ経度を示す経線を，**模式図2**の**ア～エ**から選び，記号で答えよ。

(2) **表のA～D**は，それぞれ**模式図1**の@～@州のいずれかを表している。**AとD**にあてはまる州を，@～@州から1つずつ選び，記号で答えよ。

(3) 世界の三大洋のうち，**模式図2**の**Y**大陸が面しているものをすべて書け。

(4) 下の**図1**は，世界の国々の中から，貿易額上位国の中国，アメリカ合衆国，ドイツ，日本を取り上げ，比較したものである。**図1**から読み取れる，貿易の収支が赤字の国を1つ選んで国名を書け。

(5) 次の文は，**図2**をもとに生徒がまとめたものである。**E**に入る適切な内容を，「州」の語を用いて書け。

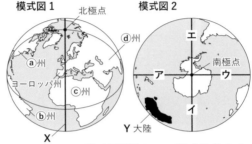

※ロシア連邦はヨーロッパ州に位置づけている。
※経線は90度ごとに引いている。

表　世界にしめる各州の割合

項目　　州	耕地面積（％）	森林面積（％）	二酸化炭素排出量（％）
ヨーロッパ州	18.2	25.4	15.6
A	36.6	14.9	53.9
B	17.1	15.5	3.6
C	15.2	18.8	16.6
D	9.8	21.0	5.0

(2016年)　　　　　　　(「データブック オブ・ザ・ワールド」による)

　　輸出相手先の中で，割合が一番高い相手先に着目すると，アメリカ合衆国とドイツのどちらも，　**E**　国々への輸出割合が高いという共通点が見られる。

図1　4か国の貿易額

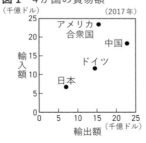

図2　アメリカ合衆国とドイツの輸出相手先の割合

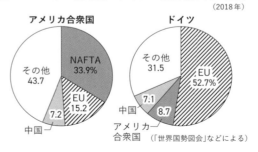

(「世界国勢図会」などによる)

右の地図を見て, 次の問いに答えなさい。

[香川県：改]

(1) この地図は, 緯線と経線が直角に交わる地図である。地図中の**ア〜ウ**のうち, 東京・サンフランシスコ間を最短距離で結んだ線(大圏航路)はどれか, 1つ選び, 記号で答えよ。

(2) 右下の表は, 地図中に①〜④で示した都市の標準時子午線をそれぞれ示したものである。地図中の①〜④の都市のうち, わが国との時差が最も大きい都市を1つ選び, 番号で答えよ。

都市	①	②	③	④
標準時子午線	経度0度	東経150度	西経120度	西経45度

(3) 地図中に**X**で示した山脈をふくむ, ヨーロッパからアジアに連なる造山帯は何とよばれるか。その造山帯名を書け。

(4) 地図中に ▨ で示した地域は, ある気候帯の分布を示したもので, **資料1**は, この気候帯に属する地図中のリヤドの月平均気温と月降水量を表したものである。この気候帯名を書け。

資料1

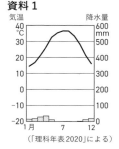

(「理科年表2020」による)

(5) 地図中に**Y**で示した地域の海岸には, わが国の志摩半島のように, 山地が海にせまり, 奥行きのある湾と小さな岬が連続する入り組んだ海岸が見られる。この海岸地形を何というか, 書け。

(6) 右の**資料2**は, 地図中の中国の年降水量を, **資料3**は中国の1月の平均気温をそれぞれ示したものである。資料からわかることについて述べた次の**ア〜エ**のうち, 誤っているものを1つ選び, 記号で答えよ。

ア ペキンの年降水量は, 1,000mm未満である。

イ シェンヤンの1月の平均気温は−10℃未満である。

ウ シェンヤンとコワンチョウの年降水量を比べると, コワンチョウのほうが多い。

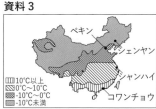

(「中国地図帳」などによる)

エ シャンハイの年降水量は1,000mm未満で, 1月の平均気温は0℃以上である。

右の地図を見て，次の問いに答えなさい。

[鹿児島県，沖縄県]

(1) 地図中の ▨▨▨ で示した九州南部には火山からの噴出物が積もってできた台地が広がっている。この台地を何というか。

(2) 地図中の **A** の北部には，世界遺産に登録されている合掌造りで有名な白川郷がある。この都道府県名を書け。

(3) 地図中の ▤▤▤ は，2019年の乳用牛の飼育頭数上位8位までの都道府県のうち，関東地方にある4県を示している。この4県に関して述べた次の文の ☐☐☐ に適することばを補い，これを完成させよ。ただし，「時間」という語句を使うこと。

　　この4県には，生産した生乳を，☐☐☐ ことができるという，共通する特色がある。

(4) 地図中の **B** は，メタンハイドレートが海底に存在する可能性があるとされている海域の一部を示している。メタンハイドレートは，天然ガスの主成分であるメタンガスをふくんだ氷状の物質で，日本の排他的経済水域内に多く埋蔵されると推定され，実用化が期待されている。そのように期待される理由を**資料1**を参考にして書け。

(5) **資料2**は地図中のさいたま市，大阪市，福岡市の昼夜間人口比率を示したものである。さいたま市に該当するものを**ア・イ**から選び，そのように判断した理由を書け。ただし，理由には「通勤や通学」という語句を使うこと。

(6) 次の**ア～オ**は，日本の工業の特徴について述べている。誤っているものを1つ選び，記号で答えよ。

ア 日本の工業は，原料や燃料を輸入して製品を輸出する加工貿易で発展してきた。

イ 北九州工業地帯は，明治時代につくられた製鉄所を中心として発達した。

ウ 阪神工業地帯では，近年，臨海部の工場跡地に太陽光関連産業の工場が建設されている。

エ 中京工業地帯では，愛知県の豊田市を中心に自動車関連工業がさかんである。

オ 京浜工業地帯は，日本の工業地帯の中で工業出荷額が最も低く，停滞している。

資料1 おもな国のエネルギー自給率 (%)

日本	アメリカ合衆国	中国	オーストラリア
9.6	92.5	80.0	318.9

(2017年) 　　　　　　　　（「世界国勢図会」による）

資料2

都市名	大阪市	**ア**	**イ**
昼夜間人口比率	131.7	110.8	93.0

＊昼夜間人口比率＝昼間人口÷夜間(常住)人口×100
(2015年) 　　　　　　　　　　（「国勢調査」による）

右の地図を見て，次の問いに答えなさい。　　　　　　　　　　　　　　　[富山県]

地図1

地図2

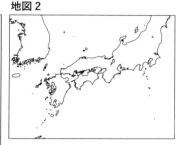

(1) **地図1**の**A**島は日本の西端である。**A**島の名前を次から選び，記号で答えよ。
　　ア 南鳥島
　　イ 与那国島
　　ウ 沖ノ鳥島
　　エ 択捉島

(2) **地図2**に，黒潮(日本海流)と対馬海流の流れを書き込め。ただし，黒潮は実線矢印(━▶)，対馬海流は破線矢印(╍▶)で書くこと。

地図3

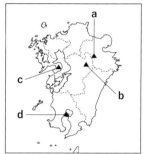

(3) **地図3**中の▲は，九州地方の火山である。これに関する説明として適切なものを，次から2つ選び，記号で答えよ。

　　ア **a**周辺では以前よりダムの建設がさかんで，水力発電としては日本最大の八丁原発電所がある。

　　イ **b**は世界最大級のカルデラをもつ火山で，カルデラ内部には水田や市街地が広がっている。

　　ウ **c**は近年でも活発に噴火を繰り返す火山で，噴火のさいの火砕流で大きな被害が出ている。

　　エ **d**周辺の九州南部はシラスとよばれる火山灰が堆積した台地となっており，水もちのよい土地で稲作がさかんである。

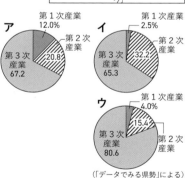

(4) 右の**ア〜ウ**のグラフは沖縄県と，人口規模が沖縄県とほぼ同じ滋賀県，青森県の産業別の就業者割合を示している。沖縄県，青森県のグラフはどれか，それぞれ選び，記号で答えよ。

(「データでみる県勢」による)

(5) 右の写真は，沖縄県に見られる伝統的な家で，家を石垣で囲ったり，屋根のかわらをしっくいでかためたり，1階建てにしたりして家のつくり方をくふうしている。その理由をこの地域の気候に関連づけて説明せよ。

入試問題にチャレンジ ③

制限時間：	50分	点

解答 → p.327

問 **1** 世界地理　　　　　　　　　　　　　　　　　　　　　　　　　　　　6点×4

右の図を見て，次の問いに答えなさい。 ［栃木県］

(1) 図1は，図3の雨温図で示され
た**A**市と**B**市の位置を示したもので
ある。2つの都市の気候について述
べた次の文中の**Ⅰ**・**Ⅱ**にあてはまる
語の組み合わせとして正しいものを，
あとから1つ選び，記号で答えよ。

　　A市と**B**市は，夏季には高温で雨
が降るが，冬季の降水量には差が見
られる。**A**市では，大陸からの乾い
た　**Ⅰ**　の影響を受けやすく，冬
季の降水量が少なくなる。**B**市では
　Ⅱ　の上を吹く　**Ⅰ**　の影響
により冬季に大雪が降る。

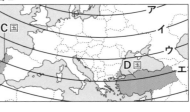

図1　図2

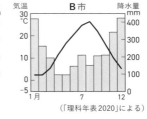

図3

（「理科年表2020」による）

ア　**Ⅰ**－偏西風　**Ⅱ**－暖流　　　**イ**　**Ⅰ**－偏西風　**Ⅱ**－寒流
ウ　**Ⅰ**－季節風　**Ⅱ**－暖流　　　**エ**　**Ⅰ**－季節風　**Ⅱ**－寒流

(2) 次の文は，図2の**C**国の公用語と同じ言語を公用語としているある国について述べたもの
である。ある国とはどこか答えよ。

　　赤道が通過する国土には，流域面積が世界最大となる大河が流れ，その流域には広大な熱帯
雨林が広がる。高原地帯ではコーヒー豆などの輸出用作物が栽培されている。

(3) ヨーロッパの大部分は日本と比べて高緯度に位置している。図1の北緯40度と同緯度を示
す緯線を，図2の**ア**～**エ**から1つ
選び，記号で答えよ。

(4) 図2の**D**国とインドについて，
表1は，両国の総人口とある宗
教の信者数を，**表2**は，おもな
家畜の飼育頭数を示したものであ
る。□にあてはまる語を書
け。

表1 （万人）

	総人口	□教の信者数
D国	8,434	8,417
インド	138,000	19,596

(2020年)　　　　　　　（「世界国勢図会」による）

表2 （千頭）

	牛	豚	羊
D国	15,944	1	33,678
インド	184,464	8,485	61,666

(2018年)　　　　　　　（「世界国勢図会」による）

314

右の地図を見て，次の問いに答えなさい。

[愛媛県：改]

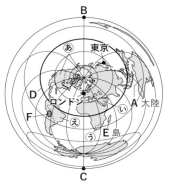

(1) この地図は，ロンドンからの距離と方位が正しい地図
であり，地図中の**A**大陸は，六大陸の1つである。**A**
にあてはまる大陸の名を次から1つ選び，記号で答え
よ。

　ア　南アメリカ　　　**イ**　アフリカ
　ウ　南極　　　　　　　**エ**　オーストラリア

(2) 地図をもとにして述べた文として最も適当なものを，
次から1つ選び，記号で答えよ。

　ア　点**B**とロンドンを結ぶ線は，本初子午線である。
　イ　ロンドンから点**C**までの実際の距離は約4万kmで
ある。
　ウ　**D**の曲線で囲まれた範囲より内側は，北半球にあたる。
　エ　**E**島は，東京から見てほぼ南の方向にある。

(3) 右のグラフは，2018年における世界の，国別の小麦の生産量の
割合を表したものである。グラフ中の**X**にあたる国として適当なも
のを，地図中の**あ**〜**え**から選び，記号と国名を答えよ。

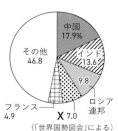

中国 17.9%
インド 13.6
9.8
ロシア連邦
X 7.0
フランス 4.9
その他 46.8
（「世界国勢図会」による）

(4) **資料1**は，地図中の ⬤ で示した**F**の区域の，
標高とおもな土地利用を模式的に表したものであり，
資料1中の**P**・**Q**は，それぞれ，リャマやアルパカ
の放牧，とうもろこしの栽培のいずれかにあたる。
また，**資料2**は，**資料1**中の地点**R**と地点**S**の，
月別の平均気温を模式的に表したものであり，**資料
2**中の**Ⅰ**・**Ⅱ**は，それぞれ地点**R**，地点**S**のいずれ
かの，月別の平均気温にあたる。リャマやアルパカ
の放牧にあたる記号と，地点**R**の月別の平均気温に
あたる記号をそれぞれ答えよ。

資料1

標高 5,000m
4,000
3,000
2,000
1,000

氷雪
P
R じゃがいもの栽培
Q
熱帯性の作物の栽培
S

資料2

気温 30℃
20
10
Ⅰ
Ⅱ
1月　7　12

(5) 右の表は，世界に見られる，
伝統的な住居についてまとめ
たものである。表中の**Y**に適
当なことばを書き入れて表を
完成させよ。ただし，「降水
量」「樹木」の2つの語句を
ふくめること。

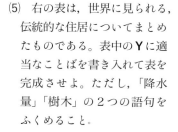

地域	おもな材料	共通点
熱帯雨林が広がる地域	木や葉	地域の気候に合わせて，手に入りやすい材料を使用している。
Y 地域	日干しれんが	

次の問いに答えなさい。

[愛媛県：改]

(1) **資料1**は，2017年における，全国と瀬戸内工業地域のいずれかの，工業製品出荷額の工業別の割合を表したものであり，**A・B**は，それぞれ機械・化学のいずれかにあたる。化学にあたる記号と，瀬戸内工業地域の工業製品出荷額の工業別の割合を表したグラフにあたる記号の組み合わせを次から1つ選び，記号で答えよ。

資料1

食料品 8.1

Ⅰ	金属 18.6%	A 35.2	B 21.9	その他 16.2

Ⅱ	金属 13.4%	A 46.0	B 13.1	食料品 12.1	その他 15.4

（「日本国勢図会」による）

　　ア　AとⅠ　　イ　AとⅡ　　ウ　BとⅠ　　エ　BとⅡ

(2) **資料2**は，2019年における7地方の，人口と人口密度を表したものであり，グラフ中の**ア〜エ**は，それぞれ東北地方，関東地方，中部地方，近畿地方のいずれかにあたる。中部地方にあたるものを1つ選び，記号で答えよ。

資料2

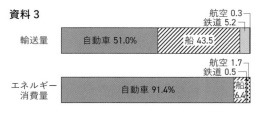

(2019年)　　　　　　　（「日本国勢図会」による）

(3) **資料3**は，2017年の国内の貨物輸送における，輸送量とエネルギー消費量の，輸送機関別の割合である。あとの会話文中の**P**には，「船と鉄道」「同じ輸送量」「エネルギー消費量」の3つのことばを，**Q**には「二酸化炭素」のことばをそれぞれふくめて適切な文を書け。

先生：国土交通省では，貨物輸送について，トラックなどの自動車の利用から，船と鉄道の利用へと転換を図る「モーダルシフト」を推進しています。グラフから，国土交通省が期待していることは何かわかりますか。

健太：自動車に比べて，　**P**　ので，　**Q**　ということです。

資料3

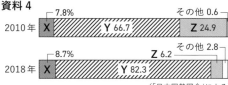

航空 0.3
鉄道 5.2

| 輸送量 | 自動車 51.0% | 船 43.5 | |

航空 1.7
鉄道 0.5

| エネルギー消費量 | 自動車 91.4% | 船 6.4 | |

※輸送量は，輸送貨物の重量（トン）に，輸送距離（km）をかけて算出したものである。エネルギー消費量は，輸送したときに消費したエネルギーを熱量（キロカロリー）に換算したものである。

（「2019年版 EDMC/エネルギー・経済統計要覧」による）

(4) **資料4**は，2010年と2018年における，日本の発電量の内訳を表したものであり，グラフ中の**X〜Z**は，それぞれ火力，水力，原子力のいずれかにあたる。**Z**にあてはまる発電を答えよ。

資料4

7.8%　　　　　　　　　　　　　その他 0.6

| 2010年 | X | Y 66.7 | Z 24.9 | |

8.7%　　　　　　　　　　　　　その他 2.8

| 2018年 | X | Y 82.3 | Z 6.2 | |

（「日本国勢図会」による）

(4)各4点×2，他4点×4

右の地図を見て，次の問いに答えなさい。

[長崎県，高知県：改]

(1) 地図中の**X**の地方では，地元でとれる資源を用いたさまざまな工芸品が古くからつくられてきた。このうち岩手県の伝統的工芸品を次から1つ選び，記号で答えよ。

ア 南部鉄器　　イ 会津塗
ウ 天童将棋駒　　エ 津軽塗

(2) 次の文は，地図中に ⬤ で示した5県のいずれかについて説明したものである。この県の県庁所在地名を漢字で書け。

　大手自動車会社の本社を中心として組立工場や部品工場が集まり，世界有数の自動車生産地域となっている。また，南部では，夜間に照明をあてることで出荷時期を調整した電照菊の栽培が有名である。

(3) 地図中の稚内，札幌，室蘭などの地名は，北海道とその周辺地域で生活を営んできた先住民族独自の言語に由来するといわれている。この先住民族を何というか。

(4) 地図中の ⬤ で示した地帯はフォッサマグナとよばれている。このフォッサマグナに関して述べた次の**A・B**の文のうち正しいものには○，誤っているものには×と答えよ。

　A フォッサマグナの東側には，日本アルプスともよばれる標高3,000m前後の3つの山脈が連なっている。

　B 日本列島の山地の様子を大きくとらえると，フォッサマグナよりも西側の中国・四国地方では山地が南北方向に，東側の北海道，東北地方では山地が東西方向に連なっている。

(5) 表の**P〜S**は，次の**ア〜エ**のいずれかについて，47都道府県の平均値を100としたとき，地図の ⬤ で示した5県の数値を，大きなものから順番に並べたものである。このうち**Q**にあてはまるものを1つ選び，記号で答えよ。

表

	1位	2位	3位	4位	5位
P	秋田 131.0	愛媛 116.2	鹿児島 112.7	兵庫 102.5	愛知 88.4
Q	鹿児島 456.9	愛知 129.0	兵庫 90.6	秋田 52.9	愛媛 37.7
R	愛媛 298.3	愛知 109.4	鹿児島 52.8	秋田 38.3	兵庫 20.6
S	愛知 431.5	兵庫 192.3	愛媛 69.7	鹿児島 51.6	秋田 24.5

(果実・畜産産出額は2017年，人口密度と65歳以上人口の割合は2019年)

(「データでみる県勢」などによる)

ア 果実産出額　　イ 畜産産出額　　ウ 人口密度　　エ 65歳以上人口の割合

解答と解説

くわしい
中学地理

KUWASHII

GEOGRAPHY

定期テスト対策問題

解答

1章　世界と日本の姿

❶ (1)a…経線　b…距離　(2)①ウ　②ア
(3)B，南アメリカ大陸　(4)東　(5)太平洋
(6)エ

（解説）(1)**地図1**はメルカトル図法，**地図2**は正距方位図法という。
(2)②緯度が66.6度以上の北極圏や南極圏で，夏の季節に見られる白夜である。
(3)Aはグリーンランドで，世界最大の島である。
(4)東京から真東に進むと南アメリカ大陸に到達し，やがて地球の反対側(対蹠点)に至る。
(6)**ア**…Dは面積が最大の大陸であるユーラシア大陸。**イ**…Eのオーストラリア大陸は東京から見て南にあたる。**ウ**…ユーラシア大陸はアフリカ大陸のみと陸続きになっている。

❷ (1)ヨーロッパ州　(2)ウ
(3)東南アジア…エ　西アジア…ア
(4)C…イ　D…エ　(5)C…オ　E…ア
(6)a…植民地　b…イギリス
(7)イスラム　(8)ア

（解説）(2)面積が世界最小の国のバチカン市国は，Aのヨーロッパ州に位置する。**ア**はロシア連邦，**イ**は中国，**エ**はインド。
(3)**イ**は東アジア，**ウ**は南アジア，**オ**は中央アジアの国。
(4)**ア**はアジア州，**ウ**は北アメリカ州，**オ**はヨー

ロッパ州の島国。
(5)**イ・ウ**はアジア州，**エ**はヨーロッパ州の内陸国。
(6)**図1**はオーストラリアの国旗。Xはイギリス国旗で**ユニオンジャック**という。
(7)**図2**はトルコの国旗。
(8)**ア**は南アメリカ州にふくまれる。

❸ (1)①D　②C　(2)E　(3)G　(4)B
(5)**領海**　(6)a…岡　b…岩手
(7)**明石市，ウ**　(8)A　(9)エ

（解説）(1)①Dの中部地方は近畿・関東・東北地方と陸上で接する。②府は大阪府と京都府の2つ。
(2)東端は**南鳥島**，南端は**沖ノ鳥島**で，いずれも東京都に属する。
(3)北端の**択捉島**は北海道に属する。
(4)島根県の**竹島**である。
(6)福岡市・岡山市・静岡市・盛岡市が示されている。盛岡市は岩手県の県庁所在地。
(7)1886年に，兵庫県明石市を通る**東経135度線**が日本の標準時子午線と定められた。
(9)Ⅰの本州はⅡの北海道の約3倍，北海道はⅣの四国の約4倍，Ⅲの九州は四国の約2倍の面積をもつ。

2章　世界の人々の暮らし

❶ (1)①Ⅲ　②Ⅱ　③Ⅰ　④Ⅳ
(2)A…イ　B…エ　C…ア
(3)a…ウ　b…ア　c…エ　d…イ
(4)a　(5)ウ

（解説）(1)Ⅰは温帯，Ⅱは乾燥帯，Ⅲは亜寒帯(冷帯)と寒帯，Ⅳは熱帯，Ⅴは高山気候のグループ。
(2)Cの高山気候は標高の高い地域に見られる特有の気候で，気候区とは区別してあつかわれる。
(3)**ア**は亜寒帯(冷帯)，**イ**は熱帯雨林気候，**ウ**は砂

漠気候，**エ**は温暖湿潤気候の雨温図である。

(4)(5)樹木が育ちにくい気候として，砂漠気候(降水量が少なすぎる)，**ツンドラ気候・氷雪気候**(気温が低すぎる)があげられる。

❷ (1)**ウ** (2)A…**エ** B…**イ** (3)**ア** (4)**エ**
(5)a…**遊牧** b…**ゲル** (6)**エ**

(解説) (1)③アフリカや南アメリカでは，とうもろこしを粉にひいて，練って焼くなどしたものを主食としている。
(2)小麦も粉にひいて，パンや麺などに加工される。
(3)**イ**は乾燥帯，**ウ**は地中海沿岸，**エ**は亜寒帯(冷帯)に見られる。
(4)**ア**では植物の栽培は不可能で，**リャマ・アルパカ**が放牧されている。
(5)**ゲル**とよばれるテントで，解体して持ち運ぶことができるため，移動生活に適している。
(6)**イヌイット**は野生のカリブー(トナカイ)やあざらしの狩りを行い，肉や毛皮を利用してきた。

❸ (1)A…**ウ** B…**ア** C…**エ** D…**イ**
(2)**D** (3)A…**Ⅲ** B…**Ⅱ** C…**Ⅰ** D…**Ⅳ**
(4)**イ** (5)**B** (6)**ヒンディー** (7)**B**

(解説) (2)ヒンドゥー教徒は，信者数では仏教徒よりも多いが，分布が特定の国にかたよっているため民族宗教とされる。
(3)Ⅰ…**托鉢**とよばれる修行は，**タイ**に見られる。
Ⅱ…メッカはアラビア半島のサウジアラビアにある**イスラム教**の聖地。Ⅲ…始祖は**イエス**である。
Ⅳ…ヒンドゥー教徒は，牛を神の使いと考えて大切にしている。
(4)**ア**はおもに**キリスト教**，**ウ**は**ヒンドゥー教**，**エ**は**仏教**。
(5)イスラム教徒は，豚の肉や脂を使った食べ物や酒を飲食しないこととされている。
(6)インドでヒンディー語を話す人は約4割で，ほかにも300種類以上の言語が使用されているといわれる。
(7)イスラム教のモスクは，ドーム状の礼拝所とミナレットとよばれる尖塔が特徴である。

3章 世界の諸地域①

SECTION 1〜2

❶ (1)X…**ア** Y…**イ** (2)**チベット高原**
(3)**長江**
(4)**あ**…**D** **い**…**B** **う**…**C**
え…**E** **お**…**A**
(5)**経済特区**
(6)**レアメタル** (7)**エ** (8)**あ，い，お**

(解説) (1)夏に海洋から大陸へと吹く季節風は雨季をもたらすが，冬は大陸から海洋へ季節風が吹きだすため乾季となる。
(3)チベット高原からは，黄河・長江・メコン川などの大河が流れでている。
(4)**あ**の国はマレーシアで，経済統合を進める組織は**ASEAN**。**い**の国はカザフスタン。**う**の国はインド。**え**の国は韓国。**お**の国はアラブ首長国連邦で，現代的な都市はドバイ。
(7)多くの原油が，**ペルシア湾**から出航する**タンカー**によって北アメリカや日本へ輸出されている。

❷ (1)**北大西洋海流** (2)**フィヨルド** (3)**ウ**
(4)**イ** (5)**ウ**
(6)①(例)早くから加盟していた国々と，あとから加盟した国々との間に所得格差がある。
②**イ**
(7)①**ア** ②**ウ**

(解説) (1)北大西洋海流の上を**偏西風**が吹き，あたたかい空気をもたらす。
(3)**地中海式農業**の地域で，冬に小麦が栽培される。
(4)**イ**には北海油田があり，沿岸のノルウェーは石油輸出国となっている。
(5)**X**はオランダ・ベルギー・ルクセンブルクのベネルクス三国，**Y**はエストニア・ラトビア・リトアニアのバルト三国である。
(7)**Z**はロシア連邦である。

① ロシア国内にも，工業地域どうしを結ぶパイプラインがはりめぐらされている。
② スラブ系民族は，ロシア連邦・ポーランド・ウクライナなど，ヨーロッパ東部に多い。

3章 世界の諸地域②

1 (1)植民地，**A**…オ　**B**…イ　(2)ウ　(3)う
(4)■…ア　▲…エ
(5)① **D**…ウ　**E**…オ
②モノカルチャー経済

(解説) (1)**A**では英語，**B**ではフランス語を公用語とする国が多い。
(2)ブラジル・ロシア連邦・インド・中国・南アフリカ共和国の頭文字から **BRICS** とよぶ。
(3)あは**イ**，いは**ア**の都市の雨温図。
(4)銅はコンゴ民主共和国とザンビアの国境周辺，原油はアフリカ北部に多い。
(5)**D**…コートジボワールをはじめギニア湾岸の国々にはカカオ豆の産地が多い。**E**…ケニアでは茶や花が商品作物として栽培されている。

2 (1)ヒスパニック…ウ　アフリカ系…ア
(2)スペイン語　(3)▼…オ　■…ア
(4)サンベルト　(5)ウ，ケ
(6)①オ　②イ　③エ
(7)ハリケーン

(解説) (1)南部のカリフォルニア州やテキサス州が，メキシコと国境を接している。ミシシッピ川はメキシコ湾に注いでいる。
(2)スペイン語は中・南アメリカで多く使用されている言語。
(3)鉄鉱石は五大湖周辺，原油はメキシコ湾岸の分布に着目する。
(5)**カ**は米，**キ**は綿花，**ク**はとうもろこしの輸出量割合を表している。

(6)①はニューヨーク，②はサンノゼ，③はピッツバーグ。五大湖周辺にはかつて重工業がさかんだった都市が多い。
(7)熱帯低気圧のうち，太平洋の北東部や大西洋の北部で発生するものはハリケーンとよばれる。北西太平洋で発生する台風，インド洋で発生するサイクロンと区別する。

3 (1)①オ　②ウ　③エ　④ア
(2)地図1…う　地図2…え
(3)①ア　②ウ　(4)パンパ
(5)**C**…アボリジニ　**D**…マオリ　(6)イ

(解説) (1)①はオーストラリア大陸の中東部，②は南アメリカ大陸の中西部，③はオセアニア州の島々，④は南アメリカ大陸の北部。
(2)地図1の南アメリカ大陸は熱帯，地図2のオーストラリア大陸は乾燥帯の割合が高い。あはアフリカ大陸，いは北アメリカ大陸。
(3)①コーヒー豆はブラジルをはじめとする南アメリカや中央アメリカ，東南アジア，アフリカの国々が主産国となっている。②ブラジルはオーストラリアに次ぐ鉄鉱石産出国となっている。
(6)かつては植民地支配をしていたイギリスが主要貿易相手国だった。

4章 日本の特色と世界

1 (1)**A**…オ　**B**…ウ　**C**…キ　**D**…エ
(2)イ　(3)エ　(4)北東

(解説) (1)**ア**は⊗，**イ**は◎，**カ**はΥ，**ク**は⋔で表す。
(2)**B**の郵便局は，119mと124mの標高の表示の中間に位置する。
(3)**ア**は‖‖，**イ**はꞁꞁ，**ウ**は˚˳˚˳。**イ**の桑畑は古い地形図でよく見られる。
(4)方位記号や経緯線がない場合，地形図の上が北を示す。上と右の中間なので北東にあたる。

❷ (1)フォッサマグナ　(2)B…エ　C…イ
(3)例短い距離を急な勾配で流れている。
(4)イ　(5)ウ　(6)環太平洋造山帯
(7)マングローブ

解説 (1)フォッサマグナは，北アメリカプレートとユーラシアプレートの境界にあたると考えられている。
(2)B…筑後川と筑紫平野の名称を取り違えやすいので気をつける。
(3)日本列島は細長く山がちなため，**日本の川は短くて急流である。**
(4)**イ**は高知市で，夏は雨が多くて蒸し暑く，冬は乾燥し晴天の日が多い**太平洋側の気候**である。
(5)地中海性気候は，夏に高温で乾燥し，冬に降水がある点が特色である。**ア**は夏も冬も少雨である。**イ**は雨が降る時期(雨季)がわずかに見られる。**エ**は年間降水量が多く，夏と冬の気温の差が大きい。
(6)造山帯は地盤が隆起して高い山脈をつくる，地殻変動の起こりやすい地域である。
(7)熱帯の波のおだやかな入り江などに育つ常緑広葉樹である。

❸ (1)アジア…ア　アフリカ…イ　(2)人口爆発
(3)イ　(4)イ→ア→ウ　(5)過疎(化)

解説 (1)アジアは世界人口の約6割をしめている。アフリカは最も人口増加率が高い。
(2)**人口爆発**は食料や水，住宅などの不足をもたらしている。
(3)富士山型を示すのがインド。**ア**はアメリカ合衆国，**ウ**は日本，**エ**は中国。
(4)経済の成長にともない，出生率・死亡率ともに高い富士山型から，出生率・死亡率ともに低いつりがね型，つぼ型へ変化する。
(5)過疎地域では，十分な医療や教育などのサービスの提供が難しくなる。

❹ (1)①ア　②ウ　③イ
(2)a…遠洋漁業　b…化石
(3)日本…エ　フランス…イ

解説 (1)①はアジア，②は南北アメリカ，③はヨーロッパと北アメリカに主産地がある。
(2)化石燃料は石炭・石油・天然ガスなど，植物や動物の死骸が長い年月の間に変化してできた燃料である。多くの国が排他的経済水域を設けて他国の漁業を規制するようになったことも，遠洋漁業が衰退した原因である。
(3)**ア**はブラジル，**ウ**はカナダで，ともに水力発電が中心。日本では2011年の東日本大震災による福島第一原子力発電所の事故以来，原子力発電の割合が低下した。

❺ (1)A…東海道新幹線
　　B…上越新幹線　C…東北新幹線
(2)ウ　(3)鉄道…ア　航空機…エ

解説 (1)**A**…五街道の1つである東海道にちなむ。**B**…群馬県の旧名の上野，新潟県の旧名の越後に由来するといわれる。
(2)成田国際空港にはIC(集積回路)などの軽量小型で値段の高い工業製品，冷凍まぐろなど鮮度の求められる食品が輸送される。
(3)鉄道の旅客輸送割合は半分以下に減った。**イ**は自動車，**ウ**は船舶である。

5章　日本の諸地域①

SECTION 1～3

❶ (1)カルデラ　(2)①エ　②オ　③ア　(3)イ
(4)ウ　(5)イ　(6)◇…イ　■…エ　(7)エ

解説 (2)③シラスは土壌がやせ，水もちが悪いため，稲作には適していない。
(3)年中気温が高い南西諸島の気候である。**ア**は瀬戸内の気候，**ウ**は太平洋側の気候，**エ**は日本海側の気候。
(4)**B**は広島市。文化学術研究都市は大阪府などにつくられた。

(5)化学工業が比較的発達したイの瀬戸内工業地域を選ぶ。アは阪神工業地帯，ウは北九州工業地域。

❷ (1)A…エ　B…イ　C…オ　D…ウ
　(2)①エ　②ア　③カ　(3)イ
　(4)c…町(村)　d…過疎

(解説)(1)A…温暖な稲作地域では，古くから二毛作が行われてきた。B…農作物の出荷時期を早めるために，ビニールハウスなどを使って収穫を早める促成栽培が行われている。アは鳥取砂丘の様子。
(2)①②九州地方では鹿児島県や宮崎県で豚や肉牛の飼育が，北海道では乳牛や肉牛の飼育がさかんである。③みかんはおもに，日当たりのよい斜面の畑で栽培される。
(3)Ⅰの沖縄県では第１次産業，Ⅱの三重県では第２次産業の就業者割合が比較的高い。
(4)Ⅲは徳島県神山町で，空き家を活用し都市部と変わらない通信環境を整備して，企業の誘致を図っている。Ⅳは高知県馬路村で，ゆずそのものの出荷だけでなく，ゆずを加工した飲み物や食品などの通信販売にも力を入れている。

5章 日本の諸地域②

SECTION 4～7

❶ (1)Ⅱ　(2)ウ，ク
　(3)化学工業…ウ　機械工業…イ
　(4)①京浜工業地帯　②東海工業地域　(5)ア
　(6)a…精密機械　b…工業団地　(7)エ

(解説)(1)Ⅰは飛驒山脈と木曽山脈，Ⅲは天塩山地と北見山地。
(2)やませは東北日本の初夏に吹く，冷たく湿った北東の風である。
(3)中京工業地帯と東海工業地域，京浜工業地帯では機械工業，京葉工業地域では化学工業の割合が高い。

(4)①では製鉄・製油など，②ではオートバイ・楽器などの生産がさかんである。
(5)それぞれ輪島塗，会津塗，津軽塗という。
(6)a…諏訪盆地では，部品の洗浄に適したきれいな水が得られることから，時計などをつくる精密機械工業が発達した。b…工業団地は内陸の交通の便のよい地域(インターチェンジ付近など)に整備されてきた。

❷ (1)潮目(潮境)　(2)①イ　②エ　③オ
　(3)A…ウ　C…ア　E…エ　(4)近郊農業
　(5)(例)大型の農業機械を使い，大規模な経営が行われている。
　(6)ヒートアイランド現象　(7)イ

(解説)(1)潮目では海底の栄養分がまき上がり，プランクトンが集まる。
(2)①茶は温暖で霜が降りにくく，日当たりと水はけのよい地域で栽培されている。②ねぎは近郊農業がさかんな地域が主産地となっている。アのてんさいは，北海道が100％をしめる。
(3)Aまぐろの水揚げが多い焼津港のある静岡県。C５道県のうち人口密度が最大の千葉県。E５道県のうち，米の生産量が２位で乳牛飼育頭数が１位の北海道。イはDの岩手県，オはBの新潟県。
(5)北海道の販売農家１戸あたりの耕地面積は，全国平均の10倍以上にもなる。
(7)1980年代末から臨海副都心が開発され，東京湾岸の埋立地にオフィスビルや高層マンションが建設された。

入試問題にチャレンジ

解答

1

❶ (1)大西洋，**X**　(2)**c**　(3)**7月7日午前8時**
(4)**d**…コートジボワール　**e**…ナイジェリア
理由…例**国の収入が特定の農産物や鉱産資源の輸出にたよっており，価格の変動に影響されやすいから。**
(5)**Ⅰ**…鉄鉱石　**Ⅱ**…石炭

(解説) (1)図のような方向から見た地球を，陸半球という。**P**は北アメリカ大陸やユーラシア大陸に囲まれた大西洋。
(2)緯度が高くなるにつれ，同じ経度間の緯線の長さは短くなっていく。
(3)資料1中の標準時子午線の経度差をもとに算出する。東経と西経の時差は標準時子午線の経度を足して15で割る。(135＋45)÷15＝12により，ブラジリアより12時間進んだ時刻とわかる。
(4)コートジボワールではカカオ豆，ナイジェリアでは原油の輸出にかたよっている。
(5)鉄鉱石は2位のブラジル，石炭は2位のインドネシアに着目する。

❷ (1)①**B**
②**エ**
③例**夏の強い日差しをさえぎり，室内の温度の上昇をおさえる　首都…アテネ**
④**焼畑**
(2)**Ⅰ**…○　**Ⅱ**…×

(解説) (1)①**A**はフランスで東経15度線，**B**はブラジルで西経45度線など，**C**はオーストラリアで東経150度線など，**D**は中国で東経120度線をそれぞれ標準時子午線とする。

②**Ⅱ**・**Ⅲ**はともに南緯30度線。
③夏に気温が高く乾燥する地中海性気候に適応した住居である。
④数年たって土地がやせて作物が育たなくなると，移動して別の畑を開く。これを繰り返す。
(2)**Ⅱ**…小麦などのかんがい農業が行われているのはグレートプレーンズである。

❸ (1)**イ**
(2)例**積雪の量が多く，農作業ができなかった**
(3)**三重県**

(解説) (1)**ア**…**A**の左右にある太い等高線は標高50mの計曲線で，その内側に標高46mの表示(**B**の上)がある。よって**A**は50m未満。**ウ**…**C**を囲む計曲線の内側には標高53mの表示があるが，茶畑の地図記号(∴∴∴)は見られない。
(2)石川県の輪島塗，福井県鯖江市の眼鏡フレームなど，地域ごとにさまざまな伝統産業や地場産業が発達した。
(3)三重県は，工業をはじめとする第2次産業の人口割合がとくに高くなっている。人口・人口密度ともに最大の**イ**は大阪府，いずれも2位の**ウ**は京都府，老年人口割合が最大の**エ**は和歌山県。

❹ (1)**ア**　(2)①**Z**　③**Y**　(3)**A**…**ケ**　**D**…**カ**
(4)**a**…**イ**　**b**…**イ**　**c**…**ア**

(解説) (1)**A－B**の中央部には，標高3,000m級の山々が連なる日本アルプスがそびえ，山間には盆地が点在している。
(2)果実の割合が高い①は，ぶどう・ももの全国一の生産県である**Z**の山梨県。畜産の割合が比較的高い②は**X**の兵庫県。米・野菜・果実をバランスよく生産している③は**Y**の長野県。
(3)**A**は輸送用機械器具の出荷額が最大なので，浜松市で二輪自動車が生産されている**ケ**の静岡県。**D**は化学・金属の出荷額が多く，古くから繊維工業も発達している**カ**の大阪府。**C**は4種の工業のうち繊維が最も発達しているので伝統的に織物生産のさかんな**ク**の石川県。残る**B**は**キ**の三重県。

(4)a…東日本大震災では想定していた以上の高さの津波がおしよせ，各地の防潮堤を海水が乗りこえた。 b…資料3には，波から逃げる人間が描かれている。 c…海底の深い部分にある幅のある溝のうち，海溝ほどの深さはないところをトラフという。

②

1 (1)本初子午線，ウ　(2)A…ⓓ州　D…ⓑ州
(3)太平洋，インド洋　(4)アメリカ合衆国
(5)例自国と同じ州にある

解説 (1)イギリスのロンドンを基準とする本初子午線は，南半球ではアフリカ大陸と南アメリカ大陸の間を通っている。
(2)Aは米・小麦などの世界の生産上位国が位置し，二酸化炭素の世界最大の排出国である中国がふくまれるⓓのアジア州。Dはアマゾン川流域に広大な熱帯雨林が広がり，森林面積が最大となっているⓑの南アメリカ州。Bは南アメリカ州と並んで二酸化炭素排出量が少ないⓒのアフリカ州。残るCはⓐの北アメリカ州。
(3)Yは南半球に位置するオーストラリア大陸。
(4)輸入額が輸出額よりも多い国が，貿易赤字の国となる。
(5)アメリカ合衆国はNAFTAに属していたカナダやメキシコ，ドイツはEUに加盟するフランス・オランダなどが主要輸出相手国である。

2 (1)ア　(2)③　(3)アルプス・ヒマラヤ造山帯
(4)乾燥帯　(5)リアス海岸　(6)エ

解説 (1)正距方位図法上で東京とサンフランシスコを結んだ直線は，問題文のメルカトル図法上では，アリューシャン列島の南側を通る曲線となる。
(2)日付変更線の西側から1日のはじまりを迎えていくので，日付変更線の東に位置する地域が日本との時差が最も大きくなる。
(4)降水量が少なく植物が育ちにくい気候。
(5)スペイン語で入り江のことを「リア」という。

(6)シャンハイ(上海)の年降水量は1,000mm以上ある。

3 (1)シラス台地　(2)岐阜県
(3)例大消費地に短い時間で輸送する
(4)例日本のエネルギー自給率を高めることができると考えられるから。
(5)イ，例昼間は通勤や通学で東京などへ人が移動していて，夜間人口に比べて昼間人口が少なくなると考えられるため。
(6)オ

解説 (1)シラスは土地がやせていて水もちが悪いため，稲作に適さない。
(3)関東地方の酪農は近郊農業としての特色をもつ。
(4)日本は鉱産資源に恵まれず，大部分を輸入に頼っているが，メタンハイドレートの開発によりエネルギー自給率の向上が期待されている。
(5)昼夜間人口比率が100未満ということは，昼間人口が夜間人口より少ない(昼間に多くの人々が他都府県へ通勤・通学する)ことを示す。
(6)京浜工業地帯の工業は伸び悩んでいるが，北九州工業地帯(地域)より出荷額は多い。

4 (1)イ　(2)(右図)
(3)イ，ウ
(4)沖縄県…ウ
　青森県…ア
(5)例台風の通り道になることが多い地域なので，台風の襲来にともなう暴風雨の被害を受けないようにするため。

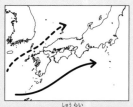

解説 (1)アは東端，ウは南端，エは北端の島。
(3)ア…八丁原では地熱発電がさかん。エ…稲作には不向きで，畑作や畜産がさかん。
(4)沖縄県は観光業をはじめとする第3次産業の割合がとくに高い。青森県は農林水産業からなる第1次産業の割合が高い。
(5)フィリピン周辺や南シナ海で発生する熱帯低気圧が発達して北上し，台風となる。

③

❶ (1)**ウ** (2)**ブラジル** (3)**エ** (4)**イスラム**

(解説)(1)朝鮮半島西岸の**A**，日本海岸の**B**ともに季節風の影響を受けるが，**B**では暖流の対馬海流の上空を通るときに季節風が多くの水蒸気をふくみ，山地にあたって雪を降らせる。
(2)**C**はポルトガルで，大河はアマゾン川のこと。ブラジルは南アメリカ州では唯一，ポルトガル語を公用語とする国である。
(3)北緯40度線は東北地方を通る緯線で，ヨーロッパ州ではイベリア半島中部，イタリア半島南部を通っている。
(4)信者数が**D**国の総人口の99％以上，インドの総人口の約14％をしめること（**表1**），インドではヒンドゥー教徒が大切にする牛の飼育数が多く，**D**国ではイスラム教徒が食べるのを禁じられている豚の飼育数が少ないこと（**表2**）から，イスラム教であると判断する。

❷ (1)**エ** (2)**ウ**
(3)**あ，アメリカ合衆国** (4)**P，Ⅱ**
(5)例**降水量が少なく，樹木が育ちにくい**

(解説)(1)ユーラシア大陸の南に位置することから，オーストラリア大陸とわかる。
(2)**ア**…ロンドンを通り北極と南極を結ぶ線が本初子午線である。**イ**…中心であるロンドンから外円までの距離は，地球の外周の半分にあたる約2万km。**エ**…東京中心の正距方位図法で見ると，**E**のマダガスカル島は東京の西にあたる。
(4)気温が低く耕作ができない標高4,000m以上の耕地で，リャマやアルパカの放牧が行われている。標高が100m高くなるごとに，気温は0.5〜0.6℃低くなっていく。
(5)日干しれんがは土をこねてかため，太陽の熱で乾かしたもの。

❸ (1)**ウ** (2)**ウ**
(3)**P**…例**船と鉄道は，同じ輸送量に対するエネルギー消費量が少ない**
Q…例**二酸化炭素の排出を削減することができる**
(4)**原子力**

(解説)(1)全国・瀬戸内工業地域とも1位をしめるのは機械。瀬戸内工業地域は倉敷市や周南市，岩国市などに石油化学コンビナートがあるため，化学の割合が比較的高い。
(2)人口密度・人口ともに最大の**ア**は関東地方，2番目の**イ**は近畿地方，最小の**エ**は東北地方，残る**ウ**が中部地方となる。
(3)自動車と航空は，輸送量に対するエネルギー消費量の割合が高い。より少ないエネルギーで大量に輸送できる船と鉄道の利用を増やすことで，二酸化炭素排出量を減らす取り組みが進められている。
(4)**Z**は2011年の東日本大震災による事故で発電が停止された原子力。**X**は高度経済成長期より以前のエネルギーの中心であった水力，**Y**の火力は日本の発電の中心で，2011年以降は原子力の分も補っている。

❹ (1)**ア** (2)**名古屋市** (3)**アイヌ（民族）**
(4)**A**…× **B**…× (5)**イ**

(解説)(1)**イ**は福島県，**ウ**は山形，**エ**は青森県の伝統的工芸品。
(2)愛知県豊田市の工業，渥美半島の農業について述べている。
(4)**A**…日本アルプスはフォッサマグナの西側に位置する。**B**…フォッサマグナの西側では東西方向，東側では南北方向に山地が連なる。
(5)豚や肉牛の全国有数の飼育県である鹿児島県が1位であることから，**Q**は畜産産出額とわかる。**P**は大都市圏にふくまれる兵庫県・愛知県が下位であることから，65歳以上人口の割合。逆に愛知県・兵庫県が上位の**S**は人口密度である。**R**はかんきつ類の生産がさかんな愛媛県が1位であることから果実産出額である。

入試問題にチャレンジ　解答

327

さくいん

☞ 青字の項目は，国（地域）名・都市名・都道府県名・市町村名であることを示す。

アルファベット

AI …… 233
APEC …… 179
ASEAN …… 90, 239
AU …… 147
BRICS …… 144, 166, 220
CIS …… 135
EC …… 112, 238
ECSC …… 112
EEC …… 112
EPA …… 29, 239
EU …… 28, 112, 132
EURATOM …… 112
FTA …… 29, 239
GATT …… 238
GPS …… 241
IC …… 229, 252, 292
ICT …… 97, 155, 237
IoT …… 233, 253
LNG …… 94, 219, 221
MERCOSUR …… 167
NAFTA …… 161, 239
NIES …… 82, 89, 92
OECD …… 89, 112
OPEC …… 101, 145
RCEP …… 239
SDGs …… 166
SNS …… 237
TPP …… 239
UNHCR …… 215
USMCA …… 161, 239
WTO …… 238

あ

アイスランド …… 106, 129, 131
愛知県 …… 276, 302
愛知用水 …… 274
会津塗 …… 293
会津盆地 …… 288
アイヌ …… 300
アイルランド …… 28, 106, 132, 160

アオザイ …… 61, 69
青森県 …… 302
青森ねぶた祭 …… 293
青森ひば …… 291
アオラキ山 …… 176, 180
赤石山脈 …… 199, 272
明石 …… 31
赤潮 …… 261
明石海峡大橋 …… 261
阿賀野川 …… 273, 288
阿寒湖 …… 294
亜寒帯（気候） …… 49, 54, 84, 107, 126, 295
秋田竿燈まつり …… 293
秋田県 …… 302
あきたこまち …… 290
秋田新幹線 …… 292
秋田すぎ …… 291
秋田平野 …… 288, 302
秋吉台 …… 302
悪臭 …… 287
アグリビジネス …… 152
英虞湾 …… 262
麻 …… 69
安積疏水 …… 288
旭川 …… 295, 301
浅間山 …… 205, 272
アザラシ …… 52, 69
アジア州 …… 12, 76
アジア太平洋経済協力 …… 179
アジアNIES …… 82, 89, 92
足利 …… 302
足摺岬 …… 256
あずき …… 297
アステカ王国 …… 159
アスワンハイダム …… 142
アセアン …… 90, 239
阿蘇山 …… 199, 248, 302
新しい工業地域 …… 229, 284
アッサム地方 …… 96
渥美半島 …… 274
アッラー …… 64

アデレード …… 178
アノラック …… 52, 69
網走 …… 299
アパラチア山脈 …… 150, 154
アパルトヘイト …… 144
阿武隈川 …… 288
阿武隈高地 …… 288
油やし …… 92, 149
アフリカ州 …… 12, 138
アフリカ大地溝帯 …… 139
アフリカ大陸 …… 11, 138, 140
アフリカの年 …… 147
アフリカ連合 …… 147
アペニン山脈 …… 107, 123
アボリジニ …… 176
尼崎 …… 302
アマゾン川 …… 162, 167, 168
アムステルダム …… 122
アメリカ合衆国 …… 34, 152, 154
アメリカ軍基地 …… 302
アメリカ植民地 …… 90
荒川 …… 207, 280, 287
アラスカ（州） …… 15, 53, 154
アラビア半島 …… 39, 100
アラブ首長国連邦 …… 76, 100, 219
アラル海 …… 103
有明海 …… 248, 251, 302
有田川 …… 264, 302
有田焼 …… 302
亜硫酸ガス …… 253
アルジェリア …… 101, 145, 182
アルゼンチン …… 167, 170
アルタイ山脈 …… 79, 84
アルパカ …… 62, 164
アルバニア …… 111
アルプス山脈 …… 78, 107, 123
アルプス・ヒマラヤ造山帯 …… 100, 107
アルミニウム工業 …… 166, 181
淡路島 …… 262, 302
アングロアメリカ …… 13, 150, 156
アングロサクソン …… 13

アンシャン鉄山 ——— 87
アンデス山脈 — 62, 162, 164, 170

い

イエス ——— 64
イギリス ——— 28, 118
イギリス植民地 — 90, 156, 178
育児・介護休業法 ——— 210
イグルー ——— 53
生駒山地 ——— 262
諫早湾 ——— 251
石狩川 ——— 294
石狩山地 ——— 294
石狩平野 — 296, 300, 302
石川県 ——— 302
石造りの住居 ——— 68
石巻 ——— 291
伊豆諸島 ——— 280
泉大津 ——— 267
泉佐野 ——— 267
出雲平野 — 256, 258
イスラエル — 65, 102, 104
イスラム教 — 64, 91, 101
伊勢崎 ——— 302
緯線 ——— 24
イタイイタイ病 — 253, 302
イタビラ鉄山 ——— 167
伊丹空港 ——— 267
イタリア — 106, 123, 124
一宮 — 277, 302
市原 — 280, 284
一極集中 ——— 287
一村一品運動 ——— 302
緯度 ——— 24
移動式テント ——— 68
稲作 — 77, 80, 84, 93,
　　　 96, 222, 250, 296
猪苗代湖 ——— 288
イヌイット — 52, 156
茨城県 — 280, 282, 302
揖斐川 ——— 272
伊吹山地 ——— 262
衣服 ——— 69
イベリア半島 ——— 124
伊万里焼 ——— 255
移民 — 111, 115, 120,
　　　 160, 165, 179, 215

いも類 ——— 66
イラク — 76, 100
イラン — 100, 102
イラン高原 ——— 101
岩木川 ——— 288
磐田 ——— 276
岩手県 — 291, 302
石見銀山 ——— 302
イングランド ——— 118
印刷業 — 229, 284, 302
インダス川 — 81, 97
インダス文明 ——— 81
インターネット — 194, 233, 237
インターネットショッピング
　　　 ——— 231
インディオ — 158, 164
インド — 96, 101, 182
インドシナ半島 ——— 91
インドネシア — 20, 91, 94, 182
インド洋 ——— 11

う

ウイグル族 ——— 86
ウェゲナー ——— 38
上野盆地 ——— 262
ウェールズ ——— 118
ウガンダ ——— 182
雨季 — 46, 93
ウクライナ — 19, 116, 135, 182
有珠山 ——— 294
ウズベキスタン — 76, 103, 182
歌志内 — 298, 301
内浦湾 ——— 296
うなぎ ——— 302
ウーハン ——— 87
宇部 — 256, 261
うめ ——— 264
埋め立て ——— 285
埋立地 — 260, 266, 269
裏作 ——— 250
ウラル山脈 — 12, 76, 134
ウルグアイ — 170, 183
ウルサン ——— 89
ウルル（エアーズロック） ——— 176
雲仙岳 ——— 248

え

エアーズロック（ウルル） ——— 176
永久凍土 — 52, 54, 134
永世中立国 ——— 122
衛星都市 — 267, 286
液化天然ガス — 94, 219, 221
液状化現象 ——— 204
エクアドル — 63, 167, 183
エコツーリズム ——— 299
エジプト — 20, 142, 146, 182
エジプト文明 ——— 81
エスチュアリー — 156, 170
エスタンシア ——— 171
エストニア — 110, 115, 129, 182
エチオピア — 146, 182
エチオピア高原 ——— 62
越後山脈 — 281, 288
越後平野 ——— 302
越前和紙 ——— 277
江戸川 ——— 287
択捉島 — 30, 34, 294, 302
エネルギー革命 — 219, 252, 298
エネルギー資源 — 218, 220
愛媛県 — 256, 258, 302
エルサルバドル ——— 183
エルサレム ——— 65
塩害 ——— 142
沿岸漁業 ——— 225
園芸農業 — 57, 122, 153, 250, 274
遠洋漁業 — 225, 265, 275

お

オアシス — 58, 81, 100
オアシス農業 — 77, 81, 100
オイルショック
　　　 ——— 89, 155, 219, 221
奥羽山脈 ——— 288
近江盆地 ——— 262
大井川 ——— 272
大分県 ——— 302
大垣 ——— 278
大潟村 ——— 302
大阪 — 262, 266, 302
大阪国際空港 ——— 267
大阪府 — 228, 262, 266, 302
大阪平野 ——— 262

大阪湾　262
大島　280
大台ヶ原山　262
太田川　257
大館曲げわっぱ　293
大津　262, 302
大牟田　252
岡崎平野　272
小笠原諸島　280
岡谷　277
岡山県　302
岡山平野　257, 302
沖合漁業　225, 251
沖縄県　232, 254, 302
沖ノ鳥島　30, 34
奥尻島　294
オーストラリア　176, 178
オーストラリア大陸　12, 174, 176
オーストリア　106, 113
オスロ　130
オセアニア州　12, 21, 174
小千谷ちぢみ　277
尾根　191
オビ川　134
帯広　294, 296
オペック　101, 145
オホーツク海　31, 294, 297
オホーツク海高気圧　202
雄物川　288
親潮　283, 291, 295, 297
オランダ　106, 122, 143
オランダ植民地　90
オリノコ川　162
オリーブ　56, 108
卸売業者　230
尾鷲　262
尾鷲ひのき　265
温室　143
温室効果ガス　133
温帯　46, 56
温暖湿潤気候　48, 88, 151, 163, 170, 202
オンドル　68, 88

か

ガイアナ　183
海外旅行　232

海岸　199
海岸砂漠　140, 163
回帰線　25
海溝　39
外国人労働者　101, 117
海上交通　236
外帯　198
開拓使　300
貝塚　267
海底ケーブル　241
開聞岳　248, 250
海洋国　14, 180
海洋性気候　48
外来河川　81, 138
カカオ豆　94, 143, 148
加賀友禅　277
香川県　302
香川用水　302
河岸段丘　193, 201
かき　264
河況係数　201
角(角度，舵角)　27
加工貿易　82, 226, 234, 238
鹿児島県　248, 250, 254, 302
火砕流　123, 205
笠置山地　262
笠野原　248, 251
火山　39, 78, 198, 248
火山活動　198, 204
火山噴火　204, 206
鹿嶋　302
鹿島灘　285
鹿島臨海工業地域　229, 280, 285
カシミール　65, 98
果樹　56, 296
果樹栽培　192, 223, 264, 274
華人　92
カースト　65, 96
ガストアルバイター　117
霞ヶ浦　280
化石燃料　221
過疎　210, 302
合掌造り　203
褐色森林土　48
ガット　238
門真　267
カドミウム　253

カトリック　13, 64, 95, 111
ガーナ　143, 146
神奈川県　37, 280, 302
金沢　302
金沢平野　272, 302
カナダ　150, 156, 161
カナリア海流　140
樺細工　293
過放牧　138, 141
かまくら　293
上川盆地　294, 296, 300
上高地　279
過密　210
「神宿る島」宗像・
　沖ノ島と関連遺産群　255
からっ風　203
ガラパゴス諸島　12
樺太　34, 135, 294
カリブー　52
カリフォルニア州　154
カリブ海　150, 158, 183
カリマンタン島　94
火力発電　219
カルスト地形　256, 302
カルデラ　199, 248, 295
カレー　66
川　200
川崎　280, 284, 286
干害(干ばつ)　205
かんがい　81, 258
かんがい農業　58, 81, 142
乾季　46, 93
雁木　279
環境先進国　122
環境モデル都市　253
環境問題　87, 132, 255
観光業　125, 175, 232, 299
観光資源　174, 279
韓国　88, 182
関西　267
関西国際空港　197, 267
ガンジス川　65, 85
緩衝国　90
関税及び貿易に関する一般協定
　238
乾燥気候　50, 59, 177
乾燥帯　50, 58

乾燥パンパ —— 170
寒帯 —— 50, 52
環太平洋造山帯 —— 78, 150, 180, 198
干拓 —— 251, 261
関東 —— 280
関東山地 —— 280
関東地方 —— 280
関東内陸工業地域 —— 229, 285
関東平野 —— 203, 280
関東ローム —— 280
干ばつ —— 205
間伐 —— 224
カンポ —— 163, 168
カンボジア —— 76, 90
漢民族 —— 85
寒流 —— 140, 163, 295
関連工場 —— 276

き

ギアナ高地 —— 162, 168
紀伊山地 —— 262, 265
紀伊水道 —— 262
気温の逓減率 —— 62
気温の年較差 —— 44
聞き取り調査 —— 194
企業的農業 —— 152, 178
希少金属 —— 103, 144, 166, 220
岸和田 —— 267
季節風 —— 44, 77, 79, 202
木曽川 —— 200, 272
木曽山脈 —— 198, 272
木曽ひのき —— 291
北アイルランド —— 28, 65, 118
北アフリカ —— 13, 59, 111
北アメリカ州 —— 12, 20, 150
北アメリカ大陸 —— 11, 12, 150
北アルプス —— 302
北浦 —— 280
北回帰線 —— 25
北上川 —— 288
北上高地 —— 288
北上盆地 —— 288
北関東工業地域 —— 229, 280, 285
北九州 —— 248, 252, 302
北九州工業地域 —— 228, 252
北大西洋海流 —— 108, 118, 126

北朝鮮 —— 76, 88, 303
北日本 —— 37
北半球 —— 24, 26
北マケドニア —— 111
北見山地 —— 294
北見盆地 —— 294
北ヨーロッパ —— 106, 129
ギニア湾 —— 138
紀ノ川 —— 262, 302
吉備高原 —— 256
岐阜県 —— 165, 199, 272
君津 —— 280
キムチ —— 88
客土 —— 301
キャッサバ —— 60
キャベツ —— 274, 282
キャンベラ —— 32
旧グリニッジ天文台 —— 32
九州山地 —— 251
九州新幹線 —— 236
九州地方 —— 248
旧宗主国 —— 91, 146
牛肉 —— 67, 214, 250
丘陵 —— 190
キューバ —— 15, 183
共助 —— 205
共通通貨 —— 114
京都 —— 262, 264, 268
京都府 —— 302
共通農業政策 —— 112
京友禅 —— 267
極東 —— 135
極東風 —— 45
清水焼 —— 267
霧島山 —— 205
ギリシャ —— 106, 125
キリスト教 —— 64, 95, 111
キリニャガ山 —— 139
キリバス —— 33
キリマンジャロ山 —— 139
桐生 —— 302
キルト —— 69
キルナ —— 130
金 —— 144, 178
金印 —— 254
近畿地方 —— 37, 262
近畿の水がめ —— 302

近郊農業 —— 153, 264, 282
金融業 —— 119, 232

く

グアム —— 174
クアラルンプール —— 95
クウェート —— 100, 182
釧路 —— 294, 302
くす —— 49
九頭竜川 —— 272
九谷焼 —— 277, 302
クック山 —— 176, 180
屈斜路湖 —— 199, 294
グード図法 —— 27
国後島 —— 294, 296, 302
球磨川 —— 200, 248
熊野川 —— 262
熊本 —— 248
熊本県 —— 302
熊本平野 —— 248, 250
クラーク —— 300
グランチャコ —— 163
クリーブランド —— 155
クリミア危機 —— 135
グリーンランド —— 19, 38, 51
久留米 —— 252
グレートディバイディング山脈 —— 176
グレートバリアリーフ —— 175
グレートブリテン及び北アイルランド連合王国 —— 118
グレートプレーンズ —— 151, 153
クロアチア —— 114, 128, 132
黒潮 —— 249, 283, 291
黒部川 —— 272
群馬県 —— 280, 302
クンルン山脈 —— 84

け

計曲線 —— 190
経済格差 —— 132
経済協力開発機構 —— 89, 112
経済水域 —— 34
経済特区 —— 86
経済摩擦 —— 235
経済連携協定 —— 29, 239
経線 —— 24, 32

経度 24, 32
経度差 33, 188
軽薄短小 226, 236
京阪神大都市圏 262, 264, 267
京浜工業地帯 228, 284
京葉工業地域 229, 285
気仙沼 288
ケニア 143, 148
ケニア山 139
ケベック州 156
ゲル 58, 68, 81
ケルト 110
ゲルマン語派 110, 117, 129, 131
ゲルマン民族 110
厳寒地 68
言語 110
元寇 254
原子力 121
原子力発電 121, 219
原油 100, 135, 145

こ

豪雨 191, 204, 206
黄河 84, 87
郊外 161, 211, 286
公害 253, 261, 266, 302
工業団地 82, 89, 229, 285, 292
工業地域 228, 252
工業地帯 228, 302
航空機産業 121
航空交通 236, 241
高原 203
高原野菜 274, 282, 302
鉱工業 144, 154, 166, 298
高山気候 51, 62, 84
香辛料 67
洪水 142, 200, 205
豪雪地帯 203, 273
公助 205
こうぞ 259
高速道路 228, 292
高知県 259, 302
高知平野 257, 259
郷鎮企業 86
交通 236, 240
交通渋滞 89
高度経済成長 211

後背湿地 201
高福祉社会 131
甲府盆地 272
神戸 262, 266, 269, 302
公用語 13, 92, 95, 96, 111, 118,
　121, 135, 143, 157, 181
小売業 230
こうりゃん 85
高齢化 209, 210
郡山盆地 288
五ヶ所湾 262
国際河川 107
国際分業 121, 227, 234, 238
国産材 197, 224
国勢調査 194, 208
穀倉地帯 127
国土地理院 188
穀物自給率 222
穀物メジャー 152
国有鉄道（国鉄） 236
国有林 291
国連海洋法条約 16
国連環境開発会議 166
国連難民高等弁務官事務所 215
ココやし 60
コシヒカリ 275
児島湾 261
弧状列島 39, 198
コスタリカ 183
コソボ 111, 182
五大湖 153, 154
国旗 118, 160, 175
国境 14
古都京都の文化財 268
コートジボワール 143
古都奈良の文化財 268
古都保存法 269
ゴビ砂漠 84
コーヒー豆 148, 163, 168, 214
5万分の1地形図 188, 190
ごみ問題 61, 211, 279
小麦 55, 58, 66, 96, 135, 153
米 66, 80, 222, 290
コーラン（クルアーン） 64
コルクがし 56
コールドチェーン
　223, 231, 259, 283

ゴールドラッシュ 178
コロンビア 63, 167, 183
コロンブス 109
混合農業 57, 110, 121, 170
コンゴ川 140
コンゴ民主共和国 140, 182
根釧台地 294, 297
コンビナート 261
コンビニエンスストア 231
こんぶ 291

さ

災害 78, 204, 206
西海漁業 251
再開発 287
サイクロン 97, 99
さいたま 302
埼玉県 280, 302
さいたま新都心 287
最短コース 27
栽培漁業 225, 297
サウジアラビア 76, 182, 219
堺・泉北臨海工業地域 229, 267
境（港） 259
境港 256
佐賀県 248, 250, 255, 302
酒田 288, 292
相模原 286
相模原 280
砂丘 302
桜井 268
桜島（御岳） 199, 205, 248
さくらんぼ 290, 302
ササニシキ 290
サザンアルプス山脈 176, 180
佐世保 248
札幌 294, 296, 299, 301
さつまいも 250, 283
さとうきび 60, 94, 148, 169, 251
讃岐平野 256, 257, 302
鯖江 277
鯖街道 262
砂漠 138, 140
砂漠化 87, 138, 141
砂漠気候 50, 140
砂漠土 50
サバナ 140

サバナ気候 140
サハラ砂漠 138, 140
サハリン 34, 135, 294
サービス業 230, 232
サヘル地域 140
サモア 174, 183
サリー 61, 69
サロン 69
山陰 256, 258
三角州 142, 193, 200, 257, 303
産業革命 57, 109, 118, 146, 148, 212, 241, 298
産業構造の高度化 213, 232
産業の空洞化 128, 227
さんご礁 61, 175, 255
サンシヤダム 87
酸性雨 87, 133
散村(散居村) 279
サンソン図法 27
三大穀物 66
三大宗教 64, 92
三大都市圏 37, 209
三大洋 11
山地 188, 198
サンノゼ 155
サンパウロ 167
サンベルト 155
サンマリノ 19
山脈 78, 198
サンメンシヤダム 87
産油国 100
山陽 256
山陽小野田 256
山陽新幹線 236
三陸海岸 289, 291, 302

し

シアトル 155
シーア派 64, 101
しい 49
JRグループ 236
ジェノバ 124
シェールオイル 154
シェンゲン協定 112, 132
シェンチェン 49, 87
シェンヤン 87
潮目(潮境) 131, 225, 283, 291

滋賀県 302
シカゴ 155
時間距離 240, 242
四季 56, 202
四国 30, 37
四国山地 203, 257
四国地方 37
子午線 10, 31
色丹島 294, 302
支笏湖 294
時差 25, 32
時差の計算 33
自助 205
地震 39, 78, 150, 198, 204
静岡県 272, 274, 276, 302
施設園芸農業 274
自然エネルギー 181
自然災害 204, 206
自然災害伝承碑 191, 196
自然堤防 201
自然的国境 14
持続可能な開発 166, 221
下請け工場 276
自治区(中国) 85, 86
自治都市 254
実験農場 297
湿潤パンパ 170
実測図 189
自動車工業 154, 166, 253, 276
自動車(交通) 236, 241
自動車産業 121
自動車社会 161
シドニー 177, 178
信濃川 200, 273
地場産業 277, 293
地盤沈下 266
シベリア 76, 134
死亡率 208, 210
島唄 255
島国 14, 19, 180
島根県 302
志摩半島 263, 265, 302
四万十川 256
下総台地 280
下北半島 288
シャカ(釈迦) 64
社会保障制度 131, 210

じゃがいも 55, 62, 130, 164, 297
ジャカルタ 182
ジャワ島 94
シャンハイ 85, 86
重化学工業 226, 266
住居 68
宗教 64
宗教対立 65
褶曲 39
重厚長大 226, 236
集積回路 229, 252, 292
周南 256, 261
12海里 16, 34
自由貿易 238
自由貿易協定 29, 239
集約的農業 222
私有林 265
集落 279
主業農家 222, 296
主曲線 190
縮尺 188
主権 16
主食 66
出生率 208, 213
首都 286
ジュート 97
首里城 255
準主業農家 222
上越新幹線 236
省エネルギー 155, 226
商業 230, 232, 266
商圏 230
上座部仏教 64
少子化 209, 210
少子高齢化 23, 209, 210
消雪パイプ 279
庄内平野 288, 302
商品作物 143, 165
情報コンテンツ産業 285
条坊制 268
情報通信技術(ICT)産業 97, 122, 155, 237, 285
情報リテラシー 237
条里制 268
常緑広葉樹 46, 60
植物性油かす 171
食文化 36, 66

食料自給率	222
食料問題	214
ショッピングセンター	161, 230
ションリー油田	87
白神山地	288, 302
白川郷合掌造り	273, 279
シラス台地	248, 250, 302
シリコンアイランド	229, 253
シリコンバレー	155
シリコンプレーン	155
シリコンロード	229
知床半島	294
人為的国境	14
シンガポール	82, 91
新幹線	236
新宮	265
新興工業経済地域	82
人口集中	61, 286
人口知能	233
人口稠密地域	213
人口分布	209, 211
人口爆発	213
人口ピラミッド	85, 213, 217
人口密度	21, 212
人口問題	210, 214
人工林	224
真珠	265, 302
人種	13, 158
人種隔離政策	144
人種のサラダボウル	161
新庄盆地	288
ジーンズ	69, 161
神通川	273, 302
神道	65
振動	236, 287
ジンバブエ	145, 182
人民公社	86
針葉樹	49, 130, 135
新酪農村	297
森林	48

す

水質汚濁	266, 287
スイス	15, 17, 122
吹田	267
垂直貿易	90
水田単作地帯	275

水半球	26
水平貿易	239
水力発電	131, 166, 219
スウェーデン	19, 108, 130
スエズ地峡	12, 139
スカンディナビア半島	129
スコットランド	29, 69, 118
スコール	60
すず	94, 149, 167
鈴鹿山脈	262
スーダン	15
スーチョワン盆地	84
ステップ	51
ステップ気候	50
ストックホルム	130
砂浜海岸	256
スーパーマーケット	231
スペイン	106, 124
スマトラ島	95
隅田川	287
スラブ語派	110, 128
スラブ民族	110
スラム	166, 215
スリナム	94, 183
スリランカ	97, 148
スロバキア	106, 127
スロベニア	115, 128
スワヒリ語	143
諏訪盆地	272
スンナ派	64

せ

青函海底トンネル	292, 294
西岸海洋性気候	
	48, 107, 120, 180
政教一致	64
正教会	64, 111, 135
政教分離	64
正距方位図法	27, 31
西経	24
生産責任制	86
生産年齢人口	208
生態系	61
生乳	296
世界遺産	255, 268, 278, 302
世界金融危機	28, 144
世界宗教	64

世界の工場	87, 227
世界の屋根	77
世界標準時	32
世界貿易機関	238
石炭	94, 151, 298
赤道	10, 24, 138, 168
石油	219, 221
石油化学コンビナート	228, 260
石油危機	221, 298
石油備蓄基地	299
石油輸出国機構	101, 145
瀬戸内	36, 256, 258, 260
瀬戸内工業地域	229, 260
瀬戸内しまなみ海道	261, 302
瀬戸内の気候	203, 263
瀬戸大橋	302
瀬戸内海	256, 259, 263, 302
セーヌ川	120, 200
セマウル運動	89
せまくなる地球	240
セルバ	163, 168
セルビア	111, 182
海抜ゼロメートル地帯	278
繊維工業	154, 266
扇央	192
尖閣諸島	35
専業農家	296
先住民	158, 164
扇状地	192, 272, 274
仙台	302
仙台七夕まつり	293
仙台平野	302
センターピボット	58, 153
扇端	192
先端技術(ハイテク)産業	
	82, 155, 229
扇頂	192
セントローレンス川	156
船舶交通	241

そ

騒音	287
倉庫業者	230
造船業	252
宗谷海峡	294
ソウル	88
促成栽培	250, 259

ソグネフィヨルド ……………… 130
育てる漁業 ………………… 224, 297
ソビエト連邦崩壊 …………… 90, 128
ソフトウェア産業 ……………… 241

た

タイ …………………… 69, 76, 93
第1次産業 ……………………… 232
第一次石油危機（オイルショック）
……………………… 89, 101, 219
第一次ベビーブーム …………… 208
ターイエ鉄山 …………………… 87
タイガ ……………………… 49, 135
大韓民国 …………………… 88, 182
大気汚染 ……… 87, 158, 260, 266
待機児童 ………………………… 210
大圏航路 ………………………… 27
第3次産業 ……………………… 232
第三のイタリア ………………… 124
大鑽井盆地 ……………………… 176
大縮尺 …………………………… 189
大乗仏教 ………………………… 64
大豆 ……………… 169, 171, 297
大西洋 …………………………… 11
対蹠点 …………………… 31, 109
台地 …………… 201, 280, 303
大地溝帯 ……………… 139, 198
第2次産業 ……………………… 232
第二次ベビーブーム …………… 208
大農園 …………………… 94, 148
台風 ……… 202, 204, 206, 249
太平洋 …………………………… 11
太平洋側の気候 …… 203, 216, 281
太平洋プレート ………… 39, 198
太平洋ベルト ……… 37, 209, 228
ダイヤモンド ………… 144, 237
ダイヤモンド加工業 …………… 122
太陽光発電 ……………………… 248
第四次中東戦争 ………………… 219
第四次産業革命 ………………… 233
大陸横断鉄道 …………………… 241
大陸棚 …………………… 225, 251
大量生産 ………………………… 293
台湾 …………………… 69, 82
高岡 …………………………… 277
舵角 …………………………… 27
高潮 …………………… 61, 204

高梁川 …………………………… 260
高床 …………………… 54, 61, 68
タクラマカン砂漠 ……………… 84
竹島 …………………………… 35
多国籍企業 …………… 152, 155
タコス …………………………… 66
多治見 …………………… 276, 289
タスマニア島 …………………… 176
ターチン油田 …………………… 87
脱モノカルチャー ……… 91, 149
棚田 …………………………… 94
谷 …………… 107, 191, 192
種子島 …………………… 248, 254
ターバン ………………………… 69
多文化主義 …………… 157, 179
多摩川 …………………………… 280
多摩ニュータウン ……………… 286
たまねぎ ………………………… 297
タミル語 ………………………… 92
多民族国家 ……………………… 16
ため池 …………………… 258, 302
ダラス ………………………… 155
タリム盆地 ……………………… 84
タロいも ………………… 60, 67
単一国家 ………………………… 17
単一栽培 ………………………… 149
単一民族国家 …………………… 17
タンカー …………… 101, 237
炭鉱都市 ………………………… 218
単節国 …………………………… 15
断層湖 …………………………… 139
丹波高地 ………………………… 262
暖流 …………… 106, 108, 249

ち

地域区分 ………… 12, 36, 256
地域調査 ………………………… 194
チェコ …………………… 106, 127
チェルノーゼム ………… 51, 135
地球温暖化 ……… 122, 133, 167
地球儀 …………………………… 26
地球サミット …………………… 166
地峡 …………………………… 12
筑後川 …………………………… 248
筑豊炭田 ………………… 229, 248
地形図 …………………………… 188
地溝 …………………………… 139

地軸 …………………………… 25
千島海流 ……… 283, 291, 295, 297
千島列島 ………………………… 34
チーズ …………………… 67, 180
知多半島 ………………………… 274
チチカカ湖 ……………………… 162
地中海 …………………………… 126
地中海式農業 …… 56, 108, 121, 153
地中海性気候
…… 48, 56, 108, 120, 140, 151
地熱発電 ………… 131, 180, 248
千葉県 …………… 280, 283, 285
チベット高原 ………… 77, 81, 84
チベット族 ……………………… 86
チベット仏教 …………………… 64
地方中枢都市 …………………… 302
チマチョゴリ …………………… 69
茶 ……… 80, 84, 96, 143, 148, 264
チャイナドレス ………………… 69
チャオプラヤ川 ………………… 93
チャドル ………………………… 69
チャパティ ……………………… 66
中央アジア ………… 12, 76, 103
中央構造線（メディアンライン）
…………………………… 198
中央高地 ………… 272, 274, 278
中央高地の気候 ………… 203, 273
中華人民共和国（中国）… 84, 182
昼間人口 ………………… 211, 286
中京工業地帯 …… 228, 276, 302
中国・四国地方 ………… 37, 256
中国自動車道 …………………… 261
中国地方 …………… 37, 256, 259
中小工場 ………………………… 266
沖積平野 …………… 192, 201, 207
中東 ……………… 101, 111, 133
中部地方 ………………………… 272
チュー川 ………………………… 84
チューニョ ……………………… 63
長江 …………………………… 84
調査 …………………………… 194
銚子 …………………………… 281
朝鮮戦争 ………………… 82, 88
朝鮮民主主義人民共和国
…………………………… 88, 182
調味料 …………………………… 67
チョンチン …………………… 87

チリ	163, 167
チンリン山脈	84

つ

通信	236
通信衛星	240
津軽海峡	294
津軽塗	293
津軽半島	288
津軽平野	288, 290, 302
筑紫平野	248, 250, 302
筑波研究学園都市	287
対馬海流	249, 257
津波	204, 291
燕	272, 277
ツバル	19, 175, 183
つぼ型	212, 217
嬬恋村	282
つゆ(梅雨)	202, 249
つりがね型	212, 217
ツンドラ気候	51, 134, 151, 156, 163

て

ティグリス川	100
泥炭地	301
出かせぎ	101
デカン高原	97
適地適作	152
天塩川	294
天塩山地	294
天塩平野	294
鉄鉱石	166, 169, 176, 220
鉄道交通	241
デトロイト	154
デパート	231
テーマパーク	232
デリー	96
デルタ	303
出羽山地	288
天下の台所	266
てんさい	297
電子メール	240
テンシャン山脈	84
電照菊	274
テンチン	87
天童将棋駒	293

伝統産業	267, 277, 293
伝統的工芸品	293
天然ガス	135, 154, 219, 221
天然ゴム	91, 93, 148
デンマーク	19, 106, 129
天竜川	272, 276
電力	219
電話	237

と

度	24, 188
ドイツ	116, 133
東欧革命	128
東海	276
東海	37, 272
東海工業地域	229, 276
東海道	209
東海道新幹線	236
東海道メガロポリス	37
等角航路	27
道教	65
東京大都市圏	37, 280
東京都	232, 280, 286
東経	24, 33
統計	194, 197
東経135度	32
等高線	190, 192
東大寺大仏殿	268
東南アジア	12, 76, 90
東南アジア諸国連合	90, 239
東北自動車道	284, 292
東北新幹線	236, 292
東北地方	37, 288
東北地方太平洋沖地震	205, 291
とうもろこし	62, 66, 153, 169
洞爺湖	294
トゥールーズ	121
十勝川	294
十勝平野	294, 302
徳島県	256, 258, 302
徳島平野	257
独立国	16, 146
独立国家共同体	135
都市化	166, 211
都市人口割合	21, 214
都市問題	214
都心	286

都心回帰	211
土石流	205
栃木県	281, 285
鳥取県	256, 302
鳥取砂丘	258, 302
鳥取平野	258
都道府県	37, 194, 302
ドナウ川	107, 116
トナカイ	51, 52, 67, 69
ドーナツ化現象	211, 287
砺波平野	279
利根川	200, 280
ドーバー海峡	120
飛地	15
苫小牧	299, 301
ドミニカ共和国	183
ドミニカ国	183
富山県	275, 277, 279
富山平野	302
豊川用水	274
豊田	276, 302
トラフ	39
トリノ	124
トルコ	76, 102
トルティーヤ	66
奴隷	146, 164, 215
十和田湖	288
トンガ	174
屯田兵	300
屯田兵村	300
問屋街	230

な

ナイジェリア	20, 145
内帯	198
内陸国	15
内陸の気候	203, 273
ナイル川	81, 138, 142, 200
ナイロビ	145
ナウル	19, 174, 183
中海	256
長崎	248, 302
長崎県	251, 254
長崎と天草地方の潜伏キリシタン関連遺産	255
長野県	199, 277, 278
長野盆地	272

長良川 272
名古屋大都市圏 37, 272, 278
なし（果物） 258, 282, 291
なす 250, 259
なつめやし 58, 81, 142
7地方区分 37
奈良県 262, 265, 302
奈良盆地 262, 268
成田国際空港 197, 280, 302
ナルビク 130
南緯 24
南極 10, 24, 45
南極圏 25
南極大陸 11
南極点 24, 26
ナンキン 87
ナンシー 121
南西諸島 36, 248
南西諸島の気候 203, 216
南東季節風 257
南部鉄器 293
南米南部共同市場 167
難民 70, 133, 215

に

新潟県 275, 302
新潟水俣病 253, 302
新居浜 256, 302
二期作 93, 259
肉牛 170, 178
二酸化炭素 133, 167, 169
西アジア 12, 76, 100
ニジェール 145, 182
ニジェール川 138, 140
西陣織 267, 302
西日本 37
西日本火山帯 199
西宮 267
ニーズ 231
日系人 165
200海里漁業専管水域 24, 225
日本アルプス 199, 272
日本海側の気候 203, 256, 272
日本海流 249
日本人移民 165
日本のエネルギー資源 218
日本の気候 202

日本の気候区分 203
日本の工業 226
日本の鉱産資源 34, 218
日本の交通と通信 236
日本の山地 198
日本の人口 208
日本の人口構成 208
日本の人口問題 210
日本の水産業 224
日本の地形 198
日本の通信網 237
日本の東西南北の端 30, 34
日本の農業 222
日本の貿易 226, 234
日本の林業 224
日本列島 30, 198, 202
2万5千分の1地形図 188, 190
二毛作 250
乳牛 283
乳製品 67, 214
ニューカレドニア 120
ニューギニア島 31
ニュージーランド 15, 34, 174, 180
ニュータウン 211, 267
ニューファンドランド島 150
ニューヨーク 155
仁淀川 256

ぬ

沼津 277

ね

ネイティブアメリカン 160
熱帯 46, 60
熱帯雨林気候 46, 140
熱帯低気圧 97, 158, 202
熱帯林 140
熱帯林の破壊 60, 149, 166, 214
根室 297
年少人口 23

の

農業従事者 222
農業先進国 122
濃尾平野 272, 274, 278
濃霧 295

延岡 252
のり 251, 265
ノルウェー 106, 129

は

梅雨 202, 249
バイオエタノール 169
バイオテクノロジー 153
バイオ燃料 169
バイカル湖 139
排他的経済水域 16, 34, 225
ハイチ 183
ハイテク産業 82, 155, 229
パイナップル 250
パイプライン 101, 135, 221
パイロットファーム 297
はえぬき 290
パオ 68
パオトウ 87
博多湾 248
パキスタン 76, 97, 98
パークアンドライド 133
白豪主義 179
はくさい 274
函館 294, 296
箱根山 280
ハザードマップ 204, 206, 295
パジチョゴリ 69
パース 177, 178
パスタ 66
バター 67, 180
パダノ・ベネタ平野 123
バチカン市国 19
八戸 291
八郎潟干拓地 288, 302
ハドソン湾 156
花（花き） 143, 250
バナナ 95, 148
パナマ 150, 173
パナマ地峡 12, 150
パネルベイ 267
パプアニューギニア 174
歯舞群島 294, 302
浜名湖 275
浜松 272, 276
パーム油 92, 149
早場米 275

パラグアイ	183	
パリ	121	
ハリケーン	158	
播磨工業地域	229, 302	
バルカン半島	125, 128	
春小麦	153	
バルト三国	129	
パルプ	277	
パレスチナ	65	
パン	66	
ハンガリー	106, 127	
バングラデシュ	70, 76, 97	
パンゲア	11, 38	
バンコク	93, 95	
パンジャブ地方	97	
阪神・淡路大震災	205, 269	
阪神工業地帯	228, 266, 302	
磐梯山	288	
パンパ	163, 170	
販売競争	222	
販売時点情報管理システム	231	
販売農家	296	
パンムンジョム（板門店）	88	

ひ

東アジア	12, 76, 78	
東ティモール	76	
東日本	37	
東日本火山帯	199	
東日本大震災	205, 206, 291	
光ファイバー	241	
ビクトリア湖	139	
ビジット・ジャパン・キャンペーン	232	
避暑地	278, 299	
ヒスパニック	160	
日高山脈	294	
飛騨山脈	198, 272	
日付変更線	33	
ピッツバーグ	154	
ヒートアイランド現象	281	
ひとめぼれ	290	
一人っ子政策	85	
ビニールハウス	274	
日野	284	
日干しれんが	59, 68	
ヒマラヤ山脈	77, 96	

ピーマン	250, 259	
姫路	262, 302	
平屋根	255	
白夜	25, 107	
ヒューストン	155	
秒	24, 188	
氷河	107, 151, 156	
氷河湖	151, 156	
兵庫県	31, 37, 228, 262	
兵庫県南部地震		
（阪神・淡路大震災）	205, 269	
標準語	36	
標準時	32	
標準時子午線	30, 32	
氷雪気候	51	
平泉の文化遺産	302	
ピルバラ地区	178	
ピレネー山脈	107, 120	
広島	260	
広島県	256, 302	
広島平野	257	
びわ	250	
琵琶湖	262, 302	
品種改良	153, 296	
ヒンドゥー教	65, 96	
ヒンドスタン平原	96	

ふ

ファストフード	161	
ファゼンダ	164	
ファミリーレストラン	231	
フィジー	175	
フィードロット	153	
フィヨルド	107, 129, 131	
フィラデルフィア	155	
フィリピン	15, 90, 95	
フィリピン海プレート	198	
フィレンツェ	124	
フィンランド	23, 106, 130	
風力発電	130	
フェアトレード	239	
ブエノスアイレス	170	
プエルトリコ	183	
フェーン現象	45, 123, 289	
フォガラ	59	
フォークランド諸島	162	
フォッサマグナ	198	

福井県	275, 277	
福井平野	272, 302	
福岡県	253, 254, 302	
副業的農家	222	
福島県	273, 288, 293	
福島盆地	288	
複節国（多節国）	15	
福知山盆地	262	
副都心	287	
福山	256	
プサン	89	
富士	276	
富士川	200	
富士山	272, 278	
富士山型	212, 217	
富士宮	276	
フーシュン炭田	87	
藤原京	268	
豚	283	
豚肉	67, 130	
府中	284	
仏教	64, 91	
ぶどう	108, 258, 274	
不凍港	108	
ブミプトラ政策	91	
冬小麦	153	
ブラジリア	183	
ブラジル	20, 166, 168	
ブラジル高原	162, 168	
フランス	106, 120	
フランス植民地	90	
プランテーション	94, 148, 165	
ブランド米	275, 290	
ブリュッセル	112	
ブルカ	69	
ブルガリア	23, 128	
ブルネイ	76, 90	
ブレグジット	28	
プレートの境界	38	
プレーリー	151	
ブロイラー	290, 302	
プロテスタント	64, 111	
分	24, 188	
文化財保護条例	269	
文献調査	194	

へ

平安京	268
平均寿命	209
米国・メキシコ・カナダ協定	239
平城京	268
平地	201
平野	201
ペキン	86, 182
ペチカ	68
ベッドタウン	286
ベトナム	20, 69, 93
ベネズエラ	145, 167, 183
ベネツィア	124
ベネルクス三国	121
ベビーブーム	208
ベラルーシ	126, 129
ベーリング海	297
ペルー	66
ペルー（フンボルト）海流	163
ベルギー	112, 121
ペルシア湾	101
ヘルシンキ	108, 130
ベルリン	117
ベルリンの壁	15, 117
ベロオリゾンテ	167
ベンガルール	97
便宜置籍船	172
ベンゲラ海流	140
編集図	189
偏西風	45, 48, 106, 202
変動帯	78, 198

ほ

方位	26
貿易	234, 238
貿易港	197, 269
貿易風	45, 177
貿易摩擦	227, 235
方言	36
防災マップ	204
紡績工場	266
房総半島	280
訪日外国人	232
放牧	62
法隆寺	268

宝暦の治水	278
ポー川	123
北緯	24
北緯50度	126
北緯40度	49, 84
北西の季節風	202, 257, 263, 273
北米自由貿易協定	161, 239
北洋漁業	297
北陸工業地域	229, 277
北陸新幹線	236
北陸	272
母語	118, 120, 135, 150
保護貿易	238
ボストン	155
POSシステム	231
ボスニア・ヘルツェゴビナ	111, 182
母川国主義	297
北海	130
北海道	30, 294
北海道地方	37, 294
北海道の気候	203
北海油田	129
北極	10, 24, 45
北極海	134
北極圏	25, 107
北極点	24, 26
北方領土	35, 294, 301
ポートアイランド	269
ポートヘッドランド	178
ポーランド	127
掘り込み式港湾	285, 299
ポリネシア	12, 174
ボリビア	183
ポルダー	122
ボルティモア	155
ポルトガル	125
ポルトガル植民地	90
ホワイ川	87
ホンコン	82, 86, 173
本州四国連絡橋	261
本初子午線	24, 32
盆地	201, 303
ポンチョ	63, 69
ボンヌ図法	27

ま

マオリ	181
マカオ	86
牧ノ原	272, 302
幕張新都心	287
マーシャル諸島	19, 173
摩周湖	295
マーストリヒト条約	113
マダガスカル	15, 182
マダガスカル島	12
松本盆地	272
マドリード	48
マニラ	95
マヤ文明	159
マラカイボ湖	162, 167
マリ	182
マルセイユ	121
マルタ	106, 125
マルタ会談	128
丸太	54
マレー語	91
マレーシア	91
マレー半島	90
マングローブ	61, 93, 175

み

三池炭鉱	252
みかん	258, 264, 274
みつまた	259
水俣病	253
南四国	256, 258
ミラノ	124
民族	16, 110
民族宗教	65
ミンダナオ島	95

む

陸奥湾	288
ムハンマド	64
ムラート	158
室蘭	299

め

銘柄米	275, 290
明治日本の産業革命遺産	255
明治用水	274

名神高速道路 236
メキシコ 150, 158
メキシコシティ 158, 183
メキシコ湾岸油田 155
メコン川 200
メサビ鉄山 155
メジャー 298
メスチソ 158
メソポタミア文明 81
メソポタミア平原 100
メタンハイドレート 218
メチル水銀 253
メッカ 101
メラネシア 12
メルカトル図法 27
メルコスール 167
メルボルン 178
メロン 282
綿花 96, 148, 153

も

最上川 200, 288
モナコ 19, 21
モノカルチャー 91, 149
モノカルチャー経済 91, 143, 147, 168
もも 274, 291
盛岡 289, 292, 302
守口 267
モルドバ 182
モルワイデ図法 27
モロッコ 101, 182
モンゴル 58, 81
モンゴル高原 84
モンゴル族 86
モンスーン 44, 77, 79, 202
モンスーンアジア 66, 77, 96
モンテネグロ 111, 182

や

焼津 275, 277
野外観察 194
野外調査 194
夜間人口 211, 286
焼畑 60, 165, 214
焼きれんが 68
ヤク 81

屋久島 255
野菜 223
屋敷林 279
八ヶ岳 272, 302
八代平野 248
ヤハウェ 65
八幡製鉄所 252
山形県 288, 290, 293
山形新幹線 236
山形盆地 288
山口県 302
やませ 289, 290
山梨県 199, 272, 274
ヤムいも 60, 67

ゆ

夕張山地 294
夕張 298
遊牧 53, 58, 77, 81
ユーゴスラビア 128
輸送園芸農業 223, 259
ユダヤ教 65, 101
ユダヤ人 65
ユニオンジャック 118, 175
輸入自由化 223, 224, 298
ユーフラテス川 100
ユーラシア大陸 11
ユーラシアプレート 39, 198
ユーロ 28, 113, 114
ユーロポート 122

よ

窯業 276
養鶏 223
養蚕業 192, 274
養殖業 225, 259, 265
養豚 291
羊毛 197, 234
抑制栽培 203, 274
横浜 209, 284, 286, 302
横浜港 197, 302
ヨシ 68
吉野川 258, 302
吉野すぎ 265
四日市 276, 302
四日市ぜんそく 253, 302
淀川 262

与那国島 30, 34
米沢盆地 288
米代川 291
ヨーロッパ共同体 112, 238
ヨーロッパ経済共同体 112
ヨーロッパ原子力共同体 112
ヨーロッパ州 12, 106
ヨーロッパ石炭鉄鋼共同体 112
ヨーロッパ連合 28, 112, 132
47都道府県 199, 302
四大工業地帯 228

ら

ライフライン 204
ライン川 107, 116
ラオス 15, 76, 90
酪農 153, 180, 297
らっかせい 143, 302
らっきょう 258
ラテンアメリカ 150, 158
ラテン民族 110
ラトビア 115
ラプラタ川 162, 170
ラブラドル高原 150
ランチョウ 87

り

リアス海岸 124, 225, 251, 262, 273, 289, 291
リウチヤシヤダム 87
リオデジャネイロ 167
陸上交通 236, 241
陸半球 26
利尻島 294
リゾート(地) 175, 278, 299
リトアニア 115
リビア 145
リヒテンシュタイン 19
リャノ 163
リャマ 62, 164
琉球王国 254
琉球王国のグスク及び関連遺産群 255
琉球文化 255
流雪溝 279
流通 230
流氷 151, 295

領域 14, 16, 34
領海 16, 34
領空 16, 34
領土 16, 34
料理 66
リヨン 121
リール 121
りんご 274, 290, 302

る

ルアーブル 121
ルクセンブルク 112, 121, 122
ルソン島 95
ルックイースト政策 91
ルートマップ 195
ルーマニア 128
ルール工業地域 117
ルール炭田 117

れ

レアメタル 103, 144, 166, 220
冷害 205, 289, 290
冷帯（気候）
.... 49, 54, 84, 107, 126, 295
冷凍船 171
レタス 274
レバノン 102
礼文島 294
レポート 195
連邦国家 17

ろ

労働生産性 152, 222
老年人口 208, 210
老年人口割合 23, 210
六大陸 11
ロサンゼルス 33
ロシア連邦 12, 35, 134, 220
ロッキー山脈 150, 153
六甲アイランド 269
ロッテルダム 122
露天掘り 177
ロードヒーティング 301
ローマ 19, 124
ロンドン 24, 32, 118

わ

若狭湾 302
和歌山県 264, 302
和紙 259, 302
輪島塗 277, 302
輪中 278, 302
ワシントンD.C. 32, 183
稚内 294, 301
和服 69

著者紹介

宮路秀作

みやじ・しゅうさく

鹿児島市出身。代々木ゼミナールではすべての地理講座を担当。また模試作成にも携わり，教員研修セミナーの講師を務めるなど「代ゼミの地理の顔」。またコラムニストとして，Webメディアでの連載やラジオ出演，トークイベント開催など幅広く活躍する。2017年に出版した『経済は地理から学べ！』（ダイヤモンド社）はベストセラーとなる。これにより地理学の啓発・普及に貢献したと認められ，日本地理学会賞（社会貢献部門）を受賞。

□ 監修　矢ケ﨑典隆（東京学芸大学名誉教授 / 日本大学特任教授）

□ 執筆協力　菊地 聡　稲葉友子

□ 編集協力　稲葉友子　菊地 聡　佐藤英徳　竹尾真由美　名越由実

□ アートディレクション　北田進吾

□ 本文デザイン　堀 由佳里　山田香織　畠中脩大　川邉美唯

□ 図版作成　㈲デザインスタジオエキス．　㈱ウエイド　千手

□ 写真提供　アフロ（KONO KIYOSHI　東阪航空サービス　毎日新聞社　読売新聞　ロイター）　CLICK/PIXTA　Rod Wonglikitpanya/stock.foto

シグマベスト
くわしい 中学地理

本書の内容を無断で複写（コピー）・複製・転載することを禁じます。また，私的使用であっても，第三者に依頼して電子的に複製すること（スキャンやデジタル化等）は，著作権法上，認められていません。

© 宮路秀作　2021　　　Printed in Japan

著　者	宮路秀作
発行者	益井英郎
印刷所	株式会社天理時報社
発行所	株式会社文英堂

〒601-8121　京都市南区上鳥羽大物町28
〒162-0832　東京都新宿区岩戸町17
（代表）03-3269-4231

●落丁・乱丁はおとりかえします。